포기하지 않는 마음

이병국 평론집

포기하지 않는 마음

책머리에

첫 평론집의 서문을 쓰는 일에 대해 오랫동안 생각해 왔다. 어떻게 시작해야 할지 이런저런 상상을 하며 스스로에게 부끄럽지 않은 언어로 가득 채우고 싶었다. 거창한 수사로 혹은 내밀한 사적 언어로 문학적 지향을 펼쳐낸다면 얼마나 좋을까마는 정작 쓴 문장이 첫 평론집의 서문을 쓰는 어쩌고저쩌고라니. 무능의 언어로 서문이 점철되어 평론집 전체가 폄훼될까 두렵기까지 하다. 평론이란 것이 텍스트를 통해 세계를 이해하고 이를 우리의 관계 속에서 사유하는 방식이라고 생각하는 편인데, 이해란 내가 너를, 네가 나를 보는 시각만큼 빗나가거나 억지스러운 데가 있는 것이라서 오해와 오독의 기록을 내어놓는 것이 아닐까 불안한 것도 사실이다. 무의식의 층위에서 나를 불안하게 하는 것을 들여다볼 용기가 필요하다.

두 개의 장면에서 나의 평론은 시작했다(고 생각한다). 서울 신사동 어느 극장에서 본 허진호 감독의 1998년 영화 〈8월의 크리스마스〉의 오프닝 시퀀스. 주인공인 정원의 얼굴로 조금씩 다가가는 빛을 보는 순간, 저 장면을 글로 풀어내고 싶다는 어떤 기대로 충만했다. 빛에 담긴 환희와 그로 인한 불안이 정원의 남은 생에 미친 영향과 같은 글을 말이다. 또 다른 장면은 2003년 정이현 작가의 『낭만적 사랑과 사회』를 펼쳐 "나는 레이스가 달린 팬티는 입지 않는다"라고 말하는 유리와 마주하는 때였다. 그렇게 말하고 행동할 수밖에 없도록 윤리를 내모는 것이 무엇인지 묻고 싶었다. 그 순간, 이전까지 영화비평 공부에 매진했던 나는 문학평론으로 방향을 돌렸다.

그 시절의 나는 평론이 그저 주어진 텍스트를 해석하고 이를 설명하는 글이라고 생각했다. '나'를 둘러싼 세계로 시계를 확장하는 데는 더 많은 시간이 필요했다. 이를 분열의 시간이라고 해도 좋을 듯하다. 생활을 위한 방편으로서의 일들을 하며 겪는 세계에서 나는 내가 쓰려고 했던 언어에서의 소외를 경험해야만 했다. 그것은 세계가 요구하는 방식의 언어를 체화함으로써 내가 원하는 언어로부터 멀어져야 했기 때문일 것이다. 분열의 감각을 회복하는 데는 꽤 오랜 시간이 걸렸다. 극장에 앉아 어떤 충일함을 경험했던 때로부터 이십 년이 지나 평론가로 등단할 수 있었던 것을 회복이라고 할 수 있다면 말이다. 어쩌면 그 이전에 시인으로 등단한 것이 회복의 계기가 되었을지도 모른다.

시의 언어를 삶의 한 축으로 삼아 발화할 수 있게 되면서부터 세계와의 관계 속에서 어떤 언어로 문학을 대해야 하는지 좀 더 깊게 생각할 수 있었다. 한편으로 이는 2010년대의 한국 사회의 비극적 참사들을 경험하면서 문학의 역할에 대해 고민하게 되면서 심화되었다고 볼 수도 있다. 가만히 있으면 아무것도 되지 않는다는 것, 무언가를 해야 한다는 것, 행위가 곧 가능성이라는 것, 오해와 오독일지언정 이해와 공감의 구체적 수행을 통해 지금을 기록하고 미래를 기억하는 쪽으로 한 걸음 내디뎌야 한다는 것을 믿게 되면서부터 평론을 쓸 수 있게 되었다고 말하고 싶다. 물론 이런 말들은 낭만적인 몽상까진 아니겠지만

다 사후적 자기규정을 통한 자기만족에 불과할지도 모른다.

*

    이 평론집은 2016년부터 쓰고 2024년 초까지 발표한 글들을 묶었다. 1부는 문학의 기록성에 천착한 글들을 모았다. 일종의 '회색문헌'으로서 사회적 모순에 대해 질문하고 그것을 우리 삶과 나란히 놓으며 평범한 미래를 기억하기 위해 어제와 오늘을 기록하는 문학의 수행성에 대해 더듬어 본 글들이다. 2부는 주로 한국 문학장을 둘러싼 갈등과 변화 양상을 톺은 글들을 모았다. 특히 플랫폼으로서 문학의 전환 가능성을 모색해보며 제도 바깥을 상상하고 비장소로서의 장소라는 새로운 문학장 형성을 꿈꿔본 글들로 채워졌다. 3부는 정상성이라는 담론과 신자유주의적 자본주의 체제에서 배제되고 소외된 존재의 목소리에 귀 기울이는 작품을 읽으며 우리가 맺는 타자와의 관계에 주목한 글을 모았다. 코로나19 팬데믹을 전후하여 활발히 개진된 포스트휴먼 주체와 동물권 및 돌봄 노동 문제를 포함하여 우리가 타자와 맺는 관계 속에서 간과하고 있는 것이 무엇인지를 살피는 글들이다.

    각 부의 글들이 세계와의 접점 속에서 문학이 수행해야 할 어떤 역할과 그로부터 이어질 가능성을 기록, 플랫폼, 관계의 층위에서 사유한 결과물이라면 프롤로그와 에필로그는 몇몇 시인의 시 작품에 기대어 개인적 삶에 대한 반성과 앞으로의 방향성을 탐색한 글이라 할 수 있다. 쓴 글을 반복해 말하자면 시를 쓴다면서, 타인의 곁을 함께 지키는 것이 문학이라고 말하면서 정작 아무것도 모르는 채로 하루하루를 살아가는 '나'는 어떻게 해야 '좋은 사람'이 될 수 있는지, 타자의 고통을 가장 먼저 감당하는 존재가 시인임을 되짚으며 마음이 이끄는 대로 마음이 하는 일을 어떻게 구체적 행위로 전환할 수 있는지를 끊임없이 고민하고 이를 삶의 한 축으로 삼아 스스로를 갱신해 나갈 수 있기를 바라며 두 편의 글을 책의 앞뒤에 놓았다. 이 책에 담긴 글들이 어떻게 읽힐지 알 수 없는 노릇이지만, 문학을 대하는 혹은 문학을 하는 이의 진정성이 느껴졌으면 좋겠다.

문학을 한다는 것에 관해 생각해 본다. 이 말은 그저 시와 소설, 평론을 쓰는 일만을 의미하진 않을 것이다. 황현산 선생님이 평론집 『잘 표현된 불행』에서 "시의 말은 확실한 외관을 뽐내는 모든 것들의 불확실함에 대한 확인이며, 끝없이 꼬리를 무는 질문의 연출"이라 언급한 것처럼, 문학을 하는 일은 불확실한 세계를 응시하고 끝없이 꼬리를 무는 질문을 던져 어떤 감각을 일깨우는 수행일 것이다. 평론가가 하는 문학이란 것이 작품 해석과 미학적이고 윤리적인 분석에 제한되는 것은 아닐 것이다. 어쩌면 그보다 더 중요한 것은 작품이 던지는 질문을 사유하고 이를 공론장으로 가져가 소통하는 일일지도 모른다. 이 책에 담긴 글들이 해석과 분석에 머물지 않고 질문을 나누는 소소한 자리였으면 좋겠다는 바람을 가져본다.

*

이 책이 나오기까지 여러모로 감사한 인연이 많다. 우선 평론의 대상이 된 작품을 포함하여 동시대 한국문학을 창작하는 여러 시인과 소설가에게 이 책이 기대고 있기에 그들에게 가장 먼저 감사함을 전하는 게 도리인 듯하다. 어머니를 비롯해 언제나 한결같은 마음으로 응원해 준 가족들과 친구들, 배움의 기회를 주신 김명인, 조강석 선생님께 감사드린다. 발표 지면을 허락해 준 도처의 문학계 선생님들과 평론집을 묶어 출판의 기회를 마련해 준 걷는사람 측에도 감사의 말을 하지 않을 수 없다. 무엇보다 2018년부터 함께하며 늘 새로운 기획과 자극으로 비평의 시계를 넓힐 수 있게 해 준 '요즘비평포럼'의 동료 평론가들에게 감사의 인사를 전한다. 이들 동료 평론가의 글로부터 너무 많은 것들을 배웠다. 그리고 평론과 시 쓰는 즐거움을 나누었던 '멋진 수요일'과 '청하' 동인에게도 감사한 마음을 전하고 싶다. 마지막으로, 문학의 길로 들어서도록 방향을 제시해 준 탁경순 선생님과 앞으로 나아가게끔 이끌어 준 강영숙 선생님께는 조금 더 특별한 마음을 보탠다.

어쩌면 이 책은 미숙한 평론가로서의 한때를 기록한 것인지도 모른다. 그럼에도 미래를 기억하며 오늘을 기록하고 타인들과 관계를 맺는 문학적 삶의 자양분이 될 것임을 믿어 의심치 않는다. 앞으로도 열심히 읽고, 쓰고, 함께 나누겠다는 다짐을 얹어본다.

2024년 가을
이병국

프롤로그

마음이 하는 일
─박소란 시집『한 사람의 닫힌 문』(창비, 2019)

선(善)함의 고단함을 생각해 본 적이 있다. 누군가가 누군가를 '착하다'고 명명함으로써 강제되는 어떤 난감한 문제들. 외면하거나 무시할 수 없는 부주의한 말들 속에서 스스로를 붙잡아 두어야만 하는 일은 생각보다 쉬운 일이 아닐 것이다. 그 언명으로부터 벗어날 수 없는 것은 그래야 하는 어떠한 당위도 존재하지 않기 때문일 수도 있고 태생적인 심상지리에 바탕을 둔 삶의 윤리 때문일 수도 있다.

박소란 시인의 두 번째 시집을 앞에 두고 박소란 시인에 대해 생각해 본다. 사회적 약자와 시대의 아픔을 진정성 있는 자신만의 언어로 표현하여 독자들에게 공감을 불러일으켰다는 것은 누구도 부정하지 못할 것이다. 일상적 관계 속에서 타자의 연약함을 돌보는 선함에 대해 예민한 시선을 보였던 시인은『한 사람의 닫힌 문』에서도 여전한 감각으로 그들의 상처가 남긴 눈물과 멍을 어루만진다. 하지만 그럴수록 그들의 상처가 시인에게 같은 상처로 새겨진다. 세계의 아픔에 동일시함으로써 그 고통을 고스란히 감내해야 하는 시인의 운명이랄까. "찢기고 뭉개질 것 머잖아 버려진 것들 속에 묻혀 썩고 말" 상자를 헤아리며 밤을 꼬박 새운 시인이 "상자의 방 가운데 내가 있다"(「선물」)고 말할 수밖에 없게 되는 것처럼.

그러므로 언제 생겨났는지도 모를 삶의 아픔으로부터 온전히 거둬

들여야 하는 것은 시인의 마음 그 자체인지도 모르겠다. 물론 이는 타자를 향한 시적 정동을 멈추고 자신을 돌봐야 한다는 의미가 아니다. 거둬들일 수 없는 마음과 미끄러지는 관계의 오해 속에서 스스로를 붙들어야 한다는 것이다. '한 사람의 닫힌 문'을 열기 위한, 사소하지만 중요한 지점은 그 문이 나로부터 비롯되어서는 안 되기 때문이다.

쓸데없는 말을 길게 했다. 그것은 어쩌면 박소란의 『한 사람의 닫힌 문』을 읽으며 시인의 고독과 자책을 느낀 까닭인지도 모르겠다. 순전한 오독에 기인하는 이 정서적 울림이 어디서부터 비롯된 것인지 알 수 없는 노릇이다.

*

박소란은 일상의 균열을 통해 존재의 약함을 어루만진다. "조금씩 깨어지고 있"는 찻잔을 바라보며 그것을 매만지는 이의 손가락을 더 예쁘다고 하는 것은 "불행을 아는 체"하는 것도 그렇다고 "뭐가 좀 있어 보일 것 같"은 마음에서 비롯한 위안의 제스처가 아니다(「마음」). 정서적 시차로 발생하는 말의 어긋남은 누군가의 상처를 드러내는 것이 아니라 그것을 감싸 안음으로써 어두워지는, 구겨지는 당신에게 눈물의 자리를 마련해주기 위한 마음에서 출발한다. 그것은 상처에 직접 가 닿아 낫게 하는 실체적 치유의 방식이 아닌 지각할 수 없는 다른 자리에서나마 '당신의 곁'을 함께 함으로써 상처를 나누고자 하는 마음의 방식인 셈이다. 하지만 이 마음의 방식은 그 마음의 주체가 지닌 선함을 다감(多感) 속에 고립시킨다.

> 나는 인사하고 싶습니다
> 당신이 눈을 준 이 저녁이 조금씩 조금씩 빛으로 물들어 간다고
> 건물마다 스민 그 빛을 덩달아 환해진 당신의 뒤통수를 몰래 훔쳐봅니다
> 수줍음이 많은 사람입니까 당신은
> (……)
>
> 나는 슬퍼집니다
> 그렇고 그런 약속처럼 당신은 벨을 누르고 버스는 곧 멈출 테지요
> 나는 다만 이야기하고 싶었습니다 오늘의 변덕스러운 날씨와 이 도시와 도시를 둘러싼 휘휘한 공기에 대해 당신 무릎 위 귀퉁이가 해진 서류 가방과 손끝에 묻은 검뿌연 볼펜 자국에 대해
> (……)
>
> 우리는 헤어집니다 단 한번 만난 적도 없이
>
> 나는 인사하고 싶습니다
> 내 이름은 소란입니다
> ──「모르는 사이」 부분

"이어폰을 꽂은 채 줄곧 어슴푸레한 창밖을 내다보고 있"는 옆자리의 당신이 무슨 생각을 하고 있는지 화자는 궁금해한다. 화자는 혼자 밥을 먹고 "행복한 사람들이 가득한 광장을 혼자 걸"었던 "오늘 낮"을

떠올리며 당신 역시 그곳에서 우연히 친구를 만났던 순간의 당혹감이 있었으리라 상상한다. "다만 이야기하고 싶었"던 것이고 "인사하고 싶"었던 것이지만 '곁'에 있으면서도 그것은 상상 속에서만 가능한 일이다. 구부정한 등을 등지고 혼자 밥 먹는 사람을 궁금해하거나(「심야식당」) 입가에 마른미역 부스러기를 묻힌 채 창밖의 사람을 보며 "한 차례 눈을 마주 보았"(「미역」)던 당신을 질문하거나 내가 없는 사이 물 한 모금 마시고 갔을 그 누군가를 공연히 기다리는(「물을 마신다」) 화자의 곁을 지키는 것은 오롯이 자신뿐이다. 당신을 감각하고 지각하는 화자는 결국 희미해지는 당신의 모습을 "스무개 서른개 마흔개의 눈"(「눈」)으로 바라만 볼 뿐이라서 자신의 눈에 맺힌 슬픔과 조우하게 된다.

남들처럼 살기 위해 슈퍼에서 "회원가입을 하고 포인트를 적립"(「상추」)한다고 해서 다른 삶을 살 수 있으리라 시인은 생각하지 않는다. '모르는 사이'와 어떤 공감을 가시화하기 위해서는 부단한 자기 확신이 필요하지만 이를 수행하기 위해서 요구되는 것은 자신의 이름을 발설하는 한편으로 자신을 버리는 일이다. 이름을 이야기하고 그것을 속으로 삭여야만 하는 것이다. 나를 버리는 일은 최소한의 관계조차 어렵게 하지만 나는 살아야 한다. 모든 "죽어가는 꽃 곁에서"(「벽제화원」) 살아야 한다. 어떠한 현실 속에서도 지켜야 하는 것이 '나'라는 존재이다. 거기서부터 비롯된 향유는 눈물로 충만한 세계로의 고투를 시작하도록 이끈다. 박소란의 '나'가 고립된 존재로서의 포즈를 감내하는 이유도 어쩌면 그로부터 세계로 나아가기 때문일 것이다.

약을 사 들고 달려가는 밤
한 사람이 냉골에 누워 앓는 밤

심장이 화끈거린다
가파른 오르막
숨이 터져나온다 골목 곳곳 익은 숨이
밥물처럼 흘러 흘러넘쳐
(……)

나는 살아 있구나
(……)

신음으로 자욱한 밤, 이내 고요한
폭설이 쏟아질 듯
떠는 손으로
그 밤의 문을 힘껏 열어젖힌다

—「약」 부분

한 사람이 앓고 있다. 화자는 약을 사 들고 그에게로 달려간다. 달려
가면서 생각한다. 화끈거리는 심장을 느끼며, 터져 나오는 숨을 의식하
며 화자는 살아 있음을 감각한다. 그 살아 있음의 감각을 앓는 이에게
가져다주어야 한다. 비록 병이 나를 알아보지 못해도 절망하거나 괴로
워해서는 안 된다. "아주 어리고 아주 순한 빛"(「빛의 주인」)으로 "닫힌
문을 꽝꽝 두드"(「감상」)려 "그 밤의 문을 힘껏 열어젖"혀야만 한다.

그러나 우리는 안다, 이 수행의 당위가 폭력적이라는 것을. 이는 마

치 내가 아프지 않기 위해 너를 아프게 하는 것과 같다. 시인이 끊임없이 타자의 아픔을 경유하여 자신의 슬픔을 들춰내는 이유가 여기에 있다. 타자를 상상하고 곁을 나누려 하는 데에는 그 고통을 외면하거나 물러서 있지 않겠다는 의지와 우리가 다른 존재가 아님을 너에게 알리고자 하는 연대의 희망이 있다. 이를 섣부른 공감이라고 말할 수는 없을 것이다. 시인이 반복적으로 수행하는 자신에 대한 끊임없는 자각이 그것을 가능하게 이끈다.

*

타자의 고통은 시인의 슬픔이라는 공감을 통해 고립된 현실을 돌파함으로써 절망적 상황 속에 떨어지지 않는다. 누구와 어떤 관계를 맺든 그 만남이 무의미한 경우가 없기 때문이다. 당장의 의미를 알 수 없더라도 찰나의 도래로도 충분히 가치 있는 방식으로 진정성은 확보된다. 그러니 시인이 느끼는 슬픔을 지금 너와 함께할 수 없는 순간의 실망으로 치부할 수는 없는 셈이다. 무한히 확장된 시간성으로 말미암아 당장은 인식할 수 없지만, 어느 순간 우리는 시인의 진정을 발견하게 될 것이다.

도무지 알 수 없는 이의 장난 같은 안부에도 "많이 밝아졌다고" "보기 좋다고" 말하는 시인이 "사진을 찍을 때마다 질끈 눈을 감"음으로써 어느 순간 그 사진을 바라보다 시인을 "발견한 사람들이 피식 웃고 있"(「고맙습니다」)는 모습을 상상할 때, 우리 역시 그 모습을 상상하는 시인의 그 선함을 포착하고 미소 지을 수 있을 것이다. 그런 점에서 박소란은 그리고 그녀의 시는 "슬퍼 모로 누워 있을 때/가만가만 등을 쓸어주는 손길"이다. 우리가 고통의 순간을 감내할 수 있도록 우리의 등을 지키는 온화하고 진중한 벽으로, 그 견고함으로 우리 곁에 있음을 깨닫는 순간으로 우리를 이끈다. 관계란 서로의 얼굴을 마주하고 바라봄으로써 형성되는 것만이 아니라 서로의 등을 맞대는 데서 비롯되기도 한다. 그렇게 형성된 관계 속에서 벽이 부서지고 무너져 내리는 꿈을 꾼다 하여도 우리는 우리가 "부른 적 없는 사랑"이 우리를 향해 쳐들어오는 것을 감각하며 고통 속에 침몰하지는 않으리라. 하지만 거기까지 가기 위해 여전히 위태로운 과정을 우리는 겪어야만 한다.

> 계단을 오른다/발목을 붙잡는 손이 있다/모르는 손이다/놓아주지 않는다/계단이 아니라고 말한다/그런 말을 믿지 않는다/조심해, 같은 말을 좋아하지 않는다/한걸음/한걸음/계단을 오른다/올라 기어코/내가 당도하려는 곳은 어디일까/생각을 더듬으며/오른다 서늘하고 각진 생각들을/오른다 걸음은 차츰 빨라지고/한걸음/한걸음/손은 어디에 있나/그는 왜 말이 없나/계단을 오른다/멈추지 않는다/계단이 아닐 것 같아/조심해, 말하게 될 것만 같아
>
> —「계단」 전문

시인은 계단을 올라 당도하려는 곳이 어딘지 모른다. 그것은 우리도 마찬가지이다. 알 수 없는 손이 발목을 붙잡으며 지금 우리가 오르는 것이 계단이 아니라고 부정한다. 그럼에도 오르는 이유는 무엇일까. 그

것은 모호하지만, 앞에서 이야기한 것들을 토대로 보면 짐작할 수도 있다. 조심해, 라는 말은 위태로움과 위기를 준비하려는 태세에 있다. 조심해야 할 상황이 오지 않도록 '조심해'를 거부하고 한걸음, 한걸음 오를 뿐이다. 반드시 구체적인 목적지에 당도하지 않아도 무방하다. 이는 관계의 은유이자 걸음을 무한히 수행하는 행위 그 자체에 의미를 둔다. 그로부터 파생되는 동일한 느낌을 우리가 공유함으로써 저 걸음이 만들어내는 바는 완성된다.

그러나 이 행위는 고독한 고행일 수밖에 없다. 사회적 관계로부터 수행되는 존재의 행위는 그 행위가 가져오는 가능성을 알기 어렵고, 또 그것을 짐작할 수 있다고 하더라도 그것이 어디까지 존재의 존엄을 안정적으로 확보해 줄 수 있을지 알기 어렵다. '한 사람의 닫힌 문'을 열기 위해서는 결국 계단의 저 불확실한 높이에 당도하는 노력을 수반해야 한다. 그것이 요구하는 사회적 역할의 수행이나 그 결과의 도덕적 의미는 '한걸음 한걸음' 발을 내딛는 존재의 고독과 슬픔을 끊임없이 환기시킬 따름이다.

그렇다고 멈출 수도 없는 노릇이다. "움직이는 일을 멈추지 않는 것/ 그런 게 중요하지"(「시계」) 부정적 결과를 미리 정해놓고 좌절할 수는 없다. 어떠한 외적이고 강제적인 힘이 있다고 하더라도 그리고 선함을 강요하는 사회적 요구에 길들여진다고 하더라도 그것을 수행하지 않으면 인간이 인간으로 가져야 할 최소한의 가치조차 파괴될 위험에 처하기 때문이다. "괜찮아? 물으면/괜찮아 답하기 위해//아직 살아 있기 위해" 우리는 움직이는 일을 멈추어서는 안 된다.

*

시인이 걷는 길과 열고자 하는 닫힌 문은 헌신에 기초하는 것이 아
니다. 다시 말해 그것은 보편적 당위로 마땅히 그래야만 하는 의무 범
주에 속하는 것이라 볼 수 없다. 만약 그 행위가 헌신과 의무의 형식이
라면 그것은 주체의 결핍을 메우려는 욕망일 뿐이다. 또한 그것은 사회
적 환대를 요구하며 관계 맺기에 최적화된 의무로 그 구성원 모두에게
기만적인 역할을 강요하게 될 것은 불 보듯 뻔하다. 물론 우리는 그로
인해 수행된 행위가 진심에서 우러난 것인지 사회적 요구에 의해 강제
된 것인지 겉으로 드러난 것만으로는 판단할 수 없다. 그 판단 불가능
성으로 말미암아 우리는 주체의 의지에 우리의 요구를 기입하며 선택
을 강요한다는 점 역시 알지 못한다.

사회의 구성원들이 서로의 자리를 인정하고 내어주는 행위는 한 개
인에 의해서 이루어질 수 없다. 타자에 대한 인정과 교류는 주체의 선
함에 맡겨질 성질의 것이 아님에도 우리는 자주 공동체적인 것을 인간
적인 어떤 관계로 협소하게 정의하고는 그것을 내면화하여 스스로를
힘들게 한다. 물론 그것이 잘못되었다고 말하려는 것은 아니다. 다만
그로 인해 우리는 자꾸만 슬픔의 자리에 자신을 내몰고 있는 것은 아
닐까 하는 의문을 품게 된다. 박소란의 감각은 그런 점에서 윤리적이지
만 이를 사회학적 상상력으로 확장하기 위해서는 개인의 공감뿐만 아
닌 보다 근본적인 전환이 요구된다. 어찌 되었든 타자의 고통을 가장

먼저 감당하는 존재가 시인이라는 점은 의심의 여지가 없다. 그러나 자꾸만 안타까워지는 것도 어쩔 수 없다. 시인의 눈물이 이끈 충만한 세계로의 고투에 응답하는 일련의 과정들을 소망해 본다. "집은 살지만 실은 아무도 살아 있지 않을 것 같다"는 의문 속에서도 "다만 유리창 너머를 들여다보고" "저 두꺼운 빛나는 유리창에/살을 대어 노크해보고 싶"은 마음에 이 세계가 응답하도록 우리 역시 마음을 보태야 한다. "대꾸하지 않을 것 같"(「모델하우스」)지만 그럼에도 "불쑥"(「불쑥」) 나타나 이 모든 것이 실은 숨바꼭질처럼 깔깔 웃어넘기며 별일 아니라는 듯 이야기될 수 있도록 말이다. 시인에게 말하고 싶다. 너무 마음 아파하지 말고 마음이 이끄는 대로 마음이 하는 일을 조금만 더 감당해 달라고. 그 마음이 지치지 않게 우리 또한 그 마음을 따라 닫힌 문을 열며 응답할 것이다. "우리 같이 밥 먹으러 가요"(「모델하우스」)라고.

제1부

_____

포기하지 않는 마음

포기하지 않는 마음
—박지영, 이현석, 김연수의 소설이 가닿는 곳

1. 2022. 10. 29.

사적인 이야기로 시작해야겠다. 2022년 10월 29일 밤. 나는 돌아가신 아버지의 23주기 제사를 조촐하게 지내고 있었다. 흰 쌀밥에 소고기뭇국, 오이소박이와 취나물, 가지나물무침, 그리고 청주를 상 위에 올렸다. 그렇게 1999년으로 돌아가 그 시절, 위태로움을 냉정함으로 외면한 채 이후의 시간을 부정하던 나를 살폈다. 잠시 후 나는 상을 돌려 그 위에 올려진 것들을 먹고 마셨다. 그 시간, 텔레비전에서는 이태원에서 벌어진 참사를 타전하는 긴급 뉴스가 방송되고 있었고 희생자가 없길 기도하는 마음으로 밤을 보냈다. 다음날, 나는 뉴스를 본 많은 이들처럼 어떤 일도 할 수 없는 정서적 아노미 상태에 빠져 답답한 가슴을 그러안고 앉아 있어야만 했다. 8년 전 그날이 떠올랐다. 국가의 부재, 시스템의 실종, 언론에의 불신 그리고 그 이후의 참사 진실 규명과 관련된 일련의 과정에서의 혼란 등등. 뭔가 다른 것에 마음을 돌려야 한다는 생각에 얼마 전 구입하곤 미뤄두고 있던 한 권의 소설집을 읽었고 주체할 수 없이 울고야 말았다.

8년 전 4월 이후로 다시는 이런 일이 없을 것으로 생각했는데, 반복되는 비인간 동물의 대규모 살처분을 접하고 비정규직 인간 노동자의 죽음을 마주하면서도 평범한 일상이 뒤틀리는 경험은 다시없을 거라 믿었는데, 아니었다. 재난은 아직 오지 않은 미래를 갉아먹으며 오늘을 착취하고 있었다. 이는 "재난을 예방하고 재난이 발생한 경우 그 피해를 최소화하는 것이 국가와 지방자치단체의 기본적 의무임을 확인하고, 모든 국민과 국가·지방자치단체가 국민의 생명 및 신체의 안전과 재산보호에 관련된 행위를 할 때에는 안전을 우선적으로 고려함으로써 국민이 재난으로부터 안전한 사회에서 생활할 수 있도록 함을 기본이념으로 한다"는 재난안전법 제2조(기본이념)을 도외시한 국가의 잘못으로 인한 것이면서 공동체적 책임이 무엇인지 모르는 위정자의 폭력이 고스란히 투영된 결과라고 할 수 있다. 다시 말해 과거를 잊지 않는 것을 넘어 미래를 고려하지 않는 국가와 사회의 근시안적인 지배 체제가 재난의 반복을 야기한 것이다. 이러한 상황에서 개인은 어떻게 해야 물리적, 정신적 죽음의 위기를 감당하고 극복할 수 있는 것일까.

안정되었다고 상상된 체계는 개별적 존재를 사유하지 않고 그저 총체적인 무언가로 간주하려 들며 전체를 위한 부분의 희생을 무감하게 받아들인다. 이는 시스템의 부재를 고착시키며 그로 인해 발생한 사회적 참사를 개인이 감당해야 하고 극복해야 하는 불운한 사건으로 축소하려 든다. 이러한 상황은 개인의 고립을 야기하며 인간 존엄의 부정을 불러온다. 이에 매몰되거나 침몰하지 않기 위해 개인은 서로 연대하여 변화를 요구하고 어느 정도 소기의 결과를 도출해 내기도 했으나 그 너머에는 언제나 사회적 고립으로부터 벗어나려는 개인의 처절한 몸부림이 아른거린다. 피투(彼投)된 존재의 기투(企投)는 현실 세계의 잠재적 파괴를 지향하는 한편에서 무력한 자신의 실존과 조우하게 될지도 모를 일이다.

그럼에도 비참한 종말을 상상하지 않을 수 있는 것은 고립을 고독으로 전유하여 현실의 불만과 그로 인한 결핍을 부정과 초월을 통해 적극적으로 수행하는 개별적 존재의 고투를 알고 있기 때문이다. 취약한 개인의 절박한 사적 수행들이 서로 관계를 맺으면서 형성되는 각성과 위안은 저 사회적 권력이 상상한 체계, 부당한 시스템으로 전일화하려는 강제로부터 우리 자신을 지키는 저항의 성취로 이어지는 지점이라할 수 있겠다. 여기에서는 그 성취를 향한 개인의 행위와 그로 비롯된 관계의 양상을 바탕으로 부조리한 세계를 돌파해 나갈 가능성을 엿볼수 있는 최근의 소설을 읽어보려고 한다.

2. 무너지지 않기 위해

"우리는 예전에도 틀린 적이 있고 여러분이 포기하지 않는다면 우리도 포기하지 않습니다. 그러니 뭘 기다리고 있나요?"[1] 는 웨이비 그레이비(Wavy gravy)라는 이름의 아이스크림 묘비명 속 문장이다. 벤앤제리스 아이스크림 회사 웹사이트에는 단종된 맛 아이스크림의 묘비들이 있고 거기에는 각각 특정한 의미를 지닌 묘비명이 적혀 있다. 웨이비 그레이비는 1993년에서 2001년까지 판매된 아이스크림으로 이제는 만날 수 없다. 그러나 이 묘비명은 단종이, 죽음이 영원하지 않을 거라는

---

1 박지영, 『고독사 워크숍』, 민음사, 2022, 7쪽. 이후 쪽수만 표기.

기대를 하게 하며 그것은 "여러분이 포기하지 않는다면" 가능한 것이라고 한다. 우리가 포기하지 않는다면 다시 시작할 수 있다는 것, 부활하고 재생할 수 있다는 것이다. 박지영의 『고독사 워크숍』은 웨이비 그레이비의 묘비명으로 시작한다. 이는 이 소설을 통어하는 주제를 압축적으로 제시하며 작가가 우리에게 건네는 분명한 위안의 메시지로 기능한다.

'고독사 워크숍'은 조 부장과 서 대리가 운영하는 업체인 심야코인세탁소에서 고독사 프로젝트의 일환으로 기획된 채널 공유 사이트이다. 고독사 프로젝트는 "개인의 고독사가 돌연한 사고사가 아닌 가장 자연스러운 형태의 자연사가 될 때까지 다양한 방식의 실패를 경험하도록"(28쪽, 이하 인용은 같은 쪽) 돕는 12주 프로그램일 뿐, "안락사 서비스를 제공"하는 것과는 다르다. 세계로부터 고립되었다고 느끼는 개인에게 고독을 향유할 기회를 제공함으로써 "매일 더 시시한 인간이 되는 명랑을 누"리고 "가족과 소속된 세계 안에서 빈자리가 느껴지지 않도록 증발할 수 있다는 다행을 발견"하게 한다.

고립과 고독은 다르다. 고립은 외부에 의해 강제적으로 주어진 것이라면 고독은 존재 내부의 자발성에서 비롯된다. 고립은 존재의 망실을 불러오는 피폐함이지만, 고독은 자신을 돌아볼 수 있는 시간과 그로 인한 성장을 불러오는 충만함으로 채워진다. 물론 '고독사'라는 용어가 비참한 종말을 떠오르게 한다는 것을 부정할 수는 없을 것이다. 그러나 이때의 고독사는 오히려 '고립사'에 가깝다. 고립이 폐쇄된 상태에 강제적으로 처한 것이라면 고독은 스스로 자신을 폐쇄함으로써 삶을 사유하고 다름을 모색할 계기가 된다. 문손잡이가 밖에 있는 것이 고립이라면 문손잡이가 안에 있는 것은 고독이다.

『고독사 워크숍』은 고독사 워크숍에 참여한 사람들이 자기만의 고독 채널을 만들어 시시한 일상을 업로드함으로써 자신의 고독과 마주하게 하는 한편 타인의 고독을 지켜보며 관계를 맺어 서로의 고독에 관여하게 한다. 책에 실린 열세 명의 사연은 개별적인 고독이자 관여된 실천으로 연결된다. 지금의 우리에게 필요한 지점이 여기에 있다. 재난에 가까운 상황을 맞닥뜨리면서 느끼게 되는 피폐한 존재성이 개인의 고립으로 전락하지 않도록 하는 것. 포기하지 않는 삶으로 잇는 고독의 연대를 모색하는 것. 사건과 사고, 더 나아가 참사를 접하면서 타인의 불행에 "다행이야, 내가 아니라서"(223쪽)라고 안도하지 않는 것. "안전하다 믿은 이편에 서서 자신의 곁을 스쳐 간 사람들을 한둘씩 저편으로 밀어내는 동안 고독사에 이르는 긴 여정은 이미 시작된 거"(224쪽)라고 생각하는 전규석의 말처럼 스스로를 고립시키는 일보다 타인의 울음 곁에서 함께 울어주는 '우는 판다'의 행위야말로 지금 우리에게 필요한 고독의 연대이자 관여된 고독임이 분명하다.

이를 잘 보여주는 에피소드는 '워크숍 9장'의 조문남 사례이다. 손녀 앨런의 죽음에 책임을 느끼는 문남은 앨런의 나이와 같은, 지금은 단종된 '거북이 수프 맛' 아이스크림의 부활을 요청하며 벤앤제리스에 메일을 쓴다. 그렇다고 죽은 앨런이 돌아오는 것은 아니지만 거북이 수프 맛 아이스크림을 부활시키기 위해 메일을 보내는 것을 그만둘 수 없는 이유는 그것이 그가 할 수 있는 최선이기 때문일 것이다. 실패가 불 보듯 뻔하지만, 이 고독을 실천하는 일이야말로 죽은 앨런의 곁을 지키며 그저 함께 있음을 수행하는 일이면서 자신의 고유성에 머무르지 않고 바깥을 향해, 타자를 향해 나아가는 유일한 방식인지도 모른다. 문남에게 보내지 못할 편지를 쓴 조 대리의 문장처럼 "우리가 만들어 놓은 슬픔을 지우기 위해 더 오래 애써 살아 내는 것"(284쪽)이야말로 우리가 지녀야 할 삶의 가치가 아닐까. 포기하지 않는 저 문남의 수행은 고독사 워크숍 참여자 열두 명과 연결된다. 문남처럼 그들 역시 벤 앤제리스에 메일을 보내는 것은 비록 부활하지 못할 미완성일지라도 '무위의 공동체'(장—뤽 낭시)가 되어 각자의 고독에 관여하고 함께 있음으로 개별자의 슬픔을 지울 수 있도록 돕는 것일 테다. (아이러니하게도 거북이 수프 맛 아이스크림의 묘비명은 "꾸준한 자가 경주에서 이기는 법. 거북이 수프는 계속 달렸습니다 당신은 반대할지도 모르지만 거북이 수프는 이제 쉬어도 됩니다"(320쪽)이다. 계속 달리는 일, 반복적 수행을 그만 멈추고 쉬어도 된다고 하는 저 묘비명은 문남과 문남을 향해 편지를 남긴 이들의 기대를 배반하는 문장이지만 꾸준함이라는 층위에서 "회복해야 하는 삶이 아니라 회복해 가는 과정이 삶이라는 걸"(318쪽) 알려주는 것이기도 하다.)

우리는 자주 사회에 쓸모 있는 사람이 되어야 한다는 말을 듣는다. 이 말은 우리에게 끊임없이 자기를 계발하여 사회 발전에 이바지하는 존재가 되게끔 강제한다. 신자유주의적 자본주의의 요구에 걸맞은 존재. 치욕의 순간을 감내하며 열정을 불살라 더 많은 것을 소유하고 소비하도록, 그래서 잉여 인간으로 전락하지 않도록 주의를 시킴으로써

'피로사회'(한병철)를 만드는 악순환을 공고히 하는 존재가 되길 요청한다. 이에 충실히 응답하는 우리는 "쓸모 있는 사람이 되려고 애쓰는 동안 쓸모를 완전히 잃어버"(353쪽)리곤 고립된 존재로 내몰린다. 고유성을 상실한 '나'는 세계에 피투된 존재로 그저 머물면서 상실과 슬픔에 매몰될 위험에 처한다. 그 위험은 무용의 행위를 반복하게 하며 고독사의 부정성을 온몸으로 실감하는 데로 이어질 뿐 고독의 향유를 불가능하게 한다. 재난은 이렇게 우리에게 도래하며 사회는 우리를 돌보지 않는다. 이 형편없는 진실에서 우리가 취해야 할 일은 앞에서 이야기한 것처럼 고독의 연대를 지향하는 것일 테다. 그리고 하나 더. 오대리가 오 부장으로 승진하여 출근하는 첫날, 오 부장은 할머니에게 묻는다. "할머니, 나 계속 이렇게 형편없이 살아도 될까?"(276쪽) 이에 대한 할머니의 대답은 삶의 지침이 된다.

당연하지. 세상이 왜 이렇게 형편없는 줄 알아? 형편없는 사람들만 살아남았기 때문이야. 그러니까 너도 형편없이 살아. 그러다가 가끔 근사한 일 한 번씩만 하면 돼. 계속 형편없는 일만 하면 자신에게도 형편없이 굴게 되니까. 근사한 일 한 번에 형편없는 일 아홉 개, 그 정도면 충분해. 살아 있는 거 자체가 죽여주게 근사한 거니까, 근사한 일은 그걸로 충분히 했으니까 나머지는 형편없는 일로 수두룩 빽빽하게 채워도 괜찮다고.(376쪽)

그렇다. 쓸모 있는 사람이 되어야 한다는 사회적 요청은 세계의 형편에 맞춘 삶을 사는 고립된 개인만을 만들어낸다. 그러니 "살아 있는 거 자체가 죽여주게 근사한" 것임을 알고 형편없이 사는 자유를 만끽하는 것이 오히려 사회를, 세계를 긍정성 속에서 풍요롭게 하는 것인지도 모르겠다. 심야코인세탁소의 워크숍에 참여한 이들이 각자 만든 1인용 밴드의 수많은 목록처럼 말이다. 몇 개를 인용하여 말하자면, "발랄하게 무기력하고 과감하게 사부작대"면서 "길을 잃기 위한 지도 제작"을 하고 "될 대로 되라면서 실은 잘되길 바라"는 한편 "좋은 것 앞에서 이런 걸 누릴 자격이 없다고 생각하지 않기로 다짐"하고 "온전히 내 편인 한 사람이 내가 되는"(이상 379쪽) 밴드, "우리는 예전에도 틀린 적이 있고, 그러니 뭘 망설이고 있나요"(380쪽)라고 하면서 매일 다시 시작하는 밴드. 포기하지만 않는다면 이 모든 것은 다 가능할 것이다. 고립된 개인이 고독을 향유하고 서로에게 관여하면서 고립으로부터 벗어나 세계를 다른 가능성의 층위에 놓는 일. 그 일을 도모하는 데 필요한 것이 바로 "형편없는 일로 수두룩 빽빽하게" 지금을 채워나가는 것이라고 박지영은 『고독사 워크숍』을 통해 제안하고 있는 것이 아닐까.

3. 회피하지 않고 돌파하는

한편, 관여의 측면에서 우리 사회의 문제를 여실하게 재현하는 소설이 이현석의 『덕다이브』[2]가 아닐까 생각해 본다. 박지영의 『고독사 워크숍』이 고립된 존재로 자신을 느끼는 이들의 고독을 펼쳐놓음으로써 삶을 돌보는 일로 이어진다면 이현석의 『덕다이브』는 고립된 존재와 어긋난 관계를 맺었던 이가 화해로 나아가면서 각자의 고독을 돌파

---

2 이현석, 『덕다이브』, 창비, 2022. 이후 쪽수만 표기.

하는 데로 이어지는 소설이라 할 수 있다. 표면적으로 이 소설은 발리의 한 보드 강습소인 민스서프의 강사로 일하는 태경과 서핑을 배우러 온 강습생들과의 한때를 그리는 한편 태경이 인플루언서인 민다와 과거에 맺었던 관계로 말미암아 형성된 내적, 외적 갈등을 봉합하는 과정을 형상화한다. 물론 그 너머에는 의료계에서 횡행하는 '태움'이라는 악습을 비판하고 그로 인해 고통받는 개인의 상처를 돌보는 마음이 있다. 그런 점에서 발리의 민스서프는 한국 의료 시스템의 착취로부터 벗어나는 장소이자 여전히 남아 있는 죄책감이 억눌린 만큼 구체적 통증으로 몸에 각인되는 장소로 기능한다. 다영의 인스타그램이 자신을 회복하기 위해 조형된 자기 이미지를 전유한 기만의 장소라면 태경의 민스서프 또한 조형된 일상을 전유하여 공허한 정동을 기만하는 장소이다. 소설은 두 인물의 관계를 통해 서로 교차하면서 회피할 수 없는 실재와 마주하게 하고 고통을 야기한 시스템의 부조리와 불화를 이룬 여러 쟁투의 순간을 짐작하게 함으로써 자기 자신의 기만을 극복할 여지를 마련하며 관계 회복의 가능성을 찾는다.

표제에 쓰인 '덕다이브'는 "바늘을 꿰는 것처럼 수면 아래로 파고들어가 타지 못할 파도를 피하는"(18쪽) 기술을 의미한다. 소설 첫 장인 '삐라따'에서 태경은 첫 번째 덕다이브에 성공했으나 이내 다른 파도가 연달아 몰아치는 바람에 연이어 덕다이브를 시도하다 "왼쪽 옆구리부터 등까지 찢"(18쪽)어지는 아찔한 상황에 처한다. 타지 못할 파도를 회피하는 이 기술이 실패하는 장면으로 소설이 시작하는 것과 다름없는데 이는 태경의 상황을 상징적으로 의미화한다. 자신이 탈 수 있는 파도를 기다리며 바다 위에서 우연에 몸을 맡긴 존재. 그 불확실성은 가능과 불가능을 좀체 구분할 수 없는 태경을, 그리고 그와 유사한 삶의 양태를 사는 우리의 모습을 반영한다. 수많은 알바와 비정규 임시직을 전전하는 삶. 무엇으로도 채울 수 없는 결핍으로 삶의 과정을 채워나가야만 하는 작금의 청년들은 불확실한 우연에 몸을 맡긴 채 망망대해에 떠 있다. 자신이 탈 수 있으리라 생각했던 파도는 험난한 위험과 냉정함을 외피로 두르고 그들을 강타한다. 휩쓸리지 않기 위해, 목숨을 잃지 않기 위해 '나'를 향하는 저 파도의 위협을 감당하는 일은 어렵기만 하다. 태경 역시 직장이라는 파도에 휩쓸린 채 살아가다 보니 "마른기침 때문에 쉴 새 없이 밭은소리를 냈고 눈에 생긴 다래끼는 사라지지 않는다. 부르튼 입술에 앉은 피딱지도 마를 날이 없었다. 불면증이 심해지면서 입안에 머물던 거친 말들이 밖으로 자꾸 튀어나"(37~38쪽)와 스스로를 감당할 수 없는 지경에 놓이게 된다. 그것이 인생이라고 한다면 달리 할 말도 없겠지만, 개인을 착취하며 운위되는 인생이란 폭력일 따름이다. 그러니 덕다이브가 필요한 것인지 모른다. "어떻게든 이 경로에서 벗어나야"(40쪽) 하는 것이다. 태경이 정상이라고 인정되는 삶의 경로에서 벗어나기 위해 매달린 것은 서핑이었고 민스서프였다. 그러나 그곳에서 만난 인플루언서 민다는 태경이 애써 잊고자 했던 불편한 기억을 상기시킨다.

"높은 수익률을 자랑하는"(173쪽) 병원에서 사용되는 은어 '태움'은 이제 병원 밖에서도 공공연하게 사용되고 있다. 그 용어가 "사람을 연료로 태워가며 돌아가"(173쪽)는 시스템을 의미한다는 것을 모두가 다

알고 있는 현실은 참혹하다는 말로밖에 표현할 방법이 없다. 태우고 태워지는 간호사들은 안정적 삶을 추구하는 "모두 똑같"(171쪽)은 사람이지만, 유형무형의 잔인한 폭력이 난무하는 삶의 경로에서 벗어나 다른 길을 상상하는 것이 어렵기만 하다. 차라리 폭력적 질서에 편입하여 일신의 안위를 도모하는 일이 바람직한 일인지도 모른다. '다행이야, 내가 아니라서'라는 말은 여기에서도 통용된다. 민다가 '민다영 선생님'으로 존재하며 책임 간호사인 올라프의 태움으로 파괴되어 갈 때 주변의 다른 이들은 모두 폭력의 잠재적 동조자 혹은 방관자로 존재했다. 왜냐하면 "우리는 모두 어렴풋이 알고 있었으니까. 그게 네가 아닌, 나일 수도 있음을 느끼고 있었으니까. 너라서 다행이라는 안도는 찰나처럼 짧았으나 네가 조금씩 죽어가는 모습을 외면하며 다음은 나일지도 모른다는 지워지지 않을 불안을 잠시라도 잊을 수 있었으니까."(179쪽) "채워질 수 없다는 것을 알면서도 끊임없이 밀려오는 허기"(171쪽)는 다음은 나일지도 모른다는 불안을 상기한다. 그 불안으로 말미암아 약을 먹어가면서 겨우 버텨내는 삶은 불행할 수밖에 없다. 그러나 이를 개인의 불행으로 치부해서는 안 된다. 개인의 불행으로 간주할 경우 '태움'의 구조적 폭력을 은폐하고 이를 주관적 폭력으로 치부할 위험이 있기 때문이다. 지젝의 설명에 따르면 '주관적 폭력'은 "사회적 행위자, 사악한 개인, 억압적 공권력, 광신적 군중이 행하는 폭력"으로 가해자와 피해자의 구분이 명확하여 쉽게 가시화되지만, 그것을 양산하는 더 큰 폭력, 즉 '구조적 폭력'을 은폐할 위험이 농후하다. "순수하게 '객관적'이고, 체계적이며, 익명성을 띠"고 있는 자본의 구조적 폭력을 직시할 필요가 있다[3]. 이를 바탕으로 보자면, '태움'은 사람과 사람의 관계를 통해 행해지지만, 그 행위를 촉발하는 것은 부당함을 강요하는 의료자본 시스템의 구조인 것이다.

그러니 태경과 다영을 비롯해 병원 종사자들이 겪는 일을 개인의 불행이라고 여겨서는 안 된다. 이들은 시스템의 구조적 폭력으로 인해 부당함을 겪은 것이기 때문이다. 태경과 다영이 발리에서 만날 수밖에 없는 것은 그들이 자초한 결과라기보다는 부당한 요구에 의해 밀려날 대로 밀려난 지점에서 불가피하게 수행해야만 하는 일인지도 모른다. 이현석이 소설을 통해 드러내고자 하는 것은 부당함으로 인해 불행한 처지에 봉착하게 만든 저 사회의 구조적 폭력이며 그 책임을 개인에게 전가하는 부조리함이라 할 수 있다. 그러나 이러한 부조리함과 부당함을 전복하기 위해 개인이 할 수 있는 일은 미약하기만 하다. 그럼에도 부당함에 휩쓸려 새겨진 상처를 자신의 잘못으로, 한계로 치부할 수는 없는 노릇. "여기가 한계일 거라는 지레짐작을 넘어서보는 일, 그리하여 더 나은 내가 되어가는 모습"으로 "내가 있어야 할 자리가 어디인지를"(131쪽) 스스로 찾아야만 한다. 이를 가능하게 하는 것은 어쩌면 타인에 대한 책임감인지도 모르겠다. 태움을 당하는 다영을 외면했던 일, "그 시간의 잔해 속에 내가 있다는 게, 그런 내가 네 앞에 서 있다는 게, 나의 기만이라는 게, 너와 내가 함께였으나 너를 외면하기만 했던 그곳에서의 일을 떠올릴 때마다 스스로를 방관자로 규정하려 해온 나의 기만", 그리고 그 "기만이 가리려고 했던 사실은 방관 또한 가해였다

---

3 슬라보예 지젝, 『폭력이란 무엇인가』, 이현우 외 옮김, 난장이, 2011, 37~40쪽 참조.

는 점"(227쪽)을 분명히 인식하고 "미안했어요"(228쪽)라며 자신의 과
오를 반성하는 태도가 필요하다. 다시 타인과의 관계 맺음, 즉 관여를
요청한다.

> 몰랐다고 한다면 몰랐다고 할 수 있을 만큼의 모름이었으니까. 모르
> 려고 한 만큼의 모름이었고, 적극적으로 모르고자 한 만큼의 모름이었
> 다. 트집을 잡으려 들면 어떠한 것이든 이유가 될 수 있었다. 한치의 틈도
> 용납하지 않으며 옥죄어오는 덫을 빠져나갈 방법은 어디에도 없었다. 그
> 사실을 태경은 모르지 않았다. 부상을 입은 개체를 포식자에게 던져두
> 고 옆에서 태연히 풀을 뜯는 무리처럼, 누군가는 표적이 되어주어야 했
> 다. 그리고 그 누군가는 내가 아니어야 했다.(245~246쪽)

내가 아니라서 다행이라는 위안은 자기를 기만할 따름이다. "적극
적으로 모르고자 한 만큼의 모름"이라는 이기적인 기만은 구조적 폭
력을 확대 재생산하며 부당함을 타인에게 전가하는 악행이 된다. 이를
불의의 직접적 가해로 명명할 수는 없겠지만 그와 다를 바 없다. 당장
은 내가 당할 일이 아니겠으나 기만을 통한 회피는 어느 순간 나를 향
한 폭력으로 되돌아올 것이 분명하다. "쓸모 있는 사람이 되"(248쪽)기
위해 부당함을 견디는 것은 『고독사 워크숍』에서 보았듯이 존재의 고
립을 야기할 뿐이다. 그러니 타인의 고통이 '나'에게로 전이되지 않기
를 바라며 부당함에 고개를 돌려 회피하기보다는 "서로를 이해하지 못
할지라도, 우리가 이곳에서 함께였다는 사실만큼은 진실"(284쪽)이라
는 것을 받아들이고 타인을 향해 "묵묵하게 헤엄쳐 그를 구하고, 스스

로를 구"(285쪽)해야 한다. 타인을 향해 손을 내밀고 환대할 때, 우리는 우리를 한사코 구조적 폭력과 강제에 붙들어 매려는 세계를 회피하지 않고 돌파해 낼 수 있을 것이다. 다영을 향해 "너무 늦지 않기를 바라는 마음"(285쪽)으로 가닿으려는, 고립된 개인으로 내버려 두지 않으려는 태경의 저 수행이야말로 구조적 폭력이 강요하는 경로에서 벗어나 자신을 그리고 세계를 구원하는 일이지 않을까. '덕다이브'가 파도를 회피하는 수동적 행위가 아니라 그것을 돌파하는 적극적 수행임을 이 소설이 분명하게 말하고 있는 것처럼 말이다.

4. 평범한 미래를 기억하는

10월 30일, 참사 다음 날. 내가 눈물을 흘리며 읽었던 소설을 언급하기 위해 많이 돌아온 것만 같다. 문학이 사회적 의제를 생산하는 일은 앞에서 살펴본 여타의 소설들처럼 구체적 정황을 겪어내는 인물의 서사를 통해 현재적 사건으로 상징적 맥락을 현시하는 것일 수도 있지만, 일종의 실존적 기원을 상상하고 제시함으로써 새로운 가능성을 사유할 수 있도록 하는 데에도 있을지 모른다. 사회가 요구하는 '쓸모'의 체계에 자신을 기재하기 위해 각고의 노력을 기울인다고 해도 정작 '나'는 구조적 폭력에 노출된 채 부당함을 인식하지 못하고 고립된 개인으로 전락할 수 있다. 개인의 측면에서 보면 재난일 수밖에 없을 것이다. 세월호 참사 이후 달라진 것 없이 또다시 경험해야 하는 이태원 참사는 우리가 맞닥뜨린 위기의 원초적 장면이 회귀한 것이기도 하다.

부당함만을 강요하는 사회가 자신을 지킬 시스템마저 지니지 못하고 있었다는 사실을 목격한 우리는 저 절대적 절망과 참혹을 어떻게 받아들여만 하는 것일까. 수많은 죽음 앞에서 앞으로 나아질 거라는 상상적 위안조차 거부당한 듯한 쓰라린 아픔을 어디에서 치유할 수 있는 것일까.

이러한 질문에 대한 답은 사회가 아닌 개인에게 요청되는 것인지도 모를 일이다. 사회는 재난과 참사 와중에서 여전히 책임을 개인에게 전가한 채 자본의 시스템을 고착화하며 권력을 재생산하려는 데에만 총력을 기울이는 것 같기 때문이다. 이러한 상황에서 개인은 "일어난 일과 일어나지 않은 일을 생각"[4]하며 '평범한 미래'를 기억하고 오늘을 포기하지 않으려 분투함으로써 스스로를 위안하고 고통을 치유하고자 한다.

김연수의 소설집 『이토록 평범한 미래』는 삶의 고통을 치유하고 위안할 만한 새로운 사유를 펼쳐 보인다는 데 주목할 만하다. 여덟 편의 단편이 실린 이 소설집은 2014년 세월호 참사 직후 쓰인 「다만 한 사람을 기억하네」와 「사랑의 단상 2014」 이후 단절된 시간성을 품고 있지만, 그 내용은 연속된 사유에 기반을 둔다. 이는 '기억'의 층위에서 논의할 수 있을 텐데 흥미로운 점은 기억의 방향성에 있다. 흔히 기억한다고 하면 그것은 과거의 경험과 그로 인해 유발된 어떤 정서적인 상태를 의미한다. 그러나 김연수가 기억하고자 하는 것은 아직 오지 않은 미래의 어떤 양태이다. 이를 상상한다고 하지 않고 기억한다고 말하는 이

---

4 김연수, 『이토록 평범한 미래』, 문학동네, 2022, 9쪽. 이후 단편 제목과 쪽수만 표기.

유는 미래를 기억함으로써 현재의 슬픔을 치유하고 "세 번째 삶"(23쪽)을 시작할 수 있기 때문이다.

'세 번째 삶'이란 거창한 것이 아니다. 그저 평범한 일상을 영위하는 미래이다. 한 개인의 삶의 진실은 과거의 고통이 야기한 명료한 서사의 표면이 아니라 아직 표현되지 않은 미래가 현재로 전이되어 수행하는 삶에 있다.

> 기차 안에서 그가 읽던 소설에는 동반자살을 했다가 미래에서 과거로 진행되는 인생을 한번 더 살아가게 된 한 연인이 등장했다. 그들은 시간을 계속 거슬러올라가면 자신들이 처음 만나는 순간이 찾아오리라는 것을 알게 된다. 둘은 그 순간이 몇년 몇월 며칠이며, 그때 자신들의 마음이 얼마나 설레고 기뻤는지를 또렷하게 기억하고 있다. 두번째 삶에서는 거꾸로 그 만남을 향해 살아가면서 두 사람은 그 만남으로 인해 일어난 일들을 먼저 경험한다. 둘은 미래, 그러니까 원래대로라면 과거를 적극적으로 상상할 수 있다. 둘은 가장 좋은 게 가장 나중에 온다고 상상하는 일이 현재를 어떻게 바꿔놓는지 알게 된다. 그러면서 그들에게는 희망이 생긴다. 한번 더 살 수 있기를. 다시 둘이 만났을 때부터 시작해 원래대로 시간이 흐르기를.(23쪽)

단편 「이토록 평범한 미래」에는 또 다른 소설이 삽입되어 있다. 지민의 엄마인 지영현이 쓴 『재와 먼지』가 그것이다. 이 소설은 일종의 SF, 혹은 판타지로 "시간여행 혹은 시간의 종말을 다룬 소설"(16쪽)이다. 1999년, 나는 지민과 함께 외삼촌으로부터 이 소설에 관한 이야기를 듣고 동반자살하기로 한 지민의 마음을 돌리게 된다. 인용한 부분은 이후 '나'가 "스스로 깨달았다고 말하는"(19쪽) 김원씨의 페이스북 계정을 통해 알게 된 『재와 먼지』의 내용으로 김연수가 전하고자 하는 메시지를 단적으로 보여주는 부분이다. 인용한 부분 앞에는 카지노에 빠져 있던 김원이 오십 대 오십 확률 게임에서 돈을 다 잃게 된 사연이 나오는데 그 경험을 통해 그가 깨달은 바("계속 지는 한 다음번에 이길 확률은 거의 100퍼센트에 가까워진다. 미래를 포기하지 않는 한, 그는 결국 돈을 따게 돼 있었다. 다만 판돈이 부족했을 뿐이다."(22쪽))가 적시된다. 깨달음은 결국 아직 오지 않은 미래를 포기하지 않고 기억하며 현재를 산다면 "가장 좋은 게 가장 나중에 온다"는 것을 알게 된다는 것, 그럼으로써 희망을 품고 현재를 살아갈 수 있다는 것이다. 그러기 위해서는 비트겐슈타인이 언급한 "그러나 당신은 실제의 눈을 보지는 않는다"(26쪽)는 문장처럼 우리 눈의 한계를 알고 그 한계를 넘어서 세계의 풍경을 달리 보려는 능동적 수행이 필요하다. "자신이 인식한 세계가 바로 자신의 존재라는 것"(「다시, 2100년의 바르바라에게」, 235쪽)을 깨닫고 현재가 과거의 원인으로 인한 것이 아니라 미래의 원인으로 인해 비롯된 현재임을 인식한다면 우리가 살아가면서 선택할 것들은 많은 부분 달라질 것이다. 왜냐하면 "언젠가 그 이야기는 우리의 삶이 되기 때문"(「바얀자그에서 그가 본 것」, 121쪽)이다.

바로 그 이유로 지민은 자살한 엄마를 용서할 수 있게 되고 '나'와 결혼해 세 번째 삶을 살 수 있게 된다. 물론 여기에는 하나의 사건이 덧붙는데 그것은 '나'가 우연히 종교 코너에서 줄리아라는 예언가의 초대 쪽지를 발견한 일이다. 외삼촌을 만나고 며칠 뒤, '나'는 지민과 함께 줄리아를 찾아가 질문을 던지고 답을 듣는다. 이때 줄리아는 지민에게 "두 사람은 결혼할 것이다. 그러니 죽어서는 안 된다"(33쪽)는 말을 건넨다. 이십 년이 지나 둘은 실제로 결혼하여 그 순간을 복기하며 지민은 "줄리아는 그냥 이 사실을 말한 거야. 다만 이십 년 빨리 말했을 뿐. 그 시차가 평범한 말을 신의 말처럼 들리게 한 거야. 소설에 미래를 기억하라고 쓴 엄마는 왜 죽었을까? 그게 늘 궁금했는데, 이제는 알 것 같아. 엄마도 이토록 평범한 미래를 상상할 수 있었다면 좋았을 텐데."(34쪽)라고 말한다. '평범한 미래'를 말하는 줄리아는 "미래의 통합된 마음"(33쪽)으로 미래를 기억해 지민에게 전달한 것이고 이를 기억하며 살아간 지민은 자신의 엄마와는 달리 미래를 기억하며 살아감으로써 '미래의 통합된 마음'이 가리킨 평범한 일상의 세 번째 삶을 살아갈 수 있었던 것이다. 기실 '세 번째 삶'은 "세컨드 윈드"(「난주의 바다 앞에서」, 60쪽)처럼 끝이 아닌, KO를 당해 링 바닥에 누워 조금 전과 다른 공기를 온몸으로 느끼며 고독한 순간을 경험한 다음에 불어오는 거라 할 수 있다. 그것은 특별한 순간이면서 이어지는 평범한 미래를 삶의 일상 곁에 두는 것이자 두 번째 바람이 되어 다른 삶의 가능성으로 충만하게 하는 의지와 진배없다. "흐르는 물처럼 시간에 따라 조금씩 과거의 얼굴에서 미래의 얼굴로 바뀌어간다. 그렇게 우리의 얼굴이 바뀔 수 있다는 사실 덕분에 거기 희망이 생겨난 것"(「엄마 없는 아이들」, 142쪽)도 마찬가지이다. 아직 오지 않은 2014년을 2004년의 방명록에 쓰는 것 역시 "이 세상에 살고 있다는 것조차 모르고 있는 동안에도 나를 기억한 사람"(「다만 한 사람을 기억하네」, 181쪽)이 미래를 기억하려는 의지로 전유되어 "우리조차도 기억하지 못하는"(180쪽) 우리로 하여금 잊을 수 없는 단 한 사람으로 존재하도록 만든다. 새로운 바람이 불 것임을, 그리고 그 바람 속에서 나와 다른 존재를 기억하며 서로 관여된 미래가 현재의 원인임을 잊지 않는 것으로 우리는 새로운 삶을 채워나갈 수 있다.

그러니 고립과 고독으로 점철된 피폐한 삶일지언정 우리의 삶은 지속되어야 한다. 예전에도 틀린 적이 있고 앞으로도 그럴 것이라서 '형편없는 일'로 삶을 수두룩 빽빽하게 채워도 괜찮다. 그것은 삶을 다채롭게 만드는 근사한 일이 될 것이다. 또한 그 곁에서 서로를 이해하지 못하더라도 우리가 이곳에서 함께였다는 사실만큼은 진실이라는 것, 그럼으로써 타인을 외면하지 않고 기꺼이 손 내밀어 닿고자 하는 마음을 경주해 나갈 필요가 있다. "계속 지는 한이 있더라도 선택해야만 하는 건 이토록 평범한 미래라는 것을. 그리고 포기하지 않는 한 그 미래가 다가올 확률은 100퍼센트에 수렴한다는 것을"(34~35쪽) 기억하며 살아가는 것이야말로 저 구조적 폭력과 재난에 가까운 부조리한 세계로부터 우리를 보호하고 평범한 미래를 잃지 않는 일일 것이다. 2022년의 끝에서 또 다른 사회적 참사를 마주하고 애도하는 와중에 우리가 다시 일어설, 어떤 가능성의 꿈을 꿀 수 있다면, 아마도 그것은 이들 소설이 보여주는 것처럼 미래를 기억하며 포기하지 않으려는 마음에 있는 것인지도 모르겠다.

기록으로서의 소설, 소설로서의 기록
―은폐된 폭력의 구조와 저항의 목소리 [1]

1. 진실과 접선하라

말하지 않으면 안 된다. 진실이 은폐되고 사실이 조작되며 거짓이 강요되는 사회에서는 아무것도 발설되지 않는다. 절대 권력의 횡포와 사회 구조적 모순이 폭력적으로 개별 주체를 억압하는 상황에서 온전하게 현실을 감각할 수 있는 길은 요원하기만 하다. 21세기에 들어서 우리는 새로운 사회에 대한 우리들의 강렬한 소망이 사회적 합의에 의해 이루어질 것이라 기대했다. 하지만 신자유주의 체제의 전 지구적 영향력과 정치, 경제, 사회의 전반적 혼란으로 우리의 기대는 참혹할 정도로 좌절을 맛보아야만 했다. 게다가 지난 구 년에 걸친 정치적 퇴행의 결과, 우리는 우리 삶의 기반이 얼마나 허약한 믿음에 기초하고 있었는지 체감해야만 했다. 그러나 랑시에르가 말하는 민주주의가 "자신들의 사적인 행복을 추구하며 그것에만 매달리는 개인들의 생활방식과는 거리가 먼 것이며, 바로 이러한 상황에 반대하는 투쟁이자 공공영역의 확대과정"[2] 임을 고려해보면, 우리는 우리가 선택했던 사적 행복이

---

1   이 글에서 다룬 작품은 다음과 같다. 강영숙, 「문래에서」(『아령 하는 밤』, 창비, 2011.), 「폴록」(『회색문헌』, 문학과지성사, 2016.) ; 김탁환, 『거짓말이다』(북스피어, 2016.) ; 조남주, 『82년생 김지영』(민음사, 2016.) ; 강화길, 「괜찮은 사람」, 「호수―다른 사람」(『괜찮은 사람』, 문학동네, 2016.) ; 정이현, 「서랍 속의 집」(『상냥한 폭력의 시대』, 문학과지성사, 2016.)
2   자크 랑시에르, 『민주주의는 왜 증오의 대상인가』, 허경 옮김, 인간사랑, 2011, 123쪽.

얼마나 허황된 기반 위에 놓여 있었는지에 대한 반성이 필요하기도 하다. 물론 개별 주체의 사적인 행복을 추구하는 동기에서 선택한 행위를 전부 비난하자는 것이 아니다. 사적인 행복 추구는 보다 나은 삶의 질적 만족과 고양을 가져온다. 그러나 민주주의는 그러한 사적 행복 추구의 생활 방식을 옹호하는 체제가 아니다. 오히려 그것은 개인적이고 개별적인 주체의 만족이 아닌 공공영역을 공유하는 공동체적인 주체들의 만족을 구현하는 방식으로 이루어지는 것이기 때문이다. 2016년에서 2017년에 걸친 겨울, 우리는 억압된 진실과 마주할 수 있었으며 개인의 사적 이윤 추구가 국가적 차원의 문제로 불거졌던 당혹 앞에서 민주주의에 대한 정의를 다시금 곱씹어 보게 되었다. 광장을 가득 채운 개별 주체들은 백만분의 일이라는 공동체의 구성원으로서 촛불을 들었다. 파편화된 개별 영역에서 통합된 공공영역으로 변화의 목소리를 내기 시작한 것이다.

영화보다 더 영화 같은, 소설보다 더 소설 같은 현실의 난장(亂場) 속에서 문학은 어떠한 방식으로 자신의 존재를 규정하여야만 하는 것일까. 문학과 정치의 관계에 대해서는 이미 수십 년에 걸쳐 논의되었다. 여기서 그것을 반복한다고 해서 새로운 경향을 제시할 수는 없다. 그러나 루카치의 말을 빌려 문학이 "객관적 현실의 총체적인 상(像)"을 형상화하는 것이라고 한다면 문학은 그것을 수용하는 이들에게 "삶의 총체성의 체험"[3]을 가능하게 하는 수단이 된다. 서사시의 시대가 종결되

---

3 김경식, 「루카치 장편소설론의 역사성과 현재성」, 『다시 소설이론을 읽는다』, 황정아 엮음, 창비, 2015, 19쪽.

고 존재의 총체적 체험이 불가능해진 상황에서 문학은 개별적 존재를 통해 그들이 발 딛고 선 사회적 토대를 재현해야만 한다. 그럼으로써 그것을 수용하는 이들의 현재를 역사화하고 성찰할 수 있기 때문이다.

그런 의미에서 2000년대 이후의 한국소설은 현실을 재현하는 방식의 다양한 시도를 감행하였다. 이전과는 다른 시대를 경험해야 하는 불안을 그로테스크와 산-죽음(un-dead)으로 형상화한 시도가 있는 반면 아버지로 상징되는 대타자의 세계를 우스꽝스럽게 그려냄으로써 권위를 탈각시키고 애초부터 부재한 것으로 상정하여 젊은 세대를 재구축하려는 시도도 있었다. 다양한 유형의 작가들이 작금의 한국 사회와 그것과 관계하는 개별 주체들을 통해 자신들만의 방식으로 현재를 역사화하고 이를 소설로 기록하고 있다. 낯선 공간과 내면의 고백으로 구성된 이들의 소설적 세계는 그것대로 현실을 어떻게 반영하고 재현해야 하는지 끊임없이 질문하게 한다. 다만 그들의 질문과 대답이 개별적 존재들의 삶과 얼마나 유기적으로 이어져 있는지는 모호할 때가 있다. 우리가 소설을 통해 경험하는 세계가 자꾸만 현실과 유리되는 경향이 짙어졌기 때문이다. 역설적이게도 우리는 소설적 현실로 가정된 세계의 극단적 풍경이 현실로 재현되는 참혹을 뒤늦게 따라가며 경험하고 있다. 그래서일까. 최근 소설들은 우리가 마주해야만 하는 이러한 참혹이 은폐되어 있었을 뿐, 실은 예전부터 거기 있었다는 것을 환기하는 방식으로 쓰이고 있다. 형식의 차이는 있을지언정 한국 사회 내에 만연해 있는, 그래서 은폐되어 알 수 없었던 현실을 우리 눈앞에 현시하며 진실이 무엇인지를 고민하게 만든다.

2. 어둠 속에서 기록되는 역사

소설은 진실을 인양할 수 있는가. 현실을 모방하고 재현하는 미메시스적 글쓰기로서의 소설은 어디까지 사회적 모순에 대해 질문하고 그것을 우리 삶과 나란하게 놓을 수 있을까. 오늘날, 우리는 소설을 통해 총체적인 세계를 인지할 수 있을 거라 기대하지 않는다. 다만, 현실을 재현하는 방식을 통해 현실 너머를 전유하고자 할 뿐이다. 그렇다면 우리가 지금 마주하는 소설이야말로 강영숙이 말하는 "회색문헌"인 것은 아닐까.

'회색문헌'은 "최종 단행본이 되기 이전의 자료, 공식 자료 이전의 자료, 과정을 보여주는 회의 자료, 최종 결과물이 나오면 결국 폐기"(「폴록」, 38쪽)하게 되는 자료를 통칭하는 용어이다. 소설은 그 자체로 완결된 최종 자료가 아니며 공식 자료로 존재하지 않는다. 그것은 현실을 재현함으로써 진실을 희구하려는 도정에 놓여 있다. 그렇기 때문에 작가는 어떤 이에게는 아무런 소용도 없는 글일지라도 소설 쓰기를 지속할 수밖에 없는 것이다.

지금-여기의 재난은 외부에서 비롯된다기보다는 위기관리 시스템의 붕괴로 인해 내부에서 발생하였다. 긴급 방역은 물론이거니와 백신조차 제대로 구비하지 못한 체제의 안이함이 질병을 확산시키고 사회적 혼란을 가중시켰다. 이러한 혼란을 봉합하기 위해 사회는 존재의 존엄을 고려하지 않는 행정 편의적 생매장을 선택했다.

천막 앞에 아침부터 검은색 옷을 입은 여자가 또 서 있었다. 여자만 서 있으면 주변이 시끄러워졌다. 여자가 들고 서 있는 피켓에 쓰인 글. 지구는 이미 60년대에 끝장났다. 그러니까 내가 태어나기도 전에 이미 끝장난 거였고, Y지역에서만 돼지 이천 마리를 죽였다. 나는 도무지 상상할 수 없는 숫자였다. 농민들 피해보상 따위에는 관심도 없이 살육만 해대는 나쁜 정부. …… 검은 휘장을 씌운 트럭들이 희한한 냄새를 풍기며 지방도로를 달렸다. 헛바늘을 치료할 수 있는 특별한 방법을 알고 싶었다. 혀에서 피가 날 것처럼 아팠지만 그냥 견딜 수밖에 없었다. (「문래에서」, 26쪽)

강영숙은 「문래에서」에서 시스템의 붕괴가 존재의 소외로 이어지는 지금 – 여기를 고발한다. 구제역이 창궐한 Y지역은 돼지들을 산 채로 구덩이에 파묻는, 존재의 존엄이 살육되는 곳이다. 재난의 상상력으로 이름 붙여진 강영숙의 근작들은 전염병과 자연재해 등 파국의 상황 속에서 그것을 견뎌내는 존재를 그려낸다. 「문래에서」에서의 '나'는 남편의 일자리 문제로 문래에서 Y지역으로 이사한다. 삶의 기반을 잃고 새로운 삶을 찾아 주변부로 밀려나게 된 것이다. 중심에서 소외되는 존재들은 자신들의 공간을 빼앗기지만 그 원인을 규명하기보다는 당장 눈앞에 닥친 일들을 해치우며 삶을 지속할 뿐이다. 그가 할 수 있는 일이란 이전의 상태를 추억하는 일이다. 애초에 그들이 출발한 곳 역시 중심이 아닌 주변부였기에 그곳은 불길하고 무서운 그림을 그릴 수밖에 없는 분열된 자아만이 불안으로 남는다. 삶을 지속시키기 위해 존재는 일상화된 재난 속에서 강요된 견딤을 수용해야만 한다.

무기력하게 지금 – 여기의 부조리가 강제하는 것을 견뎌낸 존재는 어떻게 되는 것일까. 「폴록」은 「문래에서」에서의 '나'가 파국을 삶의 과정으로 견뎌낸 이후와 대면하게 한다. 「폴록」은 환경단체에서 인턴으로 일하는 J가 나이 든 환경운동가인 K 이사를 인터뷰하면서 느낀 "무슨 일이 일어났는가를 말하는 차원의 진술과는 다른, 말로 하기 어려운 층위의 일을 경험"(38쪽)한 내용을 담고 있다. K 이사는 "비교적 일찍 환경운동을 시작한 여성"으로 한때는 "아무도 아프지 않고 아무도 죽지 않는"(42쪽) 이상적인 공동체를 염원했지만, 현재는 기면증을 앓고 있으며 쓰레기로 뒤덮인 집에서 산다. K 이사와 같은 이들의 노력으로 환경 문제가 공론화되고 그 해결을 위한 활동이 활발하게 되었을 테지만 그들이 꿈꿨던 이상이 현실화되었다고 보기는 어렵다. 「문래에서」에서 고발된 부조리는 여전하다. "해결책 따위는 없"다. 존엄을 상실한 우리는 "적응하는 법을 배워야"한다. "허리케인에 대비하기 위해서는 창문에 X자로 테이프를 붙여야 하고, 지구 온난화 때문에 동굴로 피해 들어간 남반구 사람들처럼 할 수만 있다면 자기 집 지하에 벙커를 만들어야 한다"(43쪽). 재난을 극복하기 위한 노력이 사회 시스템에 의해 이루어지는 것이 아니라 개별적 존재에게 내맡겨진 것이다. K 이사와 J의 세대 간극은 문제를 대하는 방식에서 차이가 있지만, 그들은 모두 잭슨 폴록의 그림처럼 폭발적인 새로운 지향으로 뻗어나가지는 못한다. J가 공감할 수 없는 이야기를 하는 K 이사와 혼자 대화하는 J는 파국의 삶을 징후적으로 증명할 뿐이다. 사회의 위험은 개인의 불안을 숙주 삼아 존재를 비(非)인칭으로 내몬다. 그들은 스스로 생존해야 하

지만 주체가 되지는 못한다. 무엇으로도 자신을 증명할 수 없는 존재
는 비인칭의 세계에 내몰려 "와해되어버"(53쪽)렸기 때문이다. "세계는
무너진 적이 없다"(「크홀」, 207쪽)는 것을 알아차린다 해도 우리는 파
국의 풍경 속에서 우리의 삶이 "모두 쓰레기가 되"(205쪽)는 것을 막기
가 어렵다. 그렇다고 '쓰레기가 되는 삶'[4]을 아무런 저항도 없이 수용할
수는 없다. 우리는 이미 '무너진 세계'를 경험한 적이 있다. 그것을 실시
간 생중계 당하면서 우리 자신이 '와해'되는 경험을 해야만 했다. 그것
에 대한 최종 결과는 발표되지 않고 있다. 우리는 이제 우리 스스로 '회
색문헌'을 작성해야 하는 상황에 놓이게 되었다.

  2014년 4월 16일, 우리는 극단적인 파국을 경험했다. 질병과 재해로
말미암은 재난의 최대치를 가볍게 뛰어넘은 비상이었다. 우리는 생중
계되는 참혹의 스펙터클 앞에서 무기력을 느꼈다. 비리와 부패의 연쇄,
국가적 위기를 관리, 감독해야 하는 컨트롤타워의 부재를 포함하여 이
후 일련의 진행 과정을 통해 재난이 국가와 사회 구조, 더 나아가 글로
벌 자본주의의 문제가 결합되어 있는 중층적 결과였음이 드러났다. 살
아남기 위해서는 '가만히 있으라'고 말하는 권력의 강제를 거부해야
만 했다. 인간이 인간으로서 그 존엄과 가치를 인정받지 못한 '세월호
참사'라는 재난 앞에서 다시 한번 소설의 존재를 생각하지 않을 수 없
다. 소설이 객관적 기록과는 다른 길을 걸어가야 한다는 것은 자명하
다. 소설은 자기완결성을 갖고 지금-여기를 그려내는 한편, 사회적 사
실보다 문학적 진실을 희구해야 그 너머를 지향할 수 있으리라고 믿기

---

4 지그문트 바우만, 『쓰레기가 되는 삶들』, 정일준 옮김, 새물결, 2008에서 가져옴.

때문이다. 말하지 않으면 안 되는 진실이 있다. 억압되고 은폐된 진실과 조작된 거짓 사이에서 끝끝내 찾아내야만 하는 것이 있다. 소설이 사건 파일이나 객관적 증거 자료가 될 수 없는 일종의 '회색문헌'으로서 존재한다는 것을 고려할 때, 김탁환의 『거짓말이다』는 그 고투의 일환으로 주목된다.

김탁환은 정도전, 이순신 등 역사적 인물을 통해 사회 문제를 우회적으로 다루어온 작가이다. 그런 그가 재현하는 지금－여기 또한 실존 인물을 경유한다. 『거짓말이다』는 고(故) 김관홍 잠수사의 목소리를 빌린 나경수 잠수사가 류창대 잠수사를 위해 재판장에 탄원서를 쓰는 방식으로 구성되어 있다. 세월호 선체를 수색하여 실종자들을 '모시고 나온' 일과 수색 작업이 중단되고 철수한 이후 그가 겪어야 했던 일들을 적어 나가는 형식을 취하고 있으며 그 사이사이에 작가 시점의 인터뷰들이 실려 있다. 개인 서사와 취재 방식의 르포가 혼종된 소설이라 말할 수 있을 것이다. 김탁환은 한 인터뷰에서 이러한 구성을 "독자들이 이 책을 놓지 못하게 하는"[5] 방법으로 채택한 전략이라고 말했다. 소설적 전략으로 채택한 이 방식은 "빛을 삼켜 버리는 완전한 어둠, 어둠을 강요하는 어둠, 너무나도 위험한 어둠"(69쪽) 속에서 길을 잃지 않도록 해주는 아리아드네의 실타래, '생명줄' 같은 역할을 한다.

세월호 희생자와 마찬가지로 잠수사들도 '어둠' 속에 은폐된 존재였다. 언론을 통해 "말들은 들끓고 글들은 흘러 넘쳤"(61쪽)지만 우리는 진실은커녕 사실조차 제대로 파악할 수 없었다. 세월호 희생자들의 얼

---

5 「소설로 부활한 세월호 잠수사」, 『시사IN』 제467호.

굴은 다른 누구도 아닌 바로 우리 자신의 얼굴이 될 수도 있었다. 그 얼굴을 어둠 속에서 찾아내 물 밖으로 모셔야 했던 잠수사들은 국가의 무능을 은폐해야 하는 도구로 소모되고 버려진다. 토사구팽(兎死狗烹). 위기관리 시스템이 붕괴된 자리에서 범대본과 해경을 비롯한 국가권력에게 잠수사들은 자신의 무능을 증거하는 대상일 뿐이다. 그렇기 때문에 국가와 사회 구조의 존엄을 위해 잠수사들은 존재하지만 존재하지 않는 비인칭으로 소외된다. 세월호 참사가 "바다에서 일어난 교통사고"(218쪽)로 왜곡되는 것처럼 그들의 존재는 그저 사고를 "이용해서 한몫 챙기려는 날파리 떼"(23쪽)로 받아들여진다. 김탁환은 잠수사의 서사와 사건 외부에 존재하는 인물의 인터뷰를 병치시킴으로써 가시성의 영역으로 치환되지 못하는 존재의 소외를 기록한다.

국가의 구조적 폭력 앞에서 우리가 어떻게 계속 인간일 수 있는가를 질문하는 것은 인간의 존엄을 잃지 않기 위한 노력의 한 축이다. 한편으로 이것은 오히려 해소될 수 없는 절망적 상황을 환기하고 참혹을 직면하게 만드는 역설일지도 모른다. 그러나 이러한 상황이 우리가 삶을 살아가는 세계의 실상이라는 것을 인식하게 만든다면 우리는 우리를 억압하는 실재 앞에서 고개를 돌리거나 뒤로 물러설 수 없게 된다. 소설이 증거하는 전언은 비극적 현실의 사실적 재현에 그치는 것이 아니라 이를 바탕으로 절망을 뚫고 나아갈 수 있으리라는 기대 지평이기 때문이다. 여기에서 주저한다면 우리는 인간으로서의 가치를 상실한 파국과 마주할 것임이 분명하다.

그 밤에 우리가 가장 많이 사용한 단어는 '반드시'입니다. 도면을 펼칠 필요도 없습니다. 머릿속에 다 들어 있으니까요. 도면에서 미수습자가 있으리라고 추정하는 장소는 제각각 달랐습니다. 가령 제가 '반드시' 있다고 예상하는 곳을 짚어 나가면서 이유를 댑니다. 다음으로 (……) 그 다음엔 다른 잠수사가 끼어들고 또 다른 잠수사가 끼어들지요. (……) 맹골수도로 돌아갈 수만 있다면, 그땐 '반드시' 찾아내겠다고. 그렇게 반드시를 다섯 번 언급한 날은 다섯 배 쓸쓸하고 열 번 되뇐 날은 열 배 공허합니다. 스무 번 강조한 날은 잠들지 못하고 눈물 쏟습니다.(201쪽)

소설은 '반드시'를 되뇌는 것과 같다. 인간을 비인칭으로 내모는 사회 구조의 폭력 앞에서 인간의 존엄을 지키며 삶의 진실을 구하기 위해 소설적 모색은 '반드시' 지속되어야만 한다. 예상되는 '반드시'의 장소가 하나일 수 없듯이 진실을 찾기 위한 과정으로서의 모색도 한두 번으로 그칠 수 있는 것이 아니다. 맹골수도에서 일한 잠수사들이 "갑도 아니고 을도 아니고 병도 아"닌 '무(無)'라는 자조적 맥락 속에서 "있지만 없는 존재, 인간도 아닌 존재, 아무렇게나 쓰고 버려도 무방한 존재"(328쪽)로 전락할 때, 소설은 그 지워지는 비인칭의 목소리를 '반드시' 찾아내어 복원해야만 할 것이다. 실제 현실에서의 좌절과 절망이 김탁환 소설에서 희망으로 표현될 수밖에 없었던 것도 '회색문헌'으로서의 가능성과 연결 지어 생각해야만 한다. "뜨겁게 읽고 차갑게 분노하라."(389쪽)고 김탁환 자신이 언급한 것은 현실의 부조리함과 변화의 불가능성이 고착되지 않도록 소설이 지탱해야 하는 진실 희구의 과정인 셈이다. 소설은 실제적이고 실체적인 사회적 변화를 가져오지 못할지도 모른다. 그럼에도 기록하고 기억해야 하는 이유는 그것이 소설적 세계가 현실을 단순히 반영하는 것을 넘어 은폐되고 소외된 존재의 곁을 지키는 구체적 활동이 될 수 있기 때문이다. 물대포를 맞으면서도 고개를 들어 타인의 얼굴을 쳐다보는, 단순히 물대포를 견디는 것이 아니라 '젖은 가슴'으로 타인의 '가슴'을 덮는, "포옹 외에는 답이 없는 순간"을 공유하는 연대야말로 그들의 삶을 지속시킬 방안에 관한 소설적 대답이다.

그러나 해소되지 않는 의문이 남는다. 은폐되고 소외된 존재의 곁을 지키는 일이란 주변부의 존재에 대한 작가의 관심을 전유한다. 작가역시 사회의 중심적 위치를 차지하는 존재가 아니기에 주변부적 존재로 자리매김할 수밖에 없다. 한국 사회를 향한 소설의 영향력은 소설이 지닌 문학적 환경의 축소만큼이나 줄어든 것이 주지의 사실이다. 결국 작가가 재현하는 현실에 대한 희망은 자기 반영적 허구의 외화가 아닐까. 약한 존재 즉 타자에 감정이입함으로써 고발 문학으로서의 소설쓰기야말로 소설의 가치를 구현하는 최선이라는 믿음을 내면화한 것은 아닐까 하는 의문이다. 김탁환의 『거짓말이다』가 품고 있는 희망의 최전선에는 비극적 현실이 아로새겨있음을 인식한다면 이러한 의문은 오인의 결과라고 할 수 있다. 소설은 사회적인 것과 끊임없이 연결되는 지점이 있다. 그 관계의 지점에서 소설이 기록하는 것은 현실에 대한 단순한 사실 확인이 아니라 그 안에 가려져 있는 진실에의 소망이다. "저 불빛이 마지막 거짓말이 되지 않게 해 달라고."(361쪽) 빌면서 타자의 연대가 공공영역으로 수용되어 '역사 되기'를 지향하는 주변부의 정치적 발언인 셈이다. 이를 수용하지 못한다면 한국 사회는 그것이 기반하고 있는 내적 구조의 취약성을 스스로 폭로하는 결과를 낳게 될 것이다.

3. 기록, 타자의 자기 증명

비극적 현실 앞에서 은폐되는 존재를 사라지지 않도록 르포처럼 기록하는 것이 김탁환의 『거짓말이다』라면, 조남주의 『82년생 김지영』은 객관적 자료와 구체적 수치를 제시하여 가부장제 사회에서 내면화된 여성차별의 구조를 폭로하고 기록한다. 차별은 주로 사회적 약자인 장애인, 이주민, 성소수자, 여성 등을 향한 일상화된 폭력으로 작용한다. 사회적 약자는 자본주의 사회의 잉여적 존재로 인식되어 바우만식으로 말하면 '쓰레기'로 간주된다. 목소리를 박탈당한 익명적인 비인칭의 자리로 내몰리는 것이다. 보편이란 언어로 특수를 제거하려는 이러한 폭력은 일상에서 우리가 인식하지 못하는 와중에 발현된다. 그것은 국지적이고 고착화된 형태로 존재를 타자화하고 그 가치를 평가절하하며 존엄을 강탈한다. 주체는 타자를 표상한다. 주체에 의해 타자는 자기를 주장하지 못하고, 주체의 시선과 관점에 의해 수동적으로 표상되며 일정한 모습으로 고정된다.[6] 권력으로서의 사회 구조가 만든 차이

---

6   김애령, 『여성, 타자의 은유』, 그린비, 2012, 46~49쪽. 김애령은 '팜므 파탈'femme fatale이라는 표상의 예를 통해 주인의 자리, 행위자의 자리에 있는 권력이 현실의 여성을 괴물이자 신비로 의미화한 후 이를 다시 괴물이자 신비인 존재는 타자라는 의미로 고정시킨다고 말한다.

를 우리는 당연한 것으로 수용한 채 삶을 살아가고 있다. 조남주의 소설은 그 당연함에 대해 의문을 제기한다. '82년생 김지영'의 삶의 역사를 통해 여성이 어떻게 타자화되고 억압되어 왔는지를 기록한다.

'김지영'은 "1982년 4월 1일, 서울의 한 산부인과 병원에서 키 50센티미터, 몸무게 2.9킬로그램으로 태어났다."(23쪽) 한 인간의 탄생은 보편과 특수로 구분되지 않는다. 그 자체로 완벽한 하나의 세계이자 우주이다. 그러나 남성 중심적 사회에서 '딸'은 "소중하고 귀해서 아무나 함부로 손대서는 안 되"는 '아들'이 아니라는 이유만으로 "그 '아무'보다도 못한 존재"(25쪽)가 된다. 가부장제 이데올로기가 '잉여적 존재'로 고정시킨 '여성'이라는 표상은 그 존재로 하여금 타자의 자리에 고착되도록 만든다. 이데올로기에 의해 형성된 타자는 자신에게 가해진 차별의 메커니즘을 수용하고 자발적으로 합리화한다. 1982년부터 2016년까지의 김지영은 부조리한 사회 구조가 강제한 '잉여적 존재'를 수용하고 합리화하는 양상을 적나라하게 보여준다.

소설은 보편의 언어가 아니다. 그것은 오히려 타자의 목소리를 대변한다. 조남주는 김지영의 삶의 궤적을 각종 통계자료와 신문 기사, 연구 자료 등의 인용을 통해 재구성한다. 이러한 시도는 여성에게 가해지는 구조적 폭력의 객관적 현실을 총체적인 상(像)으로 인식하게 만든다.

남자애들은 원래 좋아하는 여자한테 더 못되게 굴고, 괴롭히고 그래. 선생님이 잘 얘기할 테니까 이렇게 오해한 채로 짝 바꾸지 말고, 이번 기

회에 둘이 더 친해지면 좋겠는데.(41쪽)

왜 아무하고나 말 섞고 다니느냐, 왜 치마는 그렇게 짧냐…… 그렇게 배우고 컸다. 조심하라고, 옷을 잘 챙겨 입고, 몸가짐을 단정히 하라고. 위험한 길, 위험한 시간, 위험한 사람은 알아서 피하라고. 못 알아보고 못 피한 사람이 잘못이라고.(68쪽)

내가 몇 번을 말하니? 여자는 힘들어서 못해요. 너희는 그냥 동아리에 있어 주는 것만으로 우리한테 힘이 되는 거야.(91쪽)

나 원래 첫 손님으로 여자 안 태우는데, 딱 보니까 면접 가는 거 같아서 태워 준 거야.(100쪽)

여러분이 거래처 미팅을 나갔단 말입니다. 그런데 거래처 상사가 자꾸 좀, 그런, 신체 접촉을 하는 겁니다. 괜히 어깨도 주물주물하고, 허벅지도 슬쩍슬쩍 만지고, 엉? 그런 거? 알죠? 그럼 어떻게 하실 겁니까?(101쪽)

그래도 지영아, 잃는 것만 생각하지 말고 얻게 되는 걸 생각해 봐. 부모가 된다는 게 얼마나 의미 있고 감동적인 일이야. 그리고 정말 애 맡길 데가 없어서, 최악의 경우에, 네가 회사 그만두게 되더라도 너무 걱정하지 마. 내가 책임질게. 너보고 돈 벌어 오라고 안 해.(136쪽)

예전에는 방망이 두드려서 빨고, 불 때서 삶고, 쭈그려서 쓸고 닦고 다했어. 이제 빨래는 세탁기가 다 하고, 청소는 청소기가 다 하지 않나? 요즘 여자들은 뭐가 힘들다는 건지.(148쪽)

나도 남편이 벌어다 주는 돈으로 커피나 마시면서 돌아다니고 싶
다…… 맘충 팔자가 상팔자야…… 한국 여자랑은 결혼 안 하려고……
　　(164쪽)

『82년생 김지영』은 여성이 겪는 차별에 대한 사회학적 보고라고 해
도 과언이 아니다. 김지영의 삶에 틈입하는 남성은 여성을 자신들과 동
등한 존재로 인정하지 않으려 한다. 타자의 자리에 놓인 여성은 사회
구조의 외부자이면서 미숙한 존재이자 목소리를 가지지 못한 교화의
대상일 뿐이라는 것이다. 인용한 부분뿐만 아니라 소설의 많은 부분
이 여성을 타자화한 언술로 채워져 있다. 어린 시절부터 고등교육을 받
고 사회에 진출하는 모든 과정에서 여성은 수동적이며 불합리한 관계
와 의무를 묵묵히 수용해야만 하는 존재로 여겨진다. 여기서 주목할
만한 것은 김지영을 둘러싼 관계의 사회적 맥락이 특수한 경우가 아니
라는 점이다. 김지영을 둘러싼 사회적 배경은 일반적으로 중산층 가정
의 이상적인 모습이라고 할 수 있다. 아이엠에프로 퇴직을 하게 되지만
공무원이었던 아버지, 순종적이며 가정적이었다가 남편의 퇴직 이후
수완을 발휘하며 사업을 하는 어머니를 비롯하여 한국사회의 평균적
인 교육과정을 밟아 대학을 나오고 몇 차례의 고비를 겪지만, 회사에
정규직 사원으로 취직하고 약간의 대출을 받아 24평형 아파트 전세에
서 결혼 생활을 하는 김지영의 삶은 계급적으로 하층민의 삶이랄 수
는 없다. 김지영의 이러한 계급적 배경은 보편적 언어로 타자의 특수를
기록하기 위한 전략적 선택으로 보인다. 불합리한 상황이 전면적으로
드러나는 경우 그 상황의 특수성에 의해 보편적 차별의 메커니즘을 은

폐시킬 위험이 있기 때문이다. 『82년생 김지영』을 접하는 우리들이 김지영의 삶에 쉽게 공감했다면, 그것은 이러한 소설적 전략이 성공했음을 의미한다. 그로 인해 우리는 보편적 상황 속에서도 여성은 능동적인 자기 결정권을 부여받지 못하는 존재, 존재하지만 존재하지 않는 비인칭적 존재가 된다는 것을, 여성이 경험하게 되는 차별의 메커니즘이 특수한 경우에 한정되는 것이 아니라 일상적으로 여성의 삶에 작동하고 있음을 직시하게 되는 것이다.

주지하다시피 여성의 지위는 오랜 시간에 걸쳐 조금씩 향상됐다. 투표권을 획득하고 집안일이라고 치부되어왔던 것을 노동으로 인정받았으며 호주제를 폐지하여 여성도 남성과 동등한 권리를 부여받게 되었다. 그러나 외적으로 드러나는 여성의 지위는 사실상 사회 내의 차별적 구조를 깨뜨리지 못하도록 억압되어 왔다. 『82년생 김지영』에서 드러나듯 '유리천장'으로 대변되는 사회적 지위 상승의 불가능성, 남녀의 임금 격차, 여성을 성적으로 착취하는 폭력적 위계 관계 등은 크게 나아지지 않았으며, 가사노동과 육아 역시 여전히 여성이 담당하고 있다. 한편 왜곡된 용어로 차용되는 'OO녀', '일베'의 헤이트 스피치 등의 혐오발언이나 '강남역 살인사건' 등의 혐오범죄는 여전히 여성의 지위가 달라지지 않았음을 방증한다. 혐오는 그 발언을 하는 자신이 행위 주체임을 인정받으려는 '주체화의 열정'이 들어 있다.[7] 자신의 존재 이유를 상실했다고 판단하는 남성이 자신을 드러내기 위해 여성을 향해 혐

---

7   임옥희, 「주체화, 호러, 재마법화」, 윤보라, 임옥희, 정희진, 시우, 루인, 나라, 『여성 혐오가 어쨌다구?』, 현실문화, 2015, 56쪽.

오 행동을 하는 셈이다. 그들은 가해자의 자리에서 오히려 자신이 피해자라고 여긴다. "작은 것 하나라도 잃을까 전전긍긍하는 동안 피해자들은 모든 것을 잃을 각오를"(156쪽) 해야만 하는 여성의 삶에 대한 이해와 공감은 배제한 채, 자신만이 주체라고 말하며 여성을 타자화하고 그 목소리를 은폐한다. 존재의 평등이 침해받았을 때 우리가 가져야 할 반응은 혐오가 아니라 분노여야만 한다. 혐오를 통해 주체의 목소리를 드러내는 것은 아무런 의미가 없다. 그것은 오로지 자신의 존재만을 향유하고자 하는 욕망에 불과하다. 오히려 분노하고 그 분노를 일으킨 사회의 불합리, 부조리에 저항해야 한다. 소외된 타자, 비인칭의 곁에서 목소리를 내야 하는 것이다. 우리는 말하지 않으면 안 된다. 억압되고 은폐된 차별의 메커니즘을 말하지 않는다면, 그것은 은폐된 채로 지속되기 때문이다.

사회적 약자를 향한 공공연한 폭력에 대해 오히려 사회는 불합리한 책임을 전가하는 것도 사실이다. 존재가 될 수 없는 존재, 잉여적 존재로서 여성은 '김지영'을 통해 드러나듯 폭력과 강간의 원인을 제공하는 책임까지도 뒤집어써야 했다. 이 지점에서 여성에 대한 사회적 억압을 기록하는 강화길의 소설을 언급하지 않을 수 없다.

> 그녀는 아주 오랫동안 멍청한 여자들에 대해 들어왔다. 마음을 함부로 주는 여자들, 쉽게 승낙하는 여자들, 상황을 주도하지 못하고 끌려다니는 여자들. 그녀는 위험한 남자들보다 멍청한 여자들에 대한 경고를 더 많이 들어왔다. 쉽게 보이면 안 돼. 그건 네 값을 떨어뜨리는 일이야.(「호수-다른 사람」, 35쪽)

강화길은 '위험한 남자들'의 폭력으로 희생된 '여자들'에 대한 의미 있는 기록을 시도한다. 어째서 여성은 희생자가 되는가. 일차적으로 그 것은 '위험한 남자들'에 의해서 비롯된다. 주인공인 '진영'은 사귀던 남 자로부터 데이트 폭력을 당했다. 구체적으로 드러난 것은 아니지만 죽 은 민영 역시 사귀던 남자에게 살해된 것으로 추정된다. '위험한 남자 들'은 도처에 있으며 미리 알아차리기란 쉽지 않다. '82년생 김지영'이 학원에 갔다가 돌아오는 길에 무작정 쫓아오는 남학생을 피할 수 없었 던 것만큼 쉬운 일이 아니다. 엘리베이터까지 쫓아와 막무가내로 전화 번호를 알려달라고 말하는 남자는 자신의 행위가 어떻게 위협이며 잘 못이 될 수 있는지 인식하지 못한다. 그렇기 때문에 아버지와 사회는 낯선 남자가 쫓아오도록 만들었다는 이유로 여성에게 책임을 전가한 다. 그들은 "이상한 그들이 문제"라고, 여성이 "잘못한 게"(『82년생 김지 영』, 69쪽) 아니라고 말해주지 않는다. 오히려 "그러니까 조심했어야지. 그랬어야지. 그래. 그랬어야지. 그러게 호수에 왜 갔느냐"(40쪽)고 말한 다. 위험을 자초한 '멍청한 여자', '쉬운 여자'라는 굴레를 덧씌운다. 위험 에 대한 대처를 여성에게 전가함으로써 책임을 방기하는 이러한 행위 는 인간이 인간과 맺는 사회적 관계가 왜곡, 착취의 구조로 이루어져 있음을 의미한다. 공동체의 한 부분으로 여성을 인정하지 않고 오히려 공동체를 파괴하는 요인으로 여성을 왜곡함으로써 가부장제 이데올 로기를 강화시키고 있는 것이다. 그 안에서 여성은 자신에게 가해진 폭 력을 남성이 우연히 저지른 '실수'의 결과로 받아들이고 체념하도록 강 제된다.

착취되는 존재, '쓰레기'로 타자화된 존재들은 강제된 자기모멸을 내면화하게 된다. 여성은 남성들에 의한 실체적 폭력 앞에서도 그것을 '실수'로 인한 것으로 기만하며 자신을 합리화한다. 남성으로 인해 굴욕을 경험하고 존엄을 상실하는 순간에도 그들과의 관계에서 벗어나지 못한다. '괜찮은 사람'이 되어야 한다는 사회의 암묵적 합의를 내면화한 여성에게 자본주의와 가부장제라는 이중의 이데올로기는 억압일 뿐, 여성의 존엄을 구현하는 토대가 되지 못한다. 그것은 죽을힘을 다해 생활을 해나가더라도 잘하고 있다는 위안을 주지 못한다. 오히려 항상 남들과 비교하며 자신을 형편없는 존재로 느낀다. 자본주의 사회가 만들어낸 모순은 주체를 '괜찮은 사람'이 되도록 강요하며 그 틀 안에 진입하지 못하는 존재를 타자화시킨다. 가부장제 이데올로기에 의해, 이를 내면화한 세대에 의해, 그것을 재생산하는 교육과정에 의해 여성은 자기 확신을 갖지 못하고 '괜찮은 사람'을 찾아야만 하는, '괜찮은 사람'의 선택을 받아야만 비로소 온전한 주체가 될 수 있는 존재가 된다. 그렇기 때문에 무엇으로도 결핍과 공허는 메워지지 않는다. 남들 눈에 "평판이 좋은 사람이었고 실제로도 굉장히 좋은 인상을" 주며 여성을 배려하는 "매력적인"(15쪽) 남자들이라고 그의 선택을 받아야 하는 것은 아니다. 그러나 사회적으로 이미 위계가 정립되어 있는 이상 여성에게 주어진 자리는 제한적이다. 은폐된 억압과 차별, 폭력 등을 밖으로 끌어내지 않는 이상, 어둠 속에서 '아무렇게나' 뻗은 '강한 힘'에 떠밀려 그녀들은 "계단 아래로 굴"(81쪽)러 떨어질 수밖에 없다. 강화길은 그녀들이 "괜찮을 거라고 믿고 싶어"하는 사회를 향해 "괜찮지 않다."(22쪽)

고 기록한다.[8] 강화길의 기록이 지닌 미덕은 실체적 폭력 앞에 좌절할 수밖에 없는 여성의 은폐된 희생을 고발한다는 점이다. 부조리한 상황에 처해도 그것이 가리고 있는 진실로부터 고개를 돌린 채 "평온한 날이다."(106쪽)라고 말할 수밖에 없는 존재의 체념은 역설적으로 사회의 불합리를 전면으로 드러낸다.

비록 사회의 구조를 단번에 바꿀 수는 없다 하더라도 소설적 기록의 행위는 타자의 역사를 꿈꿀 수 있는 출발이 될 것이다. 그런 의미에서 강화길의 기록이나 조남주의 『82년생 김지영』이 기록하는 여성의 삶은 오래된 역사를 통해 배제되고 억압된 타자의 자기 증명이며, 그 구조 자체에 대한 비판적 접근이라고 말해도 좋다. 여성을 관통하는 차별은 인간의 존엄에 대한 국지적인 가해이자 일상화된 폭력이다. 그러나 그것을 "다 그랬어. 그때 여자들은 다 그러고 살았어."(『82년생 김지영』, 36쪽)라고 하지 않도록 소설은 말해야 한다. 그것이야말로 소설이 진실을 찾아가는 과정이며 타자가 아닌 공동체적 주체의 연대를 가능하게 하는 방법이다. 부당함에 대해 항의하는 것, 부조리에 저항하고 가려진 자의 목소리를 대변하는 것이야말로 '와해되는' 존재에게 "작은 성취감"을 느낄 수 있게 하는 "소중한 경험"(46쪽)으로서 소설이 자리매김하는 길이다. 그러나 조남주의 『82년생 김지영』은 그 의미의 확고한 목적성에 의해 소설 자체의 서사적 추동을 잃는다. 그렇기 때문에 언론 기사 혹은 여성 차별에 대한 보고서의 형식처럼 소설이 느

---

8 강화길의 여성에게 강제된 '괜찮음'에 대한 탐색의 기록은 최근 장편 『다른 사람』(한겨레출판, 2017)으로 이어진다.

껴지는 것은 아쉬움으로 남는다.

4. 지금-여기를 기록하라

정이현의 최근작 『상냥한 폭력의 시대』는 현실에 대한 기록으로서 소설의 존재 양태를 기대하게 한다. 정이현의 소설은 폭력적 사회 구조를 수용한 채 삶을 살아가는 존재의 일상적 체험을 기록한다. 「낭만적 사랑과 사회」에서 남성 중심적인 사회의 여성에 대한 차별을 오히려 역이용하여 여성의 주체적 삶을 기획하고, 「삼풍백화점」을 통해 사회적 재난이 평범한 개인의 삶에 미친 영향을 그려낸 정이현은 『상냥한 폭력의 시대』를 통해 "누구에게나 무차별적으로 닫힌 세계"에서 "평정을 가장"[9] 해야만 하는 존재를 기록함으로써 일상화된, 그래서 '상냥한 폭력의 시대'가 된 지금-여기의 현실을 고발한다. 그중에서도 「서랍 속의 집」은 '상냥한 폭력'을 수용할 수밖에 없는 '닫힌 세계'를 여실히 그려낸다. 주인공 '진'은 전세금 마련에 지쳐 대출을 받아 집을 사기로 결정한다. 2년마다 시세에 따라 전세금이 상승하는 것은 '진'의 잘못도, 집주인의 배신에 의한 것도 아니다. 그것은 도시의 삶을 살아가는 사람들이 따라야만 하는 일종의 규칙처럼 되어 버린 현실을 반영할 뿐이다. 2년마다 반복되는 과정에서 벗어나 "집을 산다는 것은 한 겹 더 질긴 끈으로 삶과 엮인다는 뜻"(184쪽)이며 "2년이 지나도 더 이상 이사

---

9 백지은, 「공허와 함께 안에서 밀고 가기」, 정이현, 『상냥한 폭력의 시대』, 문학과지성사, 2016, 해설, 245쪽.

를 갈 필요가 없다는 뜻, 10년 넘도록 갚아야 할 빚더미가 어깨에 짐짝처럼 얹힌다는 뜻"(166쪽)이다. "부동산은, 신이든 정부든 절대 권력이 인간을 길들이기 위해 고안해낸 효과적인 장치가 분명"(184쪽)하지만 벗어날 방법은 요원하기만 하다.

'절대 권력'의 '효과적인 장치'를 거부할 수는 없는 것일까. 지금 — 여기의 한국 사회가 고안해 낸 부동산 제일주의의 경제 신념 속에서 집이란 서랍 속의 물건처럼 쉽게 열어볼 수 있는 것이면서도 그것을 갖기 위해서는 서랍 속으로 들어가야만 얻을 수 있는 '닫힌 세계'이다. 대출을 받아 집을 구하는 것은 자발적 선택처럼 보이지만 실제로는 아무것도 선택할 수 없는 사회 구조를 수용함으로써 서랍 속으로 들어가도록 떠밀리는 것이다. 부조리한 절대 권력의 "커다란 도미노 게임"에서 개별 주체는 "멋모르고 중간에 끼어 서 있는 도미노 칩"일 뿐이다. 그들의 사적 만족은 권력 구조의 원활한 작동을 위해 희생되고 억압되어 "종내는 모두 함께, 뒷사람의 어깨에 밀려 앞사람의 어깨를 짚고 넘어질"(179쪽) 파국을 향해 치닫는다. 그렇게 우리는 파국으로 나아간다.

파국은 외부에서 비롯되었지만, 그것을 실현하는 것은 존재의 내부이다. 체념하고 견디며 '나'만 생각하고 살아가면 개인의 삶은 지속될 수 있지만, 파국을 유예시킬 수는 없다. 우리는 사회의 한 부분이 되지 못하는 것에 대해, 정상적이고 일반적이라 상정된 존재의 자리에 가 앉지 못하는 것에 대해 불안과 공포를 느낀다. 그렇기 때문에 하나의 '도미노 칩'은 자신 앞의 도미노 칩이 어떤 개별적 가치를 지니고 있는지 상상할 여유가 없다. 타자를 성찰하는 행위는 인간을 인간답게 만드는 절대적 가치를 지니고 있지만, 그것은 게임의 룰을 어기는 것이자 은폐된 폭력의 구조를 가시화한다. 그럼으로써 인간은 사회 구조의 톱니바퀴에서 빠져나와 스스로의 존엄을 쟁취할 수 있게 된다. 하지만 글로벌 자본주의와 신자유주의 체제를 살아내야 하는 존재에게는 어려운 일일 수밖에 없다. 오히려 그 구조의 일원으로서 기계처럼 행동한다. "달라질 것은 없었다. 오늘이 가고 내일이 오면 은행은 대출액을 입금할 것이고 그들은 부동산 등기를 마칠 것이다." 삶을 위해 "숨을 꼭 참은 채"(189쪽) 일상화된 사회의 폭력을 내면화하고 그 모멸을 견뎌야만 한다. 섣부르게 희망을 말할 수 없는 개별 존재는 고립된 채 절망적인 상황을 견디고 있다. 지난겨울을 통해 우리는 고립된 개별 존재들이 공공영역에서 공동체로 만나는 경험을 했다. 우리에게 필요한 것이 바로 그것이다. 하나의 '도미노 칩'으로서 우리가 존재하지만, 그것이 모여 '커다란 도미노 게임'이 된다는 것을 인식하고 절대 권력의 구조에 의해 그 '칩'의 권리와 가치가 억압당하지 않도록, 그 규칙을 다시 세울 수 있도록 목소리를 내야 한다. 고립된 타자가 아니라 공동체적 주체로서 우리는 내면화된 폭력에 대한 비판적인 인식의 지평을 넓혀야 한다.

문학의 대사회적 영향력이 오늘날 현저하게 축소된 것은 사실이다. 문학이 개인의 내밀한 자기 고백에 매몰되어 있다는 세간의 인식이 잘못이라고 단정 지을 수 없는 것도 문학의 영향력이 가시적으로 드러나지 않기 때문이다. 그러나 그것은 세계를 대하는 작가의 접근 방법의 문제라기보다는 그만큼 공고한 사회 구조의 권력 때문이라고 말하는 것이 옳다. 문제는 언제나 발생하며 그때마다 삶은 위기에 처한다. 그 곁에 언제나 문학은 있었다. 객관현실의 여실한 재현이란 측면에서 소설은 언제나 '회색문헌'일 수밖에 없다. 진실은 그것을 둘러싼 관계의 구조에 의해 언제나 은폐되어 있으며 소설은 그것의 흔적을 찾아 말하지 않으면 안 된다. 그럴 때에야 비로소 단순한 사실 확인을 넘어서는 소설의 지평을 확보할 수 있기 때문이다. 폭력의 본질은 그것이 표면적으로 실체화되든 저 내면 깊숙이 은폐되든 언제나 동일하다. 소설이 말해야 하는 것, 기록해야 하는 것은 바로 그 구조적 폭력이 지워나간 역사이다. 그럼으로써 사회 구조의 억압과 세계의 실상을 폭로하고 인간의 존엄을 회복해야 한다.

정이현과 강화길, 조남주의 소설이 말해주듯 익숙하게 생각해왔던 사회의 요소들이 실제로는 누군가의 희생을 통해 구축되어 있다는 것을 우리는 너무나도 쉽게 간과한다. 또한 김탁환, 강영숙의 소설처럼 재난의 위기 상황에서도 왜곡된 사회적 인식을 내면화한 채 피해자를 비난하고 소외시킴으로써 폭력적 구조를 고착시키는 것 역시 우리의 또 다른 모습이기도 하다. 그만큼 우리를 둘러싼 사회에 대한 무비판적, 무주견적, 무반성적 순종이 일상적인 삶의 부분으로 내면화되었다. 세계를 향한 소설적 재현의 시도는 이런 일상적 내면화에 균열을 일으킨다. 이것은 앞에서 살펴본 것처럼 여러 작가에 의해 지속적으로 시도되고 있는 바이다. 한국 사회에 대한 비판적 인식을 소설과 접합시키려는 이러한 노력은 변화와 변혁의 틈새를 찾아 보다 나은 세계를 만들고자 하는 사유의 결과이다. 바깥을 지향하는, 타자의 공동체를 형성하여 은폐된 진실을 희망하는 이러한 소설의 사유가 진실을 위한 출구를 찾기 위해 한 걸음 더 나아가야 하는 이유도 여기에 있다. 바로 그때, 우리는 백만분의 일로 나란히 걷는 촛불처럼 세상을 바꿀 수 있다. 그것이 불가능하다고 생각할 때조차 우리는 기록을 통해 그 너머의 공동체적 연대를 소망해야 한다. 불가능을 가능의 곁으로 한 발 더 가까이 다가설 수 있도록 말이다. 그 일의 가능성을 믿지 않는다면, 우리에게는 인간 존엄을 차폐(遮蔽)하는 절망적 파국만이 주어질 것이다.

유실된 인간, 혹은 가능한 역사 너머
—조해진과 최은영의 소설이 말해 주는 것들

1. 따로 또 같이

2017년 5월, 우리는 새로운 출발선에 섰다. 삼십 년 전의 6월처럼, 우리는 새롭게 시작하는 가능성을 시대의 감각으로 재정립하며 주도적 역량을 사회적 계기로 삼아 과거와는 다른 현재를 모색하려 한다. 일반적인 의미에서 현재는 과거의 연속성 속에서 이해되고 고찰되며, '새 시대'는 지난 시대의 반대급부로 의미가 구축된다. 그러므로 성급히 '새 시대'를 선포하는 것은 위험한 일인지도 모른다. 그러나 시대라는 것이 크라카우어(S. Kracauer)의 말처럼 시간의 균질적인 흐름의 산물이 아닌 자기의 고유한 시간을 여러 배열체들의 사건들을 통해 정하는 것이라고 본다면, 어쩌면 오늘의 이 출발선은 단순히 강물의 고고한 흐름처럼 지속적인 변화의 과정이 아니라 오히려 비약과 단절 위에 놓여 있다고 볼 수 있을 것이다.

그렇다면 문학은 어떠한가. 80년대적인 거대 담론이 87년의 시민적 역량에 의해 붕괴되고 90년대적인 포스트모던의 감각과 더불어 다양한 단절이 시도된 상황 속에서, 문학은 그 방향성을 상실하고 스스로의 정체성 확립을 위해 고투하였다. 그러나 오해와 오독의 과잉으로 내달린 90년대 소설은 80년대적인 것과의 단절을 의도함으로써 역설적으로 80년대적인 것에 매몰되어 있었다고 말할 수 있을 것이다. 이러한 80년대적인 역사에 대한 문학적 단절의 시대가 도래한 것은 2000년대에 들어서야 가능해졌다. 그것은 고시원과 반지하 셋방을 전전하는 인물들을 통해 미시적 역사를 기록하려는 일군의 작가들 때문이었다. 그들은 역사로부터 탈각된 무력한 자아들의 소외를 사회 구조와 병치하여 그려내었다. 이는 치열한 삶의 장면화를 통해 동시대의 존재가 가장 첨예하게 고민하는 문제를 제기하는 방식이었다. 하지만 이러한 문학적 시도는 그들이 지켜보고 있던 존재들의 좌절과 나란히 걸어가는 것 이상은 되지 못했다. 환멸은 여전하였으며, 그 시대를 살아가는 존재가 지닌 변화의 계기는 비대칭적 사회 경험의 폭만큼이나 그 간극을 넘어서기 어려웠다. 결국 그것은 부재한 상태로 부정되어야만 했던 시대의 연속이었는지도 모를 일이다.

사건은 지속과 단절 속에서 유영하듯 삶을 고통 속에 던져놓는다. 그것을 견뎌내는 안간힘으로 2000년대의 문학이 존재했다면, 그러한 절대적이고 돌이킬 수 없는 지점에서 오히려 2010년대의 문학은 새로운 삶의 지향을 꿈꾼다. 불합리와 부조리를 경험한 2010년대의 문학, 특히 소설은 현대사적 비극을 지금의 서사로 끌고 들어온다. 그럼으로써 연속과 단절이라는 역설적 아이러니를 자양분으로 삼아 환멸을 새로운 역사의 생성 가능성으로 전도시킨다. 이 글은 그것을 조심스레 타전하는 시도이다.

2. 역사의 분리와 인간으로의 수렴

부조리한 혹은 불합리한 시대를 지나오면서, 개인은 파편화된 존재로 사회의 밑바닥에서 자기모멸을 견뎌야만 했다. 깨어진 거울 조각들처럼 파편화되어 온전히 자기 자신을 비출 수도 없는 시기를 경험하며, 2010년대의 소설은 그 거울 조각 하나하나의 목소리를 담아내려 했다. 그중에서도 현재의 삶을 역사적 맥락에 위치시킴으로써 붕괴하는 존재의 결을 회복하려는 조해진과 최은영의 소설[1]은 단 한 사람의 손 내밂만으로도 그것이 가능한 일이라고 말하며 희망이 발아하는 시대를 열고 있다.

이미 『로기완을 만났다』(창비, 2011)를 통해 개인과 역사, 시대의 관계를 성찰했던 조해진은 『빛의 호위』에서 한발 더 나아가 새로운 관계의 가능성을 타진하며 시대적 조류의 한 줄기를 재현한다. "사람을 살리는 일이야말로 아무나 할 수 없는 위대한 일"(「빛의 호위」, 27쪽)이지만, 그것은 거창하고 숭고한 행위로 인해 비롯되는 것이 아니다. 그저 '카메라' 하나를 선물로 주는 일, 아니 어쩌면 "어쩔 수 없이"(24쪽) 찾아가야만 했던 그 걸음에서부터 '위대한' 일은 시작될 수 있는 것이다. 사소한 관심은 연민을 거쳐 공감으로 나아가며, 그것이야말로 저 파편화된 존재의 붕괴를 막을 수 있는 최후의 보루가 된다. 그것이 국가의 폭력으로 말미암은 일이라면 더욱 더, 개별적 존재들에 대한 서로의 공감은 그들 자신이 역사적 존재로서 착취되고 억압된 존재임을 깨닫게 하며 자신의 불안정한 상태로부터 벗어날 수 있는 정동을 확보하게 만

1 　이 글은 조해진, 『빛의 호위』(창비, 2017.), 최은영, 『쇼코의 미소』(문학동네, 2016.), 「그여름」, 『2017 제8회 젊은작가상 수상작품집』(문학동네, 2017.)을 대상으로 한다. 이후 쪽수만 표기.

든다.

　재일교포 유학생 간첩단 사건과 동백림 사건을 다루고 있는 「사물
과의 작별」과 「동쪽 伯의 숲」은 역사적 지속과 세대 간 단절의 변증법
적 작용 속에서 사람과 사람의 관계, 더 나아가 그로 인해 사람을 살게
하는 위대한 힘의 생성을 재현한다.

　　실제로 유실물에는 저마다 흔적이 있고, 그 흔적은 어떤 이야기로 들
　어가는 통로처럼 나를 유혹할 때가 많다. 다이어리나 카메라는 비교적
　세밀하게 그 이야기가 기록된 경우이고 녹슨 반지, 굽이 닳은 구두 한짝,
　세탁소 라벨이 붙어 있는 비닐 안의 와이셔츠 같은 것은 어느 정도 상상
　력을 동원해야 완성되는 이야기를 갖고 있다. 엄밀히 말하면 그 이야기
　는 유실물을 사용한 누군가의 손때로 만들어진 것에 지나지 않지만, 그
　누군가를 잃어버린 유실물은 선반의 고정된 자리에서 과거의 왕국을 홀
　로 지켜가는 것이다.(73쪽)

　인용한 부분은 「사물과의 작별」의 '나'가 일하고 있는 유실물센터의
한 풍경을 묘사한 것이지만, 알츠하이머에 걸린 고모의 시간을 묘사한
문장이라고 할 수 있다. 서군을 만났던 "그 봄밤의 태영음반사"(69쪽)
에 머물러 있는 고모는 서군이 보관해달라고 했던 일본어 원고 뭉치를
자신이 기관원에게 건네주었기 때문에 서군이 간첩으로 몰리게 되었
다는 죄책감을 한 평생 짊어진 채 살아가고 있다. 고모의 죄책감이 사
실에 근거한 것이든, 그녀 자신이 서군과 관련된 맥락 속에 자신을 위치
시키는 방식에 근거한 것이든, 중요한 것은 평생 그 죄책감을 짊어진 채

스스로를 세계로부터 분리하고 있다는 것이다. 그것은 고모와 서군을 둘러싼 국가 폭력의 결과이지만, 폭력이 역사화/정치화되면서 방치된 고모는 "향유할 기억과 움직일 수 있는 자유"를 빼앗긴 채 '유실물'로 단절된 세계의 이야기를 견디고 있는 셈이다. 이는 「동쪽 伯의 숲」의 한나와 안수 리의 상황에서 반복된다. 일본 유학생을 간첩단으로 둔갑시켰듯이 국가는 독일 유학생과 광부들을 간첩으로 내몰아 공포 정치를 펼쳐 체제를 유지, 강화한다. 안수 리의 실종은 그를 간첩으로 오인하게 하고 한나로 하여금 전쟁을 지지하던 증조부와의 한때를 기억하게 한다. 희수와 발터의 서간으로 이루어진 이 소설의 핵심은 현재의 인물들에게 유리된 역사가 실은 지속되어 온 시간의 결이라는 것, 지금 – 여기 여전한 상태로 유령처럼 떠돌고 있다는 것이다. 희수와 발터가 안수 리를 찾아 한나의 죽음을 전하고자 하는 행위는 "거짓을 진실로 되비추는 이상하고도 슬픈 문"(105쪽)을 열어 저 '유실물'의 이야기를 되찾아주고자 하는 공감의 지점에 닿아 있는 셈이다. 한편으로 무력하기만 한 시절을 용서할 수 없던 안수 리처럼, 시가 써지지 않는 환멸의 시대를 살고 있는 희수가 자신의 환멸을 이겨내도록 하는 손 내밂을 수락하는 일이기도 하다. 기록되지 않은 단절의 역사를 지속된 현재로 불러와 그 이야기를 재구성하여 시간의 결을 나란히 지켜내는 일이야말로 새로운 역사의 다른 이야기를 생성해 낼 가능성을 문학이 타전하는 방법은 아닐까. "그 누구의 배웅도 없이, 따뜻한 작별의 입맞춤과 헌사의 문장도 없"(83쪽)을지라도 저 망각되어 가는 '과거의 왕국'을 홀로 지켜가는, "이 세계를 구성하는 데 없어도 무방한 덧없는 조각"(87

쪽)의 존재가 보내는 '조난신호'를 인식하고 수용하는 것, 그것이 새로운 시대를 함께 살아갈 수 있는 '위대한 일'이 아닐 수 없을 것이다.

과거와 현재의 단절과 지속이라는 역사적 과정에서 '유기물'로서의 존재를 인식하고 이를 공감의 영역으로 수용하려는 조해진처럼 최은영 역시 그의 첫 소설집 『쇼코의 미소』에서 사회적 사건이 불러온 환멸을 극복할 수 있는 또 다른 가능성을 모색한다. 그중 「언니, 나의 작은, 순애 언니」는 인혁당 사건을 배면에 깔고 엄마와 순애 이모의 삶의 흔적을 통해 유실된 인간의 이야기를 재구성한다.

순애 이모는 할머니의 이종사촌 언니의 딸로, 전쟁통에 부모와 헤어지고 같이 살던 할머니도 돌아가신 후에 엄마의 집으로 와 일종의 식모로 같이 생활하게 된다. 열여섯 살의 이모와 열한 살의 엄마는 삶의 소중한 인연이었으나 "생의 한 시점에서 마음을 빗장을 닫아걸"(116쪽)었다. 사회와 역사, 국가의 폭력으로부터 자유로웠던 엄마와 달리 순애 이모는 그 폭력으로 인해 삶이 황폐해진다. 군사 독재 시대의 간첩 조작 사건은 사람과 사람 사이의 관계를 뿌리부터 흔들어 놓는다. 침묵을 강요받고 폭력을 수용한 채 살아가도록 만드는 역사는 그 시대를 살아가는 사람들과의 단절을 불러왔다. 엄마는 이모의 황폐한 삶의 이면이 지닌 진실보다는 그렇게 살아가고 있는 삶의 구차함에 좀 더 거부감을 느낀다.

엄마는 살얼음판을 딛듯이 이모의 상처가 닿지 않은 마음들만을 디디려 했고 이모는 엄마가 이모를 조금이라도 가여워할까봐 애써 아픈 이야기를 꺼내지 않았다. 엄마는 심지어 이모가 안양에서 정확히 무슨 일을 하고 사는지조차 몰랐다. 서로에 대한 배려라고 생각했던 그런 태도가 서서히 그들의 사이를 멀게 했고, 함께 살았던 시간 동안 쌓아왔던 마음들도 더 이상 관계를 지탱해주지 못했다.(114쪽)

서로에 대한 배려는 오히려 존재를 '유실물'이 되게 한다. 또한 그것은 이야기가 되어 서로에게 닿지 못하고 두려움만을 환기시킨다. 비참한 삶을 살아가게 하는 역사적 맥락은 지워지고 그 자리에 일종의 전락에 대한 공포가 놓인 채 마음의 빗장을 닫아걸게 하는 것이다. 그렇게 "엄마는 이모와 관계없는 사람으로 평생을 살아왔다."(120쪽) 그러나 이러한 불안의식은 관계의 단절을 오히려 관계의 지속으로 변화시킨다. 엄마가 '나'에게 이야기해 준 순애 이모와의 시간들은 이모의 불행을 이모만의 불행이 되지 않도록 만든다. 시간의 흔적이 품고 있는 이야기는 시간의 간극을 통해 고통을 내면화하는 영속된 과정에서 성취된 공감으로 나아가게 한다. 자기 경멸과 분노라는 개별적 고통이 이야기되는 와중에 그 고통의 표면에 천착하지 않고 이해와 공감의 깊이를 확보할 수 있도록 하는 것이다. 엄마와 이모의 서사는 "아무도 우리를 죽일 수 없어"(121쪽)라는 울림을 준다. '살얼음판'을 걷더라도 죽지 않을 것이라는 믿음, 국가와 역사의 폭력이 관계의 죽음을 불러오지는 못하리라는 믿음을 준다. 이는 단순히 과거의 부정을 통한 현재의 위안이 아니다. 그것은 지속되는 과정 속에서 역사를 개별적 존재의 이야기로 수렴하는 행위이며, 문학적인 것이 개별적 삶의 곁에서 발화하는 공감의 윤리이다. 이를 조금 더 자세히 들여다보기 위해서는 최은영의

「미카엘라」를 경유해야만 한다.

3. 빛의 포착과 상상된 공동체

앞에서 살펴본 바와 같이 조해진과 최은영의 몇몇 단편들은 역사적 사건을 현재로 가져와 그 흔적이 이야기하는 바를 통해 관계의 회복을 넘어선 새로운 의미망을 생성하였다. 「미카엘라」는 중층 구조로 조금 더 복잡한 얼개를 엮어 놓는다. 「미카엘라」는 2014년 세월호 사건을 배면에 다루면서 한국을 찾은 교황의 미사에 참석하기 위해 서울에 올라온 엄마와 그 딸 미카엘라의 이야기를 전경화한다. 엄마는 지방에서 미용실을 하며 생활을 꾸려가고 딸은 서울에서 직장 생활을 하며 삶을 살아간다. 아빠는 노동운동에 투신했다가 가장 노릇을 제대로 하지 못한 채 죽고 없지만 엄마와 딸에게 미친 영향이 크다. 엄마는 교황의 미사에 참석한 후 딸의 집이 아닌 찜질방으로 간다. 그곳에서 엄마는 세월호 사건으로 손녀를 잃은 친구를 만나러 광화문에 가는 노인을 만나게 되며 그와 동행하게 된다. 딸은 그런 엄마를 기다리며 연락을 하나 연락이 닿지 않고 다음 날 텔레비전 화면에 비친 엄마의 흔적을 찾아 광화문으로 간다. 여기에서 과거와 현재의 역사가 결합하는 한편, 엄마와 딸, 노인과 엄마, 미카엘라 들의 관계가 중층적으로 길항 작용한다.

세월호 사건은 아버지의 노동운동과 결합하여 부조리한 사회가 여전히 지속되고 있음을 밝힌다. 이는 앞의 단편들처럼 특수한 역사적 국면이 아니라 여전히 지금 – 여기에 지속되는 정치적 퇴행이며 단독적인 불행이 아닌, 집합적이고 보편적 층위의 위기로 다가온다. 딸은 노동운동을 하던 아빠를 이해할 수 없었다. 자본이 가난한 사람들을 소외시키고 중산층 붕괴를 가속화하여, 많은 사람들이 빈곤에 떨어지게 될 것이라는 아빠의 말은 딸에게 "이 집안을 빈곤 속으로 떨어뜨리는 주범"이 엄마를 일방적으로 '착취'하면서 내뱉는 변명으로밖에 들리지 않았다. "다수의 선한 사람들의 세상에 대한 무관심이 세상을 망친다"고 말하는 아빠의 말을 이해하면서도 쉽게 공감할 수 없었던 것은 "승패가 뻔한 링 위에 올라가고 싶지 않았"(235쪽)기 때문이다. 딸에게 "세상이란 마음에 들지 않더라도 수그리고 들어가야 하는 곳이었고, 자신을 소외시키고 변형시켜서라도 맞춰 살아가야 하는 곳이었다."(236쪽) 그러나 동시대의 사건은 존재를 역사적 맥락에 위치시키며 딸이 원했던 '세상의 초대'가 아닌 강제적으로 역사에 기입되도록 한다. 그것은 엄마가 찜질방에서 만난 노인의 친구가 겪게 되는 비극과 동일하다. 세월호 사건으로 인해 삶을 잃은 손녀의 세례명은 딸과 같은 '미카엘라'이며, 미카엘라가 광화문 광장에서 만난 여자 역시 세월호에서 딸을 잃는다.

여자는 노인을 부축하고 미카엘라의 엄마와 할머니를 찾아 광장을 가로질러 걸어갔다. 그리고 그이들이 걸어가야 할 길이 너무 멀고 힘들지 않기를 바랐다. 다친 마음을 마음껏 짓밟고도 태연한 이 세상에서 그이들이 더 이상 상처받지 않기를 원했다.

"엄마!"

　　미카엘라가 여자를 불렀다. 여자는 흐르는 눈물을 닦고 마음으로 딸
애를 불러봤다.

　　미카엘라.(241~242쪽)

　　엄마는 노인을 따라 광화문에 가지만 미카엘라를 만나지 못한다.
미카엘라도 텔레비전에서 본 엄마를 찾아 광화문에 가지만 만나지 못
한다. 어긋나는 시간의 병치로 인해 발생한 만남의 지연은 새로운 관계
를 생성하는 미학적 구조로 답한다. 노인 – 엄마(여자) – 미카엘라의 구
조가 노인의 친구 – (딸을 잃은)여자 – 손녀(미카엘라)의 구조와 결합하
여 개별적 가족의 양태를 사회적 관계의 맥락으로 확장하여 사유할
수 있는 토대를 마련한다. 두 개의 삼각 구도의 결합은 서로 다른 미시
적 역사 속의 개체적 존재로의 전락에 저항하고 보다 굳건한 연대의 미
학적 구조를 완성하게 한다. 이는 사회적 부조리와 불합리한 폭력의 역
사로부터 발생한 환멸을 보편적 존재로서 타자와 주체가 공동체적 공
감의 가능성으로 돌파해 내려는 중요한 시도라 할 것이다. 그것은 "저
만의 숨으로, 빛으로"(241쪽) 시대의 어둠으로부터 존재들을 지켜주는
숭고로 작용한다.

　　이러한 시도는 조해진이 말하는 '세계에 대한 예의'란 측면에서 문학
의 방향성과 무관하지 않다. "뭐든지 너무 빨리 잊"고 마는, 그래서 "이
름 하나라도 제대로 기억하는 것이 사라진 세계에 대한 예의"(「문주」,
202쪽)라고 말할 수밖에 없는 현실은 문학이 지향해야 하는 소명이 무
엇인지 절박한 물음으로 마주하게 한다. 구체적 삶의 자리를 빼앗긴 채

부유해야 하는 존재들의 곁을 지켜내는 것(「시간의 거절」, 「작은 사람들의 노래」)이나 역사적 사건과 그로 인해 포기되고 잊힌 삶의 가능성에 대해 "아무것도 몰랐던 거, 미안해."(「신짜오, 신짜오」, 86쪽)라고 실감하고 공감하는 것은 삶과 문학의 관계와 그 소명에 대한 작가들의 철저한 사유를 바탕으로 하지 않으면 불가능한 일이다. 자유와 욕망을 착취당하고 불안과 모멸을 내면화한 세계에서 타자를 돌아보지 않은 채 환멸을 토로하는 것은 참혹을 방관하는 것과 다를 바 없다.

관계가 몰락해버린 주체는 90년대 이후, 내면의 서사를 통해 비루한 일상에 매몰되거나 환상 속으로 침잠했다. 문학은 주어진 현재를 수용하고 체념하는 것이 아니라 제임슨(F. Jameson)의 말처럼, 사회 체제 너머에 있는 또 하나의 사회 체제를 상상해야 하는 것이다. 「미카엘라」가 보여주듯 공동체적 공감으로의 문학은 부조리한 국가 권력의 폭력적 체제 너머의 새로운 체제를 상상하게 한다. 그것은 하나의 촛불로부터 시작할 수 있는 사소함으로 비롯된다. 조해진의 「빛의 호위」는 '어쩔 수 없이' 권은의 집을 찾아간 '나'로부터 하나의 촛불이 불을 밝힌다. 시사 잡지사 기자인 화자는 분쟁지역 전문 사진작가인 권은을 인터뷰하지만, 그녀를 알아보지 못한다. 화자는 어릴 때 같은 반이었던 권은을 찾아갔던 기억을 한 조각씩 찾아내며 서서히 그녀와의 관계를 떠올린다. 그 과정에서 화자는 권은이 말한 헬게 한센의 다큐멘터리 「사람, 사람들」 속, 유대인 바이올리니스트인 알마 마이어와 나치의 유대인 박해로부터 알마를 숨겨준 호르니스트 장, 팔레스타인 구화 과정에서 피격당해 죽은 노먼 마이어의 이야기를 듣게 된다. 이 단편은 홀로코스트와 팔레스타인 분쟁이라는 역사적 사건이 알마와 장 그리고 노먼에게 미친 영향보다는 그 과정에서 사람을 살게 하는 힘, 다시 말해 '사람을 살리는 일'의 선의를 '나'와 권은의 이야기 속에 나란히 배치하면서 '사회 체제 너머에 있는 또 하나의 사회 체제를 상상'하게 한다.

헬게 한센은 다큐멘터리를 완성하게 된 계기에 대해 "역사의 폭력에 맞서는 개인의 가치있는 용기"를 알마 마이어를 통해 보았으며 "생존자는 희생자를 기억해야 한다"(16쪽)고 말한다. 이 발화는 당위적이어서 오히려 알마 마이어의 말, 이를테면 "사람이 노먼을 시대의 양심이니 유대인의 마지막 희망이니 하는 수식어로 포장하는 걸 도저히 용납할 수 없었어요."(21쪽)와 상충되는 것처럼 보인다. 그것은 "거창한 수식어 뒤에 숨어 있으면 아무것도 하지 않고도 정의의 증인이 될 수 있다고 믿는" 이른바 "천진한 기만" 같은 것이다. 그 과정에서 알마는 "무기력한 환멸"만을 목도할 뿐이지만, 시대와 연결된 윤리적인 책무로써 증언자의 목소리를 내게 된다. 이는 기억하는 행위가 지닌 관계의 재구축과 관련되어 "살아 있는 한 그 모든 아픔은 위로받고 치유되기 위"(22쪽)한 연대의 지난한 과정에 해당한다. '나'가 권은과의 일을 단숨에 기억하는 것이 아니라 서서히 떠올리는 것 역시 이러한 새로운 단계로 나아가기 위한 과정이며 권은의 작업과도 연결된다.

권은은 사진작가이다. 그것도 분쟁지역에서 보도사진을 찍는 사진작가이다. 생사를 넘나드는 분쟁지역에서의 권은의 사진에는 '절박한 열정'이 투사되어 있다. 이때의 '절박한 열정'이 무엇인지는 헬게 한센의 다큐멘터리와 교직되는 서사를 통해 짐작할 수 있다. 그러나 그보다 중요한 것은 권은의 결핍과 상처에 있다. 유독 조해진의 소설에는 디아스포라적인, 유배되어 떠돌아다니는 존재들이 배치된다. '로기완'이 그랬듯이, 이번 소설에도 한곳에 정주하여 삶을 살아가는 존재들은 보이지 않는다. 부유하는 그들은 권은처럼 사진작가로, 해외입양이나(「문주」), 삶의 고단함으로 인해(「번역의 시작」, 「산책자의 행복」, 「시간의 거절」), 새로운 삶의 가능성 때문에(「잘 가, 언니」) 이곳이 아닌, 저 너머를 향하거나 자신의 기원을 찾는 방황을 한다. 권은의 행위는 셔터를 누르는 찰나의 빛으로 결핍과 상처라는 단절된 단독성의 세계를 현실의 시공간에 위치시킴으로써 공동체적 지평 위로 올려놓는다. 그리고 그것이 현실을 변화시킬 가능성으로 이행하게 만든다.

테두리가 흐릿해지고 있는 발자국을 손가락으로 가리키며 권은이 말했다. 발자국 안에 빛이 들어 있어. 빛을 가득 실은 작은 조각배 같지 않아? 어, 그런가…… 여기에도 숨어 있었다니…… 뭐가? 셔터를 누를 때 카메라 안에서 휙 지나가는 빛이 있거든. 그런 게 있어? 어디서 온 빛인데?(……) 그녀의 이야기는 아직 시작되지 않았지만 나는 이미 알고 있었다. 평소에는 장롱 뒤나 책상 서랍 속, 아니면 빈 병 속처럼 잘 보이지 않는 곳에 얄팍하게 접혀 있던 빛 무더기가 셔터를 누르는 순간 일제히 펴져나와 피사체를 감싸주는 그 짧은 순간에 대해서라면, 사진을 찍을 때마다 다른 세계를 잠시 다녀오는 것 같은 그 황홀함에 대해서라면, 나는 이미 모든 것을 기억하고 있었다. 권은이 내가 알고 있는 그 이야기를 시작한다.(32쪽)

찰나의 순간, 이 세계 너머를 엿볼 수 있는 빛의 마법은 결핍과 상처를 치유할 수 있는 순간이 된다. 그 순간은 고유한 시간을 지닌 여러 배열체들의 사건으로, 존재와 존재 사이의 사건으로 개입해 들어옴으로써 사람을 살리는 '빛의 호위'라는 공명의 결과를 낳는다. 결핍과 상처를 제거하고 단절시키는 것이 아니라, 그 시간을 보존하는 동시에 '조각배'처럼 이야기를 태우고 존재와 존재 사이로 이어지는 것이다. 그 찰나의 순간이 공감의 최대치를 끌어내게 되고 부유하는 존재들의 이야기를 듣게 만드는 것이다. 문학의 지향 역시 바로 그러하다. 이야기를 듣고 말하는 일, 찰나의 순간을 포착하여 빛으로 공명하는 일이야말로 문학이 상상하는 일이 아닐까.

4. 작은 불빛 하나에서 비롯된 단 한 사람

부유하는 존재 혹은 디아스포라적인 존재들을 불러 모으는 것은 작은 빛으로도 가능하다. 그것은 저 광장을 밝히는 하나하나의 촛불이 되기도 하면서 발자국 안을 채우는 빛이기도 하고 정전의 밤에 한 끼의 식사를 위한 조그만 공동체를 밝히는 '빛의 호위'이기도 하다. '문주'라는 이름은 "지붕을 떠받쳐주는 뿌리이자 건축물의 무게중심이 되는 문기둥"(201쪽)의 내포적 의미를 지니면서, 한국 동북지역의 사투리로 '먼지'를 가리키기도 하다. "철로를 따라 걷던 위태로운 여자아이"(199쪽)였던 것을 감안한다면, '문기둥'보다는 부유하는 존재인 '먼지'가 '문주'의 정체성을 여실하게 드러내는 것인지도 모른다. "고향과 국적과 주소가 모두 다른 나라로 기록되는 떠돌이"라는 자기인식이 뒤따르는 것 역시 동일한 맥락으로 파악할 수 있다. 해외입양자인 문주는 자신의 이름을 추적해가는 서영의 영화에 흥미를 느껴 한국으로 온다. 자신의 기원을 찾는 여행은 존재로 하여금 불안정의 일상화가 비정상적인 상태로 지속되는 것에 대한 두려움 때문에 비롯된 것만은 아니다. 오히려 자신을 입양한 앙리가 영화에 매혹된 이유와 유사하다. 그것은 "미정(未定)의 삶"(205쪽)에 대한 호기심이다.

> 영화가 상영되는 동안 앙리는 끊임없이 스크린의 바깥을 상상했다. 스크린과 평행을 이루며 존재하지만 증명되지는 않는 곳, 카메라의 욕망이 은닉된 공간이자 영원히 미완으로 남는 무한의 영토(205쪽)

스크린을 채우는 빛이 아닌 스크린 너머에 존재하는 '단절'로서의 삶에의 매혹. 그러나 저 '무한의 영토'는 '깜깜'하다. 아직 정해지지 아니한 삶이란 깜깜하기만 한 걸까. 스크린을 사이에 두고 단절되었으나 여전히 어딘가에서 지속될 삶이라는 측면에서 '미정의 삶'이란 익숙한 체제에 안정적으로 정박되어 있는 것이 아닌 무정형의 가능성으로 부유하는 삶일 것이다. 문기둥이 아닌 먼지로서의 삶. 저 스크린으로 강제된 시공간에 태연하게 안착하여 유지되는 삶이란 바우만(Z. Bauman)식으로 말하자면, 유동하는 근대의 잉여적 존재를 강요받고 있는 것인지도 모를 일이다. 스크린 너머, 단절로 지속되는 삶이야말로 세계와 자신의 관계를 새롭게 정립할 수 있는 가능성의 삶일 것이다.

기관사가 문주를 다시 찾으려고 했는지, 복희식당 노파가 문주의 가족인지는 중요하지 않다. 기원을 찾는 과정은 깜깜하기만 한 '무한의 영토'를 넓히는 일이며, 그 과정을 통해 생성된 관계로 새로운 삶을 타진하는 데 의미가 있기 때문이다. 정전의 밤, 유리문에 어른거리는 빛을 따라 식당 안으로 문주는 들어간다. "커다란 그림자의 보호를 받으며 일렁이는 촛불 앞에서 따뜻한 음식을 먹고 싶다는 단순한 마음"(208쪽)으로. 그 마음은 노파의 이야기를 듣게 만들고 그녀의 죽음을 지키게 한다. 살아보지 못한 삶에 대한 상상은 개별적 존재의 사건들이 각자의 사연을 지닌 채 부딪치고 결합하면서 확장된다. "살아 있는 동안엔 살아 있다는 감각에 집중하면 좋겠"(「산책자의 행복」, 127쪽)다는 마음은 그렇게 간단하지 않다. 깜깜한 무한 속으로 잠식될 위험은 어디에나 상존해 있다. 부재에 대한 두려움, 아무것도 존재하지 않은 세계에로의 전언이 그 무엇에도 닿지 못해 실패하게 되리라는 공포는 존재로 하여금 "살아 있다는 감각에 집중하"(142쪽)지 못하게 한다. 그러나 거울 안의 '나나'를 그대로 둔 채, '문주' 혼자 거울 밖으로 밀려나오는 일은 없을 것이다. 빛은 그림자를, 그림자는 빛을 호위하며 서로 분리되지 않을 공동으로 존재하기 때문이다.

문학은 빛이 될 수는 없다. 다만 그 빛의 그림자를 따라 단 한 사람의 결을 기억하고 기록하는 일을 담당할 뿐이다. 좌절과 실패로 침잠하는 세계와 투쟁하며, 자신의 존재를 말하지 못하는 이들 곁에서, 진실의 재현을 욕망하는 이들의 편이 되어줄 '단 한 명'의 동조자로서 문학은 존재한다. 그럼에도 폭력과 사회의 부조리함에 저항하는 "단 한 명. 내 편을 들어줄 단 한 사람. 때리지 말라고 말해줄 사람"(249쪽)으로 남는 일은 어째서 어려운 것일까. 최은영의 신작 「그 여름」은 사회적 약자들의 편에 서서 그들의 목소리에 귀 기울이는 '단 한 사람'의 존재로 『쇼코의 미소』의 미덕이었던 공동체적 공감의 윤리를 이어간다. 쇼코와 소유의 정서적 공감의 과정(「쇼코의 미소」)이나 불합리한 사회 구조 속에서 부딪치는 소은과 미진의 정신적 연대(「먼 곳에서 온 노래」)를 부드러운 시선으로 바라보았던 최은영은 한발 더 나아가 이경과 수이의 관계를 통해 '단 한 사람'의 윤리를 성찰한다.

'열여덟 여름'에 처음 만난 그들을 명명하는 사회적 용어는 '성소수자'이다. '여자를 사랑하는 여자'라는 차별과 억압의 사회적 관계를 표면에 내세우지만, 배면에 깔린 것은 그들과 사회적 관계의 문제이다. 또한 그것은 선택의 문제이기도 하다. 그들은 제한된 선택지 안에서 답을 골라내야만 하는 수이로 상징된다. 체제 내로 안착하기 위해 체제가 요구하는 선택을 강요당하는 수이. 그러나 이경에 대한 수이의 사랑은 강요당한 선택이 아닌 오롯한 자신의 욕망이다. 살스비(J. Sarsby)는 어떠한 사랑이라고 하더라도 그 자체는 공적이며 동시에 사적인 세계에 속한다고 보았다. 사람을 사랑하고 선택하게 되는 행위는 사적 공감의 영역이면서도 동시에 공적인 차원의 공동체를 형성하는 것이며, 사회적 요구에 부합하려는 욕망에 의한 것이라는 말이다. 여기에 전제된 사랑은 이성애적 사랑이다. 이경과 수이의 관계, 혹은 이경과 은지와의 관계를 포함한 동성애 커뮤니티의 관점에서 보자면, 그들의 사랑은 사회적 요구로부터 자신의 욕망을 보존하려는 것이며 차별과 억압으로부터 자신의 존재를 지켜나가는 투쟁이 된다. 사적인 세계와 공적인 세계와의 충돌로 억압당하는 존재의 곁에서 작가는 그들 역시 똑같은 감정의 교류를 하는 인간임을 보여준다.

> 수이는 이경의 눈을 가만히 바라보고만 있었다. 자신을 그렇게 바라보는 사람은 처음이었다. 사람이 사람을 이렇게 오래 바라볼 수 있구나. 모든 표정을 거두고 이렇게 가만히 쳐다볼 수도 있구나. 그렇게 생각하면서 이경은 자신 또한 그런 식으로 수이를 바라보고 있다는 것을 알았다.(219쪽)

어떠한 편견 없이 사람이 사람을 대하는 일은 그 사람을 온전하게 받아들이는 마음에서 시작된다. 서로가 서로의 차이에 눈을 맞추고 바라봄으로써 서로가 서로를 이해하고 공감하며 새로운 공동체를 생성한다. 이 또한 사소한 일이면서도 사람을 살게 하는 힘이 된다. 차이를 차별로 인식하지 않는 것, 그러면서 그 곁을 지켜내고 그 작은 행동이 서로에게 이어지는 것은 작지만 숭고한 일이다. 작가는 이경의 목소리에서 출발하여 수이의 곁으로 다가간다. 그러면서 강요된 침묵의 곁을 지켜주고자 한다. 하지만 수이와 이경의 계급적 차이와 시간의 층위는 둘의 결별을 불러온다. 사랑하는 관계가 그렇듯 오래된 만남은 새로운 시작 앞에서 흔들릴 수밖에 없다. 단순한 연애 서사처럼 재현되는 만남과 결별의 구조는 '한 사람'의 곁이 쉽사리 관계의 곁로 소급되지 못한다는 것을 의미한다. 게다가 사회적 편견을 온몸으로 감내해야 하는 약자들에게 자신의 편이 되어줄 '한 사람'은 더욱 드물기만 하다.

수이는 늘 미래에 관해서만 이야기해왔었다. 마치 자기는 과거나 현재와 무관한 사람이라는 듯이 성인이 되면, 대학에 가면 벌어질 미래의 일에만 관심이 있었다. 그리고 지금 수이는 사 년 뒤의 우리에 대해 이야기하고 있어. 그것도 한 치의 의심 없이 기다려온 미래에 배반당한 적 있는 수이가.(231쪽)

확고한 신념을 갖고 미래에 관해 이야기하는 것은 어려운 일이다. 미래를 이야기할 수밖에 없는 것은 현실의 상황이 그만큼 절망적이라는 것을 반증한다. 도저히 극복할 수 없는 불가항력적인 현실 앞에서 취할 수 있는 선택지는 제한적이다. 섣부른 희망이나마 지니지 않으면 견디기 어려운 현실이다. 그런 상황 속에 놓인 수이에게 이경과의 완전한 결합은 미래의 어느 지점에 있다. 수이를 떠올리며 서사를 길어 올리는 이경의 현재는 그런 수이의 미래이다. 아이러니하게도 미래를 말하던 수이는 이경의 현재에서는 항상 부재중이다. 수이가 "한 치의 의심 없이 기다려온 미래"를 이경은 현재로 살아가고 있다. 그렇다면 수이는 실패한 것인가. 수이는 절망적이고 절박한 환멸의 시대 속에 매몰되어 있는 것인가. 최은영은 '열여덟의 그 여름'을 기억하는 이경을 통해 수이를 현재로 불러왔다. 단절로 지속되는 삶이라는 역설로 "수이는 시간과 무관한 곳에, 이경의 마음 가장 낮은 지대에 꼿꼿이 서서 이경을 향한 시선을 거두지 않"(266쪽)는다. '영원히 미완으로 남는 무한의 영토'에서 살아가게 될 수이를 기억하고 상상하는 것이야말로 이경과 수이의 작은 공동체를 굳건하게 만드는 '위대한 힘'이 될 것이다.

문학이 상상한 저 너머의 세계는 작은 불빛 하나에서 혹은 서로를 바라보는 사소한 눈빛에서 비롯된다. 문학이 삶의 방향을 제시하고 그것의 정치적 힘을 과시할 수는 없다. 그러나 문학은 인간에 대한 존재론적인 질문을 통해 과거의 시간 속에서 부유하는 존재를 '단 한 사람'의 기억이라는 빛으로 호위하며 지켜낼 수 있다고 말한다. 잊지 않는 것, 언제까지나 기억하는 것이야말로 인간이 고립된 저 '유실물'의 세계에서 벗어나 함께 살아가는 삶을 상상할 수 있다는 어쩌면 서글픈 전언인지도 모르겠다. 그럼에도 우리가 이 전언에 응답해야만 하는 이유는 고통스러운 현실을 환멸로 남겨둘 수는 없기 때문이다. 새로운 삶을 지향하는 하나하나의 목소리에 귀 기울이고 바라봐야 하는 이유가 여기에 있다.

우리가 기억하고 기록해야만 하는 것

1.

문학은 구체적인 일상 속에 투영된 삶의 양태를 반영하기 마련이다. 관습적으로 받아들여진 행동 양식들을 재생산하는 한편 그것에서 벗어나려는 반동적 행위를 동시에 수행한다. 이러한 양가적 토대 위에 구축된 문학은 강제된 아비투스(habitus)를 내면화하면서도 그것을 돌파할 가능성을 내포하고 있다. 사회적으로 구성된 개인의 정체성 문제는 오랜 역사를 통해 공고해졌으나 그것을 돌파하려는 문학적 시도는 근대 이후에 본격화되었다. 이광수의 『무정』이 그려내고 있는 '가르치는 남성'과 '계몽의 대상으로서의 여성'이라는 구도가 가장 일반적인 예일 것이다. 한편에서는 이러한 이분법적 사고의 틀에서 벗어나 여성에게 강요된 순종적인 상을 탈피하려는 시도 역시 다양하게 나타났다. 나혜석이 「경희」에서 그려내고자 했던 주체적인 개인으로서의 여성도 그중 하나다. 나혜석은 이 소설을 통해 전통적 삶과 현대적 삶이 교차하는 시기에 신여성으로서 자신의 주체적 삶을 영위할 수 있는 여성상을 그려내었다. 하지만 '경희'로 대표되는 신여성은 자기 이상을 실현하고자 하는 욕망과 내면화된 남성/권력의 무의식적 욕망 사이에서 끊임없이 갈등하는 양상에 머무르는 한계를 보여주는데 기회와 가능성은 사회적으로 상상된 그 이상을 넘어설 수 없었기 때문이다.

시간을 훌쩍 뛰어넘어 2018년의 소설적 동향을 살펴보자. 최근 한국문학 장에서 가장 논란이 되는 논의를 들자면 '정치적 올바름'에 대한 인식일 것이다. 이에 대한 필자들의 다양한 논의들을 굳이 여기에서 다시 언급할 필요는 없겠으나, 조남주의 『82년생 김지영』(민음사, 2016)을 필두로 소외된 존재의 목소리를 재현하는 소설적 양상에 대한 사회학적이고 미학적인 논의는 2018년의 문학적 장에 중요한 키워드임은 분명하다. 조남주의 소설이 이광수식 세상에서 나혜석의 투쟁을 거쳐 온 이후를 다루었다는 점은 분명하다. 그리고 이 소설은 그 투쟁이 여전히 현재진행형일 수밖에 없다는 것을, 사회적으로 상상된 그 이상의 삶이 거부된 김지영의 삶을 폭로하고자 한 것이라고 볼 수 있다.

『82년생 김지영』은 객관적 자료와 구체적 수치를 제시하여 현재를 살아가는 여성의 "객관적 현실의 총체적인 상(像)"[1]을 재현한다는 점에서 기록적 성격이 강하다. 그런 점에서 어쩌면 이 소설은 일종의 "최종 단행본이 되기 이전의 자료, 공식 자료 이전의 자료, 과정을 보여주는 회의 자료, 최종 결과물이 나오면 결국 폐기"되는 비공식 문서로서 "회색문헌"[2]인지도 모르겠다. 소설은 그 자체로 완결된 자료나 공식 자료로 기능하지 않는다. 그럼에도 소설 쓰기의 행위가 지속되는 것은 사실의 적시가 아니라 진실의 탐구를 희구하기 때문이다. 그런 이유로

---

1   김경식, 「루카치 장편소설론의 역사성과 현재성」, 『다시 소설이론을 읽는다』, 황정아 엮음, 창비, 2015, 19쪽.

2   강영숙, 「폴록」, 『회색문헌』, 문학과지성사, 2016, 38쪽.

이전 – 거기 사건을 지금 – 여기로 끊임없이 불러와 재현하는 소설의
의미를 등한시할 수 없는 것이다.

2.

문제는 이에 대한 '미적 실효성'을 갈구하는 입장에 있다. 문학적 재
현을 어떠한 윤리적 의도를 가지고 수행되는 행위로 재단하려는 것은
문학의 자율성에 대한 비평적 참견이 될 위험이 다분하다. 작품이 갖
는 효과는 그것이 정치적 차원이든 아니든 작품에 내재된 혹은 반영
된 존재와 그 존재를 둘러싼 세계를 드러내는 방식으로 이미 의미화되
기 때문이다. 써야만 하는 당위는 사회적 억압으로 인해 자기 자신을
잃어버린 존재의 인정 욕망에서 비롯된다. 자신의 정체성을 찾지 못한
다면 존재는 존재할 수 없다. 이광수의 남성 세계로부터 억압된 나혜석
의 경희가 그 단적인 예일 것이며 최근 성적 소수자를 다룬 일련의 소
설이 보여준 바도 마찬가지일 것이다.

그의 논리에 따르면 영화 속에 퀴어를 등장시키기 위해서는 무조건
합당한, 그러니까 보통의 사람들을 설득할 수 있는 치명적인 '지점'이 있
어야 하는 거였다. (중략) 그들은 자신이 잘 알고 있다고 믿는 세계 밖으
로 한 발자국도 나갈 생각이 없어 보였다. (중략) 평범하고 발랄한 동성애
자들은 현실성이 없고 순전히 다 지어낸 것 같겠지. 애초에 보통의 존재
로 생각한 적조차 없었겠지.[3]

---

3   박상영, 『알려지지 않은 예술가의 눈물과 자이툰 파스타』, 문학동네, 2018, 180~181쪽.

존재는 자신의 삶을 기록하는 측면에서 어떠한 것도 강요받지 않아야 한다. 무엇이든 발화할 수 있는 자유가 그들에게 주어져야 하는 것이다. 물론 그들의 사적 경험이 가벼운 연애나 한때의 추억을 반추하는 방식으로 소비되는 것은 경계해야 할 테지만 그것을 이유로 억압될 이유는 없다. 박상영이 『알려지지 않은 예술가의 눈물과 자이툰 파스타』의 표제작에서 말하고자 한 것 역시 이와 같은 의미일 것이다. 그의 소설은 현재를 살아가는 존재의 자유분방함을 재현함으로써 의미를 지닌다. 사회적으로 억압되고 소외된 성적 소수자로서의 삶이지만 소설 속 인물들은 성적 소수자라면 응당 지녀야 할 사회적이고 역사적인 고뇌를 강요받지 않는다. 오히려 그것을 강요하는 사회적 권위를 향해 목소리를 높인다. 미학적인 결함이란 인물이 수행하는 행위나 그것을 재현하는 방식에서 오는 거라기보다는 사회적 소수자를 "애초에 보통의 존재로 생각한 적조차 없"던 사회적 권위가 지적하는 의미에의 강요에 있는 것은 아닐까 하는 의문이 든다.

합리적 이성을 중시하는 남성 중심적 사고와 가부장적 문화야말로 권력의 강한 카르텔을 형성하여 세계를 단일한 방식으로 규정하고 부당한 현실을 강요한다. 그로 인해 억압받는 사회적 소수자는 그들이 감당해야 하는 요구를 내면화한 채 자신의 목소리를 상실하게 되고 사적 기억을 공적 가치에 복무하는 방식으로만 존재하게 된다. 한 개인의 정체성은 자신의 서사를 써나가는 수행적 존재라는 측면에서 주체의 저자성 자체라고 할 수 있다. 즉 자기결정권을 가진 고유한 존재로서 그들의 삭제된 목소리를 복원해야 할 필요가 여기에 있다.

그런 점에서 최근 김숨이 수행하는 일련의 소설적 작업들은 주목할 필요가 있다. 개인의 사적 기억의 역사를 들추어냄으로써 과거의 사건을 (분절된 회상의 형태로) 재현하고 의미를 도출하려는 시도는 그것이 비록 '회색문헌'으로서 기능한다고 하더라도 반드시 필요한 작업임에 틀림없다. 이한열의 운동화를 복원하는 과정(『L의 운동화』, 민음사, 2016)을 통해 한 시대의 아픔을 그려내었던 김숨이 이후 주목하는 것은 일본군 위안부 피해자들의 목소리이다. 참혹한 역사를 몸으로 겪어낸 일본군 위안부 할머니들의 목소리를 통해 역사가 남긴 고통스러운 기억을 재현하려 하는 김숨의 작업은 『한 명』(현대문학, 2016)을 거쳐 『흐르는 편지』(현대문학, 2018)와 『숭고함이 나를 들여다보는 거야』(현대문학, 2018), 『군인이 천사가 되기를 바란 적 있는가』(현대문학, 2018)로 이어진다.

문학은 관습적으로 강제된 부조리한 현실의 폭력을 기록하고 이를 가시화하여 삶의 진실을 알림으로써 고착된 사고에서 벗어나게끔 한다. 김숨의 소설은 폭력적 현실을 경험한 한 명, 한 명의 고백을 기록하고자 한다. 이는 섣부른 화해를 위한 선행 작업이 아니다. 말할 수 없는, 침묵을 강요당한 목소리의 증언을 통해 그동안 그들에게 가해진 구조적 폭력이 지워나간 역사를 기록하여 인간의 존엄을 회복할 지평을 마련하고자 함이다. 주체적 삶의 기회를 빼앗긴 이들의 증언은 우리가 기억해야 할 것이 무엇인지를 들려준다.

3.

  김숨의 『한 명』은 위안부 피해자가 단 한 명 남았을 때를 상상하여 쓴 기억의 기록이다. 하지만 이때의 기억은 위안부 피해자 한 명의 사적 기억이기보다는 공식적 자료들과 수치를 인용한 사회적 기억이라고 볼 수 있다. 사적 기억이 공적 기억으로 전유되는 방식인 셈인데 이를 좀 더 정교하게 다듬은 것이 『흐르는 편지』라고 할 수 있겠다. "어머니, 나는 아이를 가졌어요."(7쪽)로 시작하는 이 소설은 열다섯 살의 위안부 소녀가 어머니에게 보내는 편지의 형태를 취한다. 그러나 '흐르는 편지'가 어머니에게 가 닿을 거라고 기대하는 독자는 없다. 서술자 역시 편지가 어머니에게 갈 것이라고 생각하지 않는다. 그럼으로써 편지는 독자를 상실한 채 기술되는 한 개인의 내밀한 고통의 기록이 된다. 전쟁이라는 세계사적 사건이 그것과 아무런 관련이 없는 한 개인의 삶을 무참히 파괴하게 되는 육체적, 정신적 고통의 기록. 육체에 각인된 고통은 그것을 가능하게 했던 사건들의 연쇄를 통해 정신적인 고통으로 먼저 발현된다. 비록 군인 역시 순수한 악으로 존재하는 것은 아니겠으나 남성 중심적 세계를 지탱하는 도구로써 수행되는 군인에 대한 연민보다 앞서는 것은 위안부 소녀의 고통이다. 김숨은 가장 직접적으로 고통을 재현함으로써 우리에게 그녀의 고통을 체감하도록 하며 그녀의 기억을 공유하고 질문하도록 한다. '나는 누구이며 무엇을 하고 있는가.' 존재의 의지와는 무관하게 작동하는 세계로 인해 자기 자신을 잃고 타자가 되어 버린 고통 속에서 "내 이름은 금자…… 당신 이름은 뭔가요?"(214쪽) 라고 중얼거리는 모습을 통해 우리는 그녀가 재현하는 고통과 삭제된 삶이 빚어내는 역사적 공백 사이에서 우리에게 부여된 질문에 응답해야 하는 자리에 놓인다.

어머니, 그런데 나는 무슨 죄를 지은 걸까요.
무슨 죄를 지어서 이 먼 데까지 끌려와 조센삐가 되었을까요.[4]

그러나 섣부른 대답은 오히려 진실을 은폐하고 호도할 수 있다. "조센삐가 되었을까요"라고 묻는 질문에 대한 대답을 일제에 지배를 받았던 당시의 특수적 상황에 천착하여 민족주의적인 차원에서 대답하게 된다면, 오히려 이는 김숨이 소설을 통해 재현하고자 하는 바와 크게 유리될 수밖에 없다. 그녀(들)이 처한 상황은 그때만큼은 아니더라도 여전히 현재진행형에 가깝다. 그녀(들)의 현실에는, 단지 과거 한때의 상황이 아니더라도 여전히 그녀(들)을 억압하는 가부장적 이데올로기가 작동하기 때문이다. 저 질문이 요구하는 진실은 특수한 한때에 대한 기억이 아닌 지금, 이곳에 작동하는 허위를 깨뜨림으로써 보편적 진실에 가 닿을 수 있으리라는 가능성 그 자체인지도 모르겠다. 이를 위해 김숨은 상상으로 구축된 사적 기억의 역사를 증언을 통한 공적 기억의 기록으로 재구축하려고 한다. 일본군 위안부 김복동, 길원옥 할머니의 증언을 소설로 구현한 두 편의 소설이 그것이다.

2018년 국가 공식 기념일로 지정된 일본군 위안부 피해자 기림의 날(8월 14일)에 맞춰 출간된 『숭고함이 나를 들여다보는 거야』, 『군인

---

4 김숨, 『흐르는 편지』, 현대문학, 2018, 291쪽.

이 천사가 되기를 바란 적 있는가』는 일본군 '위안부' 피해자로 살아온 날들의 기억을 독백의 형식으로 재구성한 소설이다. 이 소설들은 위안부 피해 당사자의 목소리를 직접 기록함으로써 우리가 통상 보아왔던 문학적인 윤문의 과정이 다소 배제된 형식을 취한다. 이는 소설이 감당해야 하는 사건의 실제가 허구를 압도함으로써 불가피하게 선택한 방법인 셈이다.[5]

역사적 범죄의 피해자인 김복동, 길원옥 할머니는 자신들이 겪은 일들을 이해할 수 있는 방법이 없었다. '안개 속의 삶'으로 표현되는 삶을 살아온 할머니들은 지난 시간 속에서 자신의 존재에 대해 침묵을 강요받았다. 그들은 말할 권리를 박탈당했으며 자신을 표현할 어떠한 수단도 지니지 못했다.

> 나는 말을 못해.
> 말로 짓는 죄도 있어.
> 사람들은 내가 말을 잘한다지만,
> 나는 말이 무서워.
> 한 말을 되씹고 되씹어.
> 그 말은 하지 말걸,
> 그 말은 꼭 했어야 했는데.

---

5   김숨은 〈경향신문〉과의 인터뷰에서 "긴 생을 살아낸 한 인간으로서 들려줄 수 있는 이야기를 담고 싶었어요. 할머니들의 말을 재구성하고 제 문장과 섞으면서 이야기를 끌고 나갔는데, 한 문장 한 문장에 집중하다보니까 시 같은 형식이 됐어요."라고 말한다. 서사적 형태를 포기하고 서사시적 형태를 취할 수밖에 없는 것은 결국 사건의 경험 주체인 할머니들의 증언이 지닌 무게감 때문일 것이다. 그 앞에서 소설의 문법은 무력할 수밖에 없다. 「"위안부 할머니에 대해 끝까지 써보고 싶었다" 김복동, 길원옥 할머니 증언소설 낸 소설가 김숨」, 〈경향신문〉 2018. 8. 14.

그 말, 그 말, 그 말······[6]

"너는 아무도 없지 않니."

그 말,
그 말이 나를 아무도 없는 사람으로 만들었어.

말이 무서워.[7]

나 말 못 해, 나 말 못 했어.
약해서, 여자라서.[8]

　　말은 존재를 존재이게 하는 동시에 존재를 박탈할 수 있는 위협적인
힘을 지닌다. 그녀(들)에게서 말을 빼앗은 것은 가부장제 사회의 권력
이다. 해방 이후 그리고 한국전쟁 이후 한국 사회는 급속한 산업화를
추진하면서 가부장제와 민족주의를 채택하였으며 이에 합당한 지위
를 차지하지 못한 존재들을 끊임없이 배제해왔다. 근대 국가를 형성하
는 데 이바지할 수 없는 것들을 배제하는 차별의 장치로 가부장제는
남성 중심의 기득권을 공고히 하는 한편으로 거기서 벗어난 인간의 존
엄성, 특히 여성의 존엄을 고려하지 않았다. 일본군 위안부 문제는 박정
희 정권 때 맺은 한일협정 내용에서도 빠져 있었다. 남성 중심적 사회에

6　김숨, 『숭고함은 나를 들여다보는 거야』, 현대문학, 2018, 41쪽.
7　같은 책, 148~149쪽.
8　김숨, 『군인이 천사가 되기를 바란 적 있는가』, 현대문학, 2018, 83쪽.

서 일본군 위안부 여성은 체제 수호를 위해 억압하고 부정되어야 하는 타자일 따름이었다. 그러한 타자에게 말은 허용되지 않았다. 타자의 자리는 "아무도 없는" 자리, 존재하지 않는 존재로서의 자리일 뿐이었다.

이런 상황에서 타자가 자신을 '나'로 발화하는 것은 중요한 전환에 놓인다. 기존 권력에 의해 지정된 자리에서 벗어나기 위한 저항의 단초는 나를 '나'로 발화하고 '나'를 수행하는 일에서 비롯된다.

> "아무 말도 하고 싶지 않았지만 했어. 나처럼 아무것도 모르고 그 끔찍한 일을 당하는 여자가 또 있으면 안 되니까."

> "내가 말하지 않으면 아무도 모를 테니까."

> "내가 참으라는 것은 아픔을 참으라는 뜻이지 말을 참으라는 뜻이 아니야."

> "말해야 해. 그래야 사람들이 알지."[9]

내가 '나'라고 발화하는 순간 '나'는 언어를 나의 것으로 만들어 '나'를 억압하던 권력의 구조를 '너'로 만든다. 말을 억압당한 '나'가 언어를 획득함으로써 타자인 '나'는 주체의 자리, 저항적 주체의 자리에 서게 된다. 인식 주체로서 자신을 돌아보도록 만드는 행위, 그럼으로써 자기의 정체성을 확보하고 이를 통해 다시 타자와의 관계를 형성하고 영속할 수 있도록 하는 것은 바로 이러한 말의 되찾음 속에서 가능한 일이

---

9 같은 책, 94~95쪽.

다. 나를 나이게 하는 것은 이러한 관계 속에서 사적 기억의 역사로서 '나의 이야기'를 발화하는 것이며 이를 공적 기억의 장으로 확장하여 공동체의 가능성을 여는 데에 있다. 김복동 할머니가 "나 외로운 건 못 느끼는데,/남 외로운 건 느껴"(43쪽)라고 말함으로써 타인의 감정을 공유할 수 있는 것 역시 그녀 자신의 경험을 언어로 표현함으로써 획득하는 '숭고함'이라고 할 수 있을 것이다.

4.

상상으로 구축된 소설적 세계에서 한 개인의 사적 기억의 역사를 재구성하는 증언소설까지 김숨이 수행한 증언의 기록은 역사적 사건이 남긴 지금, 여기의 상처에 접근하여 잃어버린 말을 찾아 삭제된 존재를 되찾는 여정이다. 그 과정에서 김숨은 발화의 주체가 누가 되어야 하는지에 대한 고민의 결과를 명확하게 하였다. 대부분의 소설들이 수행하는 것이기도 하지만 그것이 현재를 바탕으로 구축된 상상의 차원에서 어떻게 말해야 하는지를 고민하는 와중에 나타나는 왜상(anamorphosis)의 방식이 아닌, 우리 삶의 기본 조건으로 불가피하게 말해질 수밖에 없는 직접성의 형태로 억압된 목소리를 구현함으로써 김숨은 무엇을 말해야 하는지를 대담하게 풀어낸 것이다. 진실에 다가가는 방법은 단일하지 않다. 그럼에도 귀 기울여 들어야 할 목소리가 있음을 우리는 인식해야만 한다.

여전히 강력한 자력을 만들어내고 있는 『무정』의 세계에서 강제된 상상력 바깥을 바라보기 위해서는 억압된 존재의 사적 기억의 역사와 그것을 직접 발화하는 목소리를 기록해야 한다. 이는 김숨뿐만 아니라 김금희, 최은영, 박민정, 강화길 등에 의해 지속적으로 모색되고 있다. 이런 노력으로 우리는 억압되고 소외된 그들이 괴물이 아니라 우리의 다른 모습임을 깨닫게 되고 우리가 대답해야 하는 것이 무엇인지 어렴풋이나마 알 수 있게 되지 않을까. 윤리적인 내용이 미학적 형식 속에서 억압되고 소외된다면, 그럼으로써 또 다른 보편적 가시성의 영역으로 목소리가 은폐된다면 문학은 강제된 아비투스를 돌파할 기회를 잃게 될지도 모르겠다. 물론 이러한 고민은 이미 오래전부터 지속되어온 한국문학의 방향성 속에서 쓸데없는 말일 수도 있다. 내용의 다양성만큼이나 그것을 재현하는 방식에 대한 작가들의 분투는 지속되고 있으니까 말이다. 어찌 되었든 과거의 일에 대해 대답을 하는 소설이 아닌 앞으로 해야 할 일에 대해 질문을 던지는 소설, 단지 과거에 있었던 사적 기억의 역사를 기록하는 일을 넘어 그것이 지닌 사회적 의미를 상상하고 적어 나가는 예언적인 소설이 지금 쓰이고 있다. 그 모든 노력이야말로 숭고함으로 '나를 들여다보는' 일일 것이다.

사적 기억의 역사, 그 사소함의 윤리
―윤성희와 김금희의 소설을 중심으로

1. 그것은 어렵다

서로 한 덩어리로 굳게 뭉친다는 뜻의 연대는 주체와 타자의 단순한 결합뿐만 아니라 주체의 타자화/타자의 주체화를 포함한다. 한편으로 그것은 서로의 내밀함을 공유하고 주체와 타자의 구분을 지워 하나의 공동체를 가능하게 한다. 그 안에서 타자는 더 이상 타자로 존재하지 않으며 주체는 자신만이 절대적이라고 주장하지 않는다. 그러나 우리는 의심한다. 하나의 공동체가 다른 공동체를 배척하기 위한 목적에 복무하기도 한다는 것을 사회 여러 부분에서 보아왔기 때문이다. 그럴 때마다 우리는 특정 집단이 드러내는 혐오가 자기 이외의 것을 타자화하고 사회적 약자를 배척하는 무기로 사용되고 있음을 깨닫게 된다. 그럼에도 포기할 수 없는 것이 연대의 힘이다. 사회적 약자이자 개별적 존재들은 자신을 향한 혐오에 단독으로 맞설 수 없다. 그들은 모여야 하며 한 덩어리로 뭉쳐야 한다. 그래야만 자신을 향한 혐오에 대항하여 싸울 수 있으며 폭력과 좌절로부터 자신의 존재 의의를 바로 세울 수 있다.

이러한 연대를 가능하게 하는 방법으로 개별 존재들의 자기 증명은 중요한 요소이다. 하루하루 삶과 생활에 치여 살아가는 개별 존재들이 스스로를 드러내는 일, 특히 사회적으로 억압당하는 존재들 이를테면, 여성, 노동자, 동성애자, 불가촉천민 등 하층 계급이라고 명명되는 사람들이 자신을 보편적 인간 군상으로 드러내는 일이 필요하다. 자신을 드러냄으로써 타인을 끌어들이는 전략은 생각보다 쉬운 일이 아니다. 그들은 우회를 통해 뜻을 형성해 나간다. 곁을 나누고 서로의 사적 기억의 역사를 공유하는 작은 연대부터 시작한다. 그들은 그럼으로써 더이상 타자로서의 그들이 아닌 우리가 된다. 우리가 된다는 것은 단순히 타자/주체의 이분법적 구분에서 벗어나는 것만을 의미하는 것이 아니며, 그렇게 공유된 우리를 통해 서로의 한때를, 더 나아가 오랜 시간을 기억하고 나누는 것이다. 우리는 우리를 증거하고 외부를 포용하여 더 큰 연대로 나아가는 밑바탕이 된다.

그것은 대체로 이루어내기 어렵다. 잉여적 존재들에 대한 차별과 배제, 타인에 대한 막연한 거부감, 자신에 대한 불확실성과 그것을 강요하는 사회적 맥락이 작용하기 때문이다. 오랜 시간 중층적으로 강요된 구조적 폭력을 우리의 몸에서 얼마만큼 지워낼 수 있는지, 우리의 개인화되고 파편화된 삶을 어디까지 공동의 공간으로 이동시켜나갈 수 있는지, 당장은 알 수 없다. 그러나 변화에 대한 갈망은 사람들로 하여금 곁을 지키고 시간을 공유함으로써 조금씩 달라지게 한다. 근래 많은 작가가 이러한 문제를 자신만의 방식으로 표현하며 목소리를 들려주고 있다. 이미 오래전부터 지속되어온 이 행위는 문학의 현재이면서 미래이기도 하다. 그중에서도 윤성희와 김금희의 소설이 재현하는 타자와의 연대가 문학적 장(場)을 현실적 삶의 가능태로 이끄는 방식을 살펴봄으로써 한국문학의 방향성을 엿보고자 한다.

2. 사적 기억의 역사

윤성희의 소설 속 인물들은 시간이 증거하는 개인의 역사를 되짚어나간다. 특별하거나 주목받는 사건으로서의 역사가 아닌 사소하고 개인적인 시간을 인물의 회상을 통해 혹은 주변 인물들의 기억을 통해 복기하는 것이다. 네 번째 소설집인『웃는 동안』(문학과지성사, 2011)에서 죽은 자, 혹은 죽어가는 자의 시선을 담은 단편들을 통해 지금, 여기에 자신이 어떻게 놓이게 된 것인지를 재구성하려고 했던 것과 비슷하게 다섯 번째 소설집인『베개를 베다』(문학동네, 2016) 역시 자신이 지금, 여기까지 오게 된 시간을 재구성함으로써 인물의 곁을 지켜나간다.

윤성희의 소설에서는 사건이 발생하지 않는다. 사건은 서사 이전의 과거에 발생하였으며 그나마 사건이라고 말할 수 있는 것도 가족의 해체 정도이다. 얼핏 해체된 가족 로망스의 서사를 재현하려는 것도 같지만 윤성희는 소설 속 인물이 이미 겪은 사건에 대해서는 언급을 자제한다. 그러고는 시간이 한참 지나고 나서 그 시절을 돌아보는 인물을 이야기한다. 이것은 세상을 살아가는 존재에 대한 윤리와 관련을 맺는 것처럼 보인다. 윤성희는 이모나 삼촌 혹은 친구를 통해 확장된 가족을 그려낸다. 확장된 가족 관계는 부부간이나 부모와 자식 간의 결핍을 채워나가거나 존재의 부재를 견디는 힘이 된다. 곁에서 자신들이 살아온, 혹은 보고 들은 것들을 이야기함으로써 서로를 포용하는 공동체가 형성되는 것이다. 여기서는 「낮술」, 「베개를 베다」, 「다정한 핀잔」을 주목하고자 한다.

"엄마는 스물다섯 살에 엄마가 되었다."(157쪽)로 시작되는 「낮술」은 엄마의 역사를 재현하고 있다. 화자는 딸이지만 딸이 표면에 등장하는 것은 후반부에 들어서이다. '삼수씩이나' 해서 들어간 대학에서 엄마는 미희 이모를 만나 대학 시절을 보내고 대학을 졸업한 이후로 친환경 변기를 만드는 회사에 들어가 아빠를 만나 결혼하게 된다. 엄마의 삶은 그리 특별할 것 없는, 어찌 보면 지극히 평범하고 익숙하다. 사소한 갈등과 다툼이 있고, 희로애락이 공존한 삶을 영위해 나간다. 이러한 엄마의 삶을 관통하는 핵심으로 작가가 선택한 것은 '낮술'이다. 낮술의 기원은 미희 이모가 낮술을 하는 할머니들과 막걸리를 마시고 난 때이다. 이때 미희 이모는 "아주 긴 여행을 다녀온 기분이 들었다고"(159쪽) 엄마에게 말한다. 그 말을 들은 엄마는 미희 이모의 말에 공감하고 가까워진다. 낮술을 마시고 길을 걷던 어느 날, 엄마는 바퀴 두 개가 모두 사라진 채 전봇대에 묶여 있는 자전거를 줍는다. 그 자전거를 끌고 가다 하늘색 페인트가 칠해진 공중화장실에 세워 놓는다. 미희 이모는 벽에 자전거 바퀴를 그린다. 이 사소한 일화는 '나'를 갖게 된 엄마가 누군가 바퀴 그림에 색칠을 해 넣고 바큇살과 체인까지 그린 것을 보게 되는 것으로 연결된다. 그로 인해 엄마는 "아이에게 자전거를 가르쳐주는 아버지"에 대한 희망을 품게 되고 '나'를 낳기로 결심한다.

이러한 삶의 사이사이에 '낮술'은 큰 역할을 담당한다. 아빠가 도망

가서 보게 된 노부부의 낮술, '나'가 태어난 날 외할아버지와 외할머니, 아빠가 함께 마신 낮술, '나'가 사고를 쳤을 때 엄마가 피해자인 미주네 집까지 사과하러 갔다가 마신 낮술, 아빠가 죽고 '나'가 마신 맥주와 엄마의 회사 사장이 간암 말기로 병원에 입원하게 되어 병문안을 가서 엄마와 사장이 캔맥주 하나를 나눠 마신 낮술, '나'가 엄마처럼 '삼수 끝에 대학에 합격'하고 기숙사로 떠나는 날 엄마와 함께 마신 낮술. 삶의 중요한 시기마다 낮술은 인물들의 유대를 높이거나 결정을 확정 짓게 하거나 마음을 달래거나 서로에게 공감하게 한다. '삼수씩이나' 해서 대학에 들어간 엄마의 시간이 여러 공감의 관계를 거쳐 '삼수 끝에 대학에 합격'한 딸에게 이어지는 것이야말로 삶이라고 말한다. 이는 특별한 어느 한때가 아닌 삶의 총체적인 시간을 나누며 그 곁을 지키는 것이야말로 소설의 역할이라고 말하고 있는 게 아닐까.

공동(共同)의 시간으로써 삶의 기원을 지금, 여기로 불러와 '다정한 핀잔'을 내뱉는 윤성희는 그렇게 지금을 살고 있는 존재의 곁을 따뜻한 쪽으로 한 걸음 가까이 다가가게 한다. 표제작인 「베개를 베다」에서 '나'는 일주일에 두세 번 포장마차에 가서 국수를 먹고 소주를 마신다. 포장마차 주인은 일주일에 한 번 이상 오는 단골에게 "고춧가루와 참기름으로 무친 단무지"(115쪽)를 '특별히' 내어준다. 그것을 같이 먹는 P와 K가 '나'의 곁에 잠깐 머물다 간다. 그들은 서로의 나이도 모르고 연락처나 주소도 알지 못한다. 스쳐 지나가듯 우연히 마주친 포장마차에서 자주 그렇게 함께 술을 마시고 헤어진다. "셋 다 이혼을 했다는 사실 하나만으로 아침이 될 때까지 술을 마"(116쪽)신 그들은 "잔이 비면 따라주면서 시답잖은 농담을 주고받는 사이"로 "그걸로 만족"하는 관계를 형성한다. 「낮술」의 술 장면들과 겹치는 것은 특별한 충고나 위안을 주고받지 않음으로써 서로의 곁을 채워준다는 이유 때문이다. 사람은 살아가면서 숱한 아픔과 좌절을 겪는다. 그럴 때마다 절망하고 쓰러지기보다는 어떻게든 삶을 이어나간다. 윤성희는 삶이 주변의 또 다른 삶으로 지속된다고 말한다. 같이 술을 나누는 사람들은, 삶을 지속시키는 또 다른 삶이다. 이것은 우연을 감당해야 한다. 우연히 마주치는 삶이야말로 주인공의 삶에 오히려 큰 영향을 미치기 때문이다. 그것을 가능하게 하기 위해서는 "말도 안 되는 얘기"(113쪽)를 말이 되는 이야기로 받을 수 있어야 한다. 아내와의 만남이 말도 안 되는 우연에서 비롯되었다 하더라도 그 이후는 자신의 노력 여하에 의해 만들어진다. 하지만 이 만들어진다는 것 역시 삶이 층층이 쌓여 눅여내는 과정에 다름 아니다.

> 어릴 때 자주 가던 단골집이 있어야 나중에 어른이 되었을 때 너그러운 사람이 될 수 있다고 나는 아들에게 말했다. 너그러운 사람하고 단골집이 무슨 상관이야. 말도 안 되는 얘기 좀 그만해. 아내가 옆에서 핀잔을 주었다. 말도 안 되는 이야기! 아내는 늘 내게 그렇게 말했다. 그것 때문에 우리가 만나고 또 그것 때문에 우리가 헤어졌지만. (……) 암튼, 아들에게 단골집을 만들어주기 위해 우리는 세 달 내내 주말마다 외식을 했다. (108~9쪽)

언젠가 나이가 들어 '무심코' 옛 생각이 나 가게를 들렀을 아들을 위해 단골집을 만들어줘야 한다는 발상은 부모가 부재한 삶을 다른 삶을 통해 위로받을 수 있기를 바라는 마음에서 기원한다. 그 우연을 위해 반복적으로 가게 된 가게에서 위로를 받는 건 아들이 아니라 '나'이다. 삶이 녹여낸 것들이 어떤 방식으로, 어느 방향으로 곁을 내어주게 될 것인지는 아무도 모른다. 그것 역시 감당해야 할 '말도 안 되는' 우연이기 때문이다. 아들의 죽음과, 아내와의 이혼과, 엑스트라로서의 삶을 감당하는 일은 그렇게 우연히 또는 무심코 만나게 되는 존재와 기억들을 통해서 가능하게 된다. 베개를 베고 잠시 잠깐의 휴식을 취할 수 있는 것도 모두 그런 지난한 삶의 과정이 있었기 때문이다. 윤성희의 인물이 앞으로 더 나아갈 수 있는 것 역시 그러한 삶의 과정을 과거에 한정해놓고 머물러 있지 않은 데 있다. "현재를 잃어버리고 과거로 돌아가려 할 때" '발냄새'를 맡게 하여 현재를 일깨우는 비유가 황당할지 모르지만, 발냄새야말로 시간의 층위가 고스란히 녹아난 삶이 아닐까.

그러한 시간의 층위를 가족 내부의 관계만이 아니라 외부로 확장해 바라본 「다정한 핀잔」은 주목할 만하다. 소설은 병원 대기실의 인물들을 보여주며 시작한다. '나'와 미희 언니의 동생인 미애씨, 미애의 아들인 형욱. 그들은 미희 언니가 수술을 받는 동안 미희 언니와의 과거를 복기한다. '나'는 아르바이트를 하던 햄버거 가게에서 미희 언니를 만나 이십 년 넘게 친구로 지낸다. 열두 살의 나이 차에도 불구하고 '나'와 미희 언니는 친구가 된다. 이를 의아하게 생각하는 형욱이에게 미애씨는 고등학교 때 국사 선생님과의 일화를 이야기해주고 '나'는 그것을 "그러니까 같이 술을 마실 수 있는 사이가 되면 나이는 아무 상관이 없다는 얘기"(215쪽)라고 해석해준다. 윤성희의 이러한 별것 아닌 것 같은 이야기는 다층적인 의미망을 형성한다. 앞에서 본 것처럼 술을 마시는 우연적인 행위는 인물들을 친구의 관계로 확장시킨다. '오래 사귄 벗'이라는 의미의 친구(親舊)는 시간을 함께하는 존재를 의미한다. '나'가 미희 언니와의 시간을 복기하고 한편에서는 미애씨가 미희 언니와의 시간을 복기함으로써 미희 언니의 역사는 입체적으로 재구성된다. 서로가 알지 못하는 부분들을 채워나감으로써 한 개인을 이해하는 것은, 그러므로 익숙한 존재의 낯선 면을 발견하는 과정이며, 낯선 존재가 우리라는 공동체를 만들어가는 과정이기도 하다. 그들은 일종의 작은 연대를 이루어 사적 기억의 역사를 곁에 두고 부재를 견딘다.

　내밀한 기억을 공유한다는 것은 타인에게 자신의 사적 영역 한쪽을 허락하는 것이며, 보다 친밀한 연대 형성에 기여하는 일이다. 미희 언니가 어린 조카를 보며 '방긋'이란 단어가 그리 좋은 것인지를 깨달았다는 말이나, '낙엽'을 '낙옆'이라고 적은 연애편지의 틀린 글자에 빨간색으로 동그라미를 그려 넣은 글을 읽었던 기억을 공유함으로써 '나'와 미애씨는 동일한 자리에 서게 된다. 이러한 공동체적 연대는 일종의 유사가족의 양상을 띤다. 사소한 기억을 공유하고 그것을 비난하거나 가볍게 생각하지 않는 연대는 가족 구성원 간의 친밀함과 동일하다. '나'가 응급실 밖 의자에 앉아 보고 듣게 된 부자의 대화는 '나'와 미애씨, 그리고 형욱을 유사가족으로 묶어 준다. 위경련으로 응급실에 실려 온 어머니를 검사받게 하고 남자는 아내와 딸과 통화를 한 후, 아버지에게 당신의 손녀딸이 처음으로 간지러워라는 말을 했다는 등의 이런저런 이야기를 나눈다. 그들이 가족으로서 유대를 형성하고 공동의 장을 마련하는 것은 결국 '이런저런' 이야기를 통해서이다. 가족 간에 공유하는 '이런저런' 이야기는 내적 친밀성을 바탕으로 하고 있으며, 그들이 함께 지나온 시간을 기록하는 것과 같다. 손녀딸이 처음으로 말한 단어를 기억하는 일, 그리고 그 존재 자체를 고마워하는 일이야말로 가족 간의 유대를 넘어 사람이 사람을 포용하고 공감하는 일이며 공동체적 연대로 확장될 수 있는 일일 것이다.

> 미희 언니를 알고 지낸 지난 이십 년 동안 아마도 나는 미희 언니에게 미쳤냐는 말을 수백 번도 더 들었을 거다. (……) 내가 칠십 살이 되어도 언니는 나한테 미친년이라고 그럴 거지? 한번은 내가 물은 적이 있었다. 미희 언니가 당연하지 하고 대답했다. 생각해보니 팔십이 넘은 할머니한테 욕먹는 것도 나쁘지 않을 것 같았다.(223~4쪽)

'미친년'이라는 '다정한 핀잔'을 주고받으며 곁을 나누는 것만큼 위안이 되는 것이 또 있을까. 함께 한 시간을 기억하고 그것을 공유하며 그 곁을 지켜나가는 것. 이것이야말로 사회의 구조적 폭력과 위기 상황에서 개인들이 취할 수 있는 가장 든든한 힘이라고 생각한다. 윤성희의 인물들은 '낯선 이의 머리를 받쳐주는 누군가의 손등'처럼 따뜻하다. 그들은 사적 기억을 공유하고 재구성함으로써 서로에게 위안이 된다. 비록 미희 언니의 이십 대를 알 수 없게 된다 하여도 우리는 이야기해야 한다. '이런저런' 이야기를 주고받는 사소한 행위야말로 지금, 우리에게 필요한 삶의 윤리라고 윤성희는 말하고 있는 것이다.

3. 곁의 윤리학

윤성희가 시간의 잉여를 통해 인물을 역사로 포용하고 이를 삶의 윤리로 그려내고 있다면 김금희는 특정한 국면의 잉여적 인물을 통해 서사의 한 시절을 잡아내고 그 곁을 지켜내고자 한다. 그러나 김금희 소설에 나타나는 연대의 가능성은 이율배반적 위험을 내포하고 있다. 현실의 제반문제가 그대로인 채, 심정적인 동조 혹은 무조건적인 공감으로 위안과 위로의 연대에 머물게 되면 그것은 감정을 소모하는 일에 그치게 될 것이기 때문이다. 이는 감정의 합리화라는 기만적 위로를 통해 세계의 균열을 단숨에 봉합하는 행위가 될 수 있다.

그런 점에서 김금희의 두 번째 소설집 『너무 한낮의 연애』(문학동네, 2016)를 지탱하는 인물들은 하나의 누빔점(point de caption)으로 작용한다. 이들은 서사의 흐름에 깊숙이 침투하여 서사를 추동하지는 못한다. 그저 주변 인물로 한쪽에 놓여 있다가 특정한 국면에서 자신의 존재를 드러낸다. 그때 우리는 소설이 지향하고 있는 연대가 무엇인지 비로소 깨닫게 되는 한편, 그 안에서 배제되어야만 하는 존재에 대한 애틋한 슬픔을 느끼게 된다. 여기서는 「너무 한낮의 연애」의 조연출, 「조중균의 세계」의 해란씨, 「보통의 시절」의 상준을 중심으로 논의를 끌고 가려고 한다.

표제작인 「너무 한낮의 연애」는 인사이동을 통보받은 필용이 어느 날 맥도날드에 가서 점심을 먹다가 맞은편 건물에 걸린 현수막을 보게 되면서 양희와 재회하는 과정을 다루고 있다. 필용은 어학원 강의를 들으면서 알게 된 양희와의 한때를 추억하다가 현수막을 통해 알게 된 양희의 연극 "나무는 'ㅋㅋㅋ' 하고 웃지 않는다"를 보러 가게 된다. 이 연극은 관객참여형 연극으로 관객 중 한 사람을 앉혀 놓고 전신 타이츠를 입은 양희가 마주한 채 시간을 보내는 것이 전부이다. 연극은 십육 년 전 필용과 양희가 맥도날드에서 마주한 채 햄버거를 먹던 장면과 겹친다. 둘은 마주한 채 앉아 있었다. 필용은 허풍과 기대를 포함한 자신의 이야기를 하고 양희는 맞은편에 앉아 듣기만 했다. 연극의 구조와 동일한 이 관계는 갑작스러운 양희의 사랑 고백으로 다른 색채를 띠게 되지만, 그것이 둘의 관계 자체를 다르게 만들지는 못한다. 필용은 십육 년이 지난 뒤 갑작스러운 양희의 고백과 그 고백이 연애로 이어지지 않고 사라져버린 것에 대해, 그리고 양희의 시골집을 찾아가 '아주 사라져버릴 수 있'는 어떤 것에 대한 경험을 떠올리게 된다. 연극의 마지막 공연, 필용은 양희와 마주하게 된다. 그리고 양희가 자신을 향해 "그 어느 밤의 느티나무처럼. 그리고 바람을 타듯 팔을 조금씩 조금씩 흔들"(41쪽)어 주는 것을 보고 돌아 나오는 길에 눈물을 흘린다. 나무는 비웃지 않기 때문에 그 앞에서 부끄러워할 필요가 없다. 필용은 자신의 현재 처지를 부끄러워할 것이 없다. 아주 사라져버린다는 것은 '아주 없음'이 아니라 '있지 않음'의 상태로 잠겨 있을 뿐이라는 것을 감각하게 된 셈이다.

양희와 필용의 이런 서사 한편에 조연출이 있다. 객석에서 늘 박수를 치던 남자 관객으로 필용에게 인식되는 조연출은 다른 의미에서 양희와 유사한 역할을 수행한다. 양희가 실질적으로 타자와 관계를 맺고 그들로 하여금 일종의 '힐링'을 가능하게 한다면, 조연출은 그 과정에서 관객으로서의 위치를 점유함으로써 극장이라는 공간이 주는 위압감을 제거하는 역할을 담당하고 있는 것이다. 그로 인해 다른 관객들은 자신이 도드라진 위치에 놓인 것이 아닌, 다른 존재와 '함께' 공간을 점유하고 있는 편안한 상태로 양희와 마주할 수 있게 된다. 관객의 역할을 하고 박수를 치며 환호를 하는 등 극의 일정 부분 관여하는 조연출의 존재는 소설의 서사에서 잉여적 존재라고 볼 수 있다. 하지만 필용과 양희의 십육 년 전 한때가 필용의 회상에 의해서 구축되는 일방향적 서사라면, 현재 무대 위에서 이루어지는 필용과 양희의 위로의 연대는 잉여적 존재인 조연출로 말미암아 중층적인 사회적 위로의 맥락을 획득하게 된다.

잉여적 존재가 소설 내 주동 인물들의 한때를 증거하는 또 다른 소설이 「보통의 시절」이다. 「보통의 시절」의 상준은 '나'의 공부방 첫 졸업생이지만 대학을 못 가 한동안 '애프터서비스'를 받아야 하는 인물이다. 상준은 '나'와 큰오빠, 작은오빠 그리고 언니가 김대춘을 찾아가는 길에 동행하게 된다. 큰오빠는 암에 걸린 자신의 인생이 불행한 이유가 부모님이 운영하던 목욕탕에 김대춘이 불을 내 부모님을 죽게 했기 때문이라고 말한다. 그로 인해 동생들은 매년 김대춘에게 저주의 편지를 쓰고 그의 불행을 바라야만 했다. 그러나 그들은 김대춘과의 대면을 통해 김대춘 때문에 그들의 삶이 무너진 것이라고 말하는 큰오빠의 말이 잘못된 것임을 깨닫게 된다. 남매의 현재는 큰오빠와의 관계로 말미암아 비롯되었다는 깨달음. 이것은 큰오빠가 다녔던 대학의 건축학과 건물이 날림 공사로 무너질 위험에 처했을 때, 신입생 입학시험을 치를 고등학생들의 죽음보다 건축학과 교수와 졸업생, 재학생의 위상을 더 걱정하는 것처럼 자기중심적 사고의 결과였음을 깨닫는 것이다. 성탄 절에 원수를 찾아 마음의 평화를 찾아보려던 그들은 현재 자신의 불행을 김대춘이라는 개인에게 투사함으로써 부조리한 세계의 구조를 전유하여 스스로를 기만한다. "산 사람은 살아야 하는"(215쪽) 거라고 말하는 건축학과 학과장의 부조리함이 큰오빠에게는 삶의 전언으로 받아들여진 것처럼 말이다. 삶은 버티는 것이 아니라 살아가는 것임에 도 삶이 지닌 불행의 원인을 타자에게 전가하여 그를 적대시하고 차별 함으로써 자신의 불행을 버티고 있는 셈이다.

이 모든 것을 고스란히 보고 기억하는 존재가 바로 상준이다. 대학 입시에도 실패하고 공부방에만 머무르고 있는 잉여적 존재인 그는 오 늘 본 일을 다 잊으라는 말에 잊을 수 없다고 말한다. 이미 본 것들, 함 께 경험한 것들을 그대로 간직한다는 것은 중요한 일이다. 이는 타자의 경험에 대한 단순한 공감이나 기만적인 위로가 아니다. 그것은 '보통 의' 일도 아니고, 생각해서 뭐가 되는 것도 아니지만 그 자체를 잊지 않 음으로써 곁을 지켜나가겠다는 윤리의 자리를 만든다. 노숙자인 김대 춘을 "더럽다고 목욕을 안 받"고 내쫓았던 부모와는 달리 상준은 그들 의 전부를 고스란히 받아들인다. 편견이나 그릇된 인식으로 잘못된 판 단을 내리는 것이 아니라, 판단 그 자체를 중지하고 있는 그대로를 지켜 내는 일이야말로 세상을 따뜻하게 하는 일이지 않을까.

어두운 보일러실 계단을 내려가는 촛불의 움직임이었다. 따뜻하다. 이제껏 느껴본 적 없는 따뜻함이 거기에 있다. 따뜻함은 너무 따뜻해서 잊게 하지. 강철의 추위나 모욕감 같은 것을. 그리고 잠들게 하는 것이다.(230쪽)

존재의 곁을 함께 하는 것만으로도 '추위나 모욕감'은 치유될 수 있다. "이유를 알 수 없는 거대한 불행이 일어나기도 하고 거기에 휘말리기도 하는"(230쪽) 삶이지만 그러한 위기의 순간에 곁을 지킴으로써 위안을 나눌 수 있는 것이야말로 희망임을 상준은 역설하고 있는 것이다. 특별할 것 없는 '보통의 시절'을 사는 방식은 어려운 일이 아니다. 보잘것없는 행위일 수도 있지만 곁을 나누는 사소한 행위야말로 따뜻함으로 한 걸음 더 가까이 다가갈 수 있게 한다. 하지만 이때 하나의 질문이 떠오른다. 그것만으로 세상은 정말 살 만한 곳이 될 수 있을까.

「조중균의 세계」의 해란이라면 뭐라고 대답할까. 해란은 '나'와 한 달 전 신입으로 입사한 수습사원이다. '나'와 해란은 일종의 경쟁을 벌여야 하는 사이이기 때문에 '나'는 해란과 애매한 관계에 놓여 있다. 하지만 해란이 조중균에 대해 언급하는 순간, '나'의 시선에 조중균이 들어오게 되며 비로소 회사 구조의 문제를 인식하게 된다. 「조중균의 세계」의 주인공은 조중균이다. 사회 구조의 지배적 관계를 내면화하지 못하지만 성실함으로 그 세계의 요구를 수행하는 조중균에게 주어진 것은 '퇴사'라는 비극이다. 대학 시절, '아무것도 쓰지 않고 이름만 적'으로라고 하는 교수의 의도를 알고 시대의 부조리를 감각했던 조중균은 그것이 얼마나 '부끄러운 일'이었는지를 깨닫는다. 그는 '지나간 세계'라는 시를 통해 세계의 부조리함을 드러냈지만, 그 저항의 자리에서조차 감춰진, 혹은 소외된 존재가 된다.

폭력의 근원에 대해 고찰하기에는 우리의 삶이 너무 팍팍하다. 삶은 버티는 것이 아니라 살아가는 것임에도 개별자들의 삶은 버티는 쪽에, 내가 살기 위해 폭력의 구조에 순응하고 다른 개별적 존재를 적대시하는 쪽에 무게중심을 둔다. 회사의 다른 직원들에게 조중균은 회사의 구조를 거부함으로써 자신을 불편하게 만드는 존재일 따름이다. 개별적 차원 너머에 존재하는 구조의 부조리함에 개인은 저항해야 한다. 그것이 가능하려면 개인만의 저항을 넘어서는 어떤 것이 필요하다. 개별적인 존재는 모두 위태로운 위기를 버티는 쪽으로 감당하려고 한다. 하지만 그 시간들의 의미가 아주 없는 것이 아닌 '있지 않음의 상태로 잠겨 있을 뿐'이기에 잠겨 있는 시간에 공명하여야 한다. "지금은 환하고 환해서 감당할 수조차 없이 환한 한낮"(42쪽)이지만 한낮의 환함으로 가려져 있는 균열의 지점을 직시해야 하는 것이다. 해란은 바로 그 지점에 서 있는 인물이다. 조중균이 감당하고 있는 구조적 폭력이 결국은 자신이 처해 있는 상황과 다르지 않음을 인식하는 것, 그럼으로써 그의 세계에 공명하고 동조하는 것으로써 사회의 구조적 폭력에 저항할 수 있도록 해란은 우리를 이끈다. 조중균의 세계를 바라보며 "네, 알아요. 안다니까요."(67쪽) 라고 말하는 해란이 그게 무엇이냐는 물음에 "뭔지는 몰라도 알 것 같기는 했어요."(68쪽) 라고 말하는 것처럼. 무엇인지 몰라도 "알아요."라고 말하는 것, 동조하고 동의하며 고개를 끄덕이는 것이 위기를 극복까지는 못 한다고 하더라도 개별적 존재의 붕괴를 막는 저항의 단초가 될 수 있을 것이다. 그렇지만 그것이 모든 이들의 연대로 나아가기에는 사회의 구조가 너무나 견고하다.

> 아무도 해란씨 이야기는 하지 않았다. 그렇게 잠시 있다 떠난 사람에 대해서는 이야기할 것도 없다는 듯이, 마치 없었던 사람처럼. 문제의 책이 출간되고 수습 기간도 끝나면서 나는 긴장이 놓였달까, 안심을 했달까, 아무튼 어딘가 한풀 꺾여 있었다. 안착은 그렇게 허무의 포즈를 하고 왔다. 그래도 고기를 굽고 주는 대로 술을 마시고 웃고 떠들었다.(70쪽)

짧은 수습 기간에만 존재했던 해란을 직원들은 떠올리지 않는다. 그저 스쳐 지나가는 많은 사람 중의 한 사람일 뿐, 자신들과 동등한 위치에 서 있는 존재로 여기지 않는다. 그러므로 '나'가 조중균의 세계를 "이름은 없는 세계"(71쪽)로 파악한 것이 실상은 해란의 세계를 드러내는 것이라 말할 수 있다. 조중균의 곁을 지킴으로써 자신의 곁을 잃은 존재. 곁의 윤리가 무엇인지 보여준 해란은 그것이 얼마나 성취하기 어려운 현실인지를 징후적으로 재현하는 셈이다.

4. 우리가 우리이도록 만드는 관계

그럼에도 우리가 잊지 말아야 할 것이 있다면 그런 것이다. 우리가 우리로 하여금 존재하게 만든 관계들. 이를테면 한때를 공유하고 감정을 교류했던 존재 같은 것. 그리고 그 존재의 부재가 불러온 이루 말할 수 없는 슬픔. 친구인 은총의 죽음과 그로 인해 알게 된 세계의 비극과 견딜 수 없는 절망 같은 것. 거기에서 벗어나기 위해 방기한 삶을 다시 생의 한 축으로 되돌리기까지. 김금희의 장편 『경애의 마음』(창비, 2018)은 우리가 잊지 말아야 할 것이 무엇인지 되돌아보게 만든다.

『경애의 마음』은 낙하산으로 들어온 반도미싱에서 사람들과 어울리지 못한 채 주변을 맴돌던 팀장대리이면서 퇴근 후에는 페이스북 페이지 '언니는 죄가 없다'를 운영하며 여자들의 고민을 상담해주는 '언니' 공상수와 구조조정에 반대하는 파업에 참여하다 파업 때 일어난 성희롱을 노조 측에 항의하는 바람에 파업 실패에 대한 책임을 한 몸에 받게 된 8년 차 총무부 직원 박경애, 잉여적인 존재인 두 인물이 해외영업 전담팀에서 만나 오래전 그들이 공유한 존재에 대한 기억을 나누며 각자의 상처와 아픔을 치유하고 마음을 나누는 서사를 그리고 있다.

그들은 인현동 호프집 화재 사건으로 친구인 은총을 잃은 경험을 지닌 채 일종의 '살아남은 자의 죄의식'으로 명명될 수 있는 감정으로 자신의 삶을 구성해 나간다. 스스로를 '피조'로 명명해 온 경애는 '시속 900미터'의 속도로 삶을 감각하며 부조리한 사회가 강요하는 잉여의 자리에서 감당해야만 하는 모멸로부터 벗어나고자 했다. 파업에 참여하고 적극적으로 저항한 것이 그러한 의지의 발로였으리라. 그러나 그것이 좌절되고 회사 내에서 은근한 따돌림을 받아 그 시간을 견뎌야만 했던 경애는 상수와의 만남을 통해 "이번에는 고통 속에 떠내려가도록 놓아두지 않겠다"(306쪽)고 다짐한다. 이는 상수도 마찬가지인데 경애와의 만남이 있기 전까지 상수는 개인의 가정사로 말미암은 고통에 매몰되어 있었다. 그런 이유로 타인의 고통을 이해할 수 있을 거라는, 그래서 해결의 말도 건넬 수 있을 거라는 오해를 바탕으로 '언니는 죄가 없다'에 사연을 올리는 익명의 '여자들'을 카테고리화할 수 있는 비극에 노출된 존재로 여기고 따끔한 조언을 쉽게 할 수 있었던 것이다. 그러나 더는 익명이 될 수 없는 경애가 그의 조언을 "그 많은 독설"(143쪽)로 정리해버리는 순간 그의 행위는 그 방향을 잃게 되며 비로소 사적 기억의 역사를 마주하게 된다.

흥미로운 점은 배제되고 소외된 존재로서 상수와 경애가 공유하고 있는 기억에 있다. 그 기억은 은총이 만든 영화 '마음'이다. 이 영화는 소설 전체에 흐르는 자아 상실의 위험으로부터 존재를 위무하는 역할을 한다. '마음'이라는 영화는 "뭔가를 계속 떠들어대는 남자애의 목소리와 함께 시작"(66쪽)하여 그의 뒷모습에 초점을 맞춘 채 그의 곁을 따라가다 "갑자기 위로 각도를 틀어 납골당의 현관과 그 위 어스름한 하늘을 확 비추면서"(67쪽) 끝난다. 별것 아닌 것 같은 영화의 시선은 작가가 생각하는 위로의 방식으로 보인다. 그저 따라가기만 할 뿐 타인의 삶에 특별히 개입하지 않지만, 그것이 결국 서로의 마음을 이해하려는 몸짓이며 관계 형성의 시작이자 더 나아가 너와 나를 우리로 엮는 중요한 방식이라고 말이다. 그것은 존재의 결핍을 착취하는 것이 아니라 존재의 곁을 지켜내는 일이다. 즉 해고된 자동차공장 사람의 집회 행렬을 보고 상수가 불가피한 일이라고 말할 때, 소중한 걸 잃는 일에 대해 분노할 줄 알아야 한다는 깨달음을 준 것이나, 지하상가에서 노숙하는 여자와 아이를 보고 경애가 무심코 불행을 언급했을 때, 누군가를 그렇게 불행하게 여길 자격은 없다고 말하는 은총은 개별적 존재들의 위계와 차이, 잉여적 존재들의 소외를 지워내고 그들 각자를 오롯한 존재로 감각하여 관계를 맺고 '우리'로 호명하도록 이끈다.

그 '마음'을 기억하는 동안 죽은 은총은 '아주 없음'이 아니라 '있지 않음'의 상태로 상수와 경애 곁에 존재할 수 있게 된다. 그런 점에서 상수와 경애는 김금희의 다른 소설에 재현되는 인물들 이를테면 「보통의 시절」의 상준과 「조중균의 세계」의 해란의 연장선상에 놓여 있는 인물이라고 할 수 있다. 함께 경험한 것들을 기억하고 개별적 존재에 공명하며 동조하는 상수와 경애는 이 모든 관계의 기원이자 또한 그들 곁에 '있지 않음'의 상태로 '있는' 은총이 보여준 곁의 윤리를 온몸으로 재현하는 존재인 셈이다.

그런 이유로 상수가 '언니는 죄가 없다' 페이지가 해킹당한 이후로 자신이 행한 일이 기만적 행동이었음을 깨닫고 그 실체를 고백할 수 있게 된 것이나 회사 앞에서 부당 전보와 관련한 일인 피켓 시위를 하는 경애가 수행하는 것은 부조리한 세계의 현실과 마주하여 타인의 곁을 최선을 다해 지키며 자신을 방기하지 않기 위한 의지의 실현이라고 볼 수 있다. 한편으로 '자신을 방기하지 않는 것'은 "누군가를 기다려야 하는 사람의 의무"이다. "누군가를 기다리는 일이란" "자신을 가지런히 하"여 "최선을 다해 초라해지지 않는 것"(349쪽)이기도 하다. 그리고 그 기다림은 '우리'를 '우리'이도록 만드는 관계의 출발이기도 한 셈인데 그것이 공동의 시간으로 지속되는 한 누군가에 대한 마음은 "폐기 안해도 되"며 그렇게 형성된 관계로서의 "우리는 조금 부스러지기는 했지만 파괴되지는 않"(176쪽)을 것이라는 믿음을 강화한다.

　마음을 폐기하지 않기 위한 구체적 행위의 측면에서 보아야 할 소설은 어떤 점에서 윤성희의 『첫 문장』(현대문학, 2018)인지도 모르겠다. 딸의 죽음과 아내와의 이별을 배면에 깔고 "네 번이나 죽을 뻔했"(9쪽)던 '나'의 사적 역사를 기록하는 이 소설은 종국에는 딸이 자신의 인생을 기록한다면 첫 문장을 어떻게 쓸 것인가, 하는 답을 찾기 위한 여정으로 나아간다. 앞에서 보았듯이 윤성희의 소설에서 중심축을 이루는 사건은 과거에 발생한 것으로 딸의 죽음과 아내와의 이별 그리고 '나'의 죽음과 관련한 사연은 현재의 '나'가 마주하게 되는 여정의 원인으로 기능할 뿐, 그것이 또 다른 사건과 맞물리며 전개되지는 않는다. 그러나 무엇보다 중요한 것은, 전경화된 '나'가 기억하는 사적 역사에 있다. 마치 「낮술」의 딸이 엄마의 역사를 기록하며 삶의 총체적인 시간을 나누는 것처럼 '나'는 '나'를 둘러싼 사적 역사를 기억하며 '나'를 둘러싼 세계의 총체를 죽은 딸과 나누고자 한다. 그리고 김금희의 『경애의 마음』이 은총의 기억을 상수와 경애가 공유함으로써 자신들의 마음을 나누고 그것을 지켜나가게 되는 것처럼 윤성희의 『첫 문장』은 '첫 문장'을 찾기 위한 여정이 그동안 '나'를 둘러싼 존재들의 마음이 모여 '나'를 이루어 낸 것의 연장선상에서 비롯된 것임을 깨닫고 그것을 지켜나가는 마음이라고 말하는 듯하다.

　소중한 존재가 이 세계에 더는 없지만, 그 존재를 기억하는 한 그는 '아주 없음'이 아니라 '있지 않음'에 있다. 존재를 기억한다는 것은 그 존재의 사건을 기억하는 것이 아니라 그와 함께 공유한 사소한 시간을 기억하는 것이다. "열세 살 때 30인분의 매운탕을 끓였다고. 기가 막히게 맛있었다고."(19쪽) 용석이의 장례식장에서 용석의 딸에게 이야기해주고 할머니가 돌아가셨을 때 "구둣방에 가서 구두를 닦"(27쪽)아 할머니와의 약속을 지키는 것처럼. "넘치지도 그렇다고 모자라지도 않게"(26쪽) 삶을 영위해 나갈 수 있게 하는 것은 타인과 공유했던 시간을 지금 여기로 가져와 위로를 나누는 일이다. 비록 그 기억이 조금씩 어긋난다 하더라도 그것을 나누고 이야기하며 삶의 또 다른 과정에 놓는 일이야말로 각자의 고단한 삶을 위로하고 위로받을 수 있는 '우리'의 확장인 셈이다.

그런 점에서 김근식이라는 이름을 박영무로 바꾸는 것은 무엇을 의미할까. 김근식이라는 주어진 이름이 박영무라는 또 다른 주어진 이름으로 옮긴다고 해서 달라지는 삶이란 어떤 의미를 지니게 될까. 그것은 새 이름을 선택함으로써 현실의 너절한 삶의 실상을 대체하고 기존의 관계를 새롭게 재배치하도록 하는 잠재적 가능성을 허락하는 일이며 어쩌면 우리에게 주어진 삶이 유일한 삶은 아니라는 세계에 대한 신뢰일지도 모르겠다. 그렇다고 김근식이 지나온 기억의 역사가 사라지거나 은폐되는 것은 아니다. '나'를 둘러싼 세계의 관용과 애정 그리고 신뢰는 개별화된 특정한 이름에 제한된 방식으로 작동하지 않는다. 김근식의 결핍은 박영무로 인해 채워질 수 없지만, 존재의 결핍을 착취하는 방식이 아닌 그것을 그대로 인정하고 그 곁에 또 다른 자아를 놓음으로써 자신에 대한 신뢰를 확보한다. 다른 한편에서 '나'가 김근식이든 박영무이든 '나'가 마주하게 되는 존재들 – 가족이든 터미널에서 우연히 지나치는 낯선 타인이든 — 은 일종의 유사가족의 형태로 '나'와 심리적인 연대로 묶여 있다. 그것은 타자에 대한 무관심이나 경계와는 다르다. 언제나 주체와 관계하는 존재로 여기 — 이곳 혹은 거기 — 그곳에 있다. 그러므로 '나'가 비록 원주에 사는 누나의 집을 떠나 횡성으로, 춘천으로, 경주로, 그리고 거제, 통영, 김해, 군산, 부여, 인천, 순천, 여수로 향했던 여정의 끝에 "로터리를 뱅글뱅글 돌면서"(135쪽) "어느 방향으로 나가야 할지 알 수 없"(134쪽)다 하더라도 결국 '나'는 "빠져나갈 수 있는"(135쪽) 다섯 개의 길 중 어느 한 곳으로 나가 '나'를 '나'이도록 하는 내적 친밀성의 세계로 돌아갈 것이다. '김근식'과 '박영무'를 둘러싼 삶의 관계들은 여전히 '나'의 곁에서 '나'를 '우리'로 호명하여 마음을 폐기하지 않도록 공동의 시간의 곁을 긍정할 것이기 때문이다.

5. 우리가 기억하는 사소함의 윤리

지금 우리는 위기의 시간을 통과하는 중이다. 위기가 아니었던 적이 언제였느냐마는 총체적 난국이라는 용어가 문자 그대로 현실로 재현되고 있는 시간을 견뎌내고 다른 가능성을 모색할 수 있게 되었다. 정치적이고 사회적인 문제들이 고르디우스의 매듭처럼 풀 수 없는 지경이 되어 개별 존재의 삶까지 얽매고 있는 지경이었다. 그 매듭을 푸는 일을 포기하거나 알렉산더처럼 단칼에 잘라내길 원하지 않았다는 것을 지난 광장의 시간이 우리에게 말해주었다. 참담한 현실 앞에서 우리는 역설적으로 우리의 얼굴을 마주하였다. 우리를 억압하는 구조적 폭력이 타자를 배제하고 혐오하는 주체의 모습을 되비치고 있었기 때문이다.

우리는 타자의 얼굴을 통해 자신을 바라보아야만 한다. 레비나스식으로 말하자면 타자는 주체의 새로운 존재 의의를 열어주고 지배 관계를 벗어나 진정한 의사소통을 가능케 하는 조건이다. 타자를 자기 안으로 받아들이고 타자와 윤리적 관계를 형성할 때 비로소 진정한 주체가 확립될 수 있다. 이를 바탕으로 우리는 타자와 주체가 연대하는 윤리적 공동체를 형성하여 사회적 위기 해결을 모색할 수 있다.

문학은 지금의 문제에서 따로 떨어져 있지 않다. 현실에 밀착되어 있는, 개별적 삶을 재현함으로써 보편적 문제를 공론화하고 그것을 우리의 삶 속으로 투영시킨다. 마주 본 삶이 불편하다면 거울을 통해 바라보는 세계는 더욱 참혹할 것이다. 그러나 윤성희와 김금희가 재현하는 세계는 참혹하지 않다. 그 안에는 희망이 존재하기 때문이다. 존재의 결핍을 착취하기보다 타자의 곁을 지키고 사적 기억의 역사를 공유하면서 연대를 꿈꾼다. 문학의 자리는 그런 것이다. 문학은 참혹을 참혹으로 재현하는 것을 능사로 여기지 않는다. 또한 혁명을 기치로 내걸고 전복을 소망하지 않는다. 사소하지만 작은 변화, 외따로 떨어져 존재하는 것에 대한 애정, 절망하지 않도록 먼저 손을 내밀어 잡아주는 일에 주목한다. 추상적인 개념이 아닌 구체적이고 실제적인 만남을 통해 존재를 공동의 방향으로 형성해 나간다. 또한 이것이 지난 계절을 지나온 광장의 공동체를 문학적으로 선취한 방식이다.

윤성희와 김금희가 그려낸 곁의 윤리는 광장의 시민이 백만분의 일로 자신을 위치시키고 서로의 곁을 지키는 방식으로 수행된다. 부조리와 불합리, 부정부패와 적폐 청산을 외치며 거리로 나온 시민들은 개인의 이해를 넘어 공동의 윤리를 위해 목소리를 드높였다. 개개인의 개별적인 목소리는 단독자로서의 주체로 홀로 서 있는 것이 아니라 타자의 곁에 앉아 나란히 서로의 목소리를 더하는 방식으로 고양되었다. 정의롭지 못한 사회를 단숨에 바꿀 수는 없겠지만 변화를 열망하는 존재들은 주체와 타자의 구분 없이 서로의 곁을 나누며 사회의 폭력적 구조와 대치함으로써 변화의 가능성을 희망할 수 있게 하였다. 부조리한 사회의 견고한 벽 앞에서 우리는 그 기억을 공유하며 사소함의 윤리로 서로의 곁을 함께할 것이다. 그럼으로써 그 벽을 조금씩 뒤로 물러나게 하여 지워낼 것이다. 문학 역시 한 걸음 한 걸음 나아가는 존재의 곁을 지켜내며 진실을 향한 걸음을 지속해야만 한다.

문학은 문학의 앞에 놓인 길을 그저 걸어갈 것이다. 그것이 리얼리즘의 형태든, 모더니즘의 형태든, 참여의 논리든, 순수의 논리든, 그 모든 문학은 그 시대를 살아가는 개인의 삶과 사회적 요구를 담아낼 것이다. 부조리하고 차별적인 현실의 폭력을 기록하고 이를 가시화하려는 의지가 문학적 수행의 방식으로 가속화되는 한편에서 문학은 그 곁에 나란히 놓여 있는 개별적 존재들의 사적 기억의 역사를 재현하는 데 주저하지 않을 것이다. 사적이며 공적인 기록으로서 문학은 여전히 지속될 것임은 의심의 여지가 없다.

윤성희와 김금희가 지키려 하는 윤리가 딱 하나의 올바른 길이라고 말할 수는 없다. 그러나 문학이 지향해야 할 바가 어디에 있는지 그들을 통해서 확인할 수 있다. 위기의 시대를 살아가는 우리가 사회적 교착 상태에서 벗어나 새로운 삶의 가능성을 꿈꿔볼 여지를 그들의 문학이 수행하고 있다고 말할 수 있을 것이다. 그들이 선취하고 있는, 수행하고 있는 공동의 윤리가 바로 문학의 존재 이유이며 미래이다.

기억하고 기록하며 갱신하는
—2010년대 시의 존재론

2010년대 시?

2022년 1월, 21세기의 세 번째 십 년을 이미 내달리고 있는 지금, 다시금 뒤를 돌아보며 지난 시절의 어떤 경향을 살펴보려는 자리에 선다. 『현대시』가 수행한 앞선 두 차례의 기획 글들을 통해 2010년대 시가 쓰인 사회적, 미학적 맥락을 엿볼 수 있었지만, 알다시피 특정한 시기를 분절시켜 공통의 경향을 살펴보는 일은 개별 우주의 다양성을 하나의 거대 담론으로 덩어리화하여 사유하고자 하는 정치적 수사에 머무를 위험이 농후하다. 그럼에도 불구하고 이와 같은 시도가 이루어지는 이유가 단순히 시적 경향성을 진단하여 구획 짓고 의미를 부여하며 그 특이성이 지닌 가치를 평가하는 데 있지는 않을 것이다. 오히려 특정 시대를 겪어낸 문학의 존재 양태와 그것이 정치적, 사회적, 경제적 문제들에 응전하는 양상을 가시화함으로써 어제와 오늘, 그리고 내일의 차이를 궁구하고자 하는 시도에 가깝다. 크라카우어의 논의를 빌려 말하자면, 시대란 서로 다른 시간표를 갖는 여러 배열체의 사건들로 이루어진 성좌(configuration)라서 시간의 균질적 흐름의 산물이라기보다는 오히려 자기의 고유한 시간을 정하는 것임을 우리는 알고 있다. 특정한 담론으로 포괄할 수 없지만, 각각의 시적 경향이 지닌 상대적 배치를 통해 그 고유한 시간을 톺아봄으로써 앞으로 도래할 시적 사건을 예비하고자 하는 태도라고나 할까.

용산 참사와 세월호 참사, 미투운동을 겪어냄으로써 2010년대의 시는 국가의 공권력과 수직적 문화가 지닌 권력의 표리부동이 야기한 폭력적 현실에 적극적으로 저항하는 정치적 목소리를 개진하는 한편 누락되고 은폐된 존재와 함께하며 문학적 커먼즈(commons)를 모색해 왔다고 할 수 있다. 이와 같은 시적 수행은 사회적 문제에 참여하고자 하는 의지뿐만 아니라 자기의 고유한 인장을 아로새기고자 하는 시인의 언어적 자기 갱신의 추구와 맞물려 진행되었다. 개별적 존재로서의 시인은 당연하게도 시를 통해 세계의 문제를 끌어안으려 노력하면서 그것이 익숙한 말하기 방식으로 전락하는 것을 두려워할 수밖에 없다. 이전과는 다른, 고유함이라는 차이를 끊임없이 고민해야만 하는 시인의 두려움은 시간이 지나면 자연스럽게 해결될 사안이 아니기 때문이다. 이는 새로움을 요구하는 문학의 당위와는 별개로 '나'가 '너'와 다른 무엇인가를 지니고 있음을, 그것이 미학적 층위에서 규정될 무엇임을 증명하고자 하는 욕망과 결부되어 불안한 주체를 형성하기도 한다.

당연하게도 이를 2010년대 한국시의 흐름이라고 볼 수는 없을 것이다. 문학의 새로움은 문학을 하는 이가 문학을 향유하는, 문학의 곁에 존재하는 이들과 함께 공감하고 있는 자기 증명의 방식이라서 어느 시대에나 통용되는 내적 윤리와 같기 때문이다. 어떤 점에서 2010년대 시의 새로운 흐름이란 다른 시대와 공유하는 '새로움'이란 사건을 내면화한 강박이라고 볼 수 있을지도 모르겠다. 그러나 역설적으로 이 강박은 새로움을 매개로 세계를 다르게 바라보는 정동으로 작용하는 계기가 되며 같고도 다른 '나'와 '너'를 '우리'로 잇는 수행을 가능케 한다.

고요하고 거침없이

언어적 자기 갱신의 정동은 동시대의 사건과 맞물려 개인의 자율성에 관한 인식을 세계 내적 존재의 공감으로 이동시킨다. 이러한 지향의 방향성은 시인의 자기 갱신이 언어를 통해 무엇을 할 수 있는지, 무엇을 말해야 하는지를 고민하게 한다.

> 나는 혼자서는 쉽게 놀지 않는다. 어딘가에 타인을 만들고 있다./고요하고 거침없이 적을 만든다. 그를 사랑해도 좋다./그와 무엇으로 대화하겠는가.//적당한 간격을 두고 위험에 대해/아름다움을 말하고 있다.//나는 혼자서는 쉽게 취하지 않는다./어딘가에 항상 손님을 만든다. 분노를 만들기 위해/그를 쫓아가도 좋다. 꼭 그만큼의 간격으로//누군가를 방문하고 멱살을 잡는다./나는 혼자서는 쉽게 풀지 않는다. 어딘가에 꼭 오해를 만들고 있다.
>
> —김언, 「미학」 전문

김언의 시에서 화자인 '나'는 "어딘가에 타인을 만들고 있다." '타인'은 "적"으로 명명되기도 하지만 "손님"이 되기도 하며 "적당한 간격을 두고 위험"과 "아름다움"에 대해 대화할 수 있는 존재이다. '나'의 외부에 놓인 '타인'은 '나'와 멀리 떨어진 존재라기보다는 '나'가 만든, 즉 '나'

를 기원으로 하는 반영적 존재라고 보는 게 옳다. 시의 제목인 '미학'을 대입하여 읽는다면 '타인'은 '나'의 언어로 인해 구성된 존재 양태라 할 수 있을 것이다. 그것은 '나'의 언어가 야기한 결과이기도 하고 "어딘가에 꼭 오해를 만들"기도 하는 언어적 구성물이자 "자연이 말하는 방식과 내가 말하는 방식"(「한 문장」)을 아우르는 언어 그 자체인 셈이다.

시인이 쓰는 '시'가 불러올 어떤 사건은 타자의 분노를 불러올 수도, 오해를 일으켜 분쟁을 촉발할 수도 있다. 그 위험이야말로 시인이 감당해야 하는 '미학'의 존재 양태이며 세계를 향해 시인으로서 마땅히 수행해야 할 응전의 태도이다. 그로부터 "지금 말하라. 지금 무엇을 말하는지. 어떻게 말하고 왜 말하는지. 이유도 경위도 없는 지금을 말하라."(「지금」)라는 발화가 가능해진다. "말을 하려고 태어났다. 말을 하지 못해서 태어났"(「마음이」)다는 시인에게 시는 오해를 불식시키기 위함이 아닌 오해가 발생시킬 사건을 통해, 말하지 못하는 존재의 말을 대신 수행하는 무기인 셈이다. 그런 점에서 김언에게 '미학'이란 자신의 정체성을 확인하고 보증하는 매개이며 치열한 자기 갱신의 분명한 의지라 할 수 있다. 더 나아가 자신의 시가 세계와의 관계 속에서 해야 할 역할이 무엇인지 근본적인 물음에 답하도록 한다.

아주 오래전에 고드름처럼 자라는 열매가 있었다, 그건 잠든 시인을 안고 있는 애인의 눈꺼풀에 매달린 눈물, 불현듯 시인의 정수리로 뚝뚝 떨어질 뾰족한 운석, …(중략)… 이 시는 당장 읽지 않으면 금세 녹아서 사라져버리겠지, 두 손이 부재의 기억으로 끈적이고, 기도를 멈출 수 없게 완전히 달라붙어버리겠지, …(중략)… 시인이 가진 고독의 주머니가 희생자의 주먹을 넣은 것처럼 불룩해졌으면 좋겠어, 코앞에 펼쳐놓은 공기 위에 한자 한자 새겨져 불가피하게 읽히는, 이해할 필요 없는 시들이 세상을 무작정 가득 채웠으면,

좋겠어.

—김중일, 「시인의 애인」 부분

　김중일의 시적 의지는 "불가피하게 읽히는, 이해할 필요 없는 시들이 세상을 무작정 가득 채웠으면/좋겠"다는 바람을 통과하여 형상화된다. 특정한 목적을 지닌 채 누군가에게 사유되는 언어가 아닌 "무작정 읽히는" 언어. "당장 읽지 않으면 금세 녹아서 사라져버리"는 "고드름"과 "눈물" 같은 시. 일시적으로 감각되어 향유되면서도 "부재의 기억"으로 향유자에게 "달라붙어" 영원한 흔적이 될 경험의 층위. 어찌 보면, 김중일의 이러한 시적 인식은 세계 내적 존재의 슬픔과 고통을 덜어내기 위한 언어화의 과정처럼도 여겨진다. 그렇게 형성된 "잿빛 낱말들을 하나하나 가만히 올려보"(「밀주」)며 불화하는 현실 속 존재의 비극을 어루만지고자 하는 태도야말로 변혁을 위한 수많은 노력보다 더 치열한 사유의 결과인지도 모르겠다. "어깨 겯고 나란히 앉아 서로의 숨소리에/가만히 귀 기울이"거나 "가장 날카로운 모서리를 찾"(「우리는 서로가 떨어뜨린 귀처럼 나란히 앉아」)아 그 고통을 나누고자 하는 행위를 가능케 하는 것은 이러한 사유에 바탕을 두고 있기 때문일 것이다.

　시가 폭력적 세계로 인해 생긴 상처를 섣불리 봉합할 수 없다는 것

을 우리는 알고 있다. 다만 그 세계가 강제하는 방식으로 길들여진 존재의 고통 바깥에서 녹아 사라질, 다시 말해 추방될 정서적 층위를 붙잡아 "온몸이 통째로 마음이 되"(「꽃처럼 무거운 마음 – 2014년 봄」)도록 이끄는 데 복무해야 한다고 김중일은 말하는 것만 같다. 그가 추구하는 시의 언어가 나아가야 할 방향은 분명하다.

> 어느 날 집이 넓다고 느껴져서 빈 공간을 자르기로 했다/톱으로 자를 수 없어서 부피를 늘리기로 했다/책들을 교배해서 새끼를 쳤다/…(중략)…/의자마다 시체를 앉히고 건조대에도 널어 말렸다/기술이 늘어서 찬장 서랍에 토막들을 쌓았다/…(중략)…/그래도 집이 좁다고 느껴져서 나를 자꾸 검은 봉지에 담았다/새벽이면 끌고 나와 허공의 유리문 앞에서 기다렸다/붉은 등이 켜지면 구름의 갈고리에 걸었다
>
> —이민하, 「타이피스트」 부분

'타이피스트'에게 "집"은 어떤 공간일까. 그곳은 아마도 자신이 작성하고 있는 글이지 않을까. 그곳이 "넓다고 느껴져서 빈 공간을 자르"려 하지만, 주어진 공간, 즉 규격을 어찌할 수가 없다. 그러므로 규격을 채우는 방향으로 태세를 전환한다. 이민하의 시가 재현하는 그로테스크한 세계는 부조리한 현실 인식에 기반을 둔다. 폭력적으로 강제하는 규율로부터 탈주하기 위해서는 불가능한 상황을 상상해야 한다. 시 속에서 '나'는 가구들로 "집"을 채우다가 "죽음"의 "토막들을 쌓"는다. 이는 자신을 보존하기 위한 불가피한 시도였던 만큼 무의미함을 반복한다. 그럼으로써 '흑백사진' 속에서 "탈수되지 않고/멍이 든 두 귀를 검

은 유리창에 쿵쿵 박으며"(「흑백사진」) 박제된 존재처럼 남거나 "울고 있"는지 "웃고 있는지도 모"른 채 "흙무더기"(「사과후(事過後)」)인 삶을 지속할 따름이다. 주어진 것으로부터 벗어나고자 취한 모든 행위가 '나'의 존재 가능성을 열어준다기보다는 오히려 출구 없는 공간에서 해체되는 경험만을 불러오고 만 것이다.

그러나 이민하는 해체된 '나'를 무력한 상태에 머무르게 하지 않는다. 오히려 그것을 "검은 봉지에 담"아 "구름의 갈고리에 걸"어 저 바깥을 향해 전시함으로써 다른 가능성을 도모한다. 폭력과 강제, 그로 인해 해체된 '나'를 노출하고 그 상황에서 벗어날 수 없는 왜소한 주체를 전시하여 세계의 부조리를 폭로하는 것이라 할 수 있다. 주어진 글을 맹목적으로 입력해야 하는 수동적인 '타이피스트'는 폭력적인 질서에 자신의 온몸을 갈기갈기 찢어 대응하는 방식을 취함으로써 전위적인 시인의 자리로 이동하게 된다.

꽃잎 없는 꽃처럼 무거운

앞에서 살펴본 세 편의 시는 일견 차이를 지닌 것처럼 보이지만, 시인이란 정체성과 결부하여 보면 내재적 추동의 양상은 유사한 맥락에 속한다. 이를 2010년대적인 특징이라고 볼 수는 없겠으나, 2000년대 활발히 개진된 문학의 자율성 담론 하에서 언어와 시 그리고 시인과의 관계를 짚어보는 데에 어떤 경향성을 공유하고 있다고 할 수 있을 것이다. 그러나 이러한 경향은 용산 참사와 세월호 참사, 미투운동의 시간을 거치며 문학이 수행해야 할 바가 무엇인지 묻는 문제의식이 생겨나면서 변하게 된다. 물론 이전 시대와 같이 문학의 정치성을 개진하며 사회 변혁을 시도하지는 않는다. 그저 문학이 해야 할 바가 진정 무엇인지를 고민하고 상처받은 존재들의 곁에 나란히 함께 하는 방식으로 부정에 저항하는 정치적 경향을 지니고 있다 할 수 있겠다. 이는 어쩌면 개인의 자율성에 관해 고민한 결과 '나'와 '너'가 다르면서도 같은 존재임을, 더 나아가 '나'와 '너'가 개별적 고유함을 지닌 채 '우리'로 함께 하며 상처를 보듬을 수 있으리라는 것을 믿기 때문인지도 모른다.

> 내 어깨에 꽃그늘처럼 기대어 잠들기 전 너는, 여생의 봄을 꿈속에서 미리 다 흘려보냈으니, 앞으로는 곧바로 장미가 되고 여름이 올 거라고 했다.//봄에 죽은 친구가 이제 별 얘기를 다 한다고 생각하며 어깨 위를 돌아봤다./예상치 못한 계절이 정말 오고 있었다.
>
> ─김중일, 「어깨에서 봄까지」 부분

세계의 폭력성에 맞서 저항하는 일은 실천의 층위에서 매우 중요한 문제이다. 그러나 언어적 실천의 맥락에서는 결을 달리할 수밖에 없을 것이다. 시인이라는 정체성은 언어를 매개로 하기 때문이다. 물론 거리로 나가 적극적으로 목소리를 내는 경우도 필요하겠으나 언어적 자기 갱신의 과정을 통해 스스로를 돌아보는 시인에게 선행되어야 할 것은 시가 놓여야 할 자리를 찾는 것인지도 모른다. 김중일의 시 「어깨에서 봄까지」의 '나'는 죽은 '너'에게 "어깨"를 내어주고 이야기를 들어주면서 사회가 야기한 고통에 대한 문학적 반응으로 상처받은 이의 곁을 지키는 쪽에 선다. 분노하기보다는 "손을 잡으면 뼈가 한순간 이어진다./마음이 굳으면 뼈가 붙는다"(「너라는 사람과 손잡는 일」)는 것을 믿으며 어깨를 나누고 손을 잡으려 한다. 이를 부조리와 마주하지 않으려는 회피라 볼 수 없는 이유는 '너'의 고유한 정서에 섣불리 동일시하지 않음으로써 개별 존재의 슬픔을 타자화하지 않으려는 태도에 기인하기 때문이다. 거리를 두지 않는 동일시는 일종의 방어기제일 뿐이어서 역설적으로 '나'와 '너'를 계열화하여 '우리'를 단편적이고 일시적인 관계로 만든다.

> 종이 울렸는데 아무도 가방을 싸지 않았다/떡볶이를 먹으러 갔는데 분식점이 비어 있었다/낡은 벽엔 낙서가 어제 새긴 듯 선명했다/영원이랄지 하트랄지 흔한 여자애 이름들//그런데 왜 아무도 없는 걸까/주인아주머니에게 물어보니 모두들 수학여행을 떠났다고 했다/폐교라고도 했다/…(중략)…/나는 맨 뒷자리에 앉았다/아이들이 나직이 웅성거렸다/나도 뒤를 돌아보고 싶지만//다음 술래는 누구지?/나도 모르게 나는 또 두 눈을 감았다
>
> ─이민하, 「내가 죽었던 의자」 부분

2010년대의 가장 분명한 사건은 '세월호'일 수밖에 없을 것이다. 이 사건을 어떻게 사유하느냐의 문제는 문학의 자기 갱신을 넘어 정체성을 형성하는 데 중요한 지점이 된다. 이는 우리 사회와 고통받는 타인의 삶을 '나'를 전유해 바라보도록 한다. 무력감에서 벗어나 무엇인가를 해야 한다는 생각으로 '나'를 이끄는 사회적 책무에의 응답. "아무도

가방을 싸지 않"는, 저 "비어 있"음을 기억하고 언어화해야 하는 일이 2010년대 문학의 존재이유이다. 이민하는 "텅 빈 운동장"을 가로질러 아무도 없는 교실에 가 앉아 "아이들이 나직이 웅성거"리는 소리를 듣는다. 그럼으로써 "침묵을 암기하고/침묵을 재해석하고/침묵이 침묵을 속여가면서//…(중략)…/죽음에 죽음을 더하면서"(「엑스트라가 주인공인 영화의 엑스트라들」) 그것을 기록하고 발화하여 지배적인 권력이 강제하는 "금지된 영역"과 "금지된 언어"(「죄의 맛」)를 거절하고 교란시키며 고통받는 타인이었던 '너'를 '나'와 함께 '우리'의 공동체 안에 놓는다. 단편적이고 일시적인 관계가 되지 않도록 "뒤를 돌아" 아이들을 바라보는 대신, "눈을 감"고 보이지 않아 확언할 수 없는 상황을 그대로 감싸 안음으로써 자동화된 동일시가 불러올 왜곡을 피하고자 한다. 그런 점에서 곁을 나누는 일은 어찌 보면 동일시라기보다 '–되기'에 가까운 것인지도 모를 일이다.

> 나는 가끔 저곳이 된다. 저곳에 무엇이 있을까가 된다. 질문하다가 된다. 아무도 모르게 된다. …(중략)… 도중에 된다. 도달할 수 없는 것이 된다. …(중략)… 쓰고 있다가 된다. 나를 모른다고 된다. 무덤밖에 모르는 날이 된다. 그들처럼 된다. …(중략)… 언젠가는 된다. 인간이 우리라고 된다. 후회하다가 된다. 거기서도 된다. 아무도 모르게 된다. 모르다가 된다. 저곳에 가면.
>
> —김언, 「된다」 부분

김언의 시 「된다」는 유동적으로 발생하는 만남, 결합과 관계되어 끊임없이 변화하는 양상을 언어화한다. '나'의 '너-되기'. 그럼으로써 '너'를 사유하고 '너'의 비극에 공감하며 연대의 가능성을 살피고자 한다. 김언이 말한 "저곳"은 '나'의 바깥에 위치하지만, '나'가 현재 위치한 '이곳'과 차이를 두지 않는다. 오히려 '나'는 "저곳"에 가서 "저곳이 된다." 차이를 차별로 구획 짓지 않고 그 자체가 됨으로써 가능한 세계를 사유하는 것. 그 가능한 세계를 억지로 만들려 하기보다 "이렇게 구불구불한 길은 처음 본다는 듯이" "그냥 따라갈 뿐"(「영원」)이다. "가을에 무의미한 시는 가을을 지시하지 않"는다는 사실을 내면화한 채 "무언가를 쓰고", "무언가를 생각"(「무의미」)한다. 그리하여 '나'는 '무의미' 너머의 존재가 "된다." 앞에 오는 모든 언어를 포괄하는 존재가 "아무도 모르게 된다." 어느 하나로 귀결되지 않는, 모든 가능성의 언어. 단일한 언어로 획일화되는 거대 담론의 횡포로부터 '나'와 '너'를 지켜 '우리'를 모색하도록 하는 것, 이것이 2010년대를 경유한 시가 이전과는 확연히 달라진 지점이라 할 수 있을 것이다.

우리는 밖에서 흘러가면서 쓴다

세 시인의 시가 지닌 자기 갱신과 그로부터 연유한 사회적 연대의 가능성은 문학적 자율성이 어떤 방식으로 타인과 함께해야 하는지를 명확히 보여준다. 당연하게도 문학은 언어를 통해 구성되며 '나'와 '너'의 삶에 기반을 둔다. 그러나 언어가 지닌 한계는 명확하다. 문학은 언어 내적 질서를 바탕에 두기 때문에 그 한계를 넘어서려는 노력이 경주되어야 한다. 이를 위해 시인은 단지 언어라는 한정된 장소에 머무를 수 없는 노릇이다. 시가 언어에 기원을 둔 채 자기 복제를 지속해 나가는 그 고유성을 갱신한다는 측면에서 의미를 띨 수 있겠으나, 그것이 현실과 유리된 채 이루어지는 것이라면 어떠한 미학적 시도도 전위적일 수 없다. 그것은 그저 언어적 자율성을 사적인 영역에서 맹목적으로 탐하며 위계를 재생산하는 자신을 은폐하려는 허울일 따름이다.

지난 십 년을 겪어내는 과정에서 시인들은 자신에게 요청된 윤리가 무엇인지 묻지 않을 수 없었을 것이다. 은폐된 타자의 아픔에 응답하여 '우리'가 되도록 해야 하는 책임을 수행한다는 것은 쉬운 일이 아니다. 그러나 구체적 실천의 방식으로 요청되는 행위의 층위에서 시는 단지 텍스트 내에서 천변만화하는 것이 아니라 '나'와 '너'가 부대끼며 살아가는 현실과 결부되어 상처받은 이들의 현재와 더불어 쓰여야 한다는 점을 간과할 수 없다.

그런 이유로 "백지에서 나와 백지로 돌아가기를 거부하는 말들"이 지닌 새로움의 가능성과 마주하기 위해서 '나'는 "백지가 되지 않으려고 너를 만"나야 한다(김언, 「백지에게」). 즉 "사람의 품속으로 돌아가는 꿈을 꾸"(이민하, 「하류」)어야 하는 것이다. 시의 새로움이란 현실을 살아가는 삶 속에서 끊임없이 마주치는 고통과 슬픔을 감내하는 이들의 목소리를 언어화하려는 무수한 시도 속에서 결과론적으로 구성되는 방식이다. 그러니 의도적인 새로움에의 추구는 말의 과잉을 불러올 따름이다. 이는 은폐된 이들의 말을 듣고 그들의 꿈을 함께 꾸며 도래할 시간을 맞는 일과는 사뭇 다를 것이다. 2010년대를 지나 이곳에

선 우리는 그 시대를 견딘 어떤 안간힘이 무엇인지 안다. 2020년대의 시가 앞으로 어떻게 자신을 갱신해 나갈지 알 수 없겠지만 시는 언제나 그 안간힘을 기억하고 기록하면서 "서로를 꿈꿨던 일들을 하나도 잊지 않으려"(김중일, 「나무는 나뭇잎이 꾸는 꿈, 나는 네가 꾸는 꿈」) 할 테다.

기록자들

　역사적 사건을 마주한 문학은 어떠한 전략을 취하고 있는가. 용산
과 세월호 참사와 같은, 2000년대 이후 당장의 사회적 참사에 문학은
즉각적인 대응을 취했다. 이는 일일이 열거할 수 없을 정도로 적극적인
행동으로 이어졌으며 집회의 현장과 그곳에서 발화되거나 한 권의 책
으로 묶인 앤솔로지로 확인할 수 있는 사항이기도 하다. 이러한 적극
적 참여는 '여기 사람이 있다'와 '진실을 인양하라'는 연대구호를 전유
하여 국가 폭력에 대응하고 피해자 및 억압받는 소수자의 목소리를 대
리함으로써 부정에의 저항과 정의의 구현을 요청하는 데 그 의의가 있
다. 그러나 이러한 요청은 기존 권력 집단에게 자신의 기반을 상실케
하는 위협으로 여겨졌으며 20대 대통령 선거를 통해 알 수 있듯이, 그
들의 사적 이익을 저해하는 저 수행을 억압하는 '백래시(backlash)'의 조
장과 이를 이용한 수구 권력의 재창출로 이어지는 사태로 이어지고 말
았다. 민주주의가 "자신들의 사적인 행복을 추구하며 그것에만 매달리
는 개인들의 생활방식과는 거리가 먼 것이며, 바로 이러한 상황에 반대
하는 투쟁이자 공공영역의 확대과정"[1] 이라고 한 랑시에르의 말처럼,
오늘날 우리가 처한 현실은 집단성의 외양을 유지하려는 폭력에 노출
된 세계 속에서 구성되는 것인지도 모르겠다. 그러나 개별적 존재를 억

1　자크 랑시에르, 『민주주의는 왜 증오의 대상인가』, 허경 옮김, 인간사랑, 2011, 123쪽.

압하는 보편성이란 추상일 따름이다.

추상적이고 도그마적인 현실에서 사회적 참사를 비롯한 역사적 사건들은 그 원인에 관한 철저한 진상 규명은커녕 자꾸만 은폐되고 과거의 일로 치부된다. 진실에의 요구는 집단적 에토스에 반하는 요구라고 부정당하며 폭력적으로 억압된다. 그런 이유로 국가 폭력으로 말미암은 사건의 피해자들은 인간으로서의 가치를 거부당한 채 오랜 세월 묻혀 지내길 강요받는다. 보편적 국가 만들기에 복무하지 못하는 개별자들에 대한 이러한 강제는 폭력적 수행을 통해 그들을 희생시키는 한편으로 타자화, 비인칭화하는 등 비인간으로 전유하여 가시적 세계로부터 배제한 채 개개의 얼굴과 삶을 빼앗고 역사적 사건의 애도 대상으로 소비한다.

이들을 다시 세계의 일원으로 회복하기 위해 문학은 무엇을 할 수 있을까. 단순하게 생각하자. 현실을 모방하여 재현하는 문학 장르의 특성을 충분히 발휘하여 희생된 이들, 얼굴과 삶을 빼앗긴 이들의 삭제된 목소리를 되돌려 놓을 수 있을 것이다. 역사적 존재로서 개별적 주체를 회복하는 일. 이는 "20세기 동안 우리에게 익숙했던 역사 서술 방식이 '의미'를 기획하고 그에 걸맞은 '주체'를 구축하는 방식"일 것이며 그 이후 "'트라우마로서의 과거'와 '신체화된 기억'을 기록과 사물의 형태로 제시하는 방식"을 통해 이루어지고 있다. 그러나 이러한 방식은 "기억의 아카이브를 떠도는 존재들은 역사적 주체가 아닌 유령적 이미지로 돌아오고, 그들은 의미와 이념의 형태가 아닌 고통을 증언하는 신체의 형태로만 주목받을" 위험을 내포한다.[2] 그러므로 단지 삭제된 목소리를 재현하는 것으로는 충분치 않다. '트라우마로서의 과거'와 '신체화된 기억'의 기록을 넘어서는 무엇인가가 필요하다. 단순한 기록은 다른 방식으로 존재를 소비하는 것에 그칠 위험이 있기 때문이다. 사회적 사건과 그 안에서 배제된 존재의 곁을 지키는 문학이 취해야 할 전략은 "사실 그대로를 베껴 쓰는 게 아니라" 이를 작가 "나름대로의 재구성물로" 전유하여 "진실을 추적하는 방법"[3]이어야 할 것이다.

우리가 볼 수 있는 어떤 빛

루카치식의 '객관적 현실의 총체적인 상'을 인지할 수 없는 시대에도 문학적 글쓰기는 재현 불가능한 것을 언어 체제 내에서 재현 가능한 어떤 것으로 전유하고자 한다. 이 글쓰기의 욕망은 삶의 진실을 담고 있다고 상상되는 믿음을 가정하지만, 예술적 환상에 스스로 매몰될 위험을 지닌다. 그럼에도 불구하고 사건과 그로부터 비롯되는 삶의 현장이 글쓰기를 통해 재현되고 발화되어야만 하는 이유는 비록 있는 그대로의 개별적 삶이 완벽하게 재현될 수 없더라도 그것이 실재의 형상으로 지난 시간의 층위를 뚫고 지금 이곳에 하나의 서사로 놓이기 때문이다. 작가는 이 서사를 붙잡아 '나름대로의 재구성'을 통해 의미를 생성해야 한다. 김애령에 따르면 서사는 다양한 경험, 그 자체로서는

footnote
2   이소, 「부재하거나 사라졌거나 영원한 – 역사와 사물의 큐레이터」, 『문장웹진』, 2021년 4월호.

3   한정현, 『나를 마릴린 먼로라고 하자』, 문학과지성사, 2022, 153쪽. 이후 쪽수만 표기.

아무런 논리도 정합성도 가지고 있지 않은 경험들을 종합하여 하나의 스토리로 구성하는 미메시스적 활동이며 이때 형성되는 서사 정체성은 자기 삶을 어떻게 주제화하는가를 보여주는 구성적 행위의 결과라고 한다. "서사 정체성에서 중요한 것은 경험의 실증성이 아니라, 그 스토리를 말하는 개인의 '삶의 의미에 대한 이해'라는 것이다. 이야기는 실증적 사실을 지시하는 것이 아니라, 개인의 삶의 의미를 구성한다."[4] 그러니 작가가 수행해야 할 진실에의 추적은 개별 존재의 서사를 현재적 관심과 기대지평에 따라 재구성함으로써 고통을 증언하는 '유령적 이미지'의 존재를 우리의 곁에 놓는 데로 나아가야 하는 것이 아닐까. 이러한 지향은 신철규의 시 「세화」를 읽으며 든 생각이다. 길지만, 전문을 인용해 본다.

우리는 끝을 보기 위해 여기에 왔다//흐린 수평선에 걸린 구름이 아랫입술을 깨물고//서서 죽은 물/하얗게 누운 비석//외계에서 온 사람들/우리는 서로에게 비밀이 되어/서로 먼저 등을 돌리라고 재촉한다/뒷모습을 보여주기 싫어서/뒷모습을 들키기 싫어서//도대체 어디까지 가야 우리는 난민이 될 수 있을까/마음속에 일어난 난을 피해 우리는 어디로 망명해야 할까//어디까지 망가질지 몰라 두려운 사람들이 선을 긋는다//감은 눈 속에서 다시 한번 눈을 감고/눈 속의 눈을 감고//입속에 갇힌 수백 마리 나비가 날갯짓을 하고 있다//죽이려고 하는 사람들 앞에서/살아남으려는 사람들은 어김없이 폭도가 된다//서로의 얼굴을 향해 고개를 돌리고 누워 있는 해골을 보았다/얼굴에서 살이 없어지면/모두 저렇게 표정이 사라

---

4   김애령, 『듣기의 윤리 – 주체와 타자, 그리고 정의의 환대에 대하여』, 봄날의박씨, 2020, 79쪽.

질까/텅 빈 웃음만 남기고//서로의 고통스러운 표정을 참아낼 만큼 그들은 사랑했던 걸까//해변을 걷다보면 다시 또 여기로 오겠지/여긴 벗어날 수 없는 한 덩어리의 땅이니까//아이들은 모래사장에 나무 막대기로 그림을 그린다/두고 온 집과 보고 싶은 사람들을/윤곽만 남은 얼굴들을//성급하게 식은 용암은 구멍이 많은 돌이 되고/몸보다 앞서간 말들은 툭툭 끊기고/부러진 늑골 같은 구름들//동굴 입구에서부터 기어온 매캐하고 검은 연기를 피해 도망쳐 나온 사람들은 해변으로 끌려왔다/그들의 눈이 마지막으로 향한 곳은 육지일까 바다일까//우리가 볼 수 없는 모든 빛/우리만 볼 수 있는 어떤 빛//해변과 수평선 사이에 당신을 오래 세워두고 싶다//무지갯빛 슬리퍼 한 짝이 파도의 끄트머리에 걸려 밀려왔다 밀려간다

—신철규, 「세화」(『심장보다 높이』, 창비, 2020) 전문

"죽이려고 하는 사람들 앞에서/살아남으려는 사람들은 어김없이 폭도가 된다"는 구절 앞에서 오래 머물렀다. 제주 4·3항쟁의 역사적 상처를 기록하는 이 시는 국가 폭력에 노출된 민중이 "살아남으려" 한다는 이유로 폭도가 되어버린 부조리함을 폭로하고 희생된 민중을 애도하고 있다. '질병이나 재난 등의 불행을 예방하고 한 해 동안 행운이 깃들기를 기원하는 벽사적(辟邪的) 성격'의 '세화'는 제주 세화라는 공간의 "모래사장에 나무 막대기로" 그린 그림과 맞물려 "두고 온 집과 보고 싶은 사람들", "윤곽만 남은 얼굴들"의 역사적 고통이 더는 지속되지 않기를 소망하는 데로 나아간다. 그러나 74년이 지난 지금, 제주의 고통은 치유되었는가, 묻는다면 고개를 저을 수밖에 없다. 추상적이기만 한 해방 직후 국가의 집단적 외양을 유지하기 위해 제주 민중에게 가한 폭력으로 말미암아 그들은 여전히 "살아남으려는" 이유로 "폭도"가 된 채

현재로 이어져 왔다.

　모든 역사적 사건은 서사 텍스트에 담기지 못하는 잉여의 부분을 지닌다. 사건은 늘 언어화되기 이전에 발생하며 언어의 표현 가능성을 넘어, 서사 너머에 그 자체로 존재한다. 역사적 사건은 그것을 포획하는 전형적 서사들을 뚫고 들어가 탐색해야 하는 실체적 대상으로 상정된다.[5] 그런 점에서 국가를 형성하는 데 복무하지 않는다는 이유로, 아니 지배 권력의 욕망에 따르지 않는다는 이유로 폭도가 되어야만 했던 이들의 목소리는 잉여로 간주되어 기록되지 못했기에 전형적 서사들을 뚫고 들어가 탐색해야 한다. 하지만 기록의 언어는 사건의 현장을 담아내는 데 한계가 있다. 그것은 언제나 사후적으로 기록되는 것이기 때문이다. 「세화」의 화자가 기록으로 담아낼 수 있는 것은 "서로의 얼굴을 향해 고개 돌리고 누워 있는 해골"일 따름이다. 허나, 기록의 층위에서 문학이 취해야 할 전략은 사건의 실증이 아닌 사건 속에 놓인 개인의 삶을 상상하여 재구성하고 그 의미를 밝히는 데 있다. 그럼으로써 "어디까지 망가질지 몰라 두려"워 "선을 긋"는 사람들, "감은 눈 속에서 다시 한번 눈을 감고/눈 속의 눈을 감"는 사람들에게 '타자의 얼굴'을 마주하도록 하는 일이 요구된다.

　타자는 주체의 자기동일성으로 포섭될 수 없는 존재라서 주체에게는 파악할 수 없는, 알 수 없음의 낯섦으로 인식되며 두려움과 공포를 야기하는 결여 혹은 잉여적 괴물로 간주된다. 그러므로 타자는 주체의 질서를 붕괴시킬 위험으로 여겨져 전체주의적 폭력에 노출되는 한

5　앞의 책, 89쪽.

편 주체가 도달할 수 없는 저 바깥의 초월적 존재라서 "우리가 볼 수 없는 모든 빛"을 펼쳐 보이는 존재가 되기도 한다. 주체가 가 닿을 수 없는 무한성의 존재이자 주체의 한계를 폭로하는 존재가 타자인 셈이다. 「세화」의 화자가 "동굴 입구에서부터 기어온 매캐하고 검은 연기를 피해 도망쳐 나온 사람들"을 지금 이곳으로 불러오는 행위는 이러한 타자의 얼굴을 마주함으로써 주체에게 "우리만 볼 수 있는 어떤 빛"을 감각하도록 이끌며 삶의 지향을 재정립하라고 말하는 듯하다.

말할 수 없던 것을 말하기

알다시피 4·3항쟁의 처참한 현장을 최초로 고발한 문학 작품은 현기영 작가의 단편 「순이삼촌」(1978)이다. 그동안 좌익세력에 의한 무장봉기로 억압받았던 제주 주민들의 생존 투쟁과 민주주의에 대한 열망이 비로소 진실을 향한 도정에 나설 수 있게 된 것이다. 그러나 아픈 역사를 달랠 철저한 진상 규명이 쉽지만은 않다는 것을 우리는 광주를 비롯하여 세월호 참사를 둘러싼 막말과 정치적 악용 사례를 통해 경험하고 있다. 이런 상황에서 요구되는 것이 있다면, 그것은 비록 파편화된 신체의 기억일지언정 '폭도'가 되어야만 했던 살아남은 사람의 목소리를 기록하는 것이다. 타자화된 '폭도', 즉 고통을 직접 경험했던 민중의 얼굴을 마주함으로써 국가의 폭력이 어떻게 자행되었는지를 밝혀 은폐된 진실을 드러내야 한다. 그 과정에서 요청되는 것이 어쩌면 민중 구술의 형태인지도 모르겠다.

역사적 사건을 기록하는 기본적인 방법은 사료라고 간주되는 문헌자료를 활용하는 데 있다. 그러나 문헌자료는 기본적으로 국가, 지배자, 승리자, 엘리트가 작성한 텍스트이기 때문에 민중의 실제 경험을 보여주지 못한다. 그런 점에서 민중구술은 역사에서 배제되거나 대상화되었던 민중의 경험을 드러내는 유력한 방법이다. 민중구술은 "기존 역사학에서 읽어내지 못한 '잔여적 부분'을 드러내는 것만이 아니라, 그동안 침묵되었던 민중의 기억을 불러내어 국가·민족이나 지배자·엘리트에 의해 구성된 공식기억에 균열을 내는 대항적 역사서술"[6]이라 할 수 있다.

2021년 제9회 제주4·3평화문학상 논픽션 부문 수상작은 양경인이 기록한 김진언의 증언이었다. 1987년 여름부터 5년 동안 채록한 제주4·3 여성운동가 김진언의 증언이 30여 년이 지나서야 빛을 발할 수 있었던 이유는 "내가 죽으면 발표하라"[7]는 부탁 때문이다. 구습에 얽매인 사회에서 여성해방, 남녀평등 더 나아가 민주주의의 열망과 통일에의 염원을 담은 운동을 했을 뿐이지만, 그것을 실현하기 위한 행위가 '폭도'의 반란으로 치부되어 폭력에 노출되고 억압받았던 일은 채록 당시에도 여전히 실재하는 위협이자 폭력이었을 것이다.

김진언의 증언은 기억에 의존해 있다 보니 역사적 사실이 정확하지 않다. "피해자들의 경험이나 기억의 재현은 파편화되어 있고 부분적이

---

6   이용기, 「'새로운 민중사'의 모색과 구술사 방법론의 활용」, 『역사문화연구』37, 한국외국어대학교 역사문화연구소, 2010, 419쪽.

7   양경인, 『선창은 언제나 나의 몫이었다』, 은행나무, 2022, 7쪽. 이 책에는 그 외에도 같은 시기 활동한 박선애, 박순애 두 여성운동가를 비롯하여 많은 이들의 증언이 실려 있다. 이후 쪽수만 표기.

며, 말할 수 없음과 듣는 자에 대한 의심, 그리고 경험을 설명할 언어의 부족으로 인해 항상 문제적이다." 사회적 억압 때문에 침묵했던 오랜 세월이 그들의 말과 기억을 망가뜨린다[8]. 그렇기 때문에 양경인은 기왕의 작업을 통해 다른 증언자의 기록을 삽입하는 등의 보정, 보충 작업을 수행하여 김진언의 목소리를 생생하게 되살려 놓는다. 이러한 기록은 자신의 경험을 자신의 목소리로, 언어로 발화함으로써 침묵을 강제하는 권력에 균열을 일으키고 다른 삶의 서사를 모색하게 한다.

비록 그것이 "가서 보니 눈 한쪽은 총 맞아 빠져버리고 오른쪽 다리는 딱 오그령 이시난(접혀져 있으니) '아이고 설운 나 똘아(불쌍한 내 딸아), 세상 원을 허라. 이제 하다(부디) 원통허게 생각하지 말라. 우리도 오늘사 가질 티 내일사 가질 티(오늘 죽을지 내일 죽을지) 모른다. 나 진언이 어멍이노라.'"(57쪽)라고 했던 말이나 "우린 스무 명 정도 들어가는 굴에서 숨어지냈는데 5~6개월 된 진선이 아기가 고열로 밤새 신음하며 울었다. 굴속에 숨어 있던 사람들의 목숨이 위험해지자 조직에서 아기를 죽이라는 명령이 떨어졌다. 진선은 아기를 살리려고 밤에 마을로 내려갔다가 매복해 있던 경찰의 총에 맞아죽었다."(58쪽)는 증언처럼 감정적이고 파편적인 정보의 나열일지라도 그 안에 배태된 개별화된 고통의 실체를 옮겨 적음으로써 이를 공적인 장의 발화로 이끄는 일이야말로 은폐된 삶을 재구성하기 위해서라도 선행되어야 할 일이라 보인다.

---

8   김은실, 「4·3 홀어멍의 "말하기"와 몸의 정치」, 『한국문화인류학』49-3, 2016, 320쪽; 김애령, 앞의 책, 92쪽에서 재인용.

다른 삶의 서사는 타자의 방향으로부터 일어난다. 듣는 이(타자)가 전제된 타자의 목소리는 그동안 억눌려 왔던 자신의 주체성을 재정립하는 계기가 되어 자기 형성을 가능케 한다. 자기가 누구인지를 말함으로써 자신을 저자로 만들고 주체로서의 위상을 재구성하는 한편으로 자신에게 강제된 조건과 한계 등의 사회적 억압을 중지시켜 새로운 서사를 구축할 수 있는 것이다. 그 과정을 타자와 마주한 타자로서 경험한 작가는 타자의 얼굴이 펼쳐 보여주는 새로운 삶의 가능성을 대리, 전유하여 역사적 사건의 진실을 파헤치고 이를 형상화할 수 있는 계기를 부여받는다.

셜록 없는 왓슨들의 세계

축적된 기록이 기록으로서의 가치를 지니기 위해서는 응당 어떤 개입이 필요하다. 이때의 개입은 앞에서 이야기한 것과 같이 기록을 활용하는 작가의 능동적 수행, 즉 문학적 전략으로서의 재구성이다. 사적인 발화를 공적 언어로 기록하는 일은 단지 잔여적, 잉여적 타자의 목소리를 드러내는 것이 아니다. 그것은 배제되고 삭제된 존재의 은폐된 진실을 추적하여 공식적인 역사의 틈에 균열을 내는 것이다. 한정현의 소설 『나를 마릴린 먼로라고 하자』의 '왓슨들'의 수행처럼 말이다.

"모든 역사적 사건이 단독으로 존재하지 않듯이"(68쪽) 제주 4·3은 해방 직후 남한에서 벌어진 일련의 정치적, 사회적 혼란의 영향을 받으며 또한 여순 사건과 빨치산의 역사와 연결된다. 이 소설은 김건형이 정리하였듯이, 설영과 연정을 중심으로 "불법 촬영의 피해자가 되어 사라져버린 한 인물을 추적"하며 "그 과정에서 공식적 역사로 기록되지 못한 트랜스젠더 혁명가와 공적 제도가 구하지 못한 여성 퀴어 청소년의 사연"(384쪽)을 그리고 있다. 그들은 자신들에게 주어진 정보를 통해 역사적이고 동시대적인 사건의 피해자들이 말할 수 없었던 바를 추적하여 진실을 탐구하고 이를 기록한다.

　　왓슨은 어떤 그럴듯한 추리를 해내거나 사건을 해결하진 못하지만 기록하고 보관한다. 물론 사실 그대로를 베껴 쓰는 게 아니라 왓슨 나름대로의 재구성물로. 그게 아마 소설이었을 것이다. 코넌 도일이 만든 진실을 추적하는 방법으로의 탐정소설.(153쪽)

　연정은 "코넌 도일의 분신은 셜록이 아니라 왓슨이래요. 기록하는 자"(같은 쪽)라고 하는 도영이의 말을 듣고 이와 같은 생각을 한다. 탐정소설, 추리소설은 주어진 정보를 바탕으로 사건의 사실이 아닌 그 이면의 진실을 추적한다. 이는 '셜록'이라 불리는 이지연의 연구가 지향하는 바이기도 하다. 공중보건 분야에서 이루어진 '선택과 배제'를 다루기로 한 셜록은 "공중보건의 속성 자체가 국가가 인정한 국민의 의료적 혜택이기 때문에 자칫 국가폭력 피해자나 전쟁 시 여성, 어린이, 노인, 성소수자나 재외국민과 같은 소수자들은 배제의 대상이 되"(31쪽)었다는 점에 주목한다. 이는 인터섹스인 자신의 상황과 맞물리며 타자화된 존재의 얼굴과 목소리를 회복시켜 지배 권력의 담론이 가한 폭력의 진실을 밝히고자 함이다. 그러나 소수자를 향한 세계의 폭력은 그가 생각하는 것보다 훨씬 더 폭력적으로 그를 현실에서 삭제하기에 이른다.

중요한 점은 이 소설이 담고 있는 내용이 아니다. 오히려 그것을 재현하는 방법론에 있다. 추리소설의 기법을 차용하여 제한된 정보를 축적함으로써 세계의 진실을 밝혀 나가는 방법론. 이 소설 제목이 빌려온 막스 프리쉬의 『나를 간텐바인이라고 하자』에서의 '간텐바인'처럼, 흔한 이름을 지닌 평범한, 그래서 기록되지 않는 이들의 "각자의 이야기"(204쪽)를 정보로 축적하여 세계의 폭력이 어떻게 주체와 타자와의 관계를 생산해 내는지 그리고 이를 통해 권력이 어떻게 재생산되는지를 폭로하는 한정현의 방법론은 주목할 만하다.

한정현의 소설 쓰기는 『줄리아나 도쿄』(스위밍꿀, 2019)와 『소녀 연예인 이보나』(민음사, 2020)를 통해 알 수 있듯이 수많은 정보의 교집합을 바탕으로 한다. 마치 논문을 읽는 듯한 착각에 빠지게 하는 한정현의 소설은 그만큼 다양한 정보를 축적하여 은폐된 존재의 삶을 복원하고 이를 통해 세계의 구조적 폭력 양상을 고발하고 있다. 그것은 그만큼 삶의 진실이 복잡한 관계 속에서 중층적으로 형성되어 있음을 방증하는 것이기도 하다. 이는 다시 문학을 하는, 말하는 주체의 문제로 돌아온다. 작가가 활용하는 문학적 언어는 그것이 재현하고자 하는 세계가 인정한 언어 체계에 포섭되어 있기 때문에 그것 자체로 권력이자 상징자본으로 굴절되기 마련이다. "언어의 사용은 사회적 존재로서 능력을 갖는 것, 하나의 사회적 세계와 공동체를 갖고 거기에 속하는 것, 그리고 그 능력을 그 사회 안에서 운용할 수 있는 가능성을 소유하는 것을 의미한다."[9] 문학적 언어가 특정한 체제의 소산이자 이데올로기라는 점을 돌파하기 위해서라도 그로부터 배제된 이들의 목소리와 언어가 축적될 필요가 있는 것이다. 보편이라는 추상으로부터 개별적이고 실체적인 구체를 드러내는 작업이자 현실에서 삭제된 목소리를 복원하기 위해 축적해야만 하는 일련의 과정들과 그로부터 진실을 이끌어내는 문학적 전략은 한정현의 소설 쓰기 전략과 일맥상통하는 일이 아닐까 생각하게 된다.

오늘날 객관적 세계의 총체적인 상은 개별적인 존재들의 발화를 통해 엿볼 수 있다고 믿는다. 설영의 환상통이 지진에 의한 트라우마가 아닌, 셜록과 여성을 향한 폭력으로부터 기인한 것처럼 당장은 아무렇지 않은 세계에서도 언제든 발현되는 고통이 될 수 있다는 점을 의식해야 한다. 역사적 사건을 "살면서 한 번도 궁금한 적이 없던 세계"(220쪽)의 문제라고 외면할 것이 아니라 지금도 반복되는 현실적 사건임을 그리고 그것이 "우리 모두의 일"(327쪽)임을 우리 모두에게 주지시키기 위해서라도 문학은 "커다란 틀에서 이야기되면서 누락된, 혹은 누락시켰던 여성/소수자들의 이야기가 활발하게 진행"(415쪽)될 수 있도록 해야 하며 그 이야기를 기록하고 재구성하여 진실을 추적해 나가야 한다. 평범한 이들이 고통받지 않도록, 집단적 권력에 의해 삭제되지 않도록, 살아남으려 한다는 이유로 폭도가 되지 않도록, 죽은 이후가 아닌 지금, 이 순간 자신의 이야기를 할 수 있도록 문학은 자신의 전략을 면밀히 수행해야 할 것이다.

---

9   김애령, 앞의 책, 138쪽.

시대 감각
—이서수, 한정현, 최진영의 동시대성

　최근 출간된 소설들은 팬데믹 시기에 쓰이고 발표되어 동시대적 문제를 긴밀하게 다루고 있다. 그러나 소설을 읽으며 팬데믹을 관통해 지나온 2023년의 엔데믹 사회는 이전과 비교해 얼마나 변했을까, 묻는다면 그리 희망적인 답을 내놓기가 주저된다. 물가 상승률은 여전히 높고 금리는 오랜 기간 동결되었다고는 하지만 이전과 비교할 수 없을 정도로 높은 상황이라 끌어모은 영혼은 육체와 유리된 채 빚에 저당 잡혀 있으며 겨우 마련한 내 몸 누일 공간은 장소가 되어주지 못하고 사기에 연루되어 존재를 표류하게 만들었다. 아무런 안전장치도 없이 표류하는 존재는 이곳저곳을 유동하며 떠돌지만, 이태원 참사가 보여주듯 그 어디에서도 쉴 곳을 마련하지 못하고 존재 자체를 박탈당할 위기에 처할 따름이다. 주디스 버틀러가 이야기했듯이 박탈은 자신이 원래 소속되어 있었거나 갖고 있었던 토대가 제거된 상태에 놓이게 된 상황이라지만, 애초부터 갖고 있지 않았기에 박탈된 존재는 상실감에 저항할 만한 계기를 마련하기도 어렵기만 한 처지다. 오히려 신자유주의적 체제에 예속된 상태에서 이를 적극적으로 수용하고 대처하지 않았다는 이유로 탈주체의 자리로 내몰리고 있다. 절대적이고 폭력적인 신자유주의 세계에서 자기가 머물 장소를 구하기 어려운 궁핍을 경험하는 오늘날의 존재는 불가항력하게 타자로 전락하고 마는 것이 아닐까 싶다. 너무 부정적이고 수동적으로 사유하는 것일까. 그로부터 벗어나 새로운 주체로 자리매김하기 위한 저항은 가능한가. 늘상 이야기하듯 고통으로 하나 되는 연대가 가능하기도 하겠지만, 기실 그것은 무용한 희망에 기대 개별 주체를 기만하는 것인지도 모른다.

2020년대 들어 돌봄 노동이나 동물권, 기후 위기와 인공 지능 등에 관한 문학적 사유가 깊어진 것은 그만큼 우리 삶의 기반이 위태로운 상태에 놓여 있음을 새삼 실감했기 때문이다. 물론 이와 같은 논의는 이전에도 있었지만, 팬데믹을 거치면서 우리 삶을 구성하는 것들이 또 다른 존재를 착취하면서 이루어졌음을 여실히 깨닫게 되면서 활발해졌다고 할 수 있다. 다시 말해, 생존의 직접적 위기를 경험하면서 삶을 가능하게 했던 것들이 무엇이었는지, 그것을 우리가 어떻게 기만하고 은폐하며 착취해왔는지 대면하게 된 것이다. 또한 코로나19 감염이 모두에게 공평한 수준의 위협이 되지 않는다는 것을 알게 된 것처럼 이태원 참사와 오송 지하차도 침수 사건 등을 겪으면서 사회적 위기가 계급에 따라, 사회적 위계에 따라 차별적인 방식으로 영향을 미친다는 것을 우리는 체감하고 말았다. 생존을 위협하는 위기 상황에서 정부와 사회, 나아가 세계가 개인을 보호하지 않았기 때문에 개별 주체는 각자도생에 골몰할 수밖에 없는 것이다. 이렇게 탈주체화된 존재가 새로운 주체로 이행하기 위해서 요구되는 것은 무엇일까. 여전한 연대일까, 아니면 각자도생을 통해 상대적으로나마 높은 지위에 서기 위한 안간힘일까. 많은 문학 작품이 이러한 현실을 직시하며 존재를 다독이고 새로운 주체의 가능성을 모색하고 있는 것은 다행일 것이다. 물론 이것이 최근의 특별한 경우는 아니겠으나, 언제나 한결같이 우리 삶을 뚫는다는 점에서 위안이 되는 것도 사실이다. 그저 수동적이기만 한 채로 남아 있지 않으려는 노력, 불가능한 선택과 가능한 선택 사이에서 좀 더 나은 삶을 능동적으로 모색하는 일이야말로 그것이 비록 실패로 점철될지언정 무의미함으로 우리를 전락하게 하지는 않을 것이다. 그런 점에서 이서수, 한정현, 최진영의 소설을 통해 지금 우리가 겪는 삶의 어려움과 그것을 극복하기 위해 우리가 선택해야만 하는, 골몰해야만 하는 바를 나누어보고자 한다.

박탈된 청년 세대의 서사 – 이서수, 『젊은 근희의 행진』(은행나무, 2023)

이서수의 『젊은 근희의 행진』은 동시대 청년 세대가 경험하고 있는 박탈의 양태를 처연하게 그려내고 있는 소설집이다. 특히 2021년 이효석 문학상을 수상한 「미조의 시대」와 수상작품집에 실린 자전 소설 「나의 방광 나의 지구」는 주거 불안의 문제를 심도 있게 형상화하고 있다. "서울에서 우리가 함께 살 집을 구하기에 턱없이 부족한 5천만 원은 아버지가 평생 동안 모은 재산"(31쪽)이지만, 그 돈은 "6평 남짓한 반지하방의 전세금"(같은 쪽)에 불과하다. 누군가에게는 평생의 노력으로 얻은 큰 액수일 테지만 인간다운 주거 환경을 확보하기에는 한없이 부족하기만 하다. 하지만 그저 "돈을 모은다고 집을 살 수 있는 건 아니다. 집을 사겠다고 마음을 단단히 먹고, 투자 정보를 모으고, 대출 상품을 알아보고, 은행원과 마치 알몸으로 앉아 있는 것 같은 불편한 마음을 억누르며 상담하고, 집을 자세히 살펴보기 위해 임장을 나가고, 매도인과 가격을 협상하고, 마침내 매수하여 그때부터 빚을 갚는 일에 전력을 다하는"(204쪽) 과정 역시 필요하다. 그만큼 내 한 몸, 마음 편히 누울 공간을 구하는 일은 어렵기만 한 것이 사실이다. 2023년 11월 현재, 주택담보대출 금리는 7%를 상회하고 있다. 높은 금리로 인해 아파트 매매 가격이 조금씩 떨어지고 있는 추세이지만, 이미 오를 만큼 오른 가격은 우리가, 특히 청년 세대가 감당할 수 있는 범위를 넘어선 지 오래다. 팬데믹 시기 치솟는 아파트 가격에 나 홀로 도태되어 '벼락거지'가 되는 것이 아닌지 불안해하며 '영끌' 해서 아파트를 구입한 이들은 상승한 이자를 감당하기 어려울 정도의 금융 부담을 지고 있다. 삶을 저당 잡힌 채 한숨 쉬며 살아가고 있는 상황인 것이다.

청년 세대의 주거 문제만큼이나 주목해야 할 것은 고용의 양태일 것이다. 집을 사는 데 필요한 대출을 받기 위해서 선행되어야 할 것이 '정규직'이니 말이다. 아파트가 아니더라도 그저 빛도 들지 않는 반지하방이 아닌 곳을, 그것도 매매가 아닌 전세라도 선택하여 주거지를 마련하기 위해서는 대출을 받아야 하지만 비정규직이거나 아르바이트로 생활을 유지하는 이들에게 은행 문턱은 높기만 하다. 그러니 꿈이 무엇이든 "회사가 요구하는"(9쪽) 조건에 맞춰야 이른바 '정상적 삶'의 궤도에 자신을 겨우 올려놓을 수 있는 것이다. 제대로 된 직장을 갖지 못한 이에게는 자신이 지닌 "금전적 가치로 환산한 만큼의 공간"(29쪽)에 자신을 욱여넣는 것만이 주어질 따름이다. "꿈과 돈이 연결되어 있다"('발

없는 새 떨어뜨리기」, 98쪽)는 것은 안타깝지만 오늘날엔 분명한 사실로 인식된다. 돈을 벌기 위해서는 "꿈을 이루거나 완전히 버려야"(같은 쪽) 한다는 자조적 진술이 가능한 이유도 여기에 있다. 이러한 불평등한 사회적 배분으로 말미암아 옆집 "냄새의 침입이 공간의 섞임으로 연결되는 상황"(28쪽)이 아닌 그저 독립적으로 존재할 수 있으리라는 당연함은 상실하고 마는 것이 아닐까. 그것은 어쩌면 정상성의 상실이자 존재의 박탈과 같은 것일지도 모를 일이다.

이서수가 우리에게 보여주고자 하는 것은 현실의 냉혹한 상태이자 그것의 비참이 아닐 수 없다. "어디에도 내려앉아서 쉴 수가 없"(「발 없는 새 떨어뜨리기」, 120쪽)다는 것은 집으로 상징되는 어떠한 위안도 얻을 수 없는 관계의 불안을 형상화한다는 점에서 의미심장하다. 정상이라 여겨지는 타인과 같아지기 위해 무엇인가를 추구하는 일은 "느닷없는 초대와 능수능란한 거절. 서글픈 위로와 지키지 못할 약속"(113쪽)으로 점철된 단톡'방'에서처럼 불안한 존재의 고독만을 마주하게 할 뿐이다. 그 어떤 기념비를 세울 수 없는 시대, "단 하나의 기념비가 아니라 요리조리 상황을 살피면서 끼니를 이어가는, 자기 몸 하나 누일 곳을 확장해가는 그런 삶"을 살아야만 하는 시대, 오로지 "순간을 살"면서도 "미래를 우리가 만들어갈 수 있다고 굳게 믿"어보려 하지만 "자기 만족 본위의 직업이 아니라 월급 만족 본위의 직업"을 삶의 우선순위로 삼아야만 하는 시대에서 존재는 주체적일 수 없는 것이다(「연희동의 밤」, 192쪽). 그런 이유로 신자유주의적 체제가 강요하는 동일시 혹은 탈주체화를 거부하는 일은 어렵기만 하다. "중심에서 벗어났지만, 열심히 살아가고 있다는 걸"(195쪽) 증명하기 위해 이른바 '성과 주체'로 자신을 정립하고자 할수록 우리의 몸은 핍박받는 식민지로 여겨지며 과도한 스트레스로 인한 "과민성 방광"(「나의 방광 나의 지구」)에 걸리거나 "전정신경염" 혹은 "이석증"(「재활하고 사랑하는」)을 안고 번아웃된 자신만을 경험하게 될 따름이다. '열심히'를 강요하며 살아가는 이러한 과잉된 방식만이 신자유주의적 자본주의 체제의 자기 증명 방식이라는 참혹을 이서수는 착목하고 있는 것이다.

그럼에도 소설에서 재현하는 모든 인물이 절망에 빠져 허우적거리기만 한 것은 아니다. 표제작인 「젊은 근희의 행진」은 오근희를 통해서 세계가 강제하는 바를 자기 나름의 방식으로 수용, 변주하여 삶을 재편하려는 의지를 드러낸다. 이는 탈주체의 강제로부터 새로운 주체의 가능성을 모색하는 일이자 동시대 청년의 불안을 전유하여 강요된 정상성을 전복하고 박탈에의 저항을 수행하며 변혁의 잠재성을 현실태로 만드는 일이 된다. 이 단편 역시 이서수가 응시하는 주거와 고용, 꿈과 현실의 괴리를 분명하게 그려내고 있다. "엄마가 환갑이 될 때까지 평생 일해 모은 돈은 1억 4천만 원 남짓"(132쪽)이지만 그 돈으로 서울에서 살 수 있는 집은 반지하인 "청수빌라 B101호뿐"(같은 쪽)이다. 아무리 서울의 부동산이 '똥'이 되지 않는다 하더라도 제대로 된 주거 공간을 마련할 수 없다는 것은 한국 사회의 부조리를 명징하게 드러낸다. 성실하게 그리고 열심히 삶을 살아왔어도 인간의 기본조건을 보장받지 못하는 상황에서 청년 세대는 어떠한 선택을 해야만 하는 것일까. 이러한 부조리한 상황을 비판적으로 사유하지만 변화의 계기를 마련하지 못하는 무기력한 언니 문희와는 달리 근희는 비판하기보다는 부조리함을 전유하여 다른 가능성을 실천한다. 물론 그것이 유튜브 채널을 개설하여 "오프숄더 클리비지룩"을 고수하며 자신을 상품으로 판매하는 것일지언정, 그리고 사기를 당하고 재산을 날리는 상황에 놓일지언정 상실과 박탈을 강요하는 세계로부터 '사소한 자신'이 할 수 있는 바를 수행함으로써 스스로의 역량을 증명하고자 한다. 이를 또 다른 착취의 메커니즘에 자신을 강제하여 몰락을 향해 간다고도 할 수 있을지 모른다. 그러나 "생을 가장 단순하고 솔직하게 설계"(161쪽)하여 세계의 요구로부터 "균형 감각을 유지하며 살아가"(같은 쪽)는 일이야말로 세계의 핍박과 식민지화로부터 벗어날 가능성의 능동적 모색일 수도 있다. "청춘이 아름다운 건 아무것도 하고 있지 않아도 세상을 시시하게 볼 수 있기 때문"(「연희동의 밤」, 174쪽)이기도 하지만 "그 시기가 지나면 아무것도 하고 있지 않다는 사실만으로도 세상이 공포로 다가"(같은 쪽)온다는 것에 머물러 존재를 실패의 층위에 내버려 두고 자조하는 것은 무의미할 뿐이다. 그런 점에서 부조리한 세계에서 실패를 삶의 당위로 받아들이기보다는 새로운 방식으로 삶을 재구축하여 나아가려는 근희의 행진은 이전 세대와는 다른 청년 세대의 분투이자 불확실한 세계에서 자기 본위의 삶이 지닌 가치를 창출해내는 능동적 수행으로 볼 수 있다. 아마티아 센이 말한 것처럼 가치 있다고 여기는 삶을 선택할 수 있는 자유가 민주주의의 근간이라면 가치의 우위를 떠나 자신만의 삶의 가치를 찾아 시스템을 활용하고 이를 기회의 창출로 변주하는 것이야말로 탈주체를 강요하는 세계에서 주체성을 재정립하는 적극적 전환에의 의지인 셈이다. 주거와 고용 문제가 지닌 강제와 착취 너머, 몸이라는 장소를 전유하여 존재의 가치를 인식하고 이를 회복하는 것이야말로 우리가 우리를 구원할 수 있는 결정적 계기가 될 수 있다. 이것이 이서수가 『젊은 근희의 행진』을 통해 형상화하는 시대 감각일 것이다.

스스로의 공동체를 기록하는 일 – 한정현, 『쿄코와 쿄지』(문학과지성사, 2023)

이서수가 이 세계를 "진짜와 가짜의 구별이 의미 없"으며 "순간만 존재하고, 모두가 비트(bit) 위를 가볍게 흘러다니는"(「젊은 근희의 행진」, 158쪽) 것으로 보는 것과 유사하게 한정현은 "현실을 설명하기엔 확실치 않"은 "수학 법칙은 현실과 아무런 관련이 없"(「아돌프와 알베르트의 언어」, 9쪽)다고 말한다. 이는 단 하나의 언어로 세상을 설명할 수 없다는 인식에 기반을 두는 것으로 진짜와 가짜의 구별을 넘어서 세상을 총체적인 시각으로 바라봐야만 함을 의미한다. 한정현의 소설집 『쿄코와 쿄지』를 관통하는 바는 감춰진 삶의 진실을 찾기 위해 침묵의 언어를 톺는 데 있다. 어쩌면 "말하지 말아야 할 것을 말하는 자를 목격했을 때의 침묵, 강요된 복종을 거부하는 자를 바라볼 때의 침묵, 부당한 것에 대한 억울함보다는 공포가 더 선명하게 보일 때의 침묵"(27쪽)처럼 강요된 침묵 속에 은폐된 세계의 부조리를 밝히려는 고투의 기록이 한정현 소설의 지향이라고 할 수도 있겠다.

『쿄코와 쿄지』의 인물들은 서로 다른 단편에서 교차하며 등장한다. 한정현 유니버스의 특징이랄 수도 있는 이러한 인물 활용 방식은 각각의 소설이 지닌 역사적 층위를 총체적으로 사유하는 데 기여한다. 한국 현대사, 그중에서도 1970, 80년대의 국가 폭력과 이에 저항하는 민주항쟁의 당사자와 그 이후 세대를 형상화하는 이번 소설집은 서로 얽힌 인물들로 인해 공적 역사의 이면에 놓인 사적 역사의 층위를 풍부하게 담아내고 있다. 주지하다시피 이는 한정현이 소설을 통해 반복적으로 재현하고 있는 바이기도 하다. 이런 반복은 동일함의 자기 복제처럼 보이기도 하지만 이전과 차이 나는 반복을 통해 놓친 것을 다시 찾아 재정립하려는 연구자적 고투라 보는 것이 옳다. 반복이 지닌 잠재성은 국가 폭력과 억압으로 인해 삶의 다양성을 박탈당한 존재를 여러 관점으로 복기하고 재구성함으로써 주체의 가능성을 모색하게 한다. 그로 인해 소설 속 화자의 대다수가 역사 연구자인 것은 한정현의 소설에서 이상할 것이 전혀 없으며 이들이 교차하면서 영향을 주고받는 것은 상호 보완적 역사 연구의 양태를 고려할 때 필수불가결한 요소임이 분명하다.

표제작인 「쿄코와 쿄지」는 편지 형식의 구술 증언을 취하고 있다. 개인의 구술은 사료로서의 가치를 획득하기는 어렵지만, 사건의 실체에 가까이 다가가는 계기를 마련하는 데 더없이 용이하다. 당연하게도 소설에 차용된 구술은 허구일 테지만, 독자에게 등장인물과 사건에 근접하여 사유하고 향유할 수 있게 하며 시대를 초월해 공감을 불러일으키게 한다. 물론 역사적 사건을 재현하여 어떤 진실을 탐구하는 일은 소설이 할 수 없는 불가능한 수행일 수도 있다. 그러나 이는 소설이 지닌 잠재성으로 말미암아 잃어버린 목소리를 재현하여 그 어떤 연구보다 내밀한 진실을 밝히는 지평이 될 수 있다고도 볼 수 있지 않을까. 「쿄코와 쿄지」는 "쿄코라 불렸던 쿄지 상, 김경자 씨의 기록"이며 이를 정리한 김영소의 목소리가 상호 중첩되면서 사건의 진실에 다가간다. 1958년 1월 30일 전라남도 구례 출생의 김경자의 본래 이름은 김경녀였다. 그러나 모부(단순히 부모의 순서를 뒤집은 용어이지만 여기에서 멈칫했다면 가부장제 이데올로기가 침묵시킨 언어를 성찰할 필요가 있을 것이다)가 지어준 경녀라는 이름은 "그 시절 서울로 가야 뭐라도 한다는 생각에 넣은 이름"일 따름이었다. 그러나 경녀가 경자로 바뀐 것은 어린 시절부터 친구였던 혜숙, 미선, 영성과 "피보다 강하게 얽힐 방법"(50쪽)을 궁리하다 이름 끝에 아들 자(子)를 넣기로 했기 때문이다. 단지 딸이 아닌 아들에 대한 사회적 통념을 받아들이는 수준에 그친 아들 자(子)는 이들의 공동체를 아들들의 공동체에 제한하여 사유하게 할 뿐이어서 응당 스스로 자(自)를 넣은 "스스로의 공동체"(64쪽)로 전환된다.

그러나 이름을 바꿔서라도 구축하려 했던 '스스로의 공동체'는 1980년 각자의 방식으로 5월의 국가 폭력을 경험하고 이를 존재의 고통과 상실로 내면화함으로써 서로 다른 길에 서게 된다. "5월 18일 그곳에 있었고 그날 이후 더는 어느 곳에도 있지 않은, 그러면서도 내 주위 어디에나 있는"(87쪽) 존재를 기록하는 일은 영소와 같은 후속 세대의 일이 되겠지만, "나, 너를 잊지 않았어"(99쪽)라고 하며 그 이름을 기억하는 주체의 수행은 폭력을 저지른 국가와 세계가 잊고자 하는 것을 되짚으며 적극적으로 저항하고 개별적 존재의 삶을 스스로 갱신하여 새로운 삶의 가능성을 잠재태에서 실현태로 전환하는 의지로 이어진다. 이 새로움에는 세계로부터 은폐되고 누락되어 비체화된 외국인과 여성, LGBTI의 삶을 현실로 길어 올리는 것을 포함한다. 한정현의 소설에 이러한 인물들이 가시화되는 것이 단순히 정체성 정치를 수행하는 윤리에 머무르고 있는 것은 아닐 것이다. 이는 스스로의 공동체가 서로 다른 삶을 돌봄의 공동체로 전유할 수 있었던 것과 마찬가지로 비가시화된 타자를 "나와 같은 이야기를 하는 사람"(「결혼식 멤버」, 274쪽)으로 가시화하며 차이가 차별로 이어지지 않도록 존재의 이야기에 귀를 기울이는 평범한 일상의 반복과 이름을 불러 환대하는 작가적 수행에 가까워 보인다.

「무이네」의 무이를 둘러싼 인물 간의 관계 역시 한정현의 지향이 잘 드러난다. "무이. 그건 한 사람의 이름"(328쪽)일 뿐이지만 무이를 중심에 둔 가족의 양태는 지속적으로 확장된다. 화자인 윤아가 아버지의 재혼 상대인 무이를 처음 만났을 때, 윤아는 베트남에서 온 무이를 향해 편견을 드러낸다. "영화나 드라마, 소설"을 통해 반복, 재생산된 편견은 베트남 여성 혹은 외국인 신부에 관한 잘못된 인식을 고착화한다. 소수자를 향한 편향된 시선은 상황의 불편함을 대상에게 전가하여 배제하거나 차별하는 것을 당연시하도록 이끈다. 그러나 무이는 "이 사랑은 내가 선택한 거예요."(331쪽)라고 말하며 주체의 자리에 스스로를 놓는다. 무이의 이런 태도는 수동적인 타자의 위치를 거부하고 자신을 주체화하는 수행으로서 의미화된다. 그럼으로써 주변 인물들이 처한 상황과 그로부터 이끌어낼 수 있는 변화를 궁구한다. 이 소설은 외국인 이주자 문제와 부마민주항쟁, 여성에 대한 성적 폭력과 트랜스젠더에 대한 편견, 동물의 불법 번식과 유기 등 다양한 문제를 제기하고 있다. 하나하나 언급하여 다룰 만하지만, 사건의 사실적 재현이나 표상에 집중하기보다는 그것들이 분리되어 나타나는 문제가 아닌 우리의 실질적 삶과 사회의 현실적인 의제들을 반영하며 얽혀 있는 것임을 성찰한다. 무엇보다 중요한 지점은 우리가 타자를 바라보는 시선이 나의 경험적 층위나 비판적 사유를 통해 구성되는 것이 아니라 국가와 사회의 편향성을 내면화한 채 이루어진다는 점이다. 국가와 사회의 폭력은 부마민주항쟁을 야기한 것처럼 가시적으로 이루어지는 것만이 아니라 여성, 이주 외국인, 트랜스젠더, 동물을 착취하는 비가시적 방식으로 널리 퍼져 있는 상황이다. '무이네'는 이러한 억압받은 이들이 모여 이루는 돌봄의 공동체이자 각자의 이름을 삭제하지 않고도 공존하는 위안의 장소이며 약자의 고통을 상상하고 그 연약함으로 결합하여 서로의 서사를 그려내는 느슨한 결속이라 할 수 있다. 그렇다고 해서 이곳이 이상적 장소가 될 수는 없을 것이다. 그러나 그 어떤 폭력적 상황을 경험한다고 해도 이에 "굴하지 않고 살"(341쪽)아 왔고 살아갈 수 있다는 것을 이야기하고 "내가 보는 것을 함께 보려고 하는"(357쪽) 마음을 나누는 위안의 공동체임은 분명하다. 진짜와 가짜, 주체와 타자의 구별을 넘어서 세계를 총체적으로 바라볼 수 있는 시선을 확보하는 데 필요한 것은 이러한 결속의 수행이지 않을까.

오직 너라는 단 한 사람—최진영, 『단 한 사람』(한겨레출판, 2023)

　한정현이 소외되고 배제된 인물들의 결속과 연대를 통해 세계의 폭력을 총체적으로 사유하고자 했다면 최진영은 장편소설 『단 한 사람』에서 '단 한 사람'을 구하는 서사를 통해 "내 운명에 내 몫이 있음을, 내 의지가 개입할 수 있음을, 내 삶의 주인은 나임을 증명"(164쪽)하고자 한다. 이 소설은 프롤로그 「나무로부터」의 나무로부터 서사가 시작된다. 어느 작은 섬에 새싹에서 시작된 어린 나무 두 그루가 수백 년의 시간에 걸쳐 연결되었는데 사람에 의해 한쪽이 파괴되자 파괴되지 않은 나무가 파괴된 나무의 뿌리를 통해 삶을 나눠줌으로써 작은 나무로 되살리는 상황에서 다시 사람들이 와 파괴되지 않았던 나무를 파괴하면서 비롯된 서사이다. 파괴와 되살림의 연속, 수많은 죽음(파괴)으로부터 '단 한 사람'을 되살릴 수 있는 능력(혹은 저주)인 '중개'는 나무로부터 비롯되어 임천자, 장미수, 신목화 삼대로 이어진다. 그들이 수행하는 중개는 "무성한 생에서 나뭇잎 한 장만큼의 시간을 떼어 죽어가는 인간을 되살리는"(92쪽) 숭고한 능력을 부여받은 일이지만 한편으로는 수많은 죽음을 목격해야 하는 참혹을 견뎌내야만 하는 저주에 가깝다.

　중개를 수용하는 방식은 임천자, 장미수, 신목화가 서로 다르지만, 이 소설의 중핵은 목화의 방식에 있다. 언니인 금화의 실종 이후, 금화를 구하지 못했다는 자책에 빠져 있는 목화에게 중개는 삶과 죽음에 대한 이분법적 사고에서 벗어나 삶과 죽음을 총체적으로 바라보는 계기가 된다. 그럼으로써 목화는 자신의 삶과 죽음을 포괄하는 완전한 사람의 수행을 생각한다. 이는 임천자가 두려움 속에서 기적이라고 여기며 중개에 순응하는 수동성과 다르며 장미수가 악마의 행위라고 생각하며 저항하면서도 임천자의 자식이므로 그 이상의 답을 구하지 않고 중개를 수행해야 하는 것으로 수용하는 것과도 다르다. 목화에게 중요한 것은 "내 운명에 내 몫이 있음을, 내 의지가 개입할 수 있음을, 내 삶의 주인은 나임을 증명하는 것"이다. 그러나 그 앞에 놓인 질문들이 있다. 이를테면, 수많은 죽음 앞에서 나의 삶, 나의 의지를 살피는 일은 정말 중요한 것일까. 수십 명이 죽어가는 상황에서 단 한 사람을 구한다는 것을 나의 의지로 볼 수 있을까. 미수가 괴로워했던 것처럼 죽어가는 사람을 보는 상황에서 내가 아프지 않기 위해 한 명을 살리는 일이 의미가 있는 것일까. 천자의 말처럼 "할 수 있는 일을 하는 게"(75쪽) 나은 일인 것일까. 세월호 참사와 이태원 참사를 겪으면서 우리가 그 수많은 죽음에 죄책감과 무기력함을 가질 수밖에 없었던 일이 이러한 질문 속에 겹쳐 놓이는 이유는 무엇일까 등등.

최진영이 『단 한 사람』을 통해 전하고자 하는 바는 어쩌면 '단 한 사람'의 삶과 겹쳐진 수많은 죽음을 목격하며 그 고유성 속의 "숱한 가능성이 진실로 존재하는 각각의 세계를 상상"(66쪽)함으로써 "산 사람을 살리는 일"(204쪽)을 하고 그로부터 자기 힘으로 삶의 길을 걸어갈 수 있도록 "몸을 조금 돌려주는 일"(203쪽)을 해야 한다는 것이 아닐까. 그것은 초월적인 힘에 바탕을 둔 특별한 존재의 행위가 아니라 "마음을 다해 명복과 축복을 전하는 일, 죽어가는 사람과 살아난 사람의 미래를 기원하는 일"(221쪽)처럼 평범한 마음을 나누는 실천일 것이다. 불가항력적인 죽음 앞에 고통에 겨워 존재의 균열과 붕괴로 침잠하지 않기 위해서라도 "한 번뿐인 삶을 사는 단 한 명"(195쪽)을 기억하면서 "남김없이 슬퍼"하고 "마음껏 그리워"하며, "사소한 기쁨을 누"리고 "후회 없이 사랑"하며 "원하는 삶"을 살아갈 필요가 있는 것이다(238~239쪽).

나무가 주는 생명은 은총이 아닐 수도 있다. 삶이라는 고통을 주려는 것인지도. 그러나 삶은 고통이자 환희. 인류가 폭우라면 한 사람은 빗방울, 폭설의 눈송이, 해변의 모래알. 아무도 눈이나 비라고 부르지 않는 단 하나의 그것은, 보이지 않지만 분명 존재하는 그것은 금세 마르거나 녹아버린다. 순식간에 사라져버린다. 어쩌면 그저 알려주고 싶었을지도 모른다. 내가 너를 보고 있다고. 생명체라는 전체가 아니라, 인류라는 종이 아니라 오직 너라는 한 존재를 바라보고 있다고.(232~233쪽)

국가와 사회, 나아가 세계의 폭력에 내몰리고 배제되어 타자화된 존재에게 필요한 것은 결속된 돌봄의 공동체를 통해 새로운 주체를 형성하고자 하는 수행적 실천일 것이다. 그러나 그 너머에 분명하게 존재하는 '단 한 사람'의 개별성을 간과해서는 안 된다. 전체가 아니라 "오직 너라는 한 존재"를 향한 시선이야말로 지금 우리에게 요구되는 시대감각이라 할 수 있겠다. 불안과 공포 속에서 박탈된 상태에 머물러 있기에는 우리의 개별적 삶은 너무나도 소중하다. 앞에서 읽은 소설들처럼 동시대를 살아가는 우리가 감당해야 하는 슬픔과 여전하고 어찌할 수 없다 하더라도 그 안에 놓인 환희까지 매몰시킬 이유는 없다. 우리의 삶이 그러한 험난한 여정을 통해 가까스로 만들어가는 소중한 것임을 똑바로 응시할 필요가 있다. "일단 씨앗이 튼튼하게 뿌리를 내리면 그 뿌리를 통째로 제거하지 않는 이상 자르고 짓밟고 꺾고 짓이겨도 거듭하여 줄기와 잎을 만들어낸다"(114쪽)고 최진영이 이야기하듯, "내가 나의 온전한 결정으로 이루어진 사람이 될 수 있게"(이서수, 「엉킨 소매」, 57쪽) 어떠한 상황 속에서도 "기운을 차리고, 밥을 먹고, 너의 일"(145쪽)을 하는 태도를 견지하며 살아갈 수 있도록 말이다. 그러다 개별적 삶의 "주인들이 모두 모여 각자의"(한정현, 「무이네」, 373쪽) 이야기를 길게 나눌 수 있었으면 한다. "오직 너라는 한 존재"의 소중함을 기억하고 기록하는 이야기들로부터 비롯된 모든 가능성을 전유하여 우리 삶의 안쪽과 바깥쪽을 따뜻하게 어루만질 수 있기를 기원해 본다.

제2부

우리가 가야 할 '우리'라는 길

우리가 가야 할 '우리'라는 길

난 슬플 땐 힙합을 춰

1990년대 중후반, 누구나 한 번쯤은 바닥을 쓸고 다니는 헐렁한 힙합바지에 지금은 오버핏이라 불릴지도 모를 박스티를 입고 거리를 걷는 사람을 만날 수 있었다. 나 역시 그렇게 걸었던 사람 중의 하나였고 학생 운동을 하던 대학 선배들은 길게 늘어뜨린 내 벨트를 움켜쥐며 개 목줄을 허리에 달고 다니는 후배라고 부르기도 했다. 노래방 단골 메뉴는 '서태지와 아이들', '현진영', '듀스'에서 '지누션'이나 '드렁큰 타이거', '주석' 등의 음악으로 바뀌었다.[1] 힙합 패션 때문에 내가 선배들에게 자주 들었던 말 중에 "네가 현겸이냐?"하는 소리도 있었다. 시골에서 올라온 '똘똘이 스머프'가 텔레비전을 보고 따라 했던 패션은 서태지도 지누션도 아닌, 당시 유행하던 천계영의 만화 『언플러그드 보이』의 주인공을 따라 한 '현겸이 코스프레'가 되어버렸다.

만화 속 현겸은 고등학교 1학년 나이지만 학교에 다니지 않는다. 그렇다고 열악한 환경을 사는 것도 아니다. 사이가 좋지 않은 부모 밑에서 자랐다는 것 이외에는 삶의 아픔을 경험하지 않았다. 그것은 만화

---

1 물론 노래방 대세는 이문세, 이승환, 토이의 음악이었으며 간간이 노찾사, 여행스케치, 안치환의 노래들이 선배들에 의해 불리기도 했다.

속 인물들이 공유하고 있는 바이기도 했다. 사랑의 아픔이나 그 나이 또래 아이들이 겪을 만한 고만고만한 고민을 경험하긴 해도 그것이 삶의 무게로 작용하지는 않는다. 순정만화의 틀 안에서 그들은 서로의 캐릭터를 살 뿐, 어떠한 폭력적 세계도 경험할 필요가 없는 것이다. 이는 같은 시기에 나왔던 김수용의 만화 『힙합』의 비보이들이 보여줬던 현란한 춤사위가 지닌 인정욕망과는 다른 충위로 패션이라는 힙합을 소비한 결과였던 셈이다. 그럼에도 유독 눈길을 끄는 대사가 『언플러그드 보이』에 녹아 있었다. 그것은 '난 슬플 땐 힙합을 춰.'이다. 왜, 무엇 때문에, 하필이면 슬플 때 추는 춤이 '힙합'이었을까. 이 글은 힙합에 무지한 이가 힙합 문화와 그것과 별개인 것만 같은 그러면서도 유사한 사회적 맥락을 지닌 시 문학장을 통해 '난 슬플 땐 힙합을 춰.'가 지닌 의미를 찾고자 하는 일련의 시도인지도 모른다.

Keep It Real

난 스물다섯 살에
롤스로이스를 샀지
팔목엔 7000짜리 백금 시계를 차지
그래 이건 누가 봐도
어린놈의 사치 근데 이걸 어째
100평짜리 집도 곧 사지

—도끼, 〈치키차카초코초〉 부분

지난 11월 9일에 끝난 〈쇼미더머니 트리플세븐〉의 우승자 나플라는 프로그램에 출연하게 된 이유로 두 가지를 들었다. 첫째는 돈을 벌기 위함이고, 둘째는 그가 소속된 레이블인 '메킷레인'이 힙합씬에서 밀려나고 있다는 위기감이었다. 힙합은 1970년대 가난과 폭력, 인종 차별에 시달리던 미국의 사회적 약자들 특히 흑인들이 자신의 삶을 있는 그대로 드러내고 저항 정신을 표출하기 위해 개척한 음악 장르이다.[2] 그러나 한국의 힙합은 미국과 달리 인종 차별이나 사회적 약자의 발화 양식이라기보다는 미국의 선진 음악 문화의 한 부분으로 수입되었다고 보는 것이 옳을 것이다.[3] 그런 점에서 초기의 힙합은 사회적으로 소외되고 차별받는 하층 계급의 분노와 저항 문화가 아닌 물질적 쾌락을 추구하는 트렌디한 음악으로 소비된 측면이 크다. 그러나 2000년대 이후 한국 힙합은 온라인과 언더그라운드 중심으로 사회적 소수자의 정체성을 자각하고 그것의 발화 도구인 언어에 대한 인식을 발전시켜 나갔다.

2018년 현재, 한국의 힙합씬은 어떠한가. 한국에서 힙합은 더 이상 비주류 음악이 아니다. 거대 자본이 뛰어들 만큼 힙합은 상업적으로

---

2   1967년 자메이카에서 뉴욕으로 이주한 디제이 쿨 허크(DJ Kool Herc)가 1973년 여름, 웨스턴 브롱크스의 한 파티에서 두 개의 턴테이블을 활용해 즉석에서 새로운 루프 버전을 탄생시킨 것으로 힙합은 출발했다. 이와 관련하여 1970년대 브롱크스 지역의 인종 차별과 이에 대한 저항이 어떻게 힙합 문화를 탄생시켰고 이후 힙합은 어떠한 전개 양상을 나타냈는지에 관해서 참조할 만한 글로 제프 창, 『힙합의 역사 - 멈출 수 없는 질주』(유영희 옮김, 음악세계, 2014)가 있다.

3   한국에서 최초로 힙합 랩곡으로 간주되는 곡은 1989년 발표된 홍서범의 〈김삿갓〉이라고 보는 관점이 우세하다. '랩은 리듬을 근간으로 하는 발화 양식'이라는 측면에서 홍서범의 〈김삿갓〉은 한국 최초의 랩이라고 할 수 있다. 하지만 실질적으로 한국에서 힙합의 대중화라고 할 때, 그 기원은 현진영, 서태지와 아이들, 듀스 등의 등장이라고 할 수 있을 것이다. 이와 관련한 글로는 김영대 외, 『한국힙합 - 열정의 발자취』(한울, 2008)가 있다.

유용한 산업이 되었다. 이는 다른 말로 나플라의 인터뷰에서처럼 힙합 뮤지션들이 살아남으려면 거대 자본이 만들어 놓은 장(場) 안으로 들어가야 한다는 것을 의미했다. 이런 상황에서 힙합 뮤지션이 취할 수 있는 방법은 자신의 진정성을 증명하는 일이다. 힙합 문화에서 통용되는 허슬(Hustle)은 분투하는 삶을 뜻한다. 어려운 환경에서 살아남기 위해 혹은 거기에서 벗어나기 위해 성실히 노력한 자신을 드러내는 것이 허슬인 셈이다. 이에 기반하여 힙합 뮤지션은 셀프메이드(self-made)를 강조하기도 한다. 이는 역경을 딛고 성공한 자의 외침이라고 할 수 있으며 그것의 주된 소재로 돈과 차, 여자 등이 랩 가사에 차용된다. 힙합 음악이 속된 말로 '자뻑', '잘난 체'하는 가사를 쓰는 것은 그 이유이다. 누구보다 성실하고 치열하게 노력해서 그에 걸맞은 부와 명예를 쟁취했다는 것이야말로 힙합 뮤지션에게는 자신의 음악이 진정성을 갖추고 있음을 증명하는 것이나 다름없는 셈이다. 사회적 소수자로서 소외되고 억압당한 존재의 성공 신화를 역설하는 것, 그것이 힙합 문화의 진정성을 드러내는 것이기 때문에 나플라의 저 말처럼 돈을 벌기 위해 〈쇼미더머니〉에 출연하게 되었다는 말은 비판받을 이유가 없다. 그런 점에서 힙합은 긍정적인, 희망의 음악 장르라 볼 수 있다.

앞에서 인용한 도끼의 〈치키차카초코초〉에서처럼 소외된 존재의 성공 신화라는 측면에서 힙합 뮤지션들이 발화하는 것은 그들이 이루어낸 성과에 있다. 그 과정에서 그들이 겪은 수모와 실패 역시 역경을 극복했다는 점에서 자기계발 서사가 유행하는 한국 사회에 성공의 진정성을 뒷받침해 준다.

힙합 음악에 대한 진정성을 강조하는 방식으로 자신의 노력을 강조하는 것이야말로 그들이 말하는 'Keep It Real'이다. 하지만 그것을 통해 전하고자 하는 메시지는 노력하면 성공할 수 있다는 당위론적인 소원 성취라는 점을 짚고 넘어가야 할 것이다. 그런 면에서 딥플로우의 '데드라인'은 성공에 집착하는 이들의 당위를 비판함으로써 다른 자리에 서 있는 자신을 강조하기도 한다.

지금 내 시계침은 아직도 환한 대낮
다시 뛸 수 있어 멀었지 내 마지막은
서른쯤 됐다고 어른인 척 좀 하지 말아
하긴 나이를 먹을수록 줄어든 이불 킥
날 괴롭힌 욕심들과 자만의 기름기를
쫙 빼버리고 Realize를 썼지
기획사의 손짓 모두 손사래 쳤지
어릴 적 우상들이 하나도 안 멋있어
티비를 껐지 그래 씨발 아직도 난 여깄어
내 동생들 말이 "형은 꼭 잘돼야 돼"
잘되는 게 뭔데? 지금 난 창피하니?
마지노선 발 비벼 다 지웠어
성공의 노예들이여 죽을 때까지 노 저어 가

—딥플로우, 〈데드라인〉 부분

힙합 뮤지션의 랩 가사는 시와 유사한 형태를 취한다. 언어가 빚어내는 현실의 모습을 통해 음악을 듣는 청취자 혹은 시를 읽는 독자의 마음을 움직인다. '쓸모없는 인간의 소외된 표현'의 양식이라 할 수 있는 랩은 사회 밑바닥 계층에서 사용되어온 관습적 표현들을 바탕으로 한다. 이는 시인이 자신의 주변에서 관찰한 것으로부터 창조해 낸 자신만의 언어와 다를 바 없다.[4] 하지만 랩은 본질적으로 '개인의 사적 표현'과 강력하게 연관되어 있다[5]는 점에서 시와 유사하면서도 변별점을 지닌다. 랩이 개인의 사적 표현을 통해 청자들로 하여금 뮤지션의 허슬과 셀프메이드에 동일시하도록 하는 반면 시는 세계의 소외에 동일시한 시인을 매개로 발화된다. 시가 취하는 세계에 대한 '리얼'한 재현은 발화자인 시인 개인의 진정성이 아닌 세계 그 자체에 있다.

아니면,

가장 견디기 힘든 고통이라고 쓸까
가장 헤어나기 어려운 절망이라고 쓸까
가장 참아내기 버거운 어둠이라고 쓸까
가장 감당하기 서러운 차별이라고 쓸까

아니면,

부당한 해고로부터 보호받지 못한다고 말할까
재계약을 위하여 불이익을 당한다고 말할까
—정세훈, 「비정규직 노동자」(『몸의 중심』, 삶창, 2016) 부분

---

4   애덤 브래들리, 『힙합의 시학』, 김봉현·김경주 옮김, 글항아리, 139쪽.
5   같은 책, 211쪽.

시인이 인지하는 세계의 '리얼'은 자신만의 독자적인 경험에 머물지 않는다. 조연정의 말처럼 시인이 시를 통해 제시한 세계에 대한 고민에 독자는 동참할 수 있지만 해결책을 제시해줄 수는 없다. 다만 텍스트 너머에 있는 시인의 얼굴을 상상하는 독자의 공모로 말미암아 시인들이 '시로써' 세상에 개입하는 일을 비로소 완성하게 한다는 믿음[6]을 보여줄 수 있을 뿐이다. 소외된 존재로서의 '비정규직 노동자'의 삶을 둘러싼 세계에 대해 문제제기하는 정세훈의 시는 자신의 경험에서 비롯된 것이든 그렇지 않든 세계의 한 양상을 드러냄으로써 그들의 삶이 지닌 고통을 폭로하는 역할을 수행한다. 그의 시에서 'Keep It Real'은 한 개인의 삶의 서사가 아닌 우리 모두의 서사로 세계에 개입하며 독자는 시인이 말하고자 하는 모순적 세계에 대한 비판에 공모하고 시인과 동일한 세계 속에서 그가 수행하는 일을 완성하게 한다. 시인이 바라본 세계에서는 '허슬'은 가능할 수 있을지언정 '셀프메이드'는 불가능하다. 시인의 폭로는 성공 신화가 감추고 있는 자기계발 논리를 무너뜨린다.

우리가 발 딛고 있는 세계가 너무 부정적인 것일까. 그렇기 때문에 힙합이 제시하는 희망의 가능성에 비해 시가 제시하는 희망의 불가능성이 대중에게 상대적 열위로 간주되는 것일까. 이에 대한 대답은 잠시 뒤에 하기로 하자.

I Don't Give a Fuck?

---

6   조연정, 『만짐의 시간』, 문학동네, 2013, 182쪽.

힙합이든 시든 예술은 자유로움에 그 기반을 둔다. 무엇에도 얽매이지 않기 때문에 '나 자신'에 집중할 수 있고 이를 바탕으로 타자를 성찰할 수 있게 한다.

힙합 뮤지션의 거침없는 언사는 '나 자신'에 대한 자긍심에서 비롯된다. 자기감정에 충실하고 싫으면 싫다고 솔직하게 말하며 타인을 의식하지 않는다. 순한 말로 번역하면 "신경 안 써, 될 대로 되라지!" 정도가 되는 힙합의 'I Don't Give a Fuck' 태도는 "우리가 지금껏 '의심의 여지없이 지켜야 한다고 생각해온' 많은 것을 되돌아보게 한다. 그리고 어쩌면 이것은 환경과 관계에 의해 필요 이상으로 부당하게 억눌려 있던 각자의 자아를 원상태로 복귀시키는 작업"[7]인지도 모른다. 자유로운 주체의 정립이라는 측면에서 'I Don't Give a Fuck'은 자기를 계발해야 성공할 수 있다는 사회적 요구에 대한 저항이라는 긍정성을 띤다.

그러나 "각자의 자아를 원상태로 복귀시키는 작업"이 또 다른 타자를 소외시키는 지점은 문제이다. 내 멋대로 행동하는 것이 강한 남성성을 드러내는 방식으로 수행되는 것은 힙합의 두드러진 점이다. 이때 타인과의 관계는 삭제된다. 대다수는 소유할 수 없는 돈과 명예를 과시하고 그것을 바탕으로 동성애자와 여성을 혐오하는 방식으로 남성 주체를 정립함으로써 그들이 이야기하는 'I Don't Give a Fuck'은 부조리한 사회를 내면화한 채 타자를 재생산[8]하게 된다. 사회에서 억압받고

---

7 김봉현, 『힙합 ─블랙은 어떻게 세계를 점령했는가』, 글항아리, 2014, 196쪽.

8 힙합 문화 전반에 나타나는 남성 우월적인 면모는 '콤플렉스의 반영'이라는 해석이 있다. 오랜 세월 사회 구조적인 이유로 가장이나 남성으로서의 구실을 제대로 해오지 못한 것을 음악을 통해 일정 부분 표출하는 것이라는 주장이다. 같은 책, 214~215쪽.

타자화된 존재가 현실에 저항한다는 이유로 또 다른 타자를 억압하고 착취하는 셈이다. 타인의 시선을 신경 쓰지 않는 나의 자율성을 드러내기 위해 타인을 대상화하고 타자의 자율성을 부인함으로써 역설적으로 누구도 자유롭지 않은 상태에 놓이게 된다.

결핍을 결핍으로 받아들이는 것은 어렵다. 그렇기 때문에 자신에게 없는 것을 인정하고 타인과의 관계를 통해 결핍을 수용하는 것은 어렵지만 'I Don't Give a Fuck'의 역설을 넘어 '우리'의 연대를 꿈꿀 수 있게 한다. '너'와 '나'의 구분이 아닌 이를 '우리'로 사유하는 것이야말로 단순히 타인을 향한 'I Don't Give a Fuck'의 외침이 아닌 억압적 세계에 대한 외침이 된다. 그런 점에서 이혜미의 시 「스프링클러」는 위에서 이야기한 힙합 문화의 관계 부재에 대한 일종의 문제 제기일 수도 있겠다.

멍든 자리를 들여다보면 몸의 내부로부터 캄캄한 조명이 비치는 것 같다. 달아나는 죄수를 겨누듯 부딪힌 자리마다 뒤늦게 어두워지고

정원이 깊어진다

(……)

식물이 흙의 신발을 벗는다면 제일 먼저 이 물의 폭력으로부터 도망치겠지. 비를 만드는 우산 속 동그랗게 모여드는 그늘 깊은 우울을.

각주가 많은 몸은 슬프지.

죽으면 생전의 멍들이 피부 위로 떠오른다는 이야기처럼.

—이혜미, 「스프링클러」(『뜻밖의 바닐라』, 문학과지성사, 2016) 부분

빛을 튕겨냄으로써 얻어지는 색이란 그 자체로 아름다울 수 있지만, 그것은 강압적인 관계를 강요하는 일상적 폭력의 형식일 수도 있다. 포용으로 감각되는 물의 속성도 스프링클러에 의해 마구 뿌려진다면 그 역시 연약한 타자에게는 폭력이 된다. 일방적인 관계는 폭력에 다름 아니다. '너'를 향한 '나'의 시선은 자신에게는 빛이 될 수 있지만 타자에게는 '멍'으로 발산되는 색을 만들 수 있다. 설명되어야만 하는 '각주'를 지닌 채 관계 맺어야 하는 존재는 슬프다. 도망치고 싶어도 그럴 수 없는 상황에 놓인 '너'는 "달아나는 죄수"가 되어 "몸의 내부로부터 캄캄한 조명"을 받고 어두워진다. 일상적 폭력에 시달리는 위태롭고 연약한 약자로서의 여성의 그림자가 짙게 드러난다. 천천히 스며드는 관계, '나'의 색을 '너'와 공유하는 애정으로 가득한 관계는 색의 강요로 인한 폭력으로 탈바꿈한다. 이때의 물은 생명의 근원이 아닌 죽음의 상징으로 읽힌다. 생명과 죽음이라는 양가적 속성을 가진 물을 어찌해야만 하는가. 물이 존재하지 않으면 식물은 살 수가 없다. '우리'를 욕망하는 매혹의 메커니즘은 "정원이 온통 푸른 멍으로 뒤덮일 때까지" 돌아가는 '스프링클러'를 감당하도록 한다. 물속에서 천천히 자신을 물들게 하여 불완전하게나마 결핍을 메우려는 시도는 그것을 가능하게 하면서도 거부하는 물의 양가적 속성으로 말미암아 위태롭기만 하다. 타인과의 관계를 고려하지 않고 수행되는 '나 자신'의 발화는 누군가의 소외로

이어질 위험이 다분하다.

물론 이를 근거로 힙합 문화 전체를 비난하거나 그것에 분노할 수는 없다. 타자를 대상화함으로써 스스로를 주체로 인식하고자 하는 욕망은 불가능할지언정 지속적으로 추구되었던 것이 사실이기 때문이다. 그럼에도 불구하고 그것이 개인의 진정성을 담보하는 기제로 작동하는 것은 문제 삼아야 하지 않을까. 종로에서 뺨 맞고 한강에서 눈 흘긴다고 가볍게 흘려버릴 수 없는 이유는 그것이 한 개인의 문제라기보다는 존재와 존재의 관계를 붕괴시키고 문제의 원인을 전가하는 무책임한 행위가 될 수 있기 때문이다.

내 손은 두 개뿐인데
잡아야 할 손은 여러 개다.
애써 친절을 베풀면서
쉬운 사람은 아니라고 강조하는 사람처럼
내가 잡아야 할 손들은 뚱한 표정을 하고 있다.

너무 빨리 돌아가는 회전문 안에서
우리의 스텝은 배배 꼬이고 뒤엉킨다.
회전과 와류를 빠져나가지 못해
우리는 빨래처럼 잔뜩 뒤엉키며 물이 빠진다.
아무나 막 목을 조르고 싶다.

남을 웃길 수 있는 능력을
남에게 웃음거리가 됐다로 번역하면서

우리는 자존심이 상한다.
슬픔을 팔고 있다는 수치의 감정이
우리를 화나게 한다.

손안에 쥐고 있는 얼음처럼
차가움에서 시작해 뜨거움으로 가는 악수.
내 손은 두 개뿐이지만
여러 개의 손을 잡고 있다.
                        ─이현승, 「저글링」(『생활이라는 생각』, 창비, 2015) 전문

　　두 손을 모아 꼭 쥐고 이야기를 해보자. 앞으로 내놓을 손은 언제나 부족하다. 내게 향하는 손들이 언제나 더 많기 때문이다. 손은 손일뿐이면서도 자기가 주인 행세를 하려 든다. 마치 자신이 은혜를 베풀어 주는 것인 양 손을 내민다, 무조건 잡아야만 한다고 강요하면서. 그로 인한 피해는 고스란히 손을 잡힌 '나'에게로 오며 '나'는 "저글링" 당한다.
　　예술은 정치적이어야 한다. 이 말은 현실 정치의 차원에서 예술이 정치적 발언이나 목소리를 내야 한다는 것이 아니다. 예술은 각 장르 안에서 새로운 담론의 체계를 형성하여 기존 담론이나 이데올로기의 당위에 문제 제기하는 방식으로 언제나 정치적이었다. 다르게 바라보게 하는 것, 행간의 비어있음을 통해 어떤 가능성을 직시하게 하는 것이야말로 예술이, 특히 시가 갖는 정치함이다. '나'의 손은 '너'의 손과 마주해야 한다. 어떠한 경우라도 '너'의 손을 외면할 수 없다. 다만 손과 손의 마주 잡음 속에서 비롯된 현상의 간극을 통해 그것이 연대의 가

능성인지 아니면 착취의 불합리성인지를 그려내야 한다. 어쩌면 그 모든 것이 함께인지도 모른다. 이현승이 말하는 '저글링'은 '너'의 손을 '우리'의 "뜨거움으로 가는 악수"로 끌어들인다. 그 과정은 위험하고 위태롭다. 그럼에도 잡아야만 하는 것이며, 그럼으로써 새로운 가능성을 제안할 수 있는 것이다.

예술의 자유로움, 부조리한 세계를 신경 쓰지 않음으로써 저항하는 강한 의지는 '나 자신'의 진정성이 아니라 '나'와 '너'가 '우리'로 손을 맞잡은 관계 속에서 이루어져야 한다. 하지만 이것은 낭만적 환상일지도 모르겠다. 우리가 맺은 관계가 처한 상황이 녹록지 않기 때문이다.

너와 나의 연결고리 이건 우리 안의 소리[9]

예술이란 작품이나 공연을 통해 의지를 객관화하는 일이자, 의지를 불러일으키거나 일깨우는 일이다. 예술가의 관점에서 보면 의지를 객관화하는 것이요, 향수자의 관점에서 보자면 의지를 상상력의 장식으로 창조하는 것이다.[10]

수전 손택의 말에 따르면 예술이란 그것을 창작하는 예술가의 의지와 향유하는 향수자의 의지가 어떠한 방식으로든 교류함으로써 의미를 도출하는 것이다. 힙합이든 시든 그것은 예술이라는 동일한 맥락에서 어느 한쪽의 우위를 말할 종류의 것이 아니다. 힙합이 창조하는 희

---

9   일리네어 레코드, 〈연결고리〉 중에서.
10   수전 손택, 『해석에 반대한다』, 이민아 옮김, 이후, 2002, 40쪽.

망의 환상이나 시가 이끌어내는 세계의 참혹은 그것을 수행하는 예술가 입장에서는 자신의 의지를 객관적으로 보여주려는 것이자 향수자의 입장에서는 상상력을 바탕으로 자신이 발 딛고 있는 세계에 의미를 창조하는 것이다. 하지만 예술가가 향수자에게 다가갈 수 있는 상황 자체가 녹록지 않은 것이 현실이다. 두 가지 형태의 서로 다른 예술 장르는 유사한 위기에 처해 있다. 다시 나플라의 말을 통해보자.

나플라는 앞에서 말한 바와 같이 〈쇼미더머니〉에 출연하게 된 이유로 돈과 '메킷레인'의 위기감을 들었다. 이는 2018년 현재의 불편한 사회적 상황을 반영한다. 억압받고 차별받는 흑인의 발화 양식으로써 힙합의 정체성은 주체가 되지 못하는 타자의 자기반영성을 내포한다. 한국에 수입된 힙합이 세련된 선진 문화로서의 음악 장르였다고 하더라도 작금의 사회적 상황은 뮤지션들로 하여금 한국 사회에서 스스로를 타자로 자리매김하도록 강제한다. 억압과 차별을 극복하고 부와 명예를 쟁취하기 위해서 그들은 어쩔 수 없이 거대 자본이 만들어 놓은 무대 위로 올라가야만 하는 것이다. 이에 저항하는 뮤지션도 있지만 메인스트림에 속하지 못한 채 언더그라운드에서만 자신의 음악을 한다는 것은 미디어 중심으로 판이 짜인 요즘 상황에서 자신의 존립 근거이기도 한 향수자를 만나지 못할 위험을 감수해야만 한다. CJ라는 거대 자본이 만들어 놓은 '쇼미더머니'라는 장에 기입되지 못하면 자신의 음악을 선보일 기회조차 박탈당할 위기에 봉착하게 되는 상황인 셈이다. 그로 인해 뮤지션은 자신의 의지와는 상관없이 강제된 음악장으로 들어가야 하고 주체는 대타자의 욕망에 기입되기를 희망하는 타자의 자리를 기꺼이 수용하게 된다.

시인을 둘러싼 문학장 역시 마찬가지이다. 억압받고 소외된 타자의 목소리를 대리하고 세계의 부조리를 폭로하는 시인 역시 작품의 내용과는 상관없이 독자와 만나기 위해서 문학장의 요구에 응답해야만 하는 처지가 되었다.

시는 소설이나 여타의 장르와 달리 현대 사회에서 독자의 소구가 상대적으로 적다. 미디어의 영향으로 시집 판매가 늘기도 했지만 수혜를 받은 시인은 제한적이다.[11] 그것은 어떤 점에서 '한국어 문학 시장으로서의 한국 문학장'이라는 문학 시장의 규모가 지닌 한계[12] 때문인지도 모른다. 그나마도 몇 개의 대형 문학 출판사가 한국 문학 시장을 점유할 수 있을 정도이다. 음악 시장이나 여타 다른 시장과 마찬가지로 거대 자본의 상업적 독과점은 비록 그것이 환상이나 다름없을 정도로 작은 규모일지라도 공고한 카르텔을 형성한 상태이며 그 안에서 시인은 독자와 소통하기 위해서라도 스스로를 출판 시장의 욕망에 부응하는 타자로 재설정해야 한다.

대타자가 요구하는 제도를 수용하고 기꺼이 그 자리에 서야만 하는 현실에서 시인은 힙합에서 말하는 스웨거(Swagger), 일명 '스웩'을 표현

---

11 2016년에 한국시 판매량은 전년 대비 505.7% 증가했다. 하지만 이러한 판매량 증가는 영화 〈동주〉의 개봉으로 인해 윤동주 시인의 복간 초판본이 독자들의 관심을 사로잡으면서 김소월, 백석 등의 시인들의 초판본 시집과 하상욱 등의 일명 SNS시가 하나의 트렌드로 자리 잡으면서 나타난 현상이다. 「"한국문학 부활의 해"…한국시집 판매량 505% 늘어」, 〈연합뉴스〉, 2016.12.13. 최근에는 미디어에 노출된 시집이 SNS를 통해 회자되면서 판매량이 증가한 경우도 있다. 「출판시장에 새바람 '미디어셀러' 아시나요」, 〈연합뉴스〉, 2018.7.5.
12 이광호, 「문학 장치의 경계에서」, 『문학과지성사』, 2015년 겨울호, 402쪽.

하기가 요원하다. 힙합 뮤지션들이 외적 표현으로 자신의 성취를 외치는 스웩은 어느 정도 허세를 배면에 깔고 있지만 그들의 실제 삶이 이룩한 결과를 바탕으로 한다. 자신이 이뤄낸 성취를 스스로 드러내는 방식의 스웩. 그것은 일종의 자긍심의 발로라고 할 수 있겠다. 일반적으로 사회적 관계가 요구하는 '겸손'이라는 가치와 충돌하는 개념이겠지만 그것 역시 삶의 진정성을 드러낸다는 측면에서 문제될 것은 없다. 〈쇼미더머니〉가 출현하기 이전부터 그것은 하나의 문화로 소비되며 주체의 자긍심으로 수행되었다. 하지만 여전히 그러한가. 이에 대한 나의 대답은 부정적일 수밖에 없다.

최근 시 문학장에서는 거대 출판자본에 저항하여 스스로의 목소리를 내기 위한 일련의 시도들이 있다. 크라우드 펀딩을 통한 문예지의 발간이나, '파란', '걷는사람', '아침달', '모든시' 등 시인이 중심이 된 시집 출판이나 기존 시 전문 출판사의 리뉴얼 시집 출간 및 독립출판 등이 그것이다. 아직 찻잔 속의 태풍처럼 고요한 움직임이기에 뚜렷한 성과를 내고 있다고 하기에는 미흡하지만, 타자로 강제되지 않기 위한 세계에 대한 주체의 응전이라고 할 수 있을 것이다. 아이러니하게도 이러한 응전이 지속될수록 시장은 풍성해지고 그것을 수행하는 존재의 진정성이 확보된다. 예술적 주체가 시장이 요구하는 바에 저항함으로써 얻게 되는 진정성은 예술이 지니고 있다고 생각되는 당위성과 결합함으로써 예술적 자긍심 즉 스웩을 표출할 수 있는 기반을 마련한다.

하지만 신자유주의적 생산 전략으로서 진정성은 상품화할 수 있는 차이들을 산출한다. 이를 통해 진정성은 자신을 물질화하는 상품들의 다양성을 증가시킨다. 진정성의 명령은 자율적인 주권자로서의 개인을 형성하지 않으며 오히려 상업에 의해 완전히 장악되어 소비하는 개인으로 자신의 진정성을 표현할 뿐이다.[13] 진정성이 갖는 다양성은 단독성의 아토포스(atopos)를 불가능하게 한다. 거대 자본은 헤테로토포스(heterotopos)적인 차이를 위해 소비되지 않는 아토포스를 제거하여 시스템에 대한 부정을 불가능하게 하고 자신이 요구하는 바를 강제한다. 그리고 이 강제의 규정을 고스란히 받아들임으로써 주체여야 하는 존재는 타자가 된다.

예술은 가난해야 하고 사회의 요구에 저항해야 한다는 당위는 그것을 수행하는 예술가의 삶을 인질로 잡고 있다. 시인의 아토포스는 제거되고 유사한 타자들 중 하나가 된다. 이런 상황에서 시인의 스웩이란 문학상을 받거나 다른 시인의 인정이 아니라면 자기만족 그 이상도 그 이하도 아니다. 그런 이유로 거대 자본의 요구를 거부한 채 수행되는 독자 대중과의 연결고리를 확보하는 일은 생각보다 쉽지 않다. 결국 '너와 나의 연결고리 이건 우리 안의 소리'라기보다는 '너와 나의 연결고리'를 마련하기 위해 '우리 안의 소리'를 유보할 수밖에 없는 상황에 처한 것인지도 모르겠다.

Drop the beat!

위기감이 들 수밖에 없다. 타자의 목소리를 대리하고 부조리하고 억

---

1 3   한병철, 『타자의 추방』, 이재영 옮김, 문학과지성사, 2017년, 37쪽.

압적인 사회적 현실을 폭로하는(또는 할 것으로 기대되는) 시의 주체성이 그것을 수행하고 교류할 장을 신자유주의적 생산 전략으로 말미암아 잃게 되고 스스로를 타자화해야 하는 상황에 놓인 것이다. 이를 내면화한 오늘, 대다수 사람의 꿈이 '건물주'가 되어버린 현실[14]은 신자유주의 시대, 거대 자본의 폭력적 강제가 사회 전반에 걸쳐 작동하고 있는 시대에서 어쩌면 가장 합리적인 삶의 방식으로 추앙받고 있는 것인지도 모르겠다. 이 상황에서 리스펙트(Respect)할 수 있는 것이라고는 부와 명예이거나 그것을 가능케 한 자기계발 서사를 지닌 존재일 뿐이다. 타자가 되지 않기 위해 타자가 된, 사회가 요구하는 방식으로 기입된 존재, 속된 말로 '인싸'가 된 존재들이야말로 '진정성'을 갖춘 주체라는 호칭을 붙여줄 수 있을지도 모른다는 말이다. 그러나 사회적 욕망의 대리전으로서의 차이를 생산하는 '진정성'은 자기만족을 줄 수 있을지언정 그 자신에게 주체의 자리를 확보하게 하진 않는다. 남과 다른 나는 남보다 높은 지위를 요구하며 시대의 욕망을 좇을 뿐이다. 그들은 소외된 남을 돌아보지 않는다. 이를 우리는 리스펙트할 수 있을까.

> 언젠가
> 한닢의 십 원짜리를 위해 잠시 걸음을 멈출 사람
> 허름한 전구를 만지작거리는 것처럼 조심스레 눈동자를 밝혀 들고
> 값싼 화장이 뭉개진 작고 동그란 얼굴을 넌지시 들여다볼 사람
>
> 그 사람을 사랑하게 되겠지 나는

---

14 「성인남녀 3명중 1명 "내 꿈은 건물주"」, 〈파이낸셜뉴스〉, 2018.10.8.

(⋯⋯)

기다릴 수밖에 없겠지 기다림이 기다림의 잃어버린 모양을 문득 알
아볼 때까지

별수 없으니까, 바닥이란
원래 그런 거니까
　　　　─박소란,「참 따뜻한 주머니」(『심장에 가까운 말』, 창비, 2015) 부분

　얼마 되지 않아 땅에 떨어져도 줍는 수고를 하지 않게 된 돈, 십 원.
가치를 상실한 채 바닥에 놓여 있는 "십 원짜리를 위해 잠시 걸음을 멈
출" 수 있는 사람이야말로 우리가 리스펙트할 수 있는, 존중하고 존중
받을 수 있는 존재이다. 소외된 타자들에게 "조심스레 눈동자를 밝혀
들"어주는 존재야말로 사회가 욕망하는 자리에 기입됨으로써 '나'의
성공을 과시하며 타자를 재생산하는 구조에서 벗어나 '나'와 소외된
'너'를 '우리'로 옮겨 그 가치를 공유하는 주체라고 할 수 있다. 힙합이든
시든 예술이 지닌 사회적 책무란 그러한 노력을 통해 나와 타인을, 주
체와 타자와의 관계를 끊임없이 의식하며 부조리한 사회적 구조를 폭
로하고 소외된 존재의 곁을 지켜내려는 데 있다.
　거대 자본이, 부조리한 사회가 욕망하는 자리에 올라가 군림하는
것은 한편으로 타자에 대한 윤리적 자의식을 상실한 채 세계의 불가해
성으로 말미암아 형성된 참혹을 더욱 공고하게 세습하는 일일 뿐이다.

시인은 그런 세계의 주변을 맴도는 타자를 향해 작은 빛이나마 조심스레 밝혀주는 곁의 존재가 되어야 한다. 힙합 뮤지션을 '거리의 시인'이라고 말하는 것 역시 그들이 노래하는 가사가 펀치라인을 통한 언어적 유희와 강렬한 자기주장에 있는 것이 아니라 소외되고 억압된 존재였던 그들이 마이크를 통해 스스로를 드러냄으로써 자신과 동일하거나 유사한 이들을 대리했기 때문이다. 그럴 때 우리는 시인과 힙합 뮤지션을 리스펙트하고 그들의 목소리에 귀를 기울일 수 있게 된다.

비록 만화가 힙합을 가볍게 해석하고 소비한 측면이 있겠지만 '난 슬플 땐 힙합을 춰.'라는 현겸의 말은 소외된 존재의 타자성에 기반하고 있다. 그것의 함의를 우리는 이미 경험으로 알고 있다. 세상은 성공한 1%가 이끄는 것이 아니라 그것을 뒷받침했던 99%의 노력으로 이루어졌다는 것을. 그렇기 때문에 우리는 조금 더 분투해야 한다는 것을. 우리를 착취하고 타자의 자리를 강제하려는 저 시스템으로부터 탈주하여 소외된 존재의 목소리에 귀 기울이고 응답해야 한다. 저 공고한 대타자의 욕망을 뒤집어엎기 위해서라도 우리는 '우리'라는 길을 가야만 하는 것이다. Drop the beat!

> 생존경쟁 죽기 바로 직전인 지친 너의 투쟁
> 신의 기적적인 은총의 총알마저도 너를 피해버린
> 운명의 장난에 살아남아서 분투 고투
> 포기 않는 너의 큰 포부는
> 어리석은 만큼 아름다운 너의 전부
> 인간의 전부 나의 영감의 원천 선천적인 내 MIC skill은 겨우

Two percent 소외된 모두의 아픔은 나머지
Ninety eight 살며시 감기는 내 눈에
낮이 밤이 돼 날 비웃던 그들의 미소는
내 먹잇감이 돼 복수는 나의 것 모든 게 My way
　　　　—드렁큰 타이거, 〈소외된 모두, 왼발을 한 보 앞으로!〉부분

강제된 경계로부터 탈주를 소망하다
―2020년 신춘문예 당선 시 단상

1.

매해 첫째 주는 신춘문예 당선작을 읽으며 보낸다. 십수 년을 반복해 오다 보니 삶의 패턴으로 정착되었다. '문단'을 둘러싼 특정 집단의 문화라고 말할 수도 있겠지만, 신춘문예 공모는 ― 일종의 선택과 배제라는 경계가 축제의 형태로 ― 모든 독자에게 열린 문화의 장인 것처럼 보인다. 필자에게 연말은 신춘문예에 투고한 글에 대한 응답을 기다리며 마무리하는 기대와 절망의 시간이었고 응답을 받은 작품들을 읽어야만 했던 연초는 시기와 질투, 비하와 자괴의 시간이었다. 필자뿐만 아니라 많은 이들에게 신춘문예 시즌은 이른바 '문청'에서 '작가'로 호명되어 인정받느냐 다음 해로 지난한 과정을 반복해야 하느냐가 결정되는 아주 중요한 시기이다.

몇 해 전, '작가에 대한 인정 형식으로서의 등단과 청탁제도'를 요청받아 쓴 「상상된 믿음에서 탈영토화하기」(『내일을 여는 작가』73호, 2018)라는 등단과 청탁제도에 대한 비판에서도 고백했다시피 필자 역시 오랜 시간 투고의 기대와 호명되지 못한 좌절의 시간을 보냈다. 어찌하여 겨우 호명되었으나, 신춘문예는 문예지와 달리 문단에 안착하기까지 지난한 과정을 요구하고 있음을 경험을 통해 깨닫기도 했다. 신인 작가의 등용문으로서 역사적 기능을 수행해 오는 한편에서 일정한 경향의 작품들만 선발되고 기존의 문학관만을 답습한다고 비판을 받기도 하지만 신춘문예는 문학장에 기입되고자 하는 '문청'들이 '작가'로서 자신의 고유한 차이를 인정받고자 수행한 노력들이 결실을 맺는 자리이기도 하다. 한 해 100여 개의 공모전에 관한 이야기와 이미 고착화된 영토를 바꾸기 위한 지속적인 논의의 필요성은 다른 곳에서 이야기했으니 여기에서 반복할 이유는 없겠다. 여기서는 신춘문예 당선작을 읽어보고자 한다. 여러 신문사의 당선작 중 필자가 주목한 작품은 세편이다.

2.

조지 오웰은 「나는 왜 쓰는가」(『나는 왜 쓰는가』, 이한중 옮김, 한겨레출판사, 2010)라는 글에서 자신의 출발점은 불의를 감지하는 데서부터이며 자신이 쓰는 건 폭로하고 싶은 어떤 거짓이나 주목을 끌어내고 싶은 어떤 사실이 있기 때문이라 하였다. 단적으로 말해 정치적인 글쓰기를 시도한다는 것이다. 물론 여기에는 미학적, 지적 진정성을 유지해야 한다는 조건이 따른다. 그에 따르면 작가란 자신의 미학적 열정을 바탕으로 한 글을 통해 정치적 입장을 적극적으로 발화하는 존재가 되는 셈이다. 이번 신춘문예 당선자 중 두 명의 시인도 자신의 목소리를 적극 개진하고 이를 행동으로 보여주었다. 1월 3일자 경향신문 기사에 따르면, 서울신문 신춘문예 시 부문 당선자 이원석 시인과 한국

일보 신춘문예 시 부문 당선자 차도하 시인은 트위터를 통해 『2020년 신춘문예 당선시집』에 원고를 싣지 않을 것이라고 하였다. 그 이유는 신춘문예 당선시집을 출판한 출판사의 이사 중 한 명이 #문단_내_성폭력 가해자로 지목되었으며 2017년 강제추행죄로 유죄를 선고받았기 때문이었다. 이들의 게재 거부는 – 지난해 경향신문 신춘문예 시 부문 당선자 성다영 시인의 행동에 이어 – 부조리한 상황에 대한 자신의 정치적 입장을 적극적으로 드러내며 저항한 정치적, 윤리적 결단이라고 할 수 있겠다. 그 중 차도하 시인의 당선작은 시인의 입장을 보다 뚜렷하게 제시하고 있는 시라 주목된다. 읽어보자.

몸에 든 멍을 신앙으로 설명하기 위해 신은 내 손을 잡고 강변을 걸었다 내가 물비린내를 싫어하는 줄도 모르고

빛과 함께 내려올 천사에 대해, 천사가 지을 미소에 대해 신이 너무 상세히 설명해주었으므로 나는 그것을 이미 본 것 같았다
반대편에서 연인들이 손을 잡고 걸어왔다

저를 저렇게 사랑하세요? 내가 묻자
신은, 자신은 모든 만물을 사랑한다고 말했다
저만 사랑하는 거 아니시잖아요 아닌데 왜 이러세요 내가 소리치자

저분들 싸우나봐, 지나쳤던 연인들이 소곤거렸다

신은 침착하게 사랑에 대해 이야기하고 나는 신의 얼굴을 바라보지

않고 강을 보고 걷는다

　　강에 어둠이 내려앉는 것을, 강이 무거운 천처럼 바뀌는 것을 본다

　　그것을 두르고 맞으면 아프지만 멍들지는 않는다

　　신의 목소리가 멎었다 원래 없었던 것처럼
　　연인들의 걸음이 멀어지자 그는 손을 빼내어 나를 세게 때린다
　　ㅡ차도하, 「침착하게 사랑하기」(2020년 한국일보 신춘문예 당선작)

　이 시에 대한 심사평에서 서효인 시인은 "다소 작은 세계를 말하려
는 듯한 제목과는 달리 쉬이 접근하기 어려운 주제를 다루는 용기가
돋보였다"고 하였다. 젠더폭력을 다루는 이 시가 보여주는 용기는 최근
의 문학적 경향과 흐름을 같이 한다. '나'에게 폭력을 행사하는 존재는
'신'이다. '신'은ㅡ명명에서부터 이미 위계적 관계가 설정되어 어느 정도
규범적 관념이 전제되어 있기는 하지만ㅡ시적 주체인 '나'를 타자의 자
리에 옮겨놓는 강력한 힘을 지닌 폭력적 존재를 체현하고 있다. '나'와
'신'의 관계는 불안정하다. 이를 단순히 폭력에 의한 억압적 관계의 양
상으로만 설명하기에는 무리가 따른다. 신은 "내가 물비린내를 싫어하
는 줄도 모르고" 강변으로 '나'를 이끈다. 그곳에서 신은 "몸에 든 멍"에
대해 "신앙으로 설명하"려 든다. 하지만 아무리 신이 "침착하게 사랑에
대해 이야기"하여도 그것은 자신의 사랑을 '나'에게 강제하는 또 다른
폭력의 양태일 뿐이다. 자신에 대한 '신앙'은 절대적이어야 한다. 다른
연인의 경우와 비교해 사랑에 대해 묻는 '나'의 질문은 자신에 대한 '절

대적 신앙'을 의심하고 존재를 교란하는 저항이라서 '신'은 이를 차단하기 위해 또다시 폭력을 행사한다.

'나'는 '신'에게 종속되어 있으며 폭력을 당하면서도 사랑을 묻는다. 자신의 존재 의의를 신의 사랑으로부터 찾고자 한다. 그러나 '나'의 질문은 아이러니하다. 신의 사랑이 자신에게만 향한다면 괜찮은 것인가. 사랑은 신의 폭력을 정당화하는가. 폭력의 구조와 위계적 관계를 체화한 존재는 그것으로부터 벗어날 방법이 없는 것인가. 어떤 면에서 '나'가 사랑을 묻는 행위는 어떻게든 자신의 존재 의의를 밝혀 '나'와 '신'의 위계적 관계를 전복시키려는 전략으로도 읽힌다. '나'를 증명하는 존재는 신이 아니라 '나' 자신이라는 것, 내가 여기에 있어야 할 당위를 스스로에게 부여하는 것, 사소한 질문일지라도 이는 잘못된 관계를 허무는 전진기지가 된다. 부조리한 관계를 유지할 이유에 대해 자신이 대답하지 못할 때, 비로소 '나'는 그 관계를 허물 수 있게 될 것이다. 허나 '나'가 존중받는 삶은 개별적 존재의 노력으로 성취되기는 어렵다. 그러니 부조리한 관계를 폭로함으로써 이를 공론화하여 인식을 재고하도록 이끄는 수밖에 없다. 타인이 없는 곳에서 반복적으로 수행되는 폭력을 폭로해야 하는 이유가 여기에 있다. 물론 그 경계를 넘어서기는 쉽지가 않다. 자신을 "침착하게 사랑하기" 위해서 '나'는 무엇을 해야만 하는 것일까.

3.

어쩌면 그것은 일상을 지키는 일에서부터 출발하는 것인지도 모르겠다. 세계의 문제로부터 벗어나 개인의 서정에 침잠하는 것으로 볼 수도 있겠지만 개인의 일상을 재정립하는 것은 폭력적 세계가 강제하는 규범을 체화하는 것으로 치부할 수만은 없다. 그것은 주체를 소외시키고 배제시켜 타자화하려는 일체의 강제로부터 벗어나는 일이다. 동아일보 신춘문예 당선작인 김동균 시인의 시를 보자.

창가에 앉아 우유를 따르고 있었다. 당신은 조용히 그것을 따르고 부드러운 빛이 쏟아졌다. 둘러맨 앞치마가 하얗고 당신의 얼굴이 희고 빛이 나는 곳은 밝고 빛이 없는 곳에서도 우유를 따르고

우연한 기회에 인사를 건네고 거기에서 우유를 따르고 다음 날에도 성실하게 우유를 따르는 그런 사람에 매일 우유를 따르는 게 지겹진 않나요, 그곳은 고요하고 그곳에서 당신을 계속 지켜보기도 하고

어떤 날엔 TV를 켰는데 우유를 따르는 당신이 출연한다. 책에서도 우유를 따르는 당신이 등장한다. 당신이 앉아 있는 지면에 부드러운 빛이 쏟아지고 서가가 빛나고 읽던 것을 덮어도 빛나는 창가에서 우유를 따르던 당신이

우유를 따르고 있었다. 여기서 우유를 마시는 사람도 없잖아요, 그런데도 차분하게 우유를 따르고 열 번을 쳐다보면 열 잔이 되는 우유가 있다. 실내는 눈부시고 새하얗게 차오르는 잔이 가득해지고

그런데 누가 우유를 옮겨요, 지켜봐도 우유를 옮기는 사람이 없는데

우유를 가져다준 적이 없는데, 당신도 환하고 실내도 환하고 당신이 우유를 계속 따라서 그런 거잖아요. 문밖에서 발목이 젖고 우유가 넘치고

우유가 흐르는 골목이 차갑고 당신은 계속 따를 수 있겠어요, 당신의 손이 새것처럼 빛나고 있었다.

　　　　—김동균, 「우유를 따르는 사람」(2020년 동아일보 신춘문예 당선작)

우유를 따르는 사람이 있다. 그는 어디에나 있다. 창가에도 있고 TV나 책에서도 '당신'은 존재한다. 그곳에서 "성실하게" 우유를 따르고 있다. 우유를 따르는 일이 '당신'이 해야 하는 일이라면, 참으로 "성실하게" 일을 수행하는 것이겠다. 그러나 시인은 "우유를 따르는"이라는 구절을 끊임없이 반복함으로써 '당신'의 행위를 확장시킨다. 심사평에서 말하듯 시인은 "가상과 가정의 세계를 덧붙여 무늬를 짜" "삶에 대한 일반적 인식을 흔"든다. "우유를 따르는" 삶은 일상의 알레고리로 읽힌다. 정태화된 일상이지만, 그러한 일상의 반복은 항상성을 지닌 채 주체를 주체로 자리매김하게 한다. 세계로부터 강제된 것일지라도 반복을 수행함으로써 주체는 다층적인 층위에 존재하게 된다. 그곳에서 단일한 일을 한다고 단순하게 말할 수 없는 이유는 우유를 따르는 행위가 "우유를 마시는 사람도 없"는 곳에서 수행되는 것이기 때문이다. 특정한 대상을 목적으로 하지 않는, 행위 자체가 목적인 수행성은 자신의 존재 이유를 외부가 아닌 내부에서 모색하고자 하는 의지에 가깝다. 실제로 이루어지는 것이 아닌 '가상과 가정'의 세계일지언정 무엇으로부터도 간섭받지 않음으로써 일상을 수행하는 반복은 이를 통해

주체를 재정립하려는 의지에 대한 절대적이고 단호한 시인의 태도를
엿볼 수 있게 한다.

그럼으로써 주체는 다층적 층위에서 사유될 수 있다. 범박한 곳에
서부터 숭고한 곳까지. 실내에서 비롯된 '당신'의 행위로 말미암아 "당
신도 환하고 실내도 환하고" 나아가 "문밖에서 발목이 젖고 우유가 넘"
친다. "부드러운 빛이 쏟아"진다. 제한된 존재로 머무는 것이 아니라 경
계를 넘어 외부로 뻗어나가는 존재가 된다. 그것이 반드시 좋거나 옳은
일이 되는 것은 아니다. 어쩌면 경계 위에서 위태롭게 존재하는 주체의
불안정함을 은폐하기 위한 전략일 수도 있다. 우유를 따르는 일을 시인
의 시 쓰기에 빗대어 읽어보고 싶은 이유도 여기에 있다. 신춘문예라
는 인정 절차와 무관하게 지속적으로 시를 씀으로써 시적 주체로서의
자기 증명을 수행하고자 하는 고단함이 읽힌다고 하면 과장일까. 범속
과 숭고의 경계는 쓰는 존재의 일상을 위태롭게 붙잡는 일에서부터 돌
파해 나갈 수 있는 어떤 지점처럼도 보인다. 그러나 그 경계는 없으면서
있는, 감각의 저편에서 끊임없이 의식되기만 하는 불가지의 공간일 뿐
인지도 모른다.

4.

우리는 불가지의 공간을 향한 시인의 시 쓰는 행위가 그에게 주어
진 규범을 반복적으로 실천함으로써 승인되는 차원은 아니라는 것을
잘 알고 있다. 주체는 언제나 결여된 상태에 있다. 젠더폭력을 경험하는

시적 주체나 일상을 반복하는 시적 주체나 그들이 수행하는 모든 행위는 본질이 없는 현상만으로 주체의 결여를 메우려 하는 무의미한 시도일지도 모르겠다. 그렇기 때문에 주체는 자신에게 주어진 역할을 연기함으로써 같은 처지에 있는 존재들과의 상호작용을 통해 주체로 승인받는 것이 아닐까. 알 수 없는 "모든 것은 덤불 속에 감춰져 있"다. 이원석 시인은 경계에 대한 사유를 통해 결여된 존재로서의 주체의 불완전함을 묘파해 낸다.

모든 것은 덤불 속에 감춰져 있지
거기까지 가는 길이 어둡고 어렵고 어리고
나뭇가지에 헝클어진 머리칼에는 마른 잎들이 견디기 힘든
날들이 따라붙었지 매달리고 매만지고 메말라
찬 공기는 조금씩 뒤섞였어
침상에서 내려 딛은 발은 문 앞까지 낡은 마루가 삐걱이는
소리를 누르고 길고 고른 숨소리들

사이로 천천히 밀어내는 호숫가의 배
젖은 흙 다섯 발가락들 사이로 닿는 촉각 촉각 누르는
건반과 긴바늘 입술 위의 손가락

우거진 불이 덤불 속에 갇혀
머리를 숙이고 있지 포기하지 못한 자랑들이 엉켜 있는
낮은 덤불에 얼굴을 묻고 몸을 떨지 다물지 못하는 입으로
숨을 뱉으며 뒷걸음질 끝에 끓은 무릎과 마른 잎 위의 몸뚱이

내가 들어 올리고 싶은 뿔은 덤불 속에 잠겨 있어
달리는 덤불을 보여 줄게
춤추는 작은 숲을
바닥을 움켜쥔 모든 뿌리와 함께

흰옷은 흙투성이
물은 차고 어두워 소스라치는 살갗
걸어들어오는 고요와 잠긴 청각이 듣는 물소리
물속을 만지면 물이 몸을 바꾸고 뒤집는 모양은
얼굴과 얼굴이 흐르고 잠기는 기억
길게 줄어드는 음이 끊기지 않는
몸에 선을 긋고 지나가지 손도 발도 없이
물의 틈을 찾아 결대로 몸을 틀며 가라앉는 숨

접촉경계혼란

피아노의 가장 낮은 건반을 무한히 두드리는
바다
놓지 마 놓지 마
춤을 추는 팔과 파란

뒤집힌 호수 바다 위에 검은 숲

그림자 속 덤불과 부러진 나뭇가지 사이로
고개를 젓는 우거진 뿔과 큰 눈망울

진저리치며 흩날리는 입과 잎과 입김

호수 위엔
잔물결조차 일지 않는 검은 물 그리고
어두운 그림자 숲엔 부러진 뿔과 나뭇가지
몸뚱이 위로 끝없이 떨어지는 마른 잎사귀
—이원석,「그림자 숲과 검은 호수」(2020년 서울신문 신춘문예 당선작)

시적 주체는 어디에 있을까. '나'는 "덤불 속에 감춰져 있"는 것들을
찾아 "어둡고 어렵고 어"린 길을 간다. 그 길에서 "매달리고 매만지고
메"마른 나뭇잎의 날들과 조우한다. 그런데 이 시 속의 시간은 조금 뒤
틀려 있다. '나'가 길을 떠난 것이 먼저일까, "침상에서 내려 딛은 발"이
"문 앞"까지 간 것이 먼저일까. 시간의 선후를 구분하는 일이 무의미한
것은 어쩌면 '나'가 여전히 침상에 머무르고 있다고 생각되기 때문이
다. '나'는 어디에도 가지 않았다. 심사평에서 제시된 것처럼 시인은 "현
실과 꿈과 무의식을 유연하게 넘나들며 어떤 새로운 모험"을 시도한다.
이 시는 그 모험의 일차적 결과물이자 모험의 출발에 해당한다. 이제
막 "길고 고른 숨소리들//사이로 천천히 밀어내는 호숫가의 배"에 올라
선 것이기 때문이다. 꿈의 세계로 진입한 "내가 들어 올리고 싶은 뿔은
덤불 속에 잠겨 있"다. 덤불이 있는 숲은 시적 주체로 하여금 감각의 긴
장을 경험하게 한다. 그것은 "몸을 바꾸고 뒤집"고 기억을 잠기게 한다.
이는 자신의 감각을 믿지 못하게 하는 의도된 전략이다. 그럼으로써
'나'는 "접촉경계혼란"을 겪는다.

「그림자 숲과 검은 호수」는 세계에 대한 접촉에 실패하여 총체적 세계 인식이 불가능한 주체의 불안정한 모험을 그리고 있는 셈이다. 하지만 시라는 장르는 대부분 혼란스러운 상황에 의해 구축되는 환상적 세계를 경유하여 현실을 직시하도록 이끄는 것이 아닐까. 그것은 여전히 자신의 자리를 확정짓지 못해 강요된 공간을 향유해야만 하는 주체가 자신을 내파하기 위해 선택할 수밖에 없는 세계에의 시적 투사로 볼 수 있다. "뒤집힌 호수 바닥 위에 검은 숲"과 그 안에서 마주한 "검은 물", "부러진 뿔과 나뭇가지", "몸뚱이 위로 끝없이 떨어지는 마른 잎사귀"는 주체의 불안이 투사된 것이다. "내가 들어 올리고 싶은 뿔"은 부러졌으며 "덤불 속에 감춰져 있"는 것이 무엇인지 확인할 방법은 요원하다. 그럼에도 앞으로 나아가는 이유는 자신에게 결여된 것, 억압된 것과 마주하여 부정된 나를 상상의 층위에서 현실의 층위로 끌어올리기 위해서일 것이다.

세계에 대한 주체의 불안은 세계와 자아의 경계를 무화시킨다. 이를 해소하고자 세계의 요구에 자신을 동일시한다고 해서 얻을 수 있는 것은 아무것도 없다. 강제된 것을 수용하고 그에 따라 시를 쓰는 행위는 시인의 삶을 손쉽게 만든다. 그러나 어떠한 시인도 그러한 삶을 추구하지 않는다. 이원석 시인의 시 속 앙장브망(enjambement)은 시적 주체의 감각이 뚜렷한 경계에 의해 구획되는 것이 아님을 드러낸다. 불안한 주체, 그 불안정한 감각이 어쩌면 주체로 하여금 "호숫가의 배"를 밀어내어 무화된 경계를 넘나들며 새로운 모험을 감행하게 하는 것인지도 모른다. 익숙한 것으로부터의 탈주야말로 주체가 수행해야 하는 자기증명의 방식이며 시인이 가져야 할 정치적 입장이 아닐까.

5.

진부한 표현이지만, 신춘문예 당선은 '문청'이 도달해야 하는 목표가 아닌 그 너머로 나아가는 출발지이다. 경계는 이쪽과 저쪽의 단절이 아니라 이음이다. 아니, 그것은 무엇도 아니다. 그저 없는데 있다고 상상된 자리일 뿐이다. 그곳에서부터 다시 수행되는 도약이야말로 현실적 실천의 층위에서 '작가'로 자리매김할 수 있는 가능태일 것이다. 주어진 공간에서 자신만의 장소를 만드는 일이 쉽지만은 않겠지만, 그럼에도 누군가는 한 걸음 더 나아갈 것이다. 바람직하다고는 할 수 없는 제도, 그 강제된 경계를 돌파하여 다른 가능성을 상상하고 모색할 수 있는 건 그 경계 위에 선 존재일 것이다. 앞에서 읽어 본 시인들뿐만 아니라 이 빛바랜 축제를 함께 겪어낸 다른 시인들 모두가 한 걸음 더 나아갔으면 하는 바람을 가져본다. 사족 같지만 여전히 부족한 나를 포함해서 말이다.

시와 시인 그리고 플랫폼

1.

　얼마 전, 신인작가에게 술자리 참석 강요 등 위계권력을 행사했다는 논란에 휘말린 시 전문 문예지 발행인(시인)이 자신의 SNS에 입장문을 발표하곤 문예지를 폐간한 사건이 있었다. 이 사건에 특별히 더 관심을 두게 된 지점은, 젠더감수성이나 위계에 의한 권력 남용이라는 측면도 있겠으나 발행인이 자신의 잘못을 이유로 문예지를 폐간한 정황에 있다. 이러한 정황은 문예지를 발행인 개인의 사적 소유물로 인식하는 오류에서 비롯된다. 한국시인협회장을 지낸 김종해 시인은 이 상황에 대해 "시지 하나 만드는 데 많은 자기헌신이 들어간다. 돈 벌려고 만드는 게 아닌데 젊은 시인들이 좋은 마음을 갖지 않고 비판적인 시각부터 갖는 것은 잘못됐다."[1]고 입장을 내놓았다. 그런데 인용문에 담긴 "자기헌신"이 자꾸만 눈에 밟힌다. "돈 벌려고 만드는 게" 아니라면, 그 정도에 그친다면, '시지'를 만드는 일에는 "자기헌신"이 따를 수 있겠다. 하지만 이 경우에도 돈을 벌 수 없는 문예지를 만들면서까지 발행인이 추구하는 가치가 무엇이었는지를 되묻지 않을 수 없다. 그것은 시 전문

1　나원정, 「사적 질문에 술자리 강요?…'위계권력' 논란에 '시인동네' 폐간키로」, 〈중앙일보〉, 2020. 7. 26.

지를 통해 발표되는 작품들로 시단의 질적, 양적 팽창을 꿈꾸는 것일 수도 있고, 다른 어떤 긍정적 효과를 창출하고자 함일 수도 있다. 하지만 발행인과 문예지가 동일시된 상태라면, "자기헌신"의 긍정은 문예지가 지닌 힘이 배태한 권력의 부정적 '자기애'로 전락할 수도 있지 않을까. 이 문예지는 매년 상반기와 하반기 두 차례 신인문학상을 통해 시인과 평론가를 배출하였다. 그것은 무슨 이유일까. 그만큼 (기준은 다르겠지만) 좋은 작품을 쓰는 작가들이 많기 때문일 수도 있겠으나, 정말 그런지는 의문이다. 일종의 생사여탈권 혹은 문단의 진입을 허락하는 권력을 향유하는 마음은 없었던 것인지 질문할 수밖에 없다. 발행인이 보여준 행동이나 최근 미투 운동 등으로 폭로된 양상을 보면 여기에 호의적인 대답을 하기는 어렵다.

그것이 하나의 권력이 될 수밖에 없는 것은 알다시피 시를 써서 생계를 유지하는 것이 불가능하기 때문일 수도 있겠다. 덧붙여 시를 발표할 지면을 확보하기가 어려울 정도로 활동하는 시인의 수에 비해 현저히 적은 지면과 시 청탁제도의 문제 등도 이유가 될 수 있을 것이다. 그 외 여러 문제와 관련해서 이미 많은 수의 문예지들이 특집으로 다루기도 했으니 반복할 필요는 없겠다. 다만, 그런 사정에도 불구하고 시를 쓰고 이를 향유하고자 하는 시인들이 꾸준히 증가하는 것은 주목할 만하다.

한국문화예술위원회가 2015년 문예지 지원 사업을 축소하면서 『세계의 문학』, 『문예중앙』, 『작가세계』와 같은 여러 문예지가 폐간했다. 그럼에도 2017년 발간한 〈문예연감 2017〉을 보면, 2016년 문예지의 수가 670종에 달한다고 한다.[2] 이 중에서 우리가 알고 있는 문예지는 몇 이나 될까. 생각보다 그리 많진 않을 것이다. 이런 상황에서 문예지를 발간하여 이익을 낼 수 있는 곳은 극히 적거나 혹은 아예 없을 수도 있다. 자본주의 사회에서 이윤을 낼 수 없는데도 문예지를 만드는 이유는 무엇일까 고민해 볼 수밖에 없는 지점이다.

문예지 시스템은 최근 독립 잡지 등 새로운 플랫폼이 만들어지는 와중에도 축소되기보다는 다른 방식으로 확대되는 추세이다. 문학 생태계를 유지한다는 점에서 "자기헌신"은 소중한 가치일 수 있지만, 흔히 이야기하는 메이저 문예지가 출판을 겸하면서 책을 통해 얻은 이익을 문예지에 투자하고 이를 바탕으로 다시 작가들을 홍보하고 의미화하면서 단행본 판매를 끌어내는 과정은 "자기헌신"과는 다른 구조일 것이다.

구체적인 숫자는 찾아봐야겠지만, 일반적으로 저 많은 문예지 중에서 가장 높은 비율을 차지하는 것은 시 전문지이다.[3] 그들 역시 이윤을 낼 수는 없다. 그렇기 때문에 정기구독으로 원고료를 대체하길 원하는 문예지도 있는 것이 아닐까. 이를 타개하기 위해 흔히 말하듯 '등단장

---

2 2016년 발행된 문예지는 670종 1,853권이며 2017년에는 715종 1,956권이다. 「문학 분야 창작 발표 및 유통 확대를 위한 공공 플랫폼 제2차 좌담」, 『문장 웹진』, 2020. 1. 8. 중 김지윤의 자료 참조.
3 "문학 활동 장르별 종사자 비율을 보면 시가 46%로 가장 많고, 소설 20%, 수필 11%, 아동문학 15%, 평론 3%, 희곡 0.7%입니다. 그런데 복수 응답으로 그동안 활동한 문학 장르를 모두 기재하게 했을 때, 시 78.4%, 소설 36.2%로 높아집니다. 타 문학 장르를 병행하거나 장르 전환을 한 문학인들이 많다는 것을 추정할 수 있습니다. 한 분야에만 종사해서는 문학 생태계에서 존립이 어려운 점이 있을 것입니다. 연령별로 살펴보면 시와 수필은 나이가 많을수록 그 비율이 커졌고, 소설은 그와 상반되게 20, 30대의 비중이 높았습니다.", 앞의 글.

사'가 이루어지는 것이기도 하겠다. 언급하기는 어렵지만, 특정 출판사의 경우, 기획 출판과 자비 출판으로 이원화된 시집 출판이 이루어지는 것도 유사한 맥락이라고 볼 수 있다. 상황이 이렇다 보니 지면 확보를 위해 시인들은 원고료 없이도 시를 발표할 수밖에 없는 경우가 생긴다. 그만큼 독자와의 소통을 갈구하는 것이다. 지역에서 활동하는 시인들의 경우는 말할 것도 없다.

이런 상황에서도 시는 꾸준히 창작된다. 각 대학의 문예창작학과와 각종 문화센터와 창작교실, 전국 성인문해교육 프로그램과 SNS 등 수많은 곳에서 시가 창작된다.[4] 시집을 출간하는 출판사도 그 수가 늘어나고 있다. 매해 수십 명의 시인이 등단하며, 비등단 시인도 활발하게 활동하는 추세이다. 유쾌한 현상이라고 생각한다. 신춘문예나 문예지 신인상을 통해 등단한 이들에게만 시인이라는 호명을 붙일 필요는 없으니까 말이다.

2.

2000년대 들어 미래파로 불린 일군의 시인들이나 흔히 젊은 시인들이라고 지칭되는 시인들의 난해한 시는 그 나름대로 자신의 역할을 수행하는 한편, 2010년대 들어 미디어에 노출된 시인들의 시가 대중들에게 시의 접근성을 낮춰 준 일은 다른 의미로 중요한 점을 지시한다. 게

---

4 영화 〈칠곡 가시나들〉(김재환, 2019)과 〈시인할매〉(이종은, 2019)는 글을 배우게 되어 시를 쓰는 할머니들의 모습을 담기도 했다.

다가 'SNS시'라고 일컬어지는 감각적인 시 역시 대중의 공감을 불러옴으로써 시가 '아우라'에 둘러싸인 것만은 아님을 알게 해 주었다는 측면에서 의미가 있다. 덕분에 교과서에서나 접할 수 있었던 시는 미디어와 각종 온라인 플랫폼 혹은 구독 서비스 등을 통해 접할 수 있는 트렌디한 것이 되었고 시인 역시 경외감을 느끼게 하는 저 멀리 어딘가의 존재가 아닌, 쉽게 다가갈 수 있는 존재이자 지금 이곳의 우리와 다르지 않은 존재로 인식할 수 있게 되었다(고 본다).

그렇다면 지금 여기, 시인의 자리는 어떠한가. 시와 시인의 '아우라'가 옅어졌다고 해도 시가 사회에서 유통되는 방식은 그리 긍정적이지만은 않다. 시집을 발간한다고 해도 그것이 소비되는 시장은 협소하기만 하다. 이는 문학 시장 전반의 문제이긴 하지만 몇몇 미디어 셀러를 제외하고는 아니, 미디어 셀러조차도 시집 판매가 시인의 생계를 해결해줄 정도는 아니다. 10%의 인세를 받는 사정을 고려하면 기본적인 생계를 유지하기 위해서 1년에 몇 권을 판매해야 하는지 대충 감이 잡히지만, 그만큼 판매되는 시집은 없다고 보는 게 옳다. 한국고용정보원에서 발표한 '2018 한국의 직업정보'의 소득별 직업 순위에서 시인은 연봉이 가장 낮은 직업 2위를 차지했다.[5] 이 발표에 따르면, 시인의 2018년 연봉은 1,209만 원이었다. (오죽하면 "시인을 '12번째 선수'로 영입하자"라는 농담조의 스포츠 칼럼이 실리겠는가.[6]) 한 달에 100만 원을 벌

5   1위는 연봉 1,078만 원의 자연 및 문화해설사였고 그 뒤를 시인, 소설가, 연극 및 뮤지컬 배우, 육아 도우미, 방과 후 교사가 이었다. 민준기, 「"한 달에 고작 100만원"…우리나라에서 평균 소득이 가장 낮은 직업 5가지」, 〈인사이트〉, 2020. 6. 26. 이런저런 뉴스를 보면 시인의 수입은 직업군에서 최하, 차하의 수준을 늘 유지한다.

6   송강영, 「시인을 '12번째 선수'로 영입하자」, 〈국제신문〉, 2019. 7. 31.

지 못하는 것인데, 이 정도만 해도 준수한 수준이라고 할 수 있겠다. 물론 이때의 수입조차 문예지 시 발표와 시집 판매만으로는 불가능하다는 점을 간과해서는 안 된다. 사회문화적 지위에 비해 시와 시인의 생존 환경은 열악하기만 하다.

넋두리를 위한 자리가 아닌데 쓸데없이 긴 말들이 이어지는 것은 필자 역시 시를 써서 생계를 유지해야 하는 처지이기 때문일 것이다. 소비자의 욕망을 불러오지 않는 상품은 도태되기 마련이다. 시를 상품이라고 보아서는 안 된다고, 문화적 공공재로 보아야 한다고 주장하는 것은 심정적 위안은 될지언정 실제적 위로가 되지는 못한다. 오히려 독자 대중에게 시가 쉽게 접근 가능한 대중적 매체로 적정한 가격을 지불하여 구매, 소비되는 상품이 되지 못하게 가로막는 장애가 될 따름이다. 어떻게 하자고 이야기할 능력은 없으니 이러한 넋두리는 여기서 차치하도록 하자.

시가 독자 대중에게 쉽게 접근할 수 있는 환경을 조성하는 것도 중요하다. 다양한 관계를 형성하고 그로부터 다음을 모색할 수 있기 때문이다. 그러나 시의 소비적 행위에 대해서는 논의를 해볼 필요가 있겠다. 인터넷 공간에서 시를 소비하는 방식은 그리 바람직하지 않다. 문화적 다양성이란 측면에서 활발한 소통이 가능할 수 있을지언정 그것이 유통으로 연결되지 않기 때문이다. 시집의 판매는 대략 시를 쓰고자 하는 이들의 소비에 의존한다고 보는 게 타당할 것이다. 대체로 전국의 문창과, 국문과 전공자의 일부에 국한된다고 보는 게 옳다. (다른 교육기관에서도 소비되는 부분도 있으나 지속적이고 유의미한 소비

패턴인지는 모르겠다.) 이는 시의 소비가 결국 시를 생산하는 자에게 국한되어 발생한다는 점을 짐작할 수 있게 한다. 쓰는 자와 읽는 자가 동일한 셈이다. 그런 이유로 시는 물질적 자본으로 확장될 가능성보다는 일종의 상징자본으로 인식되는 데 머물러 있다. 문화센터나 성인문해교육 등을 통해 시를 쓰는 일이 가능한 것 역시 그것이 일종의 상징자본으로 작동하며 '시를 쓰는 나'라는 자존감과 자족감을 주기 때문이다. 부정적으로 이야기하는 것이 아니다. 돈도 안 되는 자학 속에서도 다른 무언가를 얻을 수 있다는 것만으로도 시는 의미를 지닌다.

3.

다른 무언가는 무엇을 의미하는 것일까. 이를 개인적 만족의 층위에서 사유할 수는 없을 것이다. 역사적 층위에서 시는 일종의 저항적 언술을 위한 수단이며 정치적 장소로 기능했다. 개인의 서정을 노래하는 시조차 그렇게밖에 발화될 수 없는 사회적 상황에 대한 비판적 기능을 수행한다고 볼 수 있다. 시는 목적이자 수단이라는 이중적 지위를 차지하며 활자화된 책을 넘어 거리에서 향유되는 것이기도 하다. 조금 더 생각해보면 그것은 상처를 잡아 뜯는 고통의 쾌감처럼 보이기도 한다. 시가 놓인 장소가 그 자체로 향유되기보다는 사회적 맥락 속에 놓임으로써, 어떤 희생을 담보하고 있는 것처럼 보이기 때문이다. 이는 SNS를 중심으로 한 시의 놀이와도 관련을 맺을 수 있겠다. 일종의 커뮤니티에서 시가 향유되는 방식이 그것인데 이는 공론장의 허울 속에서 폐쇄적인 독자를 양산하는 데에 그칠 위험이 농후하다. 어찌 보면, 다양한 양상으로 시가 소비, 향유되는 것으로도 읽을 수 있으나 제한적인 독자와의 소통이라는 울타리에 갇혀 있다고 볼 수 있겠다.

여기에서 벗어나기 위해 시인은 시를 들고 직접 독자를 찾기도 한다. 이 행위는 시대적 요구에 호응하는 정치적 행위나 SNS의 폐쇄적 커뮤니티의 말초적 흥미를 넘어 나와 너의 직접적 소통이 된다. 이는 "기성의 문학 제도의 틀을 비트는 움직임"[7]인 셈이다. 이 움직임은 팟캐스트와 무크지, 낭독회나 브이로그, 메일링을 통해서 이루어진다. "문학의 순수성과 숭고성을 훼손하고 문학을 일종의 놀이로 격하"[8]한다는 비판이 있지만, 순수성과 숭고성이 시와 시인을 '아우라'라는 관념적 장벽 안쪽에서 죽어가게 하는 것일 수 있음을 간과해서는 안 된다. 기성의 요구 바깥으로 나가 새로운 장소로 이동함으로써 시와 시를 쓰는 자신을 사람들과 나누는, "삶을 회복시키는 움직임"[9]을 가능하게 하는 것이다.

시는 특정 소수가 생산하여 불특정 다수의 소비자를 향하는 미디어의 기능을 수행해 온 것이 사실이다. 물론, 이는 시를 수단으로 보는 관점에 기반을 둔다. 그 자체로 하나의 상품이라기보다는 시인의 사상, 세계관 등을 담아 전달하는 매체로 볼 때 그렇다는 것이다. 이를 좀 더 밀고 나가 생각해 보면, 시라는 것은(더 나아가 문학이라는 것은) 미디

---

7   김태선, 「밀레니얼 세대 작가의 삶 — 작가의 표상과 삶, 그리고 글쓰기의 환경에 관하여」, 『내일을여는작가』 76호, 2020 상반기, 44쪽.

8   같은 글, 같은 쪽.

9   같은 글, 45쪽.

어로서 존재하며 그 안에 담긴 시인의 사유를 독자라는 소비자에게 전달되게끔 하는 매개에 불과할 수 있다.

과거의 시는 특정한 의미를 지닌 채 그것이 환기하는 말들에 의해 구축되는 장소로 존재했다. 하지만 시는 특정한 장소로 고착되지 않는 성질을 지닌다. 그것은 제멋대로 유랑하며 이리저리 떠돈다. 시는 언제든 떠날 준비가 되어 있으며 시인으로 하여금 자신을 둘러싼 세계의 상투적인 상상으로부터 떠날 수 있도록 매개하는 역할을 수행한다. 이를 마르크 오제가 말한 '비장소'라고 말할 수는 없을까. 그 자체로 고정된 의미를 지니는 것이 아니라 그것이 맺는 관계에 의해 언제든 변화 가능하며 그것을 둘러싼 말이나 텍스트에 따라 이동 가능한 '의무에서 자유로운 구역'으로서의 '공동의 정체성'을 창조할 수 있는 것처럼 말이다.[10] 시는 시인에게 고착된 것도 아니며 특정한 상징자본의 힘이 작동하는 공간도 아니다. 그것은 일시적인 관계맺음을 통해 정체성을 부여하고 그에 따라 자유로운 의미를 향유할 수 있는 경험 그 자체가 된다.

그런 점에서 시는 하나의 플랫폼으로 기능한다고 볼 수 있다. 다른 작업을 위한 플랫폼이자 보다 일시적이고 자유로운 개방성의 공간. 물

---

10 "언어상의 은밀한 합의, 준거가 되는 경관, 삶의 기술에 대한 정식화되지 않은 규칙을 통해 '인류학적 장소'를 만드는 것이 바로 어떤 사람들과 그 타자들의 정체성이었던 반면, 승객, 고객, 혹은 일요일의 운전자들 사이에 공동의 정체성을 창조하는 것은 바로 비장소다. 아마도 이와 같은 일시적 정체성과 결부된 상대적 익명성은 잠시 동안 줄을 서고, 자기가 있어야 할 자리에 있고, 자기 외모를 점검하기만 하면 되는 사람들에게는 일종의 해방으로까지 느껴질 수도 있다. 의무에서 자유로운 구역(Duty free). 자신의 신원 혹은 정체성(여권 혹은 신분증에 나와 있는)을 확인받자마자 다음 비행편을 기다리는 승객은 '면세' 공간으로 달려간다." 마르크 오제, 『비장소』, 이상길·이윤영 옮김, 아카넷, 2017, 122쪽.

론, 이는 문예지라는 장소에 기입되기 어려운 상황 속에서 비롯된 돌파구의 하나일지도 모른다. 허나 김태선이 읽어낸 것처럼 밀레니얼 세대 작가가 새롭게 써나가는 작가 표상과 글쓰기 환경에 기인한 것에 가깝다고 할 수 있다. 여기에 덧붙이자면, 이는 단지 밀레니얼 세대의 작가만의 것도 아니다. 나와 너의 직접적 소통의 놀이만으로 시를 플랫폼이라 말하는 것은 세대론적 관점에서 제한적으로 바라보는 측면이 있으며 시를 둘러싼 각종 움직임에 내재한 욕망을 간과하는 면도 있기 때문이다.

4.

흥미로운 시도들이 많이 이루어지고 있는 요즘이다. 그것을 "신자유주의 경쟁 체제가 소외시켰던 인간의 삶을 회복시키는 움직임"[11]이라고도 볼 수 있겠지만, 시인으로서 생존에의 열망과 인정 욕망이 결합된 움직임이라고 보는 것은 너무 억지를 부리는 행위일까. 그 위험을 무릅쓰고 이야기해보고자 한다.

앞에서 언급했듯이 문예지는 이익을 내기 어려운 구조로 되어 있다. 그러므로 문예지는 문학 공공재를 유통하는 공적 지위를 수행하는 한편에서 사적 이윤을 창출하기 위해 특정 작가들을 호명하여 상품화하기도 한다. 이를 문예지의 문학성이 작동하는 방식이라고도 할 수 있겠다. 특히 출판을 겸업하는 메이저 문예지의 힘은 그 자체로 특별한

---

11 김태선, 앞의 글, 45쪽.

권력이 작동하지 않는다고 해도 그들의 역사와 전통을 습작기부터 내면화한 이들에게 무시할 수 없는 힘으로 작용한다. 중요한 점은 문예지로부터 호명되어 그곳에 시를 싣는 것이 그 자체로 완결된 것일 수는 없다는 점이다. 더 나아가 그곳에서 시집을 출간하여 대중적 인지도를 쌓는 일이 요구된다. 앞에서 말했듯이 시집의 소비자는 시를 쓰고자 하는 이들 중에서도 특정 부류에 제한된 경향이 크기 때문에 그들이 소비하는 시집의 절대량은 확장성을 지니기 어렵다. 그나마 그렇게라도 (소수의) 대중성을 확보하게 되면, 다음 행보가 수월해진다.

모든 길은 로마로 통한다는 말처럼 우리나라의 사회, 정치, 경제, 문화는 서울이라는 중앙으로 통한다. 메이저 문예지는 그런 점에서 중앙 문예지라고 불리기도 한다. 지역에 기반을 둔 문예지보다는 한층 운용의 미를 살릴 수 있기 때문이다. 그 운용의 미는 그것을 활용하고자 하는 이들을 통해 의미를 지니며 권력화된다. 권력의 실체가 존재하느냐, 하지 않느냐는 중요하지 않다. 권력은 스스로 부여하는 것이 아니라 부여되는 것이기 때문이다.[12] 그러나 비판적 담론을 상실한 권력은 출판사의 하위 파트너로서 자리매김하게 된다.

---

12 "문예지는 등단, 청탁, 작품집 발간, 비평적 평가, 문학상 수여와 같은 역할을 통해 구성원들에게 명망과 권위를 부여하는 문학장의 중추가 되었다. …… 이들은 특정 작가와 작품을 정전화하는 한편 문학사적 계보를 만들어 내기도 했다. 천민자본의 무분별한 공략과 독재 권력의 탄압 속에서 민중과 민족이라는 정치적 주체성을 구성하는 연합체로서, 불충분하고 불합리한 근대화 과정에서 드러난 반지성의 야만적 풍토를 극복하는 자유주의적 지성의 보루로서, 당대 문예지의 역할은 다대하고 막대한 것이었다." 전성욱, 「엘리트주의를 넘어 독자 중심으로」, 『문학선』 65, 2020, 51쪽. 이러한 긍정적인 역사와 전통은 출판 산업에 종속되어 그 독립성을 상실하고 자사의 문학 출판 경향을 합리화하고 홍보하는 방향으로 변질된 담론을 생산하며 (상대적으로) 거대한 출판 권력의 지위를 부여받는다.

이 무슨 하나 마나 한 소리인가. 그럼에도 불구하고 이 말을 하는 이유는 권력의 실체가 없다는 것은 그것으로 무엇인가를 도모하기가 어렵다는 것을 말하기 위함이다. 물론 그곳에서 시집을 출판하면 분명 이후의 활동을 모색하기가 수월하다. 달리 말하면 문예지라는 장소가 역사와 전통을 지닌 장소의 기능을 상실하고 단순한 매개체로 전락했음을 의미한다. 당연한 말이겠지만, 이곳은 시인이 도달해야 하는 혹은 도달하고자 하는 종착지가 아니다.

그렇다면 발표한 시들을 묶은 시집은 어떠한가. 시를 쓰는 이들이 많아지는 것은 유쾌한 현상이라고 앞에서 이야기했지만, 그들이 묶는 시집은 단순히 유쾌하게만 바라볼 수는 없다. 등단한 시인이면서 이미 시집을 한 권 낸 이가 우려하는 밥그릇의 문제가 아니다. 가치 평가가 되지 못한 채 소비되더라도 시집이 많이 나오는 것 역시 어떤 면에서 유의미한 일일 수 있다. 다만 그것이 등단장사와 결부된 일종의 자족감, 자존감의 영역에 머무르게 될까 우려스러운 것도 사실이다. 이것도 다 쓸데없는 기우에 불과할 수 있다. 누구 말마따나 시장은 전지전능하여 스스로 자정할 수 있는 시스템일 테니까 말이다. 하나, 시집을 출판하는 일은 관습화된 예술가의 전형으로 간주되는, 문학적 상징자본을 획득하는 보다 구체적 물성으로 작동한다. 이 물성이 독자의 손에 쥐어지는 일은 생각보다 적으며 그로 인한 좌절감은 또 다른 자학을 불러올 수 있다.

시집을 내고자 하는 것은 이른바 '세계의 자아화'를 실현한 그 증거를 독자에게 전하고자 함에 국한되지 않는다. 출판의 결과물인 시집은 시 쓰는 이를 시인으로 호명하는 것을 넘어서 시인에게 다른 가능성을 지향케 한다. 그런 점에서 시집 역시 다른 작업을 위한 일종의 플랫폼이라 할 수 있겠다. 물성을 지닌 책으로 시집이 머무는 것이 아니라 이를 바탕으로 세계의 다른 자아와 만날 수 있는, 다른 자아가 될 수 있는 곳으로 떠나게 하는 비장소로 기능하는 것이다.

5.

그렇다고 비장소가 장소가 아닌 것은 아니다. 기차역이나 공항 혹은 백화점과 대형마트가 비장소의 기능을 수행하지만, 그곳은 그것 자체로 하나의 장소로 존재하며 '공동의 공간'으로서 우리의 경험을 역사적으로 고정시킬 수 있기 때문이다. "거기엔 아직도 한편으로는 수동성과 불안, 그리고 다른 한편으로는 모든 것에도 불구하고 희망, 혹은 적어도, 기대 사이에서 분열된 우리 시대의 이미지를 본뜬 유토피아의 조각들이 있다."[13] 그것을 어떠한 방향으로 감각하고 맥락화하느냐에 따라 다르게 수용될 수 있다.[14] 역사와 전통은 한순간에 사라지진 않는다. 그러니 시집을 미디어라고도, 플랫폼이라고도 볼 수 있는 것이다. (방어적 자세를 취하는 태도일 수도 있겠다.) 그러나 이 글에서 주목하고 있는 부분은 메시지를 전달하는 시집의 미디어적 속성이 아닌 그것을 활용하고자 하는, 시집을 전유하여 태세 전환을 시도하려는 시인의

---

13 마르크 오제, 위의 책, 171쪽.
14 절충주의라고도 할 수 있고 고도의 유연성이라고도 할 수 있겠다.

욕망에 기반을 둔다.

시를 쓰고 발표하여 시인이라는 상징 자본을 획득한 시인에게 더욱 분명한 자기 증명은 시집을 출간하는 일이다. 이 시집이 대중적 인기를 끌고 판매로 이어져 인지도를 높인다면 좋겠지만, 그것은 쉬운 일이 아니다. 몇 가지의 제약, 단순하게는 시가 좋아야 하고 사회적 의미를 지녀야 하며 비평적 평가가 따를 만해야 한다는 점도 있을 수 있고, 앞에서 이야기했듯 존재하지 않으면서 존재하는 문학 권력의 호명을 받아야 할 수도 있다. 그러나 대부분 무엇도 획득하지 못하는 것이 현실이다. 그런데도 시집을 출간하고자 하는 이유를 어떻게 볼 것인가. 아무도 알아주지 않는 자신을 알리고자 하는 능동적 행위일 수도 있고, (눈 씻고 찾아봐도 찾기 어려운) 예술가로서 자신이 세계에 기입되길 바라는 수동적 행위일 수도 있다. 이러나저러나 '돈도 안 되는' 시집을 낸다고 해서 달라질 것은 없다. 차라리 다른 일을 구하는 것이 좀 더 나은 행동으로 보이기까지 한다. 하지만 시인이고자 하고 시집을 내고자 한 이상, 다른 방향을 향해 나아갈 수밖에 없다. 그렇기 때문에 시집이 상품이 되든, 제품이 되든 중요한 것은 그것을 전유하여 '유토피아의 조각들'을 붙잡으려는 행위에 있다.

흥미로운 점은 그 행위가 두 가지 방향으로 나뉜다는 것이다. 하나는 사회적 제도 안으로 들어가 그것이 요구하는 데 복무하는 일이고 다른 하나는 제도 바깥을 상상하고 이를 수행하기 위해 새로운 제도를 만들어내는 일이다. 후자는 앞에서도 이야기했듯 메일링과 브이로그 혹은 팟캐스트와 유튜브, (여러 종류의) 낭독회 및 강연을 통해 새로운 시적(문학적) 장소를 창출하는 데 있다. (낭독회와 강연을 제외하고) 온라인 플랫폼을 활용하는 이러한 움직임은 기성 문단의 제도로부터 탈영토화하여 자신만의 영토를 재구축하려는 욕망의 발로인 셈이다. (낭독회와 강연 역시 홍보는 온라인 플랫폼을 통해 이루어진다.) 전자는 국가 및 단체의 지원 사업을 신청하여 그들의 요구를 충실히 따르는 데 있다. 이는 일종의 복지 프로그램의 일환이며 도서관과 서점 등과 연계하여 진행된다. 시집 출간은 이 경우 지원을 위해 필요한 조건이 된다. 부정적인 시선으로 보면, 이 경우 시집은 독립적 지위를 확보하지 못하며 지원을 위한 도구로 전락한다. 위계적인 제도의 시혜를 받들기 위한 도구. 하지만 다른 관점에서 보면, 이는 또 다른 방식의 재영토화를 가능하게 하는 수단이 된다. 시를 써서 자신을 알릴 수 있도록 돕는 문단의 제도적 장치를 구하기 어려운 시인들에게 소통의 숨구멍을 틔워주는 셈이다. 이를 어떻게 활용할 것인지는 개인의 역량에 달려 있겠지만, 그 기회의 장소에 설 수 있게 되는 것만으로도 시인은 시집을 출간하고 이를 전유하여 시스템의 제도 안으로 들어가 보다 넓은 확장성을 지니게 된다. 당장 팟캐스트와 유튜브를 활용하거나 메일링 서비스를 할 수 없는 이들에게 (특히 중앙과는 먼 지역의 이들에게) 이는 실낱같은 기회인 셈이다. 문학 환경의 변화는 문학을 하는 이에게 동등하게 영향을 미치지 않는다는 점을 고려하면 더욱더 중요한 일일 수밖에 없겠다.

그러나 이러한 활동들 역시 지속적으로 생계를 책임져 주진 않는다. 그저 일회성 지원에 그치는 경우가 대부분이다. 당연한 이야기겠으나 이러한 지원을 수용하는 이들도 이를 통해 돈을 많이 번다거나 대중적 인지도를 급작스럽게 올릴 수 있을 거라는 허황한 목표를 꿈꾸지 않는다. 그저 쓸 수 있는 시간을 벌기 위한 찰나의 여유를 희망하는 것이다. 하지만 이조차 구하기 어려운 것이 현실이다. 유토피아를 꿈꿨지만, 손에 쥔 것은 그것의 작은 조각일 따름이다. 실재하지 않는 유토피아를 바라보며 자신을 전시해봐야 얻을 수 있는 것이라곤 그로부터 벗어나 있는 자신의 현재일 뿐이다. 너무 비관적이고 자폐적인 인식일까.

6.

시를 쓰고 시집을 내는 것으로는 시인의 표상을 구성할 수 없는 시대다. 그 안에서 "끊이지 않는 인간과 세계의 고통 앞에서 문학은 무엇을 해야 하는가, 또 어떻게 써야 하는가라는 메타적인 물음"[15]을 수행할 수 있다면 좋으련만, 내 눈앞의 현실은 고통이기만 하다. 어쩌면 그 덕분에 더욱 분명하게 세계의 문제가 '나'의 문제로 투영되어 시라는 것에 투신할 수 있는 것인지도 모르겠다. 하지만 자신의 죽음을 전제하는 투신은 자신이 설정한 환상에 매몰될 위험이 농후하다. 그런 이유로 "문학은 여전히 삶에서 가장 중요한 것이라 여겨지지만, 그럼에도 그 가치가 '나'를 앞서지는 않는다. 나아가 문학은 가장 중요한 것으로 여겨지더라도 '나'의 여러 활동 중 하나일 뿐이다."[16]라는 말을 간과해

---

15   김영찬, 「고통과 문학, 고통의 문학」, 『문학이 하는 일』, 창비, 2018, 212쪽.
16   김태선, 앞의 글, 35~36쪽.

서는 안 된다.

　시인의 표상은 시인의 현실적 행위로 인해 의미를 얻는다. 그리고 시는 시인의 행위를 가능하게 하는, 심층적 경험 과정으로서 존재의 내부를 구성한다. 그것은 특정한 문화적 의미로 이미 주어진 것이라기보다 개방적인 경험으로 향유되는 것이다. 이때의 경험은 시를 둘러싼 관계들의 총체 속에서 이루어지며 새로운 삶의 가능성으로 시인을 이끈다.

　수많은 존재와 어우러져 교류하는 삶은 시라는 형태로 재현된, 책상 위의 고독을 매개로 이루어져 왔다. 통상적으로 다른 존재와의 유대를 창출하며 시인의 정체성 준거로 작동하는 시라는 장소는 전통적 개념의 바깥을 모색해야 하는 상황에 놓였다. 시는 일종의 거울로 시인을 비춘다. 거울을 통해 현실과 가상을 잇고 자기 자신을 대면하게 한다. 그것이 비록 누추하고 볼품없는 모습일지라도 거울 안에서 "내가 없는 곳에 있는 나"[17]를 보고 "내가 있는 곳에서 자신을 다시 구성하"[18]도록 이끄는 것이야말로 오늘날 시의 층위가 아닐까. 그럼으로써 시는 영원한 현재로 존재하고 비장소로 기능하여 개인과 전체의 관계를 새로운 국면으로 나아가게 할 것이다.

　그렇다면 그것을 어떻게 활용할 것인가의 문제가 남는다. 거대담론이 사라진 지금 그 자리를 대체하는 것은 소외된 자의 잃어버린 목소리를 되찾는 행위로부터 비롯되지만, 그것조차 현대에서는 문화자본

17　미셸 푸코, 『헤테로토피아』, 이상길 옮김, 문학과지성사, 2014, 47쪽.
18　같은 책, 48쪽.

으로 탈바꿈한다. 이때의 문화자본은 앞에서 이야기한 상징자본이 되어 생계를 영위하기 위한 수단이 된다는 점에서 문제적이다. 실재가 어떻든, 우리에게 시적 진정성이란 생존에의 강한 욕망의 활용태가 된 셈이다.

막차는 좀처럼 오지 않았다
대합실 밖에는 밤새 송이눈이 쌓이고
흰 보라 수수꽃 눈 시린 유리창마다
톱밥난로가 지펴지고 있었다
그믐처럼 몇은 졸고
몇은 감기에 쿨럭이고
그리웠던 순간들을 생각하며 나는
한줌의 톱밥을 불빛 속에 던져 주었다
내면 깊숙이 할 말들은 가득해도
청색의 손바닥을 불빛 속에 적셔두고
모두들 아무 말도 하지 않았다
산다는 것이 때론 술에 취한 듯
한 두름의 굴비 한 광주리의 사과를
만지작거리며 귀향하는 기분으로
침묵해야 한다는 것을
모두들 알고 있었다
오래 앓은 기침소리와
쓴 약 같은 입술 담배 연기 속에서
싸륵싸륵 눈꽃은 쌓이고
그래 지금은 모두들

눈꽃의 화음에 귀를 적신다
자정 넘으면
낯설음도 뼈아픔도 다 설원인데
단풍잎 같은 몇 잎의 차창을 달고
밤 열차는 또 어디로 흘러가는지
그리웠던 순간들을 호명하며 나는
한 줌의 눈물을 불꽃 속에 던져 주었다.

　　　　　　　　　　　　　—곽재구,「사평역에서」전문

　시는 이제 비장소의 플랫폼일 따름이다. 그곳에서 개인은 소외되고 수동적인 존재로 이곳과 저곳의 연결망을 따라 헤맬지도 모른다. 타인과의 소통을 꿈꾸고 인정욕망을 충족하고자 해도 결국은 자기 자신의 얼굴과 마주하곤 흠칫 놀라게 될지도 모른다. 하지만 끊임없이 쓰여지는 시는 대합실의 톱밥난로 불을 타오르게 할 것이다. "또 어디로 흘러가는지" 알 수는 없겠지만, 막차는 언젠가는 올 것이고 모두들 각자의 세계로 떠나갈 것이다. 시라는 플랫폼에 누구든 편하게 왔다 가면 좋겠다. 많은 이들이 이용하다 보면, 그 자체로 그것이 산업화되고 활성화되어 상징적 자본을 넘어 경제적, 문화적, 사회적 자본이 될 수 있는 것일 테니 말이다. 여전히 생계는 막막하고 생활은 어렵고 주변을 떠돌아도, 유동하는 놀이가 가능한 그 비장소의 장소에서 (저마다의 그리움이 "한 줌 눈물"이 될지언정) 모두가 꿈꾸는 곳으로 떠날 채비를 잘 추슬렀으면 좋겠다.

상상된 믿음에서 탈영토화하기

> 자유를 절약하는 데 너무나 오랫동안 익숙해져 있었기 때문일까. 욕
> 망이 결여되어 있다면 모르지만, 그야말로 온몸이 혹투성이가 되었음에
> 도 우습게도 나는 자신의 욕망을 이론으로 산출해보지 않으면 안 된다.
> ─아베 고보, 『타인의 얼굴』, 문예출판사, 2007, 204쪽.

우선 고백으로 시작해야겠다. 신춘문예든 문예지 신인문학상이든
등단을 하겠다는 일념으로 십수 년을 투고했고 그만큼의 횟수로 미끄
러지기를 반복했다. 어찌하여 겨우 호명되어 문학장 안으로 들어가게
되었으나 밖에서 볼 때와는 다르게 문단이란 곳에 적응하는 일은 어렵
기만 했다. 등단이란 것은 어쩌면 '작가'라는 호칭만 부여하는 것이 아
닐까 하는 의문으로 가득한 시간을 보내다가 "자유를 절약하는 데 너
무나 오랫동안 익숙해져 있"던 방식 그대로 글 쓰고 투고하는 일을 반
복하고 있다. 자기세계와 작가적 개성을 인정받아 등단한 신인 작가들
은 '문학의 신생을 위한 마중물'이고 그들이 쓴 작품들은 '한국문학의
가장 새로운 미래'라는 말[1]도 있지만 정말 그럴까. 이 지면은 이를테면
'작가'란 호칭을 확보하기 위해 신춘문예와 문예지 공모에 투고하던 필
자가 문단 내부로 안착하기 위한 욕망의 양태를 이론으로 산출해보려
는 노력의 일환인지도 모른다. 그것이 자아비판을 넘어 제도의 문제까

---

1   오창은, 「등단, 냉혹한 희열」, 『나눔의 그늘에 스며들다』, 문화다북스, 2017, 188쪽.

지 확장될 수 있다면 다행이겠지만, 그것이 누구의 다행이 될 수 있는지 알 수는 없다. 시인, 소설가, 평론가라는 혹은 이를 통합한 '작가'라고 불리는 존재들이 자신을 호명하고자 무엇을 상상하는지 필자는 잘 모른다. 그럼에도 문학 담론 안에 스스로를 '작가'로 기입하고자 하는 욕망은 무시할 수 없는 것이어서 일련의 문학권력 논쟁에도 불구하고 그 내부를 지향하는 작가와 등단하고자 하는 이른바 '문청'들은 늘 그렇듯 저 문단 바깥을 헤매고 있다.

1.

한 해에 시행되는 공모전의 수는 어느 정도나 될까. 인터넷 커뮤니티 '엽서시 문학공모' 사이트에 들어가 '주요공모전 연간일정'을 클릭하면, 118개의 공모전 일정이 뜬다. 물론 통합된 '문학동네 작가상'과 '문학동네 소설상', '문학동네 대학소설상'이 개별적인 일정으로 기재되어 있고, 폐지된 '문예중앙 신인문학상'도 버젓이 올라가 있어 정리가 필요하지만 대략 100여 개의 공모전이 있다고 말해도 무리는 없겠다. 한국 문학장 안으로 기입되기를 요청하는 이러한 공모전은 제도로서 정착되어 작가가 되려는 '문청'들에게 소비되고 있다.

등단은 '작가'가 되려는 주체들에게 일종의 인정을 요구하는 방식이다. 인정을 수행하는 주체와 인정을 받으려는 주체의 상호 작용이 등단과 관련된 제반 사항을 일정한 방식으로 제도화하고 사회적 합의를 이룬 셈이다. 마치 9급 공무원 시험처럼 매년 일정 비율의 인원을 제도 안으로 수용함으로써 '작가'라는 지위를 부여하는 등단제도의 역사는 한국 문학장 안에서 나름의 유구한 전통을 자랑한다. 신춘문예의 경우, 1910년 최초로 현상문예 공모를 실시한 〈매일신보〉를 필두로 〈동아일보〉(1925), 〈조선일보〉(1927)를 들 수 있으며 잡지의 경우, 독자투고를 채택한 1900년대의 『태극학보』 및 『장학보』를 위시하여 1910년대 후반에 등장한 『청춘』, 『유심』 등의 현상문예를 등단제도의 맨 앞줄에 놓을 수 있겠다.[2] 독자들에게 개방된 문학 생산의 장은 문학의 외연을 넓히는 데 중요한 역할을 하였다. 독자 참여는 한국문학의 태동기였음을 감안하고 보면, 문학이 개념과 제도로서 자리매김하도록 돕는 지반 마련에 그 의의가 있었다. 문학적 정당성이라는 것이 특정한 몇몇 인물들에 의해 성립하는 것이 아닌 만큼 등단제도는 대중의 인정을 바탕으로 그것이 획득될 수 있도록 하는 수단이었다. 그러나 문학적 생산물에 대해 가치 판단을 수행하는 주체의 권위가 발생함으로써 문학은 내적 규율을 생성하고 문단을 형성하게 된다. 이때 문단은 개별적인 문학 행위의 집합이 아니라 행위의 가능성을 촉발하는 구조적인 힘이자 동력으로서 문학적 구성물의 생산을 위한 물질적 토대로 작용한다.[3] 일종의 "문학적 합법성의 독점"이라는 것인데, "다시 말해 누가 스스로를 작가라고 말할 수 있는가, 또는 누가 작가이고, 그리고 어떤 사람이 누가 작가라고 말할 수 있는 권위를 가지고 있는가를 말할 수 있는 힘

---

2   이에 대한 논의는 정영진, 「등단제도의 정착 과정과 근대문단의 형성 연구」, 인하대학교, 2017. 참조.

3   차혜영, 「1920년대 초반 동인지 문단 형성 과정」, 『상허학보』 vol.7, 2001, 106쪽.

의 독점[4]인 셈이다. 담론 체계의 독점화라고도 할 수 있는 문단의 실체에 대해 그런 것이 있다고 말하는 측과 실재하지 않는 상상적인 것이라고 말하는 측의 논쟁이 간과하고 있는 바는 그것이 있다고 믿고 있으며 문단에 진입하기 위해 선택받는 자의 위치로 기꺼이 자리매김하려는 주체가 있다는 점이다.

독자나 기존 작가들이 공모전에 응모하고, 그들의 투고작을 손에 쥔 매체와 심사자가 이러한 등단제도를 자명한 것으로 전제한 맥락 속에서 작가를 호명하면서 부여된 권위를 행사하는 과정은 "문학적 생산에 관련된 매체와 전문 집단들을 권력화하여 문학장을 구조화하는 주요한 동력"[5]이 된다. 저 수많은 공모전 일정을 확인하며 투고할 글을 쓰는 예비 작가들의 행위는 이러한 문학장의 권력 구조화를 뒷받침하는 근거로 작동하는 셈이다.

그런 이유로 등단제도의 폐지, 특히 신춘문예 제도를 폐지하자는 주장이 있다. 이 논쟁에는 신춘문예가 매체의 특성상 문학에 대한 사회의 관심을 촉발하고 유지한다는 점과 신인 작가의 등용문으로 역사적 기능을 수행해 왔다는 점을 들어 신춘문예의 긍정적인 면을 고려하는 한편으로 특정 심사위원의 중복 심사로 인해 일정한 경향의 작품들만 선발되고 기존의 문학관만을 답습한다는 비판이 혼재되어 있는 양상이다. 양쪽 모두 나름의 근거가 확실한 만큼 쉽게 결론을 내리기는 어렵다. 등단제도 자체를 폐지한다고 해서 다른 문제가 발생하지

---

4 피에르 부르디외, 『예술의 규칙』, 하태환 옮김, 동문선, 1999, 296쪽.
5 정영진, 앞의 글, 4쪽.

않는다고 말할 수 없고 반대로 해보지 않은 상황에서 지레짐작으로 걱정만 하고 있다고 말할 수도 없다. 하나의 제도로 고착된 것은 그것이 옳든 그르든 바꾸기가 어렵다. 신춘문예나 문예지 신인공모전도 마찬가지이다. 하나의 영토를 확보한 상황에서 그것을 재영토화하거나 탈영토화하는 행위에는 각고의 노력과 인내, 희생이 뒤따르기 마련이다. 변화를 일으킬만한 동력을 내기에 아직 논의가 부족한 것도 사실이다.

이러한 논쟁은 변화를 위해 요청되는 필수적 과정이다. 부르디외의 말을 빌리면, 문학장은 문학적 생산장의 대립과 투쟁, 자율성과 타율성 사이의 대립을 중심으로 조직되며 이 투쟁들은 작가에 대한 지배적인 정의 부여를 통하여, 작가의 정의를 위한 투쟁에 참여할 권리가 있는 사람들의 집합을 제한하는 것을 목표로 한다. 그러나 보편적으로 작가적 정의를 위한 투쟁의 장소가 문학장이라면 작가의 보편적인 정의는 없으며 투쟁 관계에 의한 지배적인 정의 부여만이 가능할 뿐이다.[6] 투쟁에 의해 부여되는 정의라는 측면에서 문학장으로의 진입을 둘러싼 제도적 권위 부여는 단순히 누가 권력을 쥐고 있는가보다는 등단제도를 자명한 문학 재생산의 차원으로 인식하고 수행하는 모든 주체의 암묵적 동의에 바탕하고 있는 셈이다. 고착된 인식을 파쇄하기 위해서라도 논쟁은 불가피하다. 그럼에도 문학권력에 대한 논쟁과 문단의 폐쇄성에 대한 문제제기는 그 안에 진입하지 못하거나 진입했음에도 내부에서 인정받지 못한다고 생각하는 주체들의 욕망을 채워줄 수 없는, 이를테면 높은 담과 깊은 해자를 둘러싼 성(城)이 되어버린 혹은

6 피에르 부르디외, 앞의 책, 296~297쪽.

이미 기울어진 운동장으로 기능하는 문단의 선택/배제 논리에 기인하는 바가 크다.

2.

신춘문예든 문예지 신인문학상이든 등단제도는 공모라는 형식으로 진행된다. 얼핏 보기에 그것은 누구든 지원할 수 있는 개방적 형태로 보인다. 독자투고를 제외한 초기 등단제도가 동인지를 중심으로 이루어져 폐쇄적 성격이 짙었다면, 정례성과 공개성을 특징으로 하는 신문사의 신춘문예는 동인지에 비해 개방적 성격을 띠고 있다는 점에서 상대적 우위를 점할 수 있었다. 1990년대 들어 문예지의 신인문학상 공모의 양상이 개방적 성격을 띠고 정례적으로 진행된다는 점에서, 또한 청탁을 통해 발표 지면을 확보할 수 있다는 점에서 등단제도에 대한 상대적 우위는 문예지로 이동하였다고 볼 수 있다. 작가에 대한 지배적인 정의가 투쟁의 과정에서 형성된다는 점은 앞에서도 언급했다. 그런 면에서 투쟁의 장을 확보하고 있다는 것만으로도 작가에 대한 지배적 위치를 점유할 수 있다는 사실은 문예지와 문예지를 발행하는 출판사가 신춘문예를 실시하는 신문사보다 우월한 위치에 설 수 있는 지점이 된다. 작가를 호명한다는 점에서 문예지 신인문학상과 신춘문예는 동일한 기능을 하지만 호명된 작가를 문학장에 귀속시키고 지속적으로 가치를 부여할 수 있다는 점에서 문예지의 권위는 신춘문예에 비할 바가 아니다. 실체로서 문학권력이 존재하는가에 대한 질문은 그럼으로 불필요하다. 그것의 존재를 믿든 안 믿든, 작가로 호명되기 위해서는 문학장에 지속적으로 기입될 수 있는지 여부가 중요한 영향을 미치기 때문이다.

이광호가 지적했다시피 한국문학의 가장 근본적인 문제점은 '한국어 문학 시장으로서의 한국 문학장'이라는 태생적인 사이즈의 한계일 것이다. 한국문학 시장의 규모는 몇 개의 대형 문학 출판사가 점유할 수 있을 만큼 작으며, 그것은 독점의 가능성과 다원화의 어려움을 야기한다.[7] 한국문학 시장에 작가로 등재되기 위해서 거쳐야 할 관문이 두 가지로 늘어난 셈이다. 첫 번째는 등단제도를 통해 문학장 안에 기입되는 것, 두 번째는 출판자본의 자장 안으로 편입되는 것. 첫 번째 관문을 통과하는 것만으로도 작가는 작가로 호명된다. 그러나 독자와의 접점을 마련하기 힘든 현실에서 작가라는 타이틀만 획득하는 것은 아무런 의미가 없다. 결국 독자와의 만남을 위해서라도 작가는 출판자본의 문예지가 자신을 호명해주길 바라게 된다. 문예지의 청탁과 이어지는 작품집 발간의 과정을 거쳐야만 비로소 작가는 작가라는 이름으로 문학장 안에 기입될 수 있는 것이다. 작가가 되기를 희망하고 준비한 문청들은 자신의 선택만으로 작가가 될 수 없다는 사실을 작가로 호명된 다음에야 알 수 있다. 등단제도를 뚫고 문단으로 진입했다고 생각하지만 실제로 문학장 안에서 작가의 위치란 적극적 주체이기보다는 선택당하는 소극적 주체로 존재한다[8]는 것을 그들이 알기는 쉽지 않다.

7   이광호, 「문학 장치의 경계에서」, 『문학과지성사』, 2015년 겨울호, 402쪽.
8   최정화는 『실천문학』의 좌담에서 신인 작가들의 무기력한 반응에 대해 이야기하며 "일단 등단을 하고 난 뒤에는 청탁을 기다리게 되고 그 다음에는 계약을 기다리게 되고,

작가로 인정되길 욕망하는 주체들은 여러 번 선택과 배제의 갈림길에서 나뉜다. '~로서의 주체'로서 문학 생산 주체의 자격과 정체성은 그 갈림길에서 살아남아야만 획득될 수 있는 가치가 되었다. 그런 점에서 김요섭과 손아람의 언급은 의미심장하다. 김요섭은 2008년부터 2017년까지, 십 년간의 비평 등단작과 비평가들을 분석하면서 신인 비평가들이 기성문단의 구조를 재생산하고 있다는 점을 밝혔다.[9] 한편 손아람은 한국 문단의 구조를 묻는 2015년 문학동네 좌담회에서 문예지『창작과비평』,『문학동네』를 언급하며 이들 문예지가 어떠한 방식으로든 자신들과 관련이 있는 작가들에게 제한적으로 청탁을 하고 있다고 비판하였다.[10] 김요섭의 글은 문학장에 기입되기를 욕망하는 예비 비평가들이 새로운 문학적 가능성의 갱신이 기성 문단에 소개되지 못함을 당연시함으로써 기존의 문학장 내부만을 배회하고 있음을 지적하며, 손아람의 발언은 주요 문예지가 자신들과 연계된 작가층에게만 폐쇄적으

이런 과정들이 수순처럼 신인 작가들을 기다리고 있는데 이 과정에서 작가가 상황을 이끌어가거나 영향력을 미치는 적극적인 주체라는 느낌보다는 선택된다는, 다소 소극적인 입장에 처하게 되지 않나"라고 말하며 문학장 전체에 대한 비판적 시선을 견지해야 한다고 언급한다. 박민정·서효인·손아람·이만영·최정화·황인찬, 「젊은 작가 좌담 – 한국문학의 폐쇄성을 넘어서」,『실천문학』, 2015년 가을호, 25쪽.

9   김요섭, 「등단제도는 누구를 비평가로 만들었는가?」,『내일을 여는 작가』, 2018년 상반기호.

1 0   "문예지는 일반 독자들에게 읽히지 않아요. 그런데도 작가들이 문예지를 하염없이 바라볼 수밖에 없는 이유는 문학권력장 안에서 문예지가 문학의 방향이라든가 승계자를 선택하고 있기 때문이에요. (……) 지난 일이 년간 대형 문예지에 지면을 받거나 평론가들이 서평 형태로 언급한 작가 혹은 작품을 찾아봤더니 대부분이 출판사 공모전에 당선됐거나, 그 출판사에서 여러 차례 책을 냈거나, 그 출판사에서 출간한 지 얼마 안 되었거나, 출간 예정인 작가예요. 정확히 말해『창작과비평』에서는 스무 명 중 열여섯 명,『문학동네』에서는 서른 명 중 스물여덟 명이에요." 김도언·손아람·이기호·장강명·신형철, 「좌담 – 한국 문단의 구조를 다시 생각한다」,『문학동네』, 2015년 가을호, 111쪽.

로 자신들의 권력을 나눔으로써 진입장벽을 쌓아 문학권력을 재생산하고 있음을 지적한다. 여기서 문제시되는 점이 예비 작가와 그들을 호명할(것으로 상상된) 문예지 사이에 놓은 무의식적 상호 작용이다.

등단제도는 작가 생산의 통로이면서 권력 재생산의 장치이기도 하다. 그런 면에서 각종 국가고시나 대학입시, 대기업 공채와 유사하다.[11] 여담이지만 텔레비전 오디션 프로그램의 작동 방식도 이와 다르지 않다고 생각된다. 작가라는 상징적 지위를 획득하기 위해 자유로운 창작 활동이라는 측면은 어느 정도 포기된다. 물론 그렇지 않은 작가들도 많을 것이다. 문학권력이라는 것이 실체가 없는 만큼 문학적 정체성을 요구하는 문학 장치의 실체도 불분명하기 때문이다. 그러나 실체 없는 문학 장치는 그것을 의식하는 작가들의 욕망과 접합함으로써 실재한 다고 가정되는 권력을 획득하게 되고 그것을 향유하게 된다. 그렇다면 문예지는 청탁을 하지 말아야 하는가라는 질문이 발생한다. 문예지는 지면의 제약과 편집위원의 문학적 지향, 상업적 출판사의 요구 등을 고려하여 선택과 배제의 원리에 입각하여 청탁을 할 수밖에 없다. 청탁은 문예지의 구성 주체들이 갖는 정체성에 의해 이루어진다 하여도 문예지가 지닌 권력 혹은 문예지가 지녔다고 작가들이 생각하는 상징적 지위를 수행하는 행위가 된다. 그것은 진입장벽을 쌓아 문학권력을 재

---

11   장강명은 문학공모전과 공채제도에 관한 흥미로운 논픽션을 발표했다. 외국에는 없는 우리나라의 독특한 제도라는 점을 들며 제도의 작동 방식과 장단점, 개선 방향에 대해 언급한다. 여기서 주목해야 할 점은 공모제가 초기에는 개방적이라는 면 때문에 여러 장점이 부각되지만 제도가 정착되면서 응모자는 제도의 요구에 맞추게 되고 시행자는 편이함이 안주하게 되어 좌절의 시스템으로 고착된다는 점이다. 장강명, 『당선, 합격, 계급』, 민음사, 2018.

생산하는 것으로 여기더라도 혹은 기성 문단에 소개되기 위하여 기존의 문학장을 답습하는 작가들을 양산한다고 하더라도 하지 않을 수 없는 행위이기도 하다.

3.

문학권력의 재생산과 기존 문학장의 답습이라는 비판에도 불구하고 많은 작가는 출판자본의 문예지에 호명되기를 희망한다. 한편으로 문예지 내부의 구조적 특성에 대해 문제를 제기한다. 방재석의 연구[12]를 보면 문예지에 대한 작가들의 인식을 확인할 수 있다. 문예지는 그것을 발간하는 주체가 출판 자본인지 문학인(비평가와 작가) 그룹인지에 따라 전반적 운영 시스템이 달라진다. 두 경우 모두 잡지 편집의 주체는 대부분 편집위원회가 되지만 편집위원회 구성과 운영 시스템은 상이하다. 문예지를 발간하는 주체가 출판 자본인 경우, 편집위원회는 출판 자본의 요구와 지향에 부응하는 인적 구성을 갖게 된다. 이는 문학적 가능성이 높은 새로운 작가를 발굴하고 조명하기보다는 이미 일정한 고정 독자를 보유하고 있는 인기 작가를 중심으로 원고를 청탁하려는 경향을 강화하는 하나의 요인이 된다. 반면 문예지의 발행 주체가 문학인 그룹인 경우, 유사한 문학적 정체성을 지닌 작가들의 비상업적 결합인 경우가 대부분이다. 그래서 자신들이 추구하는 가치와 문학

---

12   방재석, 「문예지에 대한 문학 작가의 인식과 정책적 대안」, 『문화정책논총』26, 한국문화관광연구원, 2012.

적 방법론의 정당성과 우월성을 강조하는 것이 일반적이다. 이것은 특정 문예지와 관련이 약한 작가들에게 문예지의 운영이 전반적으로 타경향·비연고 작가를 배제하고 폐쇄적으로 진행된다는 인상을 갖게 만드는 주요한 요인으로 작용한다.

현재 발행되는 주요 문예지의 발행 주체는 출판자본을 낀 문학인 그룹이지만 실질적으로 출판자본의 편집자보다는 문학인 그룹의 편집위원의 면모가 문예지의 정체성을 좌우한다. 등단 작가들이 배타적 엘리트주의나 필자 선정 기준의 모호, 편파적 문학상 운영, 연고주의 등을 문예지의 문제점이라 지적한 것 역시 여기에서 비롯된다.[13] 작가들의 불만은 문예지의 폐쇄성에 있다. 작가로 인정된 문학 생산 주체임에도 청탁이라는 방식을 통해 문예지에 다시 선택받아야 하는 상황은 쉽게 수긍하기 어려운 지점이 있는 것이 사실이다. 한편으로 주요 문예지의 주체가 청탁을 통해 문예지의 정체성을 유지·강화하는 것이 이해되지 않는 것도 아니다. 현재 한국문학 매체는 비록 거대 출판자본에 의해 운영된다 하더라도 내부적으로는 동인지적 성격을 고수하고 있기 때문이다.『문학동네』의 발행 이후 상당 부분 상업화, 자본화되었지만, 이른바 '창비 스타일', '문지 스타일' 등 문예지의 동인지적 성격은 여전히 문학 생산 주체들에게 직·간접적으로 수행되고 있는 것도 사실이다.

어쩌면 문제는 여기에 있는지도 모르겠다. 동인지적 성격의 문예지가 한국 문단의 중심축으로 자리매김하면서 그것이 문학장을 독점하

---

13 방재석의 연구에 의하면 문예지에 대해 작가들이 중복 응답의 형태로 언급한 문제점은 "배타적 엘리트주의(52.1%), 필자 선정 기준의 모호(48.8%), 편파적 문학상 운영(48.4%), 지역 대학 등의 연고주의 작동(43.7%)" 순이었다.

다시피 하여 문학권력으로 기능하고 작가는 거기에 순응하며 문학권력을 강화시키는 일련의 메커니즘 말이다. 그럼에도 이른바 '끼리끼리 문화'를 양산하는 폐쇄적 운영 체제에 대해 반발하면서도 그곳에서 오는 청탁을 거부하기는 어렵다. 청탁은 현재 한국 문학장 안에서 작가로서 인정받고 독자와 만날 수 있는 유의미한 방식이기 때문이다. 이를 타개할 방법으로 제시되는 것 중 하나가 투고이다.

투고는 청탁과 달리 작가 스스로 자신의 경향과 맞을 거라고 판단되는 발표 지면을 선택하여 작품을 보내는 행위이다. 청탁에 대한 거부와 투고에 대한 기대는 이를테면 편집위원은 왜 늘 작가들이어야만 하는가, 문창과 전공의 문학 테크닉에 대한 거부와 삶의 다양한 양태들에 대한 문학적 소구를 바라면서 폐쇄적인 구조는 왜 바꾸지 않는 것인가에 대한 반대급부로 형성된다. 이때 투고작을 심사하고 게재 혹은 출판할 것이라 생각되는 주체는 기존 문예지의 편집위원이 아니다. 그들은 편집자들로 가정되며 출판사의 이해를 체현하는 인물로 상상된다. 상상이라고 말하는 것은 대부분 문예지의 경우, 편집자보다는 평론가, 작가들로 구성된 편집위원 체제가 우위에 있기 때문이다. 하지만 바로 그런 이유로 투고 역시 현재 한국 문학장 안에서 청탁과 다른 의미를 찾기가 어렵다. 조앤 롤링이 『해리포터』 원고를 써서 열두 군데 출판사에서 거절당했다가 블룸스버리 출판사에서 출판, 이른바 대박을 친 경우는 투고의 긍정적 효과가 과장되어 소비된 경우로 보인다. 현재 한국 문학장의 구조 안에서 투고작을 심사하고 선택 혹은 배제하는 존재는 편집위원들인 경우가 많다. 그렇다면 문학권력으로 작동하는 편집위원 시스템을 버리고 편집자에게 투고된 작품을 선택하게 하면 어떨까. 작품을 보는 안목이 부재한다거나 출판사의 이해에 따라 잘 팔릴 만한 상업적인 작품만 선정하게 될 것이라는 불만이 있을 수 있다. 그럼에도 기존의 폐쇄적인 문학장의 권력 행사보다는 나을 것이라는 막연한 기대로 인해 투고와 출판의 과정을 상상한다. 하지만 선택의 권력이 문학인 그룹의 편집위원에서 출판 자본의 편집자로 넘어간다고 해서 문학장이 획기적인 전환을 맞을 수 있을까. 그것은 아마 어려울 것이다. 선택과 배제를 통한 문학권력 재생산 메커니즘을 그대로 둔 채, 선택 주체만을 바꾼다는 것은 해결책이 될 수 없다.

4.

이 지면은 작가에 대한 인정 형식으로서의 등단과 청탁 제도에 대한 검토로 시작되었다. 투쟁의 장으로서의 등단제도는 작가가 되고자 하는 주체의 인정 욕망을 문학권력의 재생산과 영토화하는 데 보다 집중되고 있다는 느낌을 지울 수가 없다. 청탁 역시 등단을 통해 작가로서 인정을 받은 문학 생산 주체로 하여금 문단 내부의 인정을 다시금 받아야만 비로소 문학장에 기입될 수 있다는 권력의 무의식적 작동 방식을 보여준다. 그것은 다른 문예지에 비해 비교 우위를 점하고 있는 특정 주요 문예지에 한정된 일만은 아니다. 그러나 특정 매체를 통해 등단하지 않을 경우 또는 청탁을 받지 못할 경우 재생산의 장치를 갖지 못하게 될 가능성이 큰 만큼 주요 문예지의 영향력은 막대하다. 보편적으로 작동하는 이런 메커니즘은 상상된 믿음의 차원에서 문학 생산 주체와 문학장의 권력 구조 내부에 당위로 전제되어 있다. 그것은 문학장을 이끄는 주요 문예지와 대형 출판사가 얼마 되지 않은 문학 시장을 독점하다시피 하고 있기 때문이다.

다양성이 결여된 문학장은 문학 시장의 왜소함으로 인해 더욱 강력한 권력을 행사하도록 이끈다. 이를 타개하기 위해 일련의 운동들이 수행되고 있고 우리는 그것을 목도하고 있다. 주요 문예지와 다른 길을 모색하는 『악스트』나 현재 종간하였지만 대안적 문학매체운동의 양상을 띠고 발행되었던 『더 멀리』, 창비라는 거대 출판 자본에 속해 있더라도 독자적인 방향을 추구하는 『문학3』과 반대로 클라우드 펀딩을 이용하여 발간되는 『젤리와 만년필』, 『베개』 등의 독립 잡지들, 패션화보와 문학작품을 묶어 문학 소비자의 범위를 확장하려는 『Motif』 및 웹진 『비유』 등은 기존 문학이 재생산하던 문학권력에 대한 탈영토화의 시도로 보인다. 이는 단지 문학 생산 주체들이 자신의 문학을 자율적으로 생산하고 삶을 개선하기 위한 노력뿐만 아니라 자신들의 문학을 통해 독자와 조우하고 등단 여부를 떠나 그들과 함께 문학 생산을 나누기 위한 노력이자 문학장의 변환을 위한 구체적이고 물리적 운동이다. 등단과 청탁이라는 제도에 의해 고착된 폐쇄적 문학장을 개방하여 독자와 함께 한국문학의 미래를 만들어나가는 행위인 셈이다. 이러한 대안적 문학 운동들은 아직 뚜렷한 성과를 보이지 못한 것도 사실이나 이를 통해 독자 및 문청 들의 문학장 진입을 보다 용이하게 하는 어떤 가능성이 될 수 있을 거라는 기대가 크다.

그 기대는 단지 문학 생산 주체의 확장이라는 층위 이외에도 문예지에 접근하는 것에 불편해하던 독자들의 접근성을 높인다는 점에서 비롯된다. 한국출판문화산업진흥원이 발표한 '2017 출판산업 실태조사(2016년 기준)'에 따르면 2016년 국내 출판산업 전체 매출액은 7조 8130억 원이라고 한다.[14] 그러나 실제로 도서 구입과 연결되는 오프라인 서점과 온라인 서점 매출액을 합치면 2조 7538억 원 수준이다. 문화체육관광부가 실시한 '2017년 국민독서실태조사' 결과에 따르면, 만 19세 이상 성인들의 연간 독서량은 8.3권에 불과하다. 1년간 일반도서를 1권도 읽지 않은 성인의 비율이 40.1%인 것[15]임을 감안하면, 실제 독서 인구는 상당히 적다고 봐도 무리가 없다. 게다가 이 독서량 수치는 일반도서 전체를 대상으로 하기 때문에 이 중 한국문학이 차지하는 비율은 그리 높지 않을 것으로 짐작된다. 이런 상황에서 대안적 문학 운동은 한국문학 독자층의 폭을 확장하는 데 어느 정도 기여할 수 있을 것이다. 다만 시장의 활성화는 대형 출판사를 비롯한 출판자본의 적극적 움직임이 동반되어야만 한다. 현재의 상황에 안주하고 자신의 문학권력을 유지·강화하는 방식으로는 독자와 유리된 '끼리끼리'에 머무를 수밖에 없다. 물론 이에 대한 노력이 없다고는 할 수 없겠지만 말이다.

그런 점에서 한국 문학장은 문학 시장의 확장과 다양성을 위해 온

---

14 「2016 출판산업 매출 7조8천억원. 온라인 서점 '강세'」, 〈이데일리〉, 2018.4.27. NHK에서 발표한 일본의 2017년 출판시장의 경우, 총 매출액은 1조 3700억 엔이며, 그 중 도서 매출액은 7150억 엔이다. 「今年の国内出版市場、1兆3700億円余でピーク時の半分に　電子書籍や電子コミックなどの電子出版市場は拡大」, 〈2NN〉, 2017.12.30.
15 「문체부, 2017 국민독서실태조사… 성인 연간 책 8.3권 읽는다」, 〈매일경제〉, 2018.2.5.

라인 웹 플랫폼의 영역으로 옮겨가지 않을까 생각된다. 공통된 문학적 이념과 철학에 바탕을 둔 편집위원 체제나 편집자에 의한 상업 출판으로의 접근으로는 폐쇄적인 문학 생태계를 타개할 수 없다. 실재하지 않는다고 상상하는 혹은 실재한다고 상상하는 문학권력은 문단에 진입하지 못하는 이들의 저항을 불러온다. 그런 이유로 개방적인 온라인 문학 플랫폼을 만들어 문학장 진입의 문턱을 낮출 필요가 있다. 장르문학 출판사인 '황금가지'의 온라인 소설 플랫폼 '브릿G'[16]의 경우나 『문학3』의 문학웹, 문학몹의 형태 또는 250만 명의 작가와 교류 중인 중국의 샨다문학(盛大文學)의 웹소설 플랫폼이나 영미권의 모바일 웹소설 플랫폼 '래디시(Radish)'와 같은 개방된 서비스로 한국문학의 다변화를 꾀해야 한다. 물론 문학 플랫폼 또한 이를 주도적으로 이끄는 회사 및 특정 집단의 권한이 강화되고 또 다른 권력으로 작용할 수 있을지도 모른다. 그러나 문학장이 폐쇄적으로 운영된다면 문단에 진입하지 못하는 이들의 불만은 지속될 수밖에 없으며, 실재하든 그렇지 않든 문학권력은 그것을 상상하는 방식으로 문학장을 구성해나갈 것이다. 시장이 만능은 아니겠으나 시장에 진입하는 것을 제도라는 이름으로 막는 것이 한국문학에 얼마나 이익이 되겠는가. 그것은 문학 생산 주체로서의 작가뿐만 아니라 한국문학 시장의 확대나 독자의 접근성과 참여를 제한하는 일이 될 수밖에 없다. 사회적 요구와 변화의 양상을 수용하여 문학장의 진입장벽을 허물어야만 새로운 문학의 지형을 만들

---

16   이와 관련하여 김녕, 「빛바랜 불편신고엽서와 전자민원창구, 그리고 문학」, 『내일을 여는 작가』, 2018년 상반기호, 55쪽 참조.

어나갈 수 있다.

현재의 방식으로는 등단과 청탁이라는 제도에 얽매여 있는 한국문학의 문제를 타개할 방안을 찾기 어렵다. 오랜 시간에 걸쳐 구축되고 고착된 제도를 단숨에 바꾸기는 어려울 것이며 내부의 저항을 불러올 것이다. 그러나 현재 일어나고 있는 대안적 문학 운동과 더불어 온라인 문학 플랫폼이 활성화된다면 우리는 새로운 문학장의 형성을 경험하게 될 것이다. 차별화된 지점을 형성하기 위해서라도 문학은 문학 생산 주체와 독자에게 좀 더 쉽게 접근할 수 있고 참여할 수 있도록 스스로를 개방하여 다양성을 구축해야 한다. 작가는 작가라는 역할을 수행하는 과정에서 의미가 부여된다. 체제 속의 작가 즉 문단의 특정 공동체 안에 기입되어야만 작가로 호명될 수 있다고 상상하는 것을 멈추고 문학의 기본인 자율성에 입각한 창조적 주체로 작가를 수행할 수 있게 하려면 현재의 제도에서 탈영토화할 수 있는 변화를 모색해야 한다. 그럴 때에야 기존의 (동인지적) 문학 공동체 또한 다양성이라는 층위에서 자신의 영역과 의미를 지속할 수 있다.

제도에 복속된 체제 내의 자유가 아닌 제도 바깥을 상상하고 이를 수행할 때, 비로소 작가는 누구와도 타협하지 않을 작가로서의 자리를 확보할 수 있지 않을까. 작가의 정체성은 결국 글 쓰는 사람이다. 그것 말고 다른 것을 생각하지 않도록, 문학권력에 기입되거나 재영토화, 탈영토화에 대해 고민하지 않는 것. 선택과 배제를 넘어 스스로 결정하고 책임지는 것. 어렵고 지난한 과정이 필요하겠지만 천천히 가다 보면 가보지 않은 그 길이 새로운 공간으로 우리를 이끌 수 있으리라 기대해본다.

비장소로서의 장소

1.

　한 편의 시를 쓴다. 청탁을 받아서 쓰기도 하지만 대체적으론 그렇지 않은 상황에서 쓴다. 차곡차곡 쌓인 시는 노트북 폴더 안에 잠들어 있다. 저장 공간의 크기가 커서 협소하진 않을 것이다. 그렇지만 열린 공간에 놓인 것은 아니니만큼 갇혀 있는 기분이 들지도 모르겠다. 어떤 시인들처럼 SNS에 올려놓을까도 생각해보지만 그건 사적 영역의 친밀한 관계에 제한된 소통이라는 점에서 망설여진다. 보편적인 방법인 문예지 지면을 통한 발표를 생각할 수도 있으나 그것 역시 청탁 과정을 거쳐야만 하는 것이라서 청탁이 없는 지금 상황에서 내가 할 수 있는 방법은 투고뿐이다. 그런데 정말 그것이 최선일까. 내가 쓴 시를 독자와 만나게 하는 방법이 사적 SNS를 제외하고 청탁 받은 문예지에 글을 싣는 것만 있는 것일까. 다른 방법은 없는 걸까.

　알다시피 한 편의 시를 독자와 연결하는 문학 플랫폼은 문예지다. 이러한 문예지는 대체로 출판사를 기반으로 하며 몇몇 문인 단체에 적을 두기도 한다. 출판사나 문인 단체를 문학권력으로 인식하고 저항의 의미로 뜻 맞는 이들이 모여 독립문예지를 만든 경우도 있다. 그러나 기반이 어떻든, 뜻이 어떻든 간에 문예지는 기왕의 틀을 벗어나지 못한다. 청탁 또는 투고의 방식으로 글을 받아 지면에 실어 출판하여 배포한다. 조금 다른 방식이 있다면 웹진의 형태로 발간하는 것이지만 이는 지면을 웹의 형태로 바꾼 수준에 머물러 있다. 대표적으로 한국문화예술위원회의 『문장웹진』이 여기에 해당한다. 그런 점에서 문학 작품을 독자와 연결하는 문학 플랫폼을 떠올리면 문예지의 형태를 상상하기 쉽다. 문학 '플랫폼'은 여전히 사람들의 사고 속에서 전통적 문예지의 역할에 머물러 있는 것이 사실이다.

'플랫폼'의 사전적 의미는 역에서 승객이 열차를 타고 내리기 쉽도록 철로 옆으로 지면보다 높여서 설치해 놓은 평평한 장소로 이동을 위해 스쳐 지나가는 곳이다. 그곳에서 우리는 만남과 이별을 경험하고 떠남에 대한 기대감과 되돌아올 때의 편안함을 얻는다. 그러나 지난 몇 년 사이 '플랫폼'은 다른 의미로 확대, 변화하였다. 플랫폼은 단순히 이곳과 저곳을 연결하는 장소에서 일종의 거래를 형성할 수 있는 정보 시스템 환경으로 전환되었다. 수많은 사람과 물건이 오가는 산업 인프라가 된 것이다. 이제 '플랫폼'이라 하면 구글, 애플, 아마존, 에어비앤비 혹은 네이버와 카카오 같은 컴퓨터 프로그램이나 모바일 앱에 기반을 둔 기업이 생산자와 소비자가 서로 원하는 가치를 거래할 수 있도록 연결하는 장을 산업화한 어떤 상태를 상상한다. 이런 상황에서 문학 '플랫폼'이 그저 문학이 독자와 만나는 체제로서의 문예지만을 의미한다면 굳이 '문학 플랫폼'이라는 용어를 쓰지 않아도 될 것 같다. 그것은 특정한 용어를 고루하고 편협한 층위에 고착화하는 일이 될 테니 말이다.

그렇다고 해서 현재 우리 사회에 문학 플랫폼이 문예지의 형식을 벗어나 다른 양태로 변화해 가는 노정에 있다고 보기도 어렵다. 대형출판사 중심의 문예지 시스템이나 이를 문단 권력으로 비판하며 나타난 독립출판의 문예지 역시 문학 작품을 독자와 만나게 하는 방식 틀은 별반 차이가 없기 때문이다. '문학 플랫폼의 현황과 전망'이라는 제하로 지금 쓰고 있는 이 기획 글이 실리게 될 문예지 역시 마찬가지라서 큰 틀에서 보면 딱히 현황이라고 할 만한 어떤 변화의 지점을 논의하기가 쉽지는 않다. 그럼에도 이야기할 수 있는 건 현실적인 벽에 부딪히더라도 새로운 시도를 모색한 작업들이 존재하기 때문이다.

2.

에드워드 렐프에 따르면, 장소란 "자연물과 인공물, 활동과 기능, 그리고 의도적으로 부여된 의미가 종합된 총체적인 실체"이다. 이때의 장소는 지리학적인 위치를 점유하는 실체이면서 실존적인 내부성을 통해 경험되는 정체성에 기반을 둔다. 다시 말해, "장소의 정체성이란 특별한 성격을 가진 내부성이자 내부에 있다는 경험으로서, 장소들을 공간상에 분리시키는 역할"을 한다.[1] 장소의 내부성을 경험한다는 것은 인간의 활동에 의해서 지속적으로 창조되고 다시 만들어지는 어떤 심층을 경험하는 것이며 그로부터 문화적이고 공동체적인 자신의 실존을 확인하는 것이다. 문학의 층위에서 이를 적용해 본다면, 문예지는 작가들에게 자신의 실존을 확인하게 하는 특별한 내부성을 지닌 구체

---

1 에드워드 렐프, 『장소와 장소상실』, 김덕현·김현주·심승희 옮김, 논현, 2005, 288쪽.

240

적 경험의 장소가 된다. 조금 과장하여 말하면, 문예지에 작품을 발표함으로써 개별적이고 상호 주관적 경험을 하게 되고 작가로 인정받아 활동을 지속할 수 있다는 믿음. 이는 문예지를 둘러싼 문화를 경험하는 개인의 무의식적 반응이자 작가로서의 인정 장소로 문예지의 역할과 더 나아가 문예지의 권력을 수용하는 데로 이어진다. 이를 뉴턴의 절대공간으로 보아도 될 법하다. 실험적으로 입증하여 확인할 수는 없지만 포기하기는 어려운, "유익한 환상"[2]으로서의 문예지라는 장소를 내면화하는 것이라 할 수 있겠다.

'유익한 환상'으로서의 문예지는 상상된 믿음의 양태로 문학 플랫폼의 기준을 제시한다. 그러나 앞에서 언급한 바와 같이 플랫폼의 연결성보다는 고정된 장소로 기능한다고 보는 것이 옳다. 시, 소설, 평론과 기획, 특집 등으로 구성된 문예지의 형태는 대다수 문학 플랫폼이 취하는 고착화된 양식이다. 평론가들이 주축이 된 편집위원 체제의 문예지, 대형출판사의 출판 자본과 결합하여 시장 논리를 수용한 문예지들이 구축해 놓은 이러한 단단한 틀 속에서 "형성된 문학 창작과 발표, 출판 조건, 시스템에 대한 문제의식은 기존 플랫폼의 변화를 촉구"하며 일일이 열거할 수 없을 정도로 많은 문예지에서 다양한 시도를 수행하고는 있지만 틀을 고정시킨 채 약간의 차이만 준다는 점에서 한계를 보이는 게 사실이다.[3] 특히 순문학에서는, 김지윤이 지적하듯 창작

2　마르쿠스 슈뢰르, 『공간, 장소, 경계』, 정인모·배정희 옮김, 에코리브르, 2010, 42쪽.

3　김지윤, 「디지털 시대, 소셜 인게이지먼트와 시의 새로운 영역」, 『청색종이』, 2020 봄호, 48쪽. 김지윤은 최근 발표한 글에서 문학 플랫폼의 현황과 그 변화 양상들을 살펴보면서 우리의 문학생태계가 "변이의 과정에서 수많은 균열과 틈을 보여주고 있는데, 치열한 고민이나 효과적 방안을 담아내지 못하면 근본적인 혁신을 이루지 못한다. 플랫폼의

지원 대안 플랫폼이 성공적으로 안착한 경우는 없다. 그나마 눈에 띄었던 것은 유료 온라인 문학 플랫폼 '던전'이었으나 결국 폐쇄되고 말았다. 일정한 구독료를 받고 요일별 업로드되는 글을 읽을 수 있었던 플랫폼이었으나 텍스트비즈니스로서의 수익성을 달성할 수 없었으며 대중성을 확보하여 확장성을 가지는 데에도 이르지 못했다.[4] 이를 돌파하는 방안으로 마련된 것이 인터넷을 통한 작가와 독자의 직접 소통이다. 이메일 구독 시스템이 이에 해당하는데 이슬아, 문보영 등의 작업이 가장 널리 알려져 있으며 그 외 다수의 작가가 이 방식을 취하고 있다. 그러나 이렇게 발송되는 글은 시와 소설 등의 신작일 경우도 있으나 대부분은 에세이에 해당하며 메일링된 글들은 후에 책으로 묶여 독자와 만나게 된다.

문학 플랫폼의 변화 양상에서 무엇보다 중요한 것은 그것을 가능하게 하는 수익성과 대중성을 어떻게 확보하느냐에 있다. 『창작과비평』, 『문학과사회』, 『문학동네』 등의 문학 플랫폼이 나름의 방식으로 문학 생태계를 발전시켜온 것도 사실이겠으나 종이책 중심의 구성 양상은 오늘날 문학 시장의 확장과 다양성을 확보하는 데 어려운 실정이다. 『악스트』, 『문학3』, 『릿터』 등의 대형출판사의 리뉴얼 문예지나 『베개』, 『젤리와 만년필』, 『토이박스』 등의 독립문예지가 문학 플랫폼의 다른 지형을 만들어내기도 했지만, 기존의 형식을 답습하거나 수익성과 대

질적 변화는 양적 변화보다 훨씬 어렵고 근본적인 문제 해결이 선행되어야 한다"고 주장했다. "다양한 소통의 장이 '중심'을 해체하고 재분배하는 것은 긍정적인 일이지만 함께 논의할 수 있는 공론장을 만들 수 있어야 한다"는 것이다. '문학 플랫폼의 현황과 전망'이라는 내용을 담고 있어 주목해야 할 글이다.

4   같은 글, 52~53쪽.

중성 확보 문제 등으로 휴간, 폐간되거나 어려움을 겪으며 고군분투하는 상황이다. 그럼에도 "문학장 전체의 지도를 놓고 보면 독립문학의 시도들은 지속성이 없기도 한데, 개별적으로 숱하게 명멸하며 사라지곤 하지만, 다시금 전체로서는 구조에 영향을 끼칠 수도 있는 수평적이어서 밝은 교환(증여)이 지속되고 있다고 생각된다. 오늘 내가 사라지면 내일 네가 눈을 뜨고 깨어나는 방식"[5] 이라고 한 『베개』 운영자의 말처럼 변화를 향한 시도는 실패를 무릅쓰고 이어지고 있다.

그런 점에서 문학 플랫폼의 변화는 '구조에 영향을 끼칠 수도 있는 수평적이어서 밝은 교환'이 가능한 문학 공동체의 양상으로 변해가고 있다고 볼 수도 있다. 저마다의 다른 문예 정체성을 갖춘 독립문예지들은 "출판사를 통하지 않고 창작가와 독자가 중심이 되어 마주"할 수 있도록 하며 "기성의 출판시스템이 시도하지 못했던 개성을 드러내는 동시에 페이스북, 텀블벅 등과 같은 기술 적응성"을 높이는 한편 독립문예지 간의 "활발한 상호 교류 및 연대"를 통해 새로운 문단 시스템을 구성한다.[6] 이러한 문학 커뮤니티의 가능성은 종이책보다 인터넷상에서 더욱 활발하다. 수익성 측면에서의 경제적 위험도를 낮추는 한편 접근성이 비교적 용이한 웹 환경으로 말미암아 문학장 진입의 문턱을 낮출 수 있기 때문이다. 기존의 문예지가 지닌 폐쇄성에서 벗어나 새로운 문학장의 활로를 개척할 가능성이 웹을 통해 모색되고 있는 것이다.

---

5   조원규, 「등단과 비등단 사이에서 문학하기 –『베개』를 운영한다는 것에 대한 고충과 한국문학의 가능성」, 『작가들』 2022년 봄호, 174쪽.
6   김보관, 「문학주간 2019, 변화하는 콘텐츠 생태계 속 독립문예지와 1인구독시스템에 대해 논의해」, 『뉴스페이퍼』, 2019. 09. 09.

정리해보자. 문학장은 상상된 공간이다. 그것의 실체 여부와 상관없이 우리는 문학장을 권력관계로 상상해 왔다. 그리고 그것의 실체로 메이저 문예지 혹은 평론가 편집위원의 문예지를 들었다. 그로부터 벗어나기 위해 독립문예지를 출판하기도 했으나 단발성 기획 혹은 지속 불가능한 모험에 그치기도 했다. 그런 점에서 장소의 변화가 요구되었다. 문학 플랫폼은 지면에서 웹으로 이동하고 있다. 그러나 단순한 매체의 이동에 만족할 수는 없다. 현재 웹진의 형태로 발간하는 문예지의 양태는 그저 종이의 온라인화에 머무를 뿐이라서 엄밀한 의미에서의 전환으로 보기 어렵기 때문이다. 이를 타개하기 위해 웹진은 상호 교류 및 연대를 통해 새로운 공동체를 구축하고 있다. 이는 문학 플랫폼이 제도에 복속된 체제 내의 자유가 아닌 제도 바깥을 상상하는 탈영토화와 재영토화의 고민에서 비롯된 결과일 것이다. 그런데 그게 전부라면 너무 빈곤한 현실이 아닐 수 없다.

3.

다시 플랫폼에 주목해보려 한다. 기존의 문학 플랫폼과는 달리 온라인 웹 플랫폼에서 요구되는 것은 단순히 콘텐츠의 다양성뿐 아니라 그것을 소비하는 플랫폼 자체의 차별화이다. 알고리즘에 의해 취향을 확대 재생산하는 기왕의 온라인 매체들과는 다른 문학 플랫폼만의 전략도 필요하겠지만, 무엇보다 중요한 것은 플랫폼을 매개로 한 작가와 독자의 경험을 어떻게 새로이 만들어낼 수 있는가일 것이다. 장소로 구체화된 공간은 그 안에서 일어나는 상호작용을 통해서 의미를 획득한다. 그런 점에서 문학 플랫폼은 작가와 독자가 연결되는 경험을 통해서 기존의 문학 플랫폼과는 다른, 소통과 참여의 확장으로 나아갈 수 있는 것이다. 물론 인터넷으로 문학 플랫폼이 이동한다고 해서 기존의 경계가 사라지는 것은 아니다. 마르쿠스 슈뢰르는 경계는 사라지지 않고 다만 장소와 모습을 바꿀 뿐이라고 하며 우리가 경험하고 있는 것은 공간 관계의 다양화라고 지적한다. "공간적 관계에 대한 더 큰 선택 가능성, 그리고 공간 규정에서 공간선택으로의 변동, 확대된 유동성, 공간으로부터 더욱 해방된 상태, 그리고 월경 가능성, 이런 것들은 누구에게나 다 똑같은 정도로 적용되는 것이 아니"며 "경계가 어떻게 인지되는가는 그 사람이 어떤 상황에 있느냐 그리고 어떤 지위를 가지고 있는가에 결정적으로 달려 있다"[7]고 하였다. 인터넷 공간도 그곳이 다양한 가능성을 지닌 공간이며 기존 공간에 비해 접근이 용이한 공간이라 해도 누구에게나 의미 있는 장소로 기능하지는 않을 것이다. 그럼에도 기존의 공간과의 비교 우위를 논하기는 어려우나 기술의 발달은 공간을 바라보는 우리의 심리적 거리를 축소하며 누구에게나 열린 공간으로 우리를 이끌 것은 명확하다. 그리고 이는 더 큰 선택 가능성과 확대된 유동성 등으로 말미암아 서로 다층적으로 얽힌 세계를 보다 분명히 하며 다양한 세계를 구성해낼 수 있을 것이다. 고정된 장소를 상실함으로써 얻게 되는 새로운 장소의 가능성이야말로 우리가 바라봐야 할 세계인 셈이다. 그것을 어떻게 활용할 수 있는지가 관건이겠다.

---

7   마르쿠스 슈뢰르, 앞의 책, 250쪽.

그런 점에서 온라인 웹 기반의 문학 플랫폼은 비장소로서의 장소가 되어야 한다. 마르크 오제는 비장소를 "언어상의 은밀한 합의, 준거가 되는 경관, 삶의 기술에 대한 정식화되지 않은 규칙을 통해 '인류학적 장소'를 만드는 것이 바로 어떤 사람들과 그 타자들의 정체성이었던 반면, 승객, 고객, 혹은 일요일의 운전자들 사이에 공동의 정체성을 창조하는 것"이라고 한다. "일시적 정체성과 결부된 상대적 익명성은 잠시 동안 줄을 서고, 자기가 있어야 할 자리에 있고, 자기 외모를 점검하기만 하면 되는 사람들에게는 일종의 해방으로까지 느껴질 수 있"는 곳이자 "의무에서 자유로운 구역"이 비장소라는 것이다.[8] 이는 플랫폼이 지닌 본래의 특성이라고 할 수 있다. 이쪽에서 저쪽으로 이동하기 위해 잠시 잠깐 익명의 존재로 들르는 공간. 이 공간은 특별한 경험을 통해 장소화되기도 하지만 대부분 스쳐 지나가는 곳에 해당한다. 이는 고정된 의미를 지니는 것이 아니라 그곳과 맺는 관계에 의해 언제든 변화 가능한 열린 공간이며 텍스트에 따라 자유로운 이동이 가능하며 공동의 정체성을 발휘할 수 있는 곳임을 의미한다. 일시적 관계 맺음을 통해 정체성이 부여되고 그에 따라 자유로운 의미를 향유할 수 있는 경험의 장소인 셈이다.(비장소를 장소로 명명하는 오류가 있음에도 대체할 용어를 생각할 수 없다.) 웹 기반의 문학 플랫폼은 비장소가 '소셜 인게이지먼트'로 수행되는 장소라는 점을 고려하고 이를 전유하여 작가와 독자를 매체를 통해 연결시켜 다양한 경험을 시도할 수 있도록 이루어

8　마르크 오제, 『비장소:초근대성의 인류학 입문』, 이상길·이윤영 옮김, 아카넷, 2017, 122쪽.

져야 한다. 김지윤이 언급한 러닝 크리에이터 플랫폼 '탈잉'의 시 창작 온라인 브이오디(VOD)나 독일의 '인키트(Inkitt)' 사례[9]가 이에 해당한 다고 볼 수 있다. 지면을 웹에 올리는 형태가 아닌 작가와 독자의 커뮤 니케이션이 가능한, 신뢰 관계에 바탕을 둔 활동이 가능한 문학 플랫 폼으로의 전환을 통해 새로운 경험을 선사할 수 있는 모델의 구축이 요구된다.

그러나 알다시피 순문학 장에서 이러한 전환은 수익성을 담보할 수 없다는 점에서 어려움이 있는 것이 사실이다. 작가와 독자의 상호작용 에 의해 기대하고 약속된 목적을 얻기 위한 플랫폼이 비장소로서 지속 가능하려면 경제적 여건이 뒷받침되어야 하기 때문이다. 대안 독립문 예지들의 노력이 누군가의 희생으로 구현되다가 사라진 경우를 우리 는 많이 봐 왔다. 이러한 상황은 우리가 상상하는 문학 플랫폼이 웹소 설이나 웹툰 플랫폼과는 다른 시장 환경에 놓여 있는 상황에 기인하기 도 한다. 서은영은 웹툰 시장에서 노블코믹스의 성장을 플랫폼 자본주 의로 분석하면서 플랫폼의 역할에 주목하였다. 그는 네이버와 다음의 사내 독립기업인 CIC(Company In Company)가 웹툰·웹소설 소비자의 취향을 주조하고, 소비자의 데이터를 확보해 판매에 유리한 사업(작품) 모델을 만듦으로써 웹툰 산업을 재조직화하여 '알고리즘형 통치'를 보 여주었다고 한다.[10] 이는 개별 유저(독자)가 선택한 취향과 연관성이 높 은 순으로 작품을 추천받게 하여 편의성, 효율성, 직관성의 면에서 소

---

9   김지윤, 앞의 글, 57~58쪽.
10   서은영, 「노블코믹스의 이야기 소비 방식」, 『황해문화』, 2022년 봄호, 260쪽.

비자 중심의 서비스를 제공하는 것인데 긍정적으로 말하면 작품을 큐레이션하여 독자에게 제공하는 것이지만 부정적으로 보면 패턴화된 이야기 구조의 소비를 양산하는 기형적 형태를 초래하여 다양성을 훼손하는 경향으로 이어진다는 것이다. 하지만 여기에서 중요한 것은 그가 독자를 유저로 명명하여 바라보는 관점인데 이들은 단순히 큐레이션된 것을 수동적으로 수용하지 않고 일종의 게임처럼 자신의 취향을 해시태그화하여 패턴의 변화를 추구한다. 그들은 자신에게 주어진 정보를 자신의 취향에 따라 재조합하여 다양한 경우의 수를 만들어 새로운 이야기로 소비한다는 점에서 단순한 스노비즘의 존재가 아닌 능동적 존재가 된다. 이를 당장 순문학 장에서 적용할 수 있는 모델로 생각할 수는 없겠지만, 문학 플랫폼이 단순히 문학 작품을 독자에게 제공하는 역할에 머물러서는 안 되며 독자의 관심과 자발적인 참여가 이루어질 수 있도록 해야 한다는 점에서 참조 모델이 될 수는 있을 것이다. 스마트폰을 통해 웹에의 접근이 쉬운 요즘의 독자들과 어떻게 상호작용하는 관계를 강화하고 유지할 수 있는지를 매체의 특성에 맞게 고민해야 할 때이다.

4.

시를 쓰고 발표함으로써 독자와 만나는 한 명의 시인에게 이런 고민은 플랫폼의 수익성과 직결될 수 있는 사안일 따름이라서 별반 흥미를 끌 수 없는 것인지도 모르겠다. 플랫폼의 수익이 시인에게 돌아올 것이라고, 그 낙수효과를 볼 수 있을 거라고 기대하는 것은 어리석은 일이다. 다만 문학 플랫폼의 변화가 작가에게 또 다른 기회가 될 것은 분명하다. 적어도 종이라는 물성에 기반을 둔 작품이 웹을 통해 독자에게 전달되게 되면 이를 통해 더 넓은 층위의 관계를 형성할 계기가 마련될 수 있기 때문이다. 대형출판사 중심의 문예지가 지닌 중심이 해체되고 좀 더 다양한 방식의 장이 마련될 것이라 비록 막연하긴 하지만 그래도 기대를 품을 수도 있지 않을까. 알 수 없는 노릇이긴 하다.

　필자는 다른 지면에서 비장소로서의 플랫폼으로 시를 말한 적이 있다. 시라는 작품 자체가 하나의 문학 플랫폼으로 기능한다는 관점이었는데 지금 여기에서 말하는 문학 플랫폼의 방향성과는 다른 이야기일 수 있다. 그럼에도 언급하는 이유는 "시인의 표상은 시인의 현실적 행위로 인해 의미를 얻는다"는 생각이 여전하기 때문이다. "시는 시인의 행위를 가능하게 하는, 심층적 경험 과정으로서 존재의 내부를 구성한다. 그것은 특정한 문화적 의미로 이미 주어진 것이라기보다 개방적인 경험으로 향유되는 것이다. 이때의 경험은 시를 둘러싼 관계들의 총체 속에서 이루어지며 새로운 삶의 가능성으로 시인을 이끈다."[11] 이 문장은 시인이라는 정체성의 준거로 작동하는 시가 하나의 장소로 시인에게 영향을 주는 한편으로 그것이 비장소로서 독자와 연결되는 플랫폼으로 기능하여 시인으로 하여금 시인이 되도록 한다는 점을 말하고자 함이었다. '나'를 구성하는 것은 '나와 관계 맺는 '너'로 말미암는다.

1 1 　졸고, 「시와 시인 그리고 플랫폼」, 『비정기 비평무크지 요즘비평들 1호』, 자음과모음, 2021, 342~343쪽.

이는 네트워크로 연결된 다양한 존재들의 장을 통해 수행된 결과로 존재의 정체성을 재정의하는 관점이다. 현재의 대다수 문학 플랫폼은 나와 너를 연결하는 네트워크의 기능을 하는 장소로 기능하지만, 그 장소는 확고불변한 가치를 내재하고 있다고 보기 어렵다. 미디어 생태계가 급변하는 상황에서 제도화된 시스템이 제공하는 서비스는 제한될 수밖에 없다. 그런 점에서 시인이 자신만의 장소를 구축하기 위해서는 고착화된 문학 플랫폼을 틀을 넘어서야 한다.

그러나 우리의 사유는 여전히 문예지 특히 종이책에 머물러 있다. 온라인 웹 환경으로의 전환이라는 웹진의 형식도 종이책의 사유와 그리 큰 차이를 보이지도 않는다. 그것들이 지닌 폐쇄성에서 벗어나 개방적인 세계로 나아가기 위해서는 이전과는 다른 상상이 필요하다. 메일링 서비스나 하이퍼링크를 통한 하이퍼텍스트의 활용 또는 유료 버전의 문학 플랫폼이 개인적 층위에서 상상할 수 있는 최선은 아닐 것이다. 필자는 더 나은 전망을 제시하기에는 상상력이 부족하다. 다만, 두 개의 플랫폼이 상호 교차하는 세계를 그려본다. 시가 실리는 문학 플랫폼과 시라는 플랫폼의 상호 교차. 장소라는 믿음으로 존재하는 두 미디어를 비장소로 바라보고 그것이 서로 교차하도록 만드는 일. "서로를 이어줄 수 있는 통로를 만들고 벽을 낮추며 네트워크의 이점과 초연결의 시대에 개인들이 가진 힘을 잘 활용"[12]하기 위해서라도 작가와 독자가 끊임없이 이동하며 유희할 수 있는 플랫폼을 만들 수 있었으면 한다. 협소한 측면에서 생각해보면, 어쩌면 그것은 큐레이션이 될지도 모

---

1 2 김지윤, 앞의 글, 67쪽.

르겠다. 균일화된 각각의 레퍼런스를 연결해 취향에 맞는 작품과 마주할 수 있도록 하는 큐레이션. 물론 그것이 가능하려면 기존의 문학 플랫폼과의 연계 및 광범위한 취향의 빅데이터가 요구될 것이다. 단순하게 생각하자면 코로나19 이후 활성화되고 있는 구독 경제나 공유 경제처럼 산업화된 방식으로 상상할 수도 있겠다. 그러나 뉴스레터처럼 일종의 통로가 되어 독자와 작가를 연결할 수도 있지 않을까. 메일링 서비스 역시 크게 보면 이에 해당하겠지만 그것이 개별적 행위로 진행되는 것이니만큼 한계는 명확하다. 이를 광의의 영역에서 연결하고 큐레이션하는 플랫폼을 개발할 필요가 있을 것이다. 그리고 그러한 문학 플랫폼 안에서 시인들은 시라는 플랫폼을 활용하여 독자와 연결되고 취향의 공동체를 형성하며 또 다른 활동의 계기를 마련할 수 있을 거라고 상상해본다.

5.

한 편의 시를 쓰는 나는 그 시가 놓일 플랫폼을 떠올린다. 그곳은 종이 매체 혹은 인터넷 매체의 고정된 공간일 것이다. 그곳에서 시는 한 번 읽고 덮이거나 집게손가락 클릭으로 화면 전환될 것이다. 그 짧은 시간을 통해 나는 독자와 만나 시인이 된다. 그러고 나면 무엇이 남을까. 그것으로 충족된 상태에 머무를 수도 있겠으나, 이때의 독자가 예상된 독자를 넘어서는 존재일 수는 없는 것일까. 독자 역시 목차에 기재된 예상된 시인이 아닌 예상치 못한 시를 만나 다른 경험을 할 수는 없을까. 확장성을 지닌 IP(지적재산권)로 내가 쓴 시가 존재하고 그것이 놓인 플랫폼이 낯선 경험을 선사하는 혹은 그것을 기대하는 비장소의 장소가 되었으면 좋겠다. 유동하는 세계 속에서 경험하는 낯섦의 유희가 가능한 곳, 문학 플랫폼의 미래는 그 어딘가에 있지 않을까. 그곳에서 나는 너와 함께 의외의 관계를 맺고 우리의 다른 가능성을 향유할 수 있을 것이다.

책이 지녀야 할 물음들
—문학의 유통에서 문학의 소통으로

1.

지금은 잘 사용하지 않지만, 2000년대 초반까지만 해도 학생들 사이에서 '잇템'은 전자사전이었다. 아이리버, 카시오, 샤프 등의 회사에서 나온 전자사전은 정말 획기적인 발명품이었다. 두껍고 무거운 사전을 갖고 다니지 않아도 쉽고 빠르게 단어를 검색할 수 있었기 때문이었다. 학생들에게는 그야말로 꿈의 아이템이었던 셈이다. 하지만 나는 전자사전을 써본 적이 없다. 아무리 유용하고 값이 싸다 하더라도 이미 갖고 있는 사전을 폐기하고 전자사전을 살 이유가 없었기 때문이었다. 공부를 한다는 것은 종이책을 넘겨 가며 하나하나 찾아 그 의미를 이해하고 숙지하는 것이라고 생각하기도 했다. 물론 지금이야 스마트폰 사전 어플리케이션을 이용하지만 그때는 그랬다. 전자사전은 유용한 굿즈일 뿐, 있어도 그만 없어도 그만인 도구였다. 돌이켜 생각하면 종이책과 전자책의 차이를 전자사전의 양상으로 실생활에서 처음 경험한 것이었던 셈인데, 지금도 마찬가지지만 나는 새로운 기기를 수용하는 데 늦는 편이라 전자사전과 그 이후 매체 및 플랫폼의 변화에 둔감했다.

그 시절부터 전자책은 종이책을 대신할 새로운 매체로 주목받았다. 전자책은 종이책과는 달리 전용 뷰어나 단말기를 통해 파일로 된 출판물을 읽는 형태를 취한다. 즉 전자책은 콘텐츠가 종이가 아닌 디지털 방식으로 유통되는 새로운 형태의 매체인 것이다. 미국의 아마존닷컴이 2007년에 내놓은 단말기 '킨들(Kindle)'은 종이책과 유사한 크기로 200종이 넘는 책을 저장할 수 있으며 자사 사이트를 통해 새로운 책을 다운로드할 수 있다는 점에서 소비자의 주목을 이끌어 시장에서 성공한 사례가 되었다. 이후 우리나라에서도 인터넷 서점을 중심으로 전용 단말기를 출시하여 전자책 시장을 키워나갔다.

전자책은 "비용절감, 휴대의 편의성, 비거리성, 영구성, 변형성, 자원절약 및 환경보존, 멀티미디어 출판, 기능성, 저렴한 가격, 신속한 업그레이드 등의 장점이 있는 반면, 소비자의 고정비용 증대, 기술성, 소프트웨어의 다양성, 보안성, 가독성의 문제 등의 단점도 지니고 있다."[1] 하지만 기술의 발전에 따라 단점은 보완되고 장점은 극대화되고 있는 추세이다. 이러한 전자책의 보급 확대로 종이책이 머지않아 사라질 것이라고 보는 경향이 우세했던 때도 있었지만, 종이책이 전자책으로 대체되리라는 예측은 섣부른 것처럼 보이기도 한다. 그것은 어쩌면 전자책이 독서소비의 가속화를 가져오는 한편으로 종이책의 수요를 하락시킨 것이 아니라는 측면에서 기인하는 것인지도 모른다. 그러나 디지털화된 텍스트를 넘어서는 대안을 종이책 시장이 마련하지 못하고 있는 것은 문제삼을 만하다.

2.

---

1   성대훈, 『디지털 혁명, 전자책』, 이채, 2004, 48~52쪽 참조.

구글이 하버드대 도서관의 책 수백만 권을 디지털화하겠다는 계획을 세우고 이를 수행한 지도 십 년이 넘었다.[2] 책이 없는 도서관을 만들겠다는 야심은 어느 정도 이루어진 셈이다. 우리나라 역시 국가사업의 일환이자 여러 도서관의 개별 사업 형태로 디지털 아카이빙 사업이 진행되고 있다. 나는 2017년 말과 2018년 초에 걸쳐 문예지 아카이빙 사업에 참여한 바 있다. 한국문화예술위원회가 문예진흥원 시절부터 지원했던 문예지들의 표지와 목차를 아카이빙 하여 대중에 공개하는 일이었는데 이때 느낀 것은 아직 우리나라 디지털 도서관의 길이 멀고 먼 일이라는 것이었다. 표지와 목차의 디지털 아카이빙은 저작권에 저촉되지 않는 범위 내에서 진행되었다. 구글이 수행한 사업에서도 시행착오가 있었던 것을 감안한다면, 우리나라에서 책의 디지털 데이터화를 이루어내기는 쉬운 일이 아닐 것이다.[3] 그러나 스마트폰 사용에 익숙한 작금의 상황을 고려해보았을 때, 책을 데이터베이스화하여 전자책의 형태로 대중독자에게 전하는 서비스는 어느 순간 이루어지기는 할 것이다.

그러나 중요한 것은 종이책이든 전자책이든 내용을 이루는 콘텐츠의 문제인지도 모르겠다. (주)마크로밀엠브레인에서 2016년에 전국 19세 이상 성인 남녀 1,000명을 대상으로 조사한 결과에 따르면, 구입한 전자책 장르가 소설(65.7%), 자기계발(34.0%), 인문(26.4%) 순으로 나

<hr />

2   이와 관련된 사항은 로버트 단턴, 『책의 미래』, 교보문고, 2011.를 참조할 수 있다.
3   이미 RISS를 비롯한 학술연구 관련 자료 서비스 사이트나 출판사, 포털 사이트 등에서는 자체적으로 디지털화된 콘텐츠를 제공하고 있다.

왔으며, 구입한 종이책 장르 역시 소설(56.7%), 자기계발(46.1%), 인문 (40.2) 순으로 나왔다.[4] 세부적인 분석이야 좀 더 살펴봐야겠지만 전자책을 이용하든, 종이책을 이용하든 선호하는 장르는 유사하다는 것을 알 수 있다. 그중에서 '가장 잘 팔리는' 장르는 소설이었다. 이때의 소설이 전자책과 종이책에서 각기 다른 형태를 취하지는 않는다. 그저 독자에게 제공되는 방식이 인쇄 방식이냐, 디지털 방식이냐의 차이가 있을 뿐이다. 매체의 차이이자 플랫폼의 차이일 뿐이다. 아직까지는 그렇다.

정보를 전달하는 매체와 플랫폼이 달라지면 그 내용과 형식도 달라지게 마련이다. 맥루한과 키틀러가 이미 밝혔듯이, 매체의 변화는 메시지 즉 콘텐츠의 변화를 야기하고 이는 기존의 기록시스템을 붕괴시키는 역할을 한다. 단적인 예로 스마트폰이 가져온 콘텐츠 접근 양상을 살펴볼 수 있을 것이다. 이러한 매체의 변화가 문학의 생산과 유통, 소비 방식에 어떠한 영향을 미치고 있는 것일까.

우리나라에서 '문학'을 유통하는 방식은 단행본과 월간, 계간 등의 종이문예지와 온라인을 기반으로 삼는 수많은 사이트와 웹진을 들 수 있다. 콘텐츠의 향유를 위해 온라인 공간으로 독자들이 이동하는 이유는 여러 가지가 있을 수 있겠지만, PC에서 스마트폰으로 온라인 접근 매체가 달라진 것을 간과하기 어렵다. 쉽고 간편한 접근은 그만큼 쉽고 간편한 콘텐츠를 향유하게 한다. 소설의 경우도 흔히 이야기하는 순수소설보다는 장르소설 특히 웹소설 위주로 소비되는 경향이 더 크

---

4 (주)마크로밀엠브레인, 『리서치보고서』 Vol.2016 No.4, 마크로밀엠브레인, 2016. 참조.

다.[5] 이는 접근성의 문제라고 볼 수 있겠다. 웹에 기반한 순수문학의 접근성보다는 장르소설 특히 웹소설의 접근성이 훨씬 수월하기 때문이다. 이런 상황에서 단순히 전자책과 종이책의 소비 양상을 살피는 것은 무의미하다. 어차피 문학 향유층은 제한적이기 때문에 이를 확장할 방법을 모색하는 하나로 문학 콘텐츠에 접근이 용이한 플랫폼을 마련하는 데 집중해야만 하는 상황이다. 그런 점에서 매체의 변화는 생산 방식보다 유통과 소비 방식에 치우쳐 영향을 미치고 있다.

문단의 상황은 어떠할까. 문학을 창작하고 유통하는 주된 주체는 출판사일 수도 있지만, 한국 문학장의 지형상 문단 구성원이 수행하는 바도 무시할 수 없다. 지난 정권에서의 블랙리스트와 한국문화예술위원회의 문예지 지원 사업의 축소, 중단 등으로 인한 재정난을 이유로 휴간, 폐간되는 문예지들이 생기는 한편, 2015년 신경숙 표절 사태 이후, 주요 문예지들이 다양한 방식으로 자신을 달리 포장, 개선하기 시작했다. 그러나 이런 변화의 양상은 생산자 측면에서 문학의 양태가 달라지는 것일 뿐, 소비자 측면에서 사유한 결과로 보기는 어렵다. 물론 한편에서는 웹 플랫폼과 크라우드 펀딩에 기반한 문예지들이 기획, 발간되기도 하였다. 이러한 시도들은 개방성을 높여 독자의 참여를 높이는 데 의의가 있지만 본질적으로 기존의 문예지와 큰 차이를 보이지는 못했다. 이에 대해서는 뒤에서 다시 살펴볼 것이다.

그렇다면 전자책의 경우는 어떨까. 현재 한국문학의 전자책 보급률

5　이와 관련하여 이승환, 「웹출판의 발전과 과제」, 『한국출판학연구』78, 한국출판학회, 2017. 참조.

은 그다지 높지 않다. 전자책 단말기의 보급에 따른 결과일 수도 있겠지만 스마트폰이 대중화된 요즘 사정을 고려해본다면 단말기 자체의 보급은 선결되어야 할 조건은 아니다. 전자책이 "종이책보다 저렴하다고는 해도, 단행본 단위로 구매하고 다운로드해 이용해야 한다는 점도 권당 과금뿐만 아니라 일정 금액만 지불하면 일정 기한 동안 플랫폼 내의 컨텐츠를 전부 이용할 수 있는 정액제나 편당 소액 과금 및 대여/구매 선택이 가능한 웹 플랫폼에 못 미친다"[6]는 것이 그 이유 중 하나이다. 중요한 점은 한국문학이 소비를 위해 독자에게 유통되는 방식뿐만 아니라 그 콘텐츠의 소통 방식에도 있다.

3.

종이책과 전자책의 미래에 대한 논의는 출판 시장에 국한되기만 한 것일까. 혹시 작가의 입장에서 먼저 고민해야 할 문제는 없을까. 인터넷을 통한 새로운 형태의 글쓰기는 가능한 것일까. 인터넷 사이트를 통한 웹 플랫폼에서 창작되는 다수의 문학 작품들은 텍스트로서 불완전하다는 것이 내 생각이다. 플랫폼 자체에 대한 접근성과 개방성은 작가로 하여금 자신의 글에 대한 피드백으로 말미암아 그 형태를 불확정적인 것으로 간주하게끔 하기 쉽다. 작가와 독자가 쌍방향적 의사소통과 인터랙티브 멀티미디어 환경 속에서 서로 영향을 주고받는 것이 나쁘다

---

6   김녕, 「빛바랜 불편신고엽서와 전자민원창구, 그리고 문학 – 문학의 매체에 대한 단상」, 『내일을여는작가』72, 한국작가회의, 2018, 51쪽.

는 것이 아니다. 어쩌면 이러한 환경이 일방적인 정보로 강제되는 텍스트의 의미망을 더욱 폭넓게 확장시킬 수도 있다. 종이에서 디지털로, 단지 문자의 전달 통로가 달라지는 것만으로 문학의 영역이 이동될 수 없는 것도 고려해야만 한다.

새로운 문학 양식인 하이퍼픽션은 어떤 면에서 대안이 될 수도 있겠다. 하이퍼픽션은 종이 위에 선형적으로 서술되는 문자 문학과는 달리 컴퓨터 스크린에 쓰이며, 독자가 분어법적(分語法的)인 하이퍼텍스트 링크를 통해 비선형적이고 다양한 스토리 전개를 즐길 수 있는 소설 양식이다. 독자는 작가가 만들어 놓은 틀 안에서 자유롭게 이야기를 만들고 다양한 의미를 탐색하는 동시에 자신이 선택하지 않은 것에 대해 의식하며 서사를 완성해 나가는 구조이다.[7] 파편화된 서사 구조를 독자가 링크된 정보들을 통해 의미를 정립해 가는 형태인 셈이다.

이러한 형태의 텍스트를 구성하는 것은 쉬운 일이 아니다. 미로처럼 얽히고설킨 구조를 설득력 있게 만들기 위해서 구축해야 하는 정보의 양도 어마어마할 수밖에 없다. 작가가 이러한 텍스트를 만들 수는 있겠지만 완결된 것으로 자신의 손에 쥘 수는 없다. 이는 웹의 특성에 맞게 고안된 형식에 한정되는 측면이 강하며 웹 플랫폼 안에서만 향유되기 때문이다. 작가와 작품의 정의를 고전적으로 해석할 때, 하이퍼픽션은 서브 텍스트로서의 기능을 수행할 수 있을지언정 고유한 작품의 지위를 획득하기는 어려울 수 있다. 다만 작품에 대한 새로운 접근이

---

7 김민영, 「디지털 시대의 문학, 어떻게 변하고 있는가?」, 『세계의문학』, 2011년 봄호, 415쪽.

이루어진다면, 이 역시 문학의 새로운 양상으로 자리매김하리라 생각
한다.

소설과 시 등 문학 작품을 창작하는 작가의 입장에서 플랫폼의 변
화는 자신의 정체성을 어떻게 재정립할 수 있는지를 가늠하게 하는 거
멀못이 될 수도 있다. 이미 작가는 한글이나 워드 프로그램을 통해 작
품을 창작하고 비평한다. 예전처럼 연필을 쥐고 원고지에 적는 방식으
로 작품을 창작하지 않는다. 디지털 환경을 수용하여 내면화한 방식
으로 자신을 기입하고 있는 것이다. 그러므로 우리는 언제나 물성의 세
계에서 벗어나 사유하고 기록한다는 점을 잊어서는 안 된다. 매체의 변
화로 인해 어쩌면 작가도 문자 텍스트를 읽고 쓰는 방식의 변화를 예
비하고 있던 것인지도 모른다. 그러나 컴퓨터 자판을 눌러 작품을 창
작하고 비평하는 것은 종이책의 방식을 답습하고 있다는 점에서 여전
히 책의 미래와는 관계없이 수행되는 행위로 남는다. 작가는 종이책으
로 구현되는 작품의 양상을 다른 방식으로 상상할 수 있을까. 이를 위
해서는 그동안 수행해 왔던 창작 방법부터 전복시켜야 할지도 모르겠
다. 나는 그것이 무엇인지 예측할 능력이 없다. 내 상상은 여전히 하얀
색 화면에 깜빡이는 커서 앞에 머물러 있다. 일명 '백지의 공포'를 넘어
서는 미래의 창작 양상은 그저 불안의 영역에 놓아두고 싶다. 어찌 되
었든 한국문학이, 그리고 그것을 창작하는 작가가 독자와 소통하는 방
식은 그것을 향유하는 매체의 변화를 선도하기는커녕 따라가기에도
버거워 보이기 때문이다.

4.

종이책의 몰락을 상상하게 하던 전자책은 그것의 상용화가 되었다 하더라도 여전히 종이책이 상상해 온 독서의 양태를 바꾸진 못하고 있다. 조금 과격하게 말하자면, 전자책은 아날로그에 대한 낭만화를 자극하는 상상적 동일시일 뿐, 매체 자체가 지녀야 할 미래적 효용성이 부족한 것도 사실이다. 웹 플랫폼을 통한 콘텐츠의 활용이란 측면에서 언젠가 전자책은 융성하겠지만, 그 기반은 여전히 올드 미디어에 종속된 사고에 제한될 것이다. 지금의 전자책은 종이책의 대안으로 더욱 폭넓은 독자를 포용하기 위한 도구에 불과하다. 여전히 인쇄된 종이책의 관습이 폐기되지 않는 한, 전자책은 종이책의 인쇄 방식이 채택해 온 가독성 위주의 접근을 따를 것이다. 왜냐하면 아직까지 전자책은 스마트폰이 보여준 새로운 감각의 경험을 주지 못하며 책이라는 상품을 최대한 많이 판매될 수 있도록 돕는 소비재의 역할에 머무르고 있기 때문이다.

독서 행위를 소비와 산업의 차원으로 한층 끌어올리는 것이 오히려 전자책의 주요한 책무처럼 되었다. "전자책은 정보화 매체를 적극적으로 활용한 책의 변용이라 할 수 있다. 멀티미디어나 하이퍼텍스트 등 첨단 기능을 활용한 다양한 형태의 읽기가 가능해지고, 언제 어디서나 손쉽게 정보에 접근할 수 있게 된 것은 디지털혁명이 가져온 긍정적 측면"[8]이지만 그 안에서 전자책의 역할은 종이책의 대체재 역할밖에 수

---

8   전명순, 「디지털 시대에 전자책과 종이책의 상호 보완 역할」, 『독일언어문학』63,

행하지 못하고 있다. 종이책이 그것의 물성으로 말미암아 디지털화된 소비사회에서 소외되는 것을 매체의 변화를 통해 유예하는 정도에 머무르고 있는 것이다. 즉 전자책은 비물질적 텍스트인 독서를 소비재로 확장하며 지속가능한 상품으로 만드는 역할에 제한되어 있는 셈이다. 여러 가지 시도들이 앞으로 기획될 수 있겠지만, "전자책 시장에서 승부의 관건은 매력적인 플랫폼이기에 책을 읽을 수 있는 좋은 토대, 쾌적한 독서환경 마련이 가장 중요한 문제"일 것이며, 결국 "디바이스로 내려 받아서 볼 콘텐츠 확보가 중요"한 문제일 수밖에 없다.[9]

그런 의미에서 현재의 웹진이 제공하는 콘텐츠에 대해 생각해 볼 필요가 있다. 가장 대표적인 문학웹진이라고 할 수 있는 『문장웹진』에는 매달 단편소설과 시, 비평 및 기획 몇 편이 실린다. 이 글의 특색이라고 말할 수 있는 것은 온라인 접속을 통해 독자에게 전해진다는 것뿐이라서 스마트폰 환경에서 접근이 용이하다는 측면을 제외하고는 기존 문예지의 형태를 답습하고 있음을 알 수 있다. 웹의 접근 용이성을 빼면 다른 잡지와 변별점을 찾기 어렵다. 웹 플랫폼의 새로운 시도는 찾아볼 수 없으며 독자와의 소통 면에서도 무언가 활발하게 이루어지고 있다는 것을 확인할 방법도 없다. 이를 디지털 시대의 문학 유통방식의 변화라고 할 수 있을까. 아마도 어려울 것이다. 창비 출판사의 『문학3』의 시도는 『문장웹진』의 아쉬움을 달래줄 만하다. "그냥 올려본다"나 "중계방송" 등 독자의 참여를 용이하게 하는 꼭지를 신설하는 한편, 종이

2014, 291쪽.
9 같은 책, 같은 곳.

잡지와 웹진을 적절히 혼용하여 문학 플랫폼의 역할에 좀 더 집중하는 경향을 보인다. 또한 문학몹을 통해 당대의 이슈를 나누는 현장을 꾸려 특정한 주제로 작가와 독자가 서로 이야기 나눌 수 있는 자리를 마련하기도 하며 공모를 통해 비등단 작가/독자의 글을 종이잡지에 싣기도 한다. 그러나 여전히 문학 작품을 발표하고 게재하는 방식은 종이책의 그것과 별반 차이를 느끼기가 어렵고 독자의 참여 역시 올드 미디어인 신문 투고의 방식과 다르지 않다. "독자 편집회의" 꼭지를 통해 잡지의 방향성을 독자와 나누기도 하지만 독자의 적극적 참여가 전제되어 있는 만큼 그것을 주도적으로 수행할 수 있는 체계는 마련되어 있지 않다. 웹의 개방성을 바탕으로 등단 여부를 가리지 않는 공모를 실시하여 독자의 목소리를 직접 담는 여타의 웹진들도 그 시도와 노력에 비해 디지털 환경의 변화를 민감하게 반영하고 있다고 보기는 힘들다.

　구텐베르크 이후 수백 년간 구축된 종이책의 형식을 바꾸기에는 아직 무리가 따르는 것일지도 모른다. 앞에서 살펴보았듯이 하이퍼픽션이 대중화되기 어려운 것도 종이책이 지닌 권위가 여전히 강하게 작동하기 때문일 수도 있다. 독자는 생산자에게 문학 향유자로 인식되며 문학 유통자에게는 소비자로 인식될 뿐이라서 그들이 창작된 문학 작품에 참여하는 것에 대해 반감을 갖고 있기 때문인지도 모른다. 지금의 문학 유통과 소통 방식은 생산자 – 소비자의 관계가 재정립되지 않는 한 기존의 것을 무너뜨리는 기제가 될 수 없다.

　5.

그럼에도 언젠가 종이책은 전자책으로 대체될지도 모른다. 그러나 단지 그것으로 문학의 소통 방식이 변할 수 있다고 생각하는 것은 착각이다. 종이책을 문학이 독자에게 닿는 장소라 볼 때, 그 장소가 디지털화된 공간으로 이동한다고 해서 장소가 갖는 의미가 변할 수 없기 때문이다. 종이라는 매체 공간 속에서 문학이 획득한 장소성은 고착화된 방식으로 작가와 독자에게 고정되어 있다. 그 고착화된 장소성이 공간의 변화로 인하여 다르게 수용되는 것은 어려울 것이라고 판단된다. 그렇기 때문에 폐쇄되어 있는 장소를 뚫고 문을 열기 위해서는 부단한 노력이 필요하다. 끊임없이 새로운 시도를 통해 문학이 자리한 장소로부터 도래할 어떤 지평을 확보해야만 할 것이다.

그런 이유로 전자책은 종이책의 동시대적인 기술적 연속이 아니라는 점을 주목해야 한다. 종이책의 장단점과 전자책의 장단점을 상쇄하려는 모든 논쟁은 전자책이 기본적으로는 물체가 아니라 출력장치로 읽어야만 하는 전자 텍스트라는 잘못된 이해에서 비롯된다.[10] 전자책이 종이책을 대체하는 매체로서만 인식될 때, 문학과 독자와의 소통은 접근성의 용이함 이외에는 의미 맥락의 어떠한 변화도 끌어낼 수 없을 것이다. 단지 텍스트를 디지털화하고 이를 네트워크로 연결하는 것만으로는 문학을 유통하는 데 도움을 줄지언정 그것과 소통하고 의미를 정립하여 문학을 향유하는 이들의 존재를 풍요롭게 하지 못할 것이다.

올드 미디어의 아날로그적 감성이 낭만화된 방식으로 우리의 사유

---

10 우베 요쿰, 『모든 책의 역사』, 마인드큐브, 2017, 205쪽.

를 의미화하는 시대가 도래했다. 레트로 감성이라 일컬어지는 소비 문화가 그것을 더욱 부추기고 있다. 삶의 환경은 더욱 빠르게 변화하고 있다. 디지털 환경은 문학 작품과 문자 텍스트에 쉽게 접근하도록 함으로써 독서 인구를 늘리고 그들에게 새로운 경험을 하게 할 것이다. 이는 문학에 대한 유연한 사고를 불러올 것이다. 하지만 아직까지 종이책에 의해 고착화된 장소성을 탈피하려는 시도는 많지 않은 것이 사실이다. 웹진이라는 플랫폼도 매체의 차이만 있을 뿐 종이책의 형식을 벗겨내지 못했다. 무엇이 대안이 될 수 있을까. 포털 사이트의 '브런치'와 같이 독자 스스로 텍스트를 생성해 내는 것이 답이 될 수 있을까. 그것 역시 작품을 생산하는 하나의 수단일 뿐, 그 너머를 지향하는 것처럼 보이지는 않는다.

그러므로 종이책은 여전한 형태로 꽤 오래 지속될 것이다. 적어도 종이책이 지닌 책의 담론은 끝까지 살아남아 있을 것이다. 종이책을 '대신'하는 새로운 플랫폼이 제안되고 실천될수록 어쩌면 종이책은 이에 적응하고 활용하는 방식으로 스스로를 쇄신하며 자신의 영속을 누릴지도 모르겠다. 섣불리 미래를 예측할 수 없는 노릇이겠지만 종이책과 디지털 환경에서의 웹 플랫폼은 서로를 보완하는 양상으로 발전할 것이며 독자는 자신에게 용이한 방식으로 그것을 향유할 것이다. 앞에서 언급하지는 못했지만 구글이 세상의 모든 책을 디지털화하려는 것은 단지 책 없는 도서관을 만들기 위해서만은 아니다. '세계의 정보를 체계적으로 정리하고 조직해 누구나 접근하고 이용할 수 있게 하겠다'

는 구글의 강령[1]은 오픈 액세스로서 정보를 공유하는 데 있는 한편으로 정보를 검색하는 사람들의 정보를 수집, 이용하려는 의도를 포함하고 있다. 좋게 이야기하자면, 개인의 검색 정보를 활용하여 취향과 성향에 맞춤한 책을 추천하여 독서 시장 진입을 수월하게 할 수 있을 것이다. 하지만 반대로 개인의 정보와 빅데이터를 이용하여 취향을 조작할 수도 있다. 물론 이에 대한 음모론적인 이야기는 여기에 어울리진 않겠다.

중요한 점은 매체의 변화뿐만 아니라 그에 따른 콘텐츠의 변화를 어떻게 이끌 것이냐에 있다는 점이다. 이를 위해 종이'책'이든 전자'책'이든 어쩌면 '책'을 사유하는 방식부터 변화해야 할지도 모르겠다. 새 술은 새 부대에, 라는 말이 있듯이 새로운 그릇이 나온다면 그에 합당한 내용물을 채워 유통하고 소통해야만 할 것이다. 그것이 작가와 독자를 비롯한 제3의 관계자들 간의 상호작용을 거친 하이퍼텍스트의 형태가 될지 아니면 지금은 상상할 수 없는 또 다른 형태가 될지는 알 수 없다. 그러나 콘텐츠의 질적 변화가 없다면 유통방식이 바뀐다고 하더라도 지속적인 소통은 어려울 것이다. 가능하고도 불가능한 상상력이 중층적으로 쌓여 터져 나올 날을 기대해본다.

---

1   로버트 단턴, 앞의 책, 104쪽.

거기에서는 무슨 일이 일어나고 있나요?

1. 인천에 살고 있습니다만

> 잘 들어가. 집도 잘 구해보고. 언니는 어림도 없을 거라는 어투로 말했다. 만일 서울에서 구할 수 없으면 부천이나 인천에도 가봐. 이부망천이라는 말도 있잖아.
>
> 그런 말은 처음 들어봤다. 삼도천과 비슷한 뜻인가? 집 못 구하고 죽기 전에 어디 건너가라는 뜻인가? 언니는 그런 뜻이 아니라고 했다.
>
> 근데 그것도 다 옛말이야. 이젠 아파트도 많이 올라가고 달라졌어.
>
> ─이서수, 「미조의 시대」(『젊은 근희의 행진』, 은행나무, 2023), 18쪽.

인천을 단적으로 표현하는 용어 두 개가 있다. '이부망천'과 '마계인천'. 전자는 2018년 6·13 지방선거를 앞두고 자유한국당 대변인 정태옥 의원의 말에서 비롯되었고 후자는 특정하기 어렵지만 대략 2000년대 초반 인천에서 강력범죄가 자주 발생하여 만들어진 신조어라고 한다. 두 용어 모두 인천을 비하하고 조롱하는 표현인데 인터넷상에 자주 노출되기도 했으며 최근에는 전세 사기 사건 등으로 인해 자조적인 표현으로까지 확대 재생산되고 있다. 이서수의 단편에서는 아버지가 평생 모은 유산 5천만 원으로 서울에서 겨우 6평 남짓한 반지하 전세금을 충당할 수 있을 뿐인 점을 들며 서울과 대비되는 경제적 낙후 지역으로 호출되기까지 한다. "이젠 아파트도 많이 올라가고 달라졌"다곤 하지만, 여전히 '삼도천'처럼 이승과 저승의 경계, 혹은 서울과는 다른 저쪽 세계의 낯선 야만의 공간이자 서울에 안정적으로 진입하지 못한 루저의 공간으로 인식되고 있는 형편이다.

가끔 인천 내의 행사에 초대되어 인천에서의 삶을 이야기해야 할 때가 있다. 그럴 때마다 인천의 가장 큰 장점이자 단점은 서울과의 인접성이라고 말하곤 했다. 1876년 강화도 조약으로 말미암아 1883년 개항하면서부터 인천은 서울로 가는 지리적, 전략적 요충지로 기능했다. 1888년에 문을 연 대불호텔은 우리나라 최초의 서양식 호텔이었고 외국인들이 서울에 가기 전에 필수적으로 묵었던 곳이기도 했다. 또한 우리나라 최초의 철도인 경인철도가 1899년 개통되면서 육로로 12시간 넘게 걸리던 서울까지의 거리가 1~2시간으로 줄어들면서 인천은 서울과 1일 생활권으로 묶이게 되었다. 이는 인천의 쇠락을 야기하기도 하였는데 앞에서 말한 바와 같이 서울과의 거리가 가까워지면서 머무르는 곳이 아닌 서울에 가기 위해 잠시 경유하는 곳으로 전락했기 때문이다. 시간이 흘러 산업화, 근대화 과정을 거쳐 아무리 오래 걸려도 대략 한두 시간이면 인천의 한 지점에서 서울의 특정한 지점까지 전부 도달할 수 있을 정도가 되면서 현재는 인구 300만의 거대 광역도시의 위용을 자랑하고 있다(고 생각한다). 그러나 수많은 아파트 단지가 세워지고 청라까지의 서울도시철도 7호선 연장과 수도권광역급행철도인 GTX-B노선 착공이 예정되면서 인천은 서울의 위성도시, 주거도시로 다시금 전락하고 있는 것인지도 모른다.[2] ('국제도시'라는 접미사가 붙은 송도와 청라, 영종은 물리적으로는 인천에 속해 있으나 심리적으로는 서울에 가깝다고 여기는 듯도 하다. 이는 1세대 신도시 – 일산, 분당을 포함하여 2기, 3기 신도시 판교, 동탄, 운정 등 행정구역상의 지명을 거부하며 구별짓기하는 정동과 일맥상통하는 것이겠다.)

서울은 정치, 경제, 사회, 문화 등등에서 대한민국의 중심으로 자리매김한다. 서울은 한국사회의 흐름과 모양을 결정하는 공간으로 확고부동한 지위를 차지하고 있는 셈이다. 서울과 비(非)서울을 가르는 행위에는 중심과 주변이라는 내재된 위계화의 양상이 은연중에 작동한다. 서울/지방(지역)의 이분법적 구조는 중앙/주변, 보편/특수를 가르는 기준이 될 수 없음에도 우리는 서울과 지방을 그러한 틀 속에서 인식한다. 그런 점에서 로컬은 서울 중심의 담론화 과정에서 억압되고 은폐된 소수자성으로 감각되기도 한다. 보편으로 수렴되지 않는 지역적 특수성으로써 로컬은 발견되는 것이며, 중심과 주변의 위계화에 대한 비판적 대항담론으로 로컬이 발화되는 것이다. 그러나 이는 로컬의 주변부적 특성에 과도한 의미를 부여함으로써 일종의 왜곡을 가져올 위험이 있다. 도식화된 방식으로 로컬을 규정하다보면 그 규정 자체가 기존의 표상 체계를

---

2   2022년 인천의 순이동자수는 2만8101명(총전입자 39만5140명, 총전출자 36만 7039명)이다. 인천 순유입률은 1.0%로 세종시에 이어 두 번째로 높았다. 인천 전입자의 전입사유는 주택(16만7327명)으로 압도적으로 많았고, 가족(9만1323명), 직업(7만3211명), 주거환경(1만6351명) 등이 뒤를 이었다. 「2022년 인천 순유입 인구 '국내 2위'... 전입사유 '주택' 최다」, 『인천투데이』, 2023년 2월 1일. 흥미로운 점은 송도나 청라국제도시가 위치한 연수구나 서구보다 구도심인 중구의 순유입률(6.5%)이 높다는 점이다. 그러나 이 역시 영종국제도시로의 대규모 입주가 진행되는 등의 신도시 개발 여파라는 분석이 있다. 「'인구 위기' 모르는 인천...전국 최대 유입률에 24개월 연속 순유입」, 『경인방송』, 2023년 5월 30일.

더욱 강화시키는 역할을 수행할 가능성이 높기 때문이다. 지역의 특수성을 이야기함으로써 서울 중심을 해체하기보다는 오히려 중심을 강화하는 역설적인 상황에 봉착하게 되는 셈이다. 보편지향성에 응전하는 개념으로써, 중심과 불화할 수밖에 없는 지역으로써 로컬은 그 자체의 특수성으로 인해 로컬을 수행하는 것이 아니다. 로컬은 로컬을 수행함으로써 로컬이 된다.[3]

몇 해 전, 쓴 글을 길게 인용했다. 서울과 지역의 이분법적 구조가 쉽게 변하리라고는 생각하지 않는다. 지역을 논하는 자리에서는 응당 서울이라는 절대항을 상정할 수밖에 없는 것이 아닐까 싶기도 하다. 서울이라는 기준을 설정하고 그에 상응하는 대타항으로 로컬을 상상하고 수행하는 일. 서울을 중심이라 여기고 지향하지만, 그곳에 진입하지 못하는 이들이 잠시 머무는 공간으로서의 인천. 이부망천과 마계인천이라며 자조하며 스스로를 타자화하는 일로부터 벗어나기 위해서는 어쩌면 로컬을 수행하는 일에서조차 벗어나야 하는 것인지도 모를 일이다. 지역문학을 논의하는 관점도 이와 유사하다. 강경석이 이현식과 김형중 등의 논의를 빌려 비판한 것처럼 지역문학의 새로운 가능성은 그 "담론의 부진과 함께 지역문단이 문학적 지향이나 문예운동적 이념을 떠나 모종의 이해집단처럼 폐쇄적으로 변질"되어 논의를 이어가지 못한 것도 있거니와 "지역문학을 지역에서 활동하는 창작자들만의 무슨 보호종 장르문학인 것처럼 여기는 안팎의 타성"도 지역문학

---

3 졸고, 「공간, 관계, 로컬 ― 우리에게 필요한 삶의 조건」, 『작가들』, 2018년 가을호, 237~238쪽.

의 가능성 좌절에 한몫했음을 수용할 수밖에 없다. 그가 연이어 말한 바와 같이 "역사적으로 중앙집권적 정치체제를 오래 경험해온 탓에 서울중심주의가 강화된 것은 맞지만 그 반대편에서 '중앙'으로의 서울을 제외한 나머지 지역이 오로지 착취대상으로만 존재해왔던 것만도 아니며 설령 그렇더라도 지역이 자연발생적으로 저항의 거점이 되어주지는 않"는다. 그러니 "다양한 세계'관'(과 현실인식)이 경합하는 무대로서의 장소가 작품의 궁극적 성취에 어떻게 작용하는지를 살피는 동시에 작품의 성취가 구체적 장소로서의 지역을 어떻게 새롭게 그러므로 고유하게 생성해 내는가를 초점으로 문학의 생산과 수용에 접근하"는 것이 필요할 것이다.[4] 중심을 향한 인정욕망으로 주변부 문학, 지역문학을 논하는 것은 그저 또다른 상상적 공동체에 매몰될 위험이 농후할 뿐이다. 그런 점에서 문학 생산과 그것을 수용하는 인천의 방식에 관해 개인적 경험에 근거하여 논의를 이어가 보려고 한다.

2. 인천작가회의의 고민과 활동

나는 2022년 1월부터 인천작가회의 사무처장을 맡아 일을 하고 있다. '모종의 이해집단처럼 폐쇄적으로 변질'된 것처럼 보이기도 하는 지역의 문단이 반드시 인천을 염두에 두고 한 말은 아니겠으나 과거의 이념과 지향을 오늘의 지역문학단체가 고스란히 잇고 있다고 보기에는

---

4 강경석, 「세계관weltanschauung과 세계관fictional universe : '지역문학의 관점'에 대해 다시 묻기」, 인천작가회의 평론분과, 『인천문학의 숲과 길』, 다인아트, 2022, 9~14쪽 참조.

어려운 점이 많다. 이를 그저 경제적 이해와 관련하여 볼 수 없는 것은 지역문학단체가 경제적 이익을 추구하는 방향으로 활동하지는 않기 때문이다. 물론 이윤을 내지 않는다고 해서 폐쇄적인 면이 없다고는 할 수 없겠으나 단체의 구심력이 약해진 것은 사실이다. 그럼에도 문학단체가 지역 문단의 영향을 미치고 활동할 수 있는 것은 지원금을 바탕으로 여러 사업을 수행할 수 있기 때문일 것이다.

인천의 문학단체 중 가장 활발한 것은 인천작가회의와 인천문인협회이다. 두 곳은 모두 인천시에서 수천만 원의 보조금을 받아 사업을 수행하며 작가의 활동을 지원한다. 대표적으로 각각 (기관지에 가까운) 종합문예지인 계간 『작가들』과 계간 『학산문학』을 발행하고 있다. 인천의 작가들에게 발표 지면을 제공함으로써 창작 환경을 마련하고 인천문학 진흥에 참여하는 기회와 합당한 원고료 지급을 통해 자존감을 고취하는 데 도움을 주고자 노력한다.[4] 또한 단체에 소속된 작가들을 위한 앤솔로지 형식의 소설집과 시집, 평론집을 발행하고 지하철 역사 내 작품을 전시하는 한편 인천문화재단과 (산하 단체인) 한국근대문학관과의 협업을 통해 크고 작은 행사를 기획하여 진행하고 있다.

그러나 문학단체 대부분의 사업은 작품을 생산하는 데 중점을 두고 있기에 그것을 향유하는 독자와는 별개로 이루어지고 있는 것처럼 보이는 것도 사실이다. 지역문학의 담론과 인천 문학의 과거와 현재를 성

---

4   물론 이러한 표현은 보조금 사업에 선정되기 위한 문서에 기록될 따름이라서 얼마나 성과가 있는지는 모르겠다. 같은 맥락에서 "인천 시민들에게 문학에 대한 직,간접 욕구 충족"에 기여하고 "문학하는 도시, 문화예술을 향유하는 도시"로서의 인천을 홍보하는 효과가 있기를 개인적으로 바라마지 않는다.

찰하는 평론집을 낸다고 해도, 세부 내용의 지향은 작품을 창작하는 작가를 향하고 있기 때문에 독자에게 작가를 소개하고 그 의미를 성찰하는 차원에 머물러 있을 뿐이다. 이러한 작업은 소외된 지역문학 작가를 호명하는 중요한 역할을 하고 있다는 점에서 부정할 수 없는 가치를 지니는 것도 사실이다. 하지만 책을 발간한 이후 자기 만족적 층위에 안주한다면 가치가 아무리 뛰어나다 하더라도 사장될 위기에 처할 따름이다. 작가가 생산하는 작품의 성취가 문학성이라는 비평적 수준에 머물러 있는 것은 지역사회에 반향을 불러오기가 어렵다. 이를 한국의 평균 독서율에 기대어 짐짓 자기 위안이라는 기만에 빠져서는 안 될 것이다. 창작된 작품을 향유의 장에 올려놓을 방안이 무엇일까, 지역 시민과의 거리를 줄일 수 있을 방안이 무엇일까를 고민해야 한다. 문학이라는 공간을 향유의 장소로 이동시키려면 어떻게 해야 하는가.

인천작가회의에서 수행한 실천의 하나는 계간지를 종이 잡지에서 웹진으로 전환한 것이다. ― 그러면서 인쇄비용을 원고료 인상분에 사용함으로써 작가들의 처우를 개선하려고 했다. 그러나 지원이 끊기게 되면 어떻게 될지 모른다. 이를 차치하고 수용자의 입장에서 ― 종이로 된 책을, 그것도 문예지를 시민들이 향유하는 보통의 방식은 도서관에서 찾아 읽는 것이다. 인터넷 서점이나 동네 책방에서 잡지를 사서 읽기를 바라는 것은 특별히 흥미로운 기획을 통해 동시대성을 확보하고 이를 적극적으로 홍보하거나 독자의 선의에 기대는 것에 다름 아닌 일처럼 여겨진다. 서울의 주요 출판사 잡지와 매호 경쟁하기에는 경제적 환경이 녹록지 않다. 그보다는 독자들이 쉽게 접근할 수 있는 장에 잡지를 옮겨놓는 것이 좋겠다고 판단했다. 물론 문장웹진의 경우처럼 국가의 절대적 지원에 기반을 두고 장기적 계획하에 천천히 자리매김하면 좋겠지만, 그 역시 처음의 시행착오는 분명히 존재할 것이다. 그러나 스마트폰을 누구나 손에 들고 있다는 점에 착안하여 링크를 통해, 검색을 통해 시간과 장소에 구애받지 않고 접속 가능하도록 만드는 것이 선행되어야 할 일이라고 여겼다. 그리하여 책을 들고 접촉하지 않아도 작가와 독자, 인천의 창작자와 향유자가 만날 수 있는 장으로서의 웹진을 구축할 수 있었다. 아직까지는 두 계절에 지나지 않아 얼마만큼의 효과가 있는지 가시적이지 않지만, 웹진의 접근성을 고려해보았을 때 지역의 문학단체와 작가가 작품을 통해 독자와 소통할 수 있는 계기가 조금은 더 확보될 수 있지 않을까 생각한다. 한편으로는 인천 지역의 역사와 그것을 기록한 작품을 아카이빙함으로써 자료의 축적과 활용의 용이함을 고려할 수도 있을 것이다. (『작가들』의 한 꼭지인 '우현재'는 인천의 역사적 장소와 거기 깃든 문학적 성취를 기록하는 데 의의가 있다. 종종 지역 독자나 연구자들에게 관련 문의를 받는 실무자의 입장에서는 글을 쉽게 공유하고 정보를 전달하는 데 도움이 될 것이라 믿는 편이다.)

이는 인천작가회의의 또 다른 사업인 '동네 책방과 동네 작가'와의 연계에도 활용되기도 한다. 인천의 동네 책방에서 우리 동네 작가와 교류하는 목적인 이 사업은 인천의 8개 구와 2개 읍 중 총 7곳의 동네 책방에서 같은 구에 사는 작가를 시민들에게 소개하는 한편 동네 책방을 거점으로 하여 소통하는 계기를 마련하고자 했다. 한국작가회의에서 진행하는 작은서점 지원사업이나 동네 책방들이 개별적으로 수행하는 북토크와 형식적으로 별 차이는 없을지라도 우리 동네에 살고 있는 작가와 만나고 이야기를 나누며 그 접촉면을 넓게 가진다면 기왕의 행사와는 다른, 지역적 차별성을 확보하고 유대감을 형성할 수 있으리라는 기대를 지니게 한다. 작가의 시집이나 소설집으로 행사를 치를 수도 있지만, 최근 웹진에 발표한 작품을 공유하면서 진행된다면 현재성을 확보할 수 있으리라 생각한 점도 있다. 나아가 인천작가회의 회원들이 보조금을 지원받아 앤솔로지 형태로 묶은 시집과 소설집을 나누며 지역에 기반한 작가와 독자의 접점을 넓힐 기회로 삼을 수 있다는 것도 지역문학의 향유라는 층위에서 실천 가능한 일이다. 인천작가회의 사무처장으로 경험하고 있고, 또 추진하고자 하는 일 중 가장 중요한 지점이 여기에 있다. 중앙으로 상상된 서울과 메이저 출판사에 호명되지 않는다며 위계를 내면화한 채 스스로를 타자화하고 억압하는 작가를 지역 네트워크의 상호작용의 장에 놓음으로써 아주 작은 변화의 싹을 마련하는 것이야말로 "단일한 중심에 포섭되지 않은 유연하고 다양한 외부"[5]의 가능성을 모색하는 일이지 않을까.

3. 동네 책방과 독서 모임의 활동성

지역문학이 자신의 존재론을 정립하기 위해 요청하는 것은 속인주의, 속지주의 따위로 지역 작가를 명명하고 규정짓는 것이 아니다. 오히

---

5   양재훈, 「여전하고 새로운 지방문학의 가능성」, 인천작가회의 평론분과, 앞의 책, 65쪽.

려 지역문학의 활성화는 작가 개인의 위치보다는 그것을 향유하는 이들이 느끼는 장소감과 관계 깊다. 인천에 거주하며 생활하는 이들, 또는 주거지가 인천에 있으나 생활권은 서울인 이들을 포함하여 자신의 삶이 인천, 혹은 지역에 놓인 이들에게 장소 경험을 할 수 있게 하는 일이 중요하다. 알다시피 장소는 개념적인 공간과 다르게 자연물과 인공물, 활동과 기능, 그리고 의도적으로 부여된 의미가 종합된 총체적인 실체이다. 에드워드 렐프에 따르면 "장소의 정체성이란 특별한 성격을 가진 내부성이자 내부에 있다는 경험"이며 "내부성은 개별적이지만, 많은 사람들이 공감할 수 있는 상호 주관적이며 개인적인 경험으로서, 이것이야말로 장소감의 본질"이라고 한다.[6] 다시 말해 공간이 존재에게 주어진 세계이자 아직 의미가 투영되지 않은 곳이어서 추상적이라면 장소는 공간에 존재의 경험과 가치가 덧붙여짐으로써 구체적인 곳으로 감각되는 것이다. 우리는 공간에서 자유와 위협을 느끼지만, 장소에서는 안정감을 경험한다. 장소감이나 소속감은 이러한 안정감에 기인하며 지역의 유대 역시 지역을 장소로 경험하는 것에서부터 비롯된다고 할 수 있겠다. 그런 점에서 지역문학은 지역이라는 공간이 아니라 지역을 장소로 경험하는 이들과의 소통 맥락에서 의미를 지닐 수 있다고 생각한다. 그것이 보편에 저항하는 주변부적 특수성이든 단일성에 포섭되지 않는 다양한 외부성이든 말이다.

지역을 공간이 아닌 장소로 경험하게 하는 많은 일 중에서 문학과 결부되어 경험적 실천을 가능하게 하는 곳이 동네 책방이다. 인천의 동

---

6 에드워드 렐프, 『장소와 장소상실』, 논형, 2005, 288쪽.

네 책방은 2023년 6월 기준으로 101곳이라고 한다.[7] 동네 책방의 주된 역할이 그저 책 판매에 있다고 보기는 어렵다. 동네 책방 대표들을 만나 이야기를 나눠보면 책 판매를 통한 수입은 월세를 감당하기에도 버거운 것이 사실이다. 그럼에도 책방을 지속하는 이유는 그저 책이 좋기 때문이기도 하겠지만 "책을 통한 다양한 프로그램으로 활용되"고 "나눔과 비움이 함께 공존하는 가치"를 지닌 "지속 가능한 삶의 방식"을 공유하는 장소로서의 '생활문화공간'을 만들어보고자 하기 때문이기도 하다.[8] 생활문화공간으로서의 책방. 마을공동체 혹은 지역의 거버넌스를 재정립할 수 있는 계기가 여기에 있는 것은 아닐까. 물론 동네 책방이 수행하는 사업 대부분은 서점 연합회와 지역문화재단 등을 통해 지원된다. 각종 인문학 강의와 북토크가 중심이 되곤 하지만, 지역 작가와 연계하여 창작 수업을 개설하는 등 동네 주민들의 삶을 기록하는 일로 이어지기도 한다. 물론 이와 같은 수동적 프로그램만으로는 지역문학의 활성화, 지역 주민/시민과의 교류가 충분할 수 없다. 그런 이유로 책방 대표 대부분은 문화기획자의 역할을 하며 다양한 장

---

7 인천시가 '인천 책 지도' 제작을 위해 지역 서점을 조사하기 시작한 2019년에는 79곳, 2020년 82곳, 2021년 94곳. 2022년 95곳으로 코로나19 팬데믹 와중에도 조금씩 증가하고 있는 추세이다. "지역서점 등록 기준은 ▲사업자등록증에 '서적'으로 등록된 업체 ▲외부에 서점 간판(사업자등록증 상의 상호명과 일치)을 설치한 업체(매장 하나에 1명의 사업자만 인정) ▲'인천시 지역서점 활성화에 관한 조례' 해당 업체(인천에 주소와 방문매장을 두고 상시근로자 5명 미만으로 경영 중인 서점) ▲현장매출 증빙(신용카드매출확인서 등)이 가능한 업체 등 4가지로 조건을 모두 충족해야 한다." 「인천 지역서점 6월 말 기준 101곳, 전년보다 6곳 늘어」, 『인천in』, 2023년 7월 12일. 지역 서점의 보유 도서량은 200권에서 20만 권까지 차이를 보인다. 그러나 20만 권을 보유하고 있는 서점이나 중고등학생용 문제집을 주로 판매하는 서점의 경우 여기에서 말하는 동네 책방으로 볼 수 있을지는 의문이 든다.

8 「한의원에 왜 한약과 침이 없어? 저흰 다른 걸 합니다」, 『오마이뉴스』, 2021년 8월 3일.

을 마련하기도 한다. 대표적인 예가 '인천 아트북 페어'라고 할 수 있다. 인천의 동네 책방과 독립 출판사, 독립 출판 작가가 모여 마켓을 열고 각종 공연 및 북토크를 하는 한편 저마다의 특장점을 살린 부스를 통해 시민과의 교류를 시도한다. 비록 서울 국제도서전과 그 형식은 유사할지라도 인천에 기반을 둔 작가와 독자, 그리고 동네 책방을 연결하는 장을 마련하는 일은 지역의 문학적 환경을 확장하여 실질적인 비전과 대안을 마련하는 데 중요한 역할을 한다고 볼 수 있다. 또한 문화 다양성 확산과 환대의 도시 인천의 정체성을 보다 선명하게 드러내고자 '만국시장'이라는 플리마켓을 열어 예술가와 생활창작자들이 어우러지는 장을 열기도 하고 '텐트모아책방'이라는 이름하에 지역 시민의 문학적 경험을 선사하며 장소감을 느끼게 함으로써 지역 문화 공동체의 유대감을 갖게 하기도 한다.

이러한 동네 책방의 노력은 독자들의 자발적인 독서 모임으로 연결되며 문학적 경험의 확산으로 이어진다. 각각의 책방을 거점으로 많은 수의 지역 주민들이 모여 자유로운 형태의 독서 모임을 꾸리고 있다. 또한 지역 도서관을 중심으로 모이기도 한다. 여기에 소모임 앱을 통한 느슨한 형태의 독서 모임이 활동하고 있기도 하다. 내가 상주작가로 활동했던 인천 서구의 검암도서관도 '사글세'라는 이름으로 지역 주민들이 모여 독서 모임을 수년간 지속하고 있으며 그 외 여러 도서관에서 강좌를 열었을 때에도 그 도서관을 중심으로 활동하는 독서 모임 구성원들의 참여가 절대적이었다. 이는 동네 책방에서도 비슷했다. 간혹 독서 모임이 없는 경우도 있었으나, 책을 함께 읽고 토론하는 프로그램을 개설할 경우, 책방에 자주 들르는 이들을 중심으로 하여 유연한 형태의 독서 모임을 만들어 참여할 정도였다. 책을 읽는 이의 절대적 수는 각종 통계에서 보듯 처참한 수준이지만, 근처에 동네 책방이 있을 경우, 문학 향유의 계기가 되며 독서 모임을 만들어 문학적, 문화적 갈증을 해소하고 소통과 교류의 장을 마련할 수 있게 된다. 독서 모임은 단순히 책을 읽고 의견을 나누는 것에 그치지 않는다. 독서 모임은 창작 스터디로 이어져 지역 작가를 초빙하여 구성원 개인의 삶을 기록하고 이를 책으로 묶어 발표하는 등의 활동으로 이어지기도 한다. 창작 활동은 독자에게 소비자의 층위를 창작자의 층위로 전환하는 사건이 되며 책을 둘러싼 사회적 관계를 다시 생각하게 한다. 책방과 도서관, 작가와 독자의 관계 전반을 사유하게 하며 기존의 유명한 작가가 아닌 자신의 생활 반경 안에서 같이 호흡하고 삶을 꾸려가는 작가에게 관심을 기울이게 한다. 이는 자신이 딛고 있는 공간에 의미를 부여하는 역할을 하며 구체적인 삶이 이끌어내는 개별 장소로서의 지역과 다양한 문화적 조건을 창출해낸다.

동네 책방과 주변 지역 독자의 독서 모임 활성화는 인천뿐만 아니라 서울, 부산, 광주 및 여타의 지역에서도 비슷한 양태를 띤다. 지역의 문학 향유가 가져오는 새로운 지역사회의 문학 생태계로서 거버넌스 형성 기제는 이러한 활동으로 인해 실체를 마련할 수 있다. 이 지점에서 작가의 참여가 중요하다.

4. 작가는요?

지역에서 활동하는 작가가 재현하는 작품이 반드시 그 지역, 이를테면 인천을 소재로 삼아야 할 이유는 없다. 그러나 삶의 현장으로 재현된 특정한 장소는 "삶과 유리된 공허한 언어의 감옥으로 텍스트를 밀어 넣"[9]는 오류를 범하지 않게 한다.

> 지역문학이 흔히 범하는 오류는 특정 장소에 대한 재현 과정에서, '왜 그 장소여야 하는가?'를 설명할 수 있어야 한다는, 다시 말해 작가가 장소 의식을 필수적으로 요청한다는 점이다. 이는 장소의 특이성과 특수성을 내장하지 않으면, 그 장소가 반드시 그 장소로 재현되어야 할 이유가 지역문학 작품 속에 녹아 있지 않으면, 지역문학 작품으로서의 가치를 인정할 수 없다는 태도다. (……) 지역문학은 특수한 시기 특수한 상황에서 특수한 공간을 배경으로 한 작품만이 반드시 '개연성'을 가져야 그 가치를 인정받는다. 더욱이 그것은 지역 그 자체의 시선보다 중앙의 시선을 경유할 때에만 '보편적인' 가치로 승격될 수 있다는 점에서 매우 문제적이다.[10]

손남훈은 지역문학이라는 용어에 내재된 위계를 문제 삼는다. 지역의 특수한 공간과 장소에서 벌어진 사건을 개연성 있게 다룰 때 '보편적인' 가치로 승격되는 점을 지적하며 지역문학이 지방문학과 동의어가 된 상황에서 그는 '장소문학'이란 용어를 대체제로 제시한다. 그럼으로써 "작가와 작품 속 인물군상의 지평에 포착된 장소의 의미화 과

---

9   손남훈, 「지역 비평의 미래」, 『오늘의문예비평』, 2022년 겨울호, 54쪽
10   같은 글, 같은 쪽.

정을 정밀하게 추적하고 이를 비판적으로 해석하는"[11] 일이 지역문학을 다루는 비평적 가능성이라고 본다. 이 글에서 다루고 있는 것이 지역문학의 성취는 아니라서 언급할 사항은 아니지만, 중요한 지적이라 생각한다.

지역 작가를 판단하거나 평가할 때, 흔히 작가가 그 지역에 거주하며 작품 창작 활동을 하는가, 또는 지역적 특성을 담은 소재로 글을 쓰는가를 주요한 틀로 삼는다. 전자에 해당하는 작가가 후자의 방식으로 작품을 창작해야 할 이유는 없다. 후자의 것은 작가의 문학적 역량과는 하등 관련이 없기 때문이다. 장소와 그 장소에 담긴 역사적 맥락을 의미화하는 행위는 그저 문학적 재현의 층위에서 사유될 따름이다. 더 나아가 재현된 장소의 현재성과 결부되어 그곳에서 살아가는 이들의 삶과 연결되고 사회적 맥락을 형성함으로써 지역의 특수성이 아닌 삶의 보편성으로 향유되는 것이다.

이설야 시인의 시 「굴 소년들」은 태평양 전쟁 시기, 일제의 병참기지였던 인천, 그중에서도 어린 학생들을 동원해서 만든 부평 함봉산 지하호를 모티프로 하고 있다. 시인은 그와 같은 비극적 사건을 겪어야만 했던 이들의 잊힌 목소리를 재현하고 이를 반성하지 않는 세태를 비판한다.

> 한낮의 어둠
> 하늘 끝자락을 말아 올리던 매캐한 연기

---

11 같은 글, 55쪽.

어둠과 어둠이 역사 앞에 내렸지
검은 기차에 실려 강제로 끌려온 어린 소년들
깊은 산속 붉은 물이 흘러내리는 동굴

(……)

매일매일 정 두드리는 소리에 뼈가 으스러지는 것 같았지
종유석이 눈물처럼 흘러내리는 부평 지하호
함께 끌려온 다른 소년들은 조병창과
미쓰비시 제강으로 흩어졌어
그들은 무기들을 실어와 지하호마다 숨기곤 했지

죽은 소년들 구름처럼 떠돌다
동굴을 발견한 사람들이 말하는 걸 듣고는 했어
붉은 물발자국이 고이고 고인
녹슨 열쇠가 녹아내리는
깊고 깊은 구덩이들
어두운 굴속에 갇힌 오래된 시간의 뼈마디들

소년들 죽어도 죽은 줄도 모르고 계속 굴을 팠어
굳은 제 심장을 팠어

죽어도 죽지 않는 소년들
죽어서도 계속 굴만 파는
                    —「굴 소년들」(『굴 소년들』, 아시아, 2021) 부분

이설야 시인의 시가 지닌 힘은 인천에서 벌어진 역사적이고 비극적인 사건을 다루는 데 그치는 것이 아니라 인천에서 살아가고 있는 동시대 인물들의 삶을 재현하며 이를 우리의 삶과 연결하는 데 있다. 특히 인천 수문통, 화평동, 양키시장, 동일방직 등 동인천 변두리 공간을 삶의 장소로 삼아 하루하루 살아가야 했던 존재들의 시간을 어루만진다. 사회적 폭력에 의해 상처받고 고통받아야만 했던 존재. 그들의 땀과 피가 새겨진 장소를 현재 삶의 장소로 가시화하며 그로부터 존재의 비애를 나누며 곁을 지키는 연대의 장을 마련한다. 여기에 더해 연대의 실천을 위한 토대로써 지역 공동체의 일원으로 활동하며 지역문학의 기반을 다지고 있다. 또한 배다리 헌책방 골목에 자리한 책방과 지역 주민과의 연계 및 노동자를 비롯한 지역사회 단체 활동가와의 교류를 통해 인천이라는 공간을 언어적 재현에 한정하지 않고 구체적 장소의 정체성을 만들어나가며 그 안에서 지역 거버넌스의 확산을 도모함으로써 다양한 삶의 양태를 구축하고 있다. 이와 같이 장소 경험의 강렬함을 실천의 영역으로 확장시키며 독자와 시민의 장소감을 일깨우는 이설야 시인, 양진채 소설가, 김해자 시인 등의 활동이야말로 지역문학을 심층적으로 수행하는 일이지 않을까 싶다.

로컬은 로컬을 수행함으로써 로컬이 된다고 앞에서 언급했지만, 지역을 수행하는 일은 단순히 중심이라고 상상되는 서울의 권위를 내면화한 채 지역의 특수성을 보편성 속에 기입하고자 하는 데 목적이 있는 것은 아닐 것이다. 류수연이 언급한 것처럼 "인천의 정체성은 오랜 시간 동안 경계로 이야기되었다. 공항과 항만을 가진 지정학적 가치는 경계로서의 인천을 강화해 온 이미지이다. 그래서일까? 때때로 인천은 모호함과 혼돈의 이미지로 가득하기도 하다. 하지만 그 안에 있는 사람들에게 인천의 얼굴은 또 다른 모습을 가진다. 그것은 때로 분노하고 안타깝고 서글픈 시간들의 축적이며, 그럼에도 어느 순간 다정한 관계들 속에서 삶을 엮어내는 장소이다."[12] 보편은 이미 특수에 내재해 있고 우리의 삶과 삶을 이루는 장소에 오랜 시간 축적된 방식으로 존재한다. 그러니 보편과 특수를 구분하고 이를 위계로 받아들일 필요는 없을 것이다. (물론 이는 아무리 이야기해본들 생각보다 우리의 무의식에 깊숙이 자리하고 있어 무시하기가 어렵기만 하다. 그러나) 작가는 삶의 장소와 그곳에서 벌어지는 고유한 삶을 재현하고 이를 독자와 시민으로 구성된 "귀 기울여 이야기를 듣는 공동체"[13] 속에서 풀어냄으로써 축적된 공통 경험을 공유하고 개인과 개인, 개인과 장소, 장소와 역사, 역사와 사회의 상호연관이 가능한 결합의 네트워크를 상상하고 삶의 공동체를 지향해야 할 것이다.

주디스 버틀러는 팬데믹을 통해 우리가 배워야 할 보다 더 큰 차원의 교훈으로 "우리가 살고 있는 삶이 결코 배타적으로 우리만의 것이 아니며, 단지 나만을 위한 것이 아니라 여러 삶들, 즉 보다 일반적인 삶

---

12 류수연, 「시에 담아낸 인천, 그 얼굴들 – 손병걸, 이설야, 이병국의 시를 통해」, 인천작가회의 평론분과, 앞의 책, 174쪽.

13 발터 벤야민, 『서사(敍事)·기억·비평의 자리:발터 벤야민 선집9』, 최성만 옮김, 도서출판 길, 2012, 429쪽.

의 과정들을 위해 살 만한 삶을 만드는 조건들이 보장되어야만 한다"
는 점과 '나의 삶'은 "단수이자 대체할 수 없는 삶, 다른 인간과 동물의
삶을 비롯한 다양한 생명 체계 및 네트워크와 공유하고 있는 삶"이라
는 점을 들었다.[14] 이를 전유하여 말하자면 다양한 삶들의 소통과 결
합의 네트워크가 지금 우리 삶에 절실히 요구되는 바라고 할 수 있겠
다. 아전인수격일 수도 있으나 이를 다시 지역문학의 경우로 가져와 보
면, 지역문학 공동체 즉 지역의 문학 향유가 가져오는 새로운 지역사회
의 문학 생태계로서 거버넌스를 형성하는 것이야말로 새로운 지역성
또는 보편과 특수로 구분할 수 없는 고유함으로서의 지역문학 장을 만
드는 데 필수불가결한 요청임이 분명해 보인다. 작가, 독자, 동네 책방,
문학단체 및 문화재단, 더 나아가 지자체의 능동적이고 적극적인 수행
이 필요하겠지만, 단자화되고 고립된 개인적 삶에서부터 벗어나 자신
이 발 딛고 경험하는 삶의 장소로부터 현실적, 사회적 응전력을 발휘하
여 생산하고 교류하며 소비하는 지역 공동체에의 상상이 요구된다. 그
것이 로컬을 수행함으로써 로컬이 되는, 지역문학이라는 제한된 상상
을 돌파할 가능성 마련의 실마리가 될지도 모르겠다.

---

14   주디스 버틀러, 『지금은 대체 어떤 세계인가』, 김응산 옮김, 창비, 2023, 74~75쪽.

제3부

당신의 이웃은 어디에 있나요?

모든 동물은 평등하다?
—비인간 동물과 인간 동물의 관계 맺음, 그 다른 세계의 가능성

1.

> 학교를 마치면 토끼풀 뜯으러 쌀부대 들고 마을을 다녔다 그해 겨울
> 푹신한 귀마개를 얻었다 옆집에서 얻어 온 강아지는 자라 등에 올라타
> 도 얌전한 개가 되었고 어느 날 처마 귀퉁이에 매달려 있었다 닭을 쫓아
> 뛰어다니던 날에는 기름이 동동 뜬 따뜻한 국물에 밥을 말았다 무릎관
> 절에 좋다는 고양이는 마리당 오천 원이었다 주머니가 푼푼해지는 날이
> 면 돼지고기 한 근을 사 마당에서 구워 먹었다
>
> —졸시, 「나는 자꾸만 틀린다」 부분[1]

시골에서 자란 나는 늘 가축/동물을 키웠으며 종종 그들을 먹으며
자랐다. 그들에게 딱히 이름을 지어준 적이 없었고 다른 감정을 느껴
본 적도 없었다. 그들은 그저 토끼였고, 멍멍이였고, 닭이었고, 야옹이
였고, 돼지였다. 그것들은 한동안 뒤뜰에 매여 있거나 배회했고 인간
이 주는 먹이를 먹고 죽었으며 고기가 되었다. 집에서 키우는 가축/동
물은 그렇게 고기가 되어 식탁에 올라 인간의 배를 채웠다. 동물이 고
기가 된다는 것을 아무도 이상하게 생각하지 않았다. 십수 년이 지나
나는 고양이 한 명(命)을 방에 들였다. '푸코'라는 이름을 지어 부르고

---

1   졸시, 『내일은 어디쯤인가요』, 시인의일요일, 2022.

서로의 눈을 맞추며 소리 기호를 주고받고 체온을 나눴다. 그때부터 비인간 동물이 단지 먹을 것이 아님을 인식하게 되었다. (그렇다고 해서 내가 동물권 운동가가 되거나 비건이 된 것은 아니다.)

몇 해 전부터 동물권에 대한 사회적 인식이 급격하게 바뀌고 있다는 것을 느낀다. 가까이는 코로나19와 기후 변화에 따른 위기와 인류세 담론의 확장으로 인한 환경 문제가 하나의 배경이 될 것이고 그 연장선에서 2000년대 말부터 때만 되면 발생하는 조류 인플루엔자 (AI), 아프리카돼지열병, 구제역 등으로 닭, 돼지, 소의 대규모 살처분 사건을 접하면서 알게 된 공장식 축산업의 실태가 다른 배경이 될 것이다. 게다가 하루에도 몇 차례씩 보도되는 반려동물 학대 사건은 비인간 동물에 대한 인간 동물의 폭력성을 성찰하도록 하였다. 물론 동물권에 관한 사유가 어제오늘의 문제만은 아닐 것이다. 피터 싱어가 쓴 에세이 「동물해방」(1973)과, 같은 제목의 책 『동물해방』이 1975년 출간한 이래로 동물권과 관련된 사회적 논의는 수많은 논쟁을 불러일으키면서도 활발히 개진되었으며 비인간 동물을 대하는 인간 동물의 태도 변화를 가져왔다.[2] 이는 인간 중심주의 사고를 다른 방식으로 사유하고 실천할 것을 요구하는 방향으로 나아갔으며 인간과 동물을 넘어 인간과 비인간의 경계를 해체하는 포스트휴먼 논의로까지 이어졌다.

그러나, 2022년 5월에도 강원도 홍천군의 한 양돈농장에서 아프리

---

2 1970년대 이후 지속적으로 전개되어 온 동물에 대한 학문적 관심의 흐름을 정리한 논문으로 남승원, 「동물에 대한 사유의 전개와 가능성 - 짐승에서 비인간동물까지」, 『열린 정신 인문학연구』22집 제3호, 원광대학교 인문학연구소, 2021 참조.

카돼지열병이 발생하여 방역당국은 해당 농장 돼지 1,175두를 살처분하였다.[3] 또한 2021년 한 해 동안 동물유기 건수는 2만 3,832건이며 2022년 5월 한 달만 해도 2,245건[4]일 정도로 비인간 동물을 대하는 인간 동물의 양태는 달라지지 않았다. 물론 그렇다고 해서 아무런 변화가 없는 것은 아니다. 개별 인간 동물의 층위에서는 건강, 기후 위기, 소수자 인권, 동물권 등에 관한 사회적 가치를 수행하고자 비건을 실천하거나 지향하고 동물 구조에 적극적으로 나서며 생크추어리(Sanctuary)를 만들어 구조한 비인간 동물을 보살피고 그들의 권리를 위해 함께 싸우는 이들이 점점 늘고 있다.[5]

문학 역시 비인간 동물의 삶과 그들과 관계 맺는 인간 동물의 삶을 표상화하고 있다. 물론 다른 어떤 장르에서보다 에세이 장르에서 관련 주제가 활발히 개진되곤 있으나 최근 들어 시와 소설 장르에서도 본격적으로 이를 다루고 있다는 점은 주목할 만하다. 특히 시인들이 반려견과 반려묘에 대한 시와 산물을 모아 펴낸 『나 개 있음에 감사하오』(아침달, 2019)와 『그대 고양이는 다정할게요』(아침달, 2020), 소설가들이 모여 동물권을 테마로 초단편 소설집 『무민은 채식주의자』(걷는사

---

3 「홍천서 아프리카돼지열병 발생..돼지 1175두 긴급 살처분」, 『파이낸셜 뉴스』, 2022. 5. 28.

4 「[반려가구 600만 시대①] 3가구 중 1가구는 반려동물 양육..유기·학대는 여전」, 『뉴시스』, 2022. 7. 5.

5 이와 관련한 사례들에 대해서 『한겨레21』의 기획 기사를 참조할 필요가 있다. 『한겨레21』은 1424호(2022.8.8.), 1425호(2022.8.15.)를 합본한 통권7호를 만들면서 '비건 비긴'을 내세웠다. 새로운 삶의 방식이자 가치인 비건을 시대를 읽어내는 열쇳말로 삼아 세대 사이의 유행이나 일부 대기업 전략을 넘어서는, 그리고 '채식이냐 육식이냐'는 이분법을 넘어서서 사유하고 소통하며 대안을 찾으려는 노력을 보여준다는 점에서 동시대 인간 동물의 수행을 한눈에 살펴볼 기회를 마련하고 있다.

람, 2018),『공공연한 고양이』(자음과모음, 2019) 등을 비롯한 최근의 시
와 소설 들에서는 인간 동물과 비인간 동물 간의 관계를 다시금 성찰
할 수 있는 계기를 마련하고 있다.[6]

2.

현대 문학장에서 문학은, 특히 시는 비인간 동물보다는 식물에 관해
서 이야기해왔다. 서정성이 가 닿는 자연을 세계를 감각하는 시적 사
유의 기원처럼 여겨졌다. 이장욱은 이를 '식물성의 사유'와 '동물성의
사유'로 구분했다. 그는 "식물성의 사유는 대개 환원, 반복, 유기성을 근
간으로 삼는다. 식물적 풍경 안에서 우리가 발견하는 것은 대개 정적
인 사태, 세계의 단일성, 본질 회귀 등이며, 만물을 감싸 안는 그윽한 포
용의 이미지"이며 식물은 "대체로 나와 너 사이의 거리와 경계를 무화
시키고 인간의 비극과 고통을 치유하는 방향으로 움직"이는 반면 "개
체성과 생존 본능에 압도된 동물들은 통일된 전체"를 알지 못하는, "대
개 비극과 고통을 그대로 안고 인간의 시선 속으로 들어"와 "죽음의 불
가피성"을 통해 "나와 세계 사이의 거리감을 전제"하는 방식으로 사유

---

6   유계영은『나 개 있음에 감사하오』여는 글에서 "끝까지 함께 있어주는 일, 아프고 굶
주린 개들을 외면하지 않는 일, 동물보호법에 관심을 기울이는 일, 환경을 오염시키는 나
쁜 습관을 지우는 일, 육식을 줄이는 일 등도 결국 개를 위한 실천이 아닐까"라고 함으로
써 반려동물과의 관계를 통해서 사회적 실천이 어떻게 확장될 수 있는지를 보여준다. 또
한『무민은 채식주의자』의 기획의 말에서는 "동물의 권리를 생각하는 일. 우리 안의 야만
성, 잔혹성, 폭력성을 아프게 직시하는 일"이 "우리가 더 나은 삶을 살기 위해서라도 반드
시 필요한 일"이라고 한다. 삶의 가치를 새롭게 정립하고 실천하는 방식이자 태도로서 비
인간 동물과 인간 동물의 관계를 사유하는 일의 중요성을 강조하고 있다.

된다고 지적한다.[7] 즉 식물은 통일성으로, 동물은 타자성으로 감각되어 시적 표상으로 재현된다는 것이다. 그런 점에서 이전과는 달리 최근 문학 작품들이 소외된 존재로서의 타자를 향한 문학적 시선을 견지한 채 비인간 동물로 향하는 이유를 알 수 있을 것도 같다. 과거, '서정'이 세계와의 대립보다는 세계가 주체로 수렴되는 동화에 기댄 장르라는 인식에서 식물성의 사유를 이어나갔다면 2000년대 이후 서정의 윤리는 타자성에 기반한 '다른 서정'의 방향으로 나아간 이유와 흐름을 같이 하는 것처럼 보인다. 시적 방향의 전환은 은폐된 타자성의 양태를 드러내며 세계의 폭력성을 고발하는 중요한 기제로 작용한 것도 사실이다. (물론 이것이 타자에 대한 윤리적 자의식이나 그로 인한 언어적 형식 실험에 매몰되어 표현과 효용의 괴리를 야기하기도 했다.)

고기가 되었다. 나는 던져지고, 베어지고, 씹혀지고, 삼켜지고 그래도 남은 것이 있어 나는 고기로 있다. 이 회색의 고기는 질기고, 무참하고, 아픔을 모르고 그래서 계속 씹히고 있는 채로 있다. 고기의 몸으로 구르고 씹히니 즐겁고, 기껍고, 어쩐지 고기인 것이 더 느껴진다. 고기는 어느 뼈아픈 시절의 고기인가, 의문도 잊은 채 적막한 고기처럼 있다. 사랑에 빠진 고기처럼 고기는 고기를 원하는가.

―이기성, 「고기를 원하는가」 전문[8]

비인간 동물을 표상하는 가장 극적인 용어는 그들이 인간 동물과 관계 맺는 방식을 드러내는 데 있을 것이다. 개와 고양이처럼 반려동물

7 이장욱, 「동물원의 시」, 『동물입니다 무엇일까요』, 현대문학, 2018, 86~87쪽 참조.
8 이기성, 『동물의 자서전』, 문학과지성사, 2020.

로 관계를 맺는 것은 어쩌면 인간 동물이 상상하는 이상적 방식인지도 모른다. 그것은 비인간 동물과 맺는 대부분의 폭력적 관계를 은폐하며 제한적으로만 비인간 동물을 사유하도록 이끌 위험이 있다. 그런 이유로 비인간 동물이 인간 동물과 맺는 관계를 여실히 보여주는 것은 '고기'란 용어이다. 인간 동물이 비인간 동물을 대하는 기본 개념으로서의 '고기'는 비인간 동물에 대한 착취와 폭력을 인간 동물의 생존을 위해 요구되는 불가피한 어떤 것으로 기만한다. 이때 '고기에는 동물이 부재한다'[9]는 점이 중요하다. 좀 우스운 말이지만, '이밥에 고깃국'이란 말은 풍요로움을 의미했다.(아직도 어딘가에서는 이상적인 밥상일 수도 있다.) 물론 여기에 쓰인 '고깃국'은 그것을 취할 수 없는 "어느 뼈아픈 시절"의 궁핍을 상징할 것이어서 비난할 이유는 없다. 그러나 오늘날 '고기'라는 말 앞에 삭제된 비인간 동물을 돌아볼 필요는 있을 것이다.

인용한 이기성의 시는 "고기가" 된 '나'를 바탕으로 비인간 동물의 고통을 재현한다. 일찍이 "커다란 접시 위에/당신의 잘린 목이/다정한 가

---

9 "고기라니, 너무 이상한 말이다./식재료가 되기 이전과 이후의 이름을 굳이 다르게 부르는 경우가 있던가. 양파는 팔리기 전에도 양파라 불리고 땅속에서도 감자는 감자이며 바닷속에서도 미역은 미역이다. 그러나 돼지나 소나 닭은 식재료가 되고 나면 이름 뒤에 고기라는 말이 붙는다. (……) "돼지를 먹는다"보다 "돼지고기를 먹는다"가 더 고급 문장으로 취급되는 이유는 그 말이 당장의 식사가 실제로 살아 있던 동물의 사체를 먹는 야만적 행위와 완전히 일치한다는 사실을, 그로부터 비롯되는 근원적인 양심의 가책을 지우기 때문이다. "고기를 먹는다"는 문장 속에는 오로지 먹기 위해 동물을 탄생시키고 고통 속에 살게 하다 죽인 뒤 가공하는 과정 모두가 은폐되어 있다. 고기라는 단어 자체가 도축의 현장으로부터 인간의 눈을 가리고 동물의 피 냄새로부터 인간의 코를 막기 위해 존재하는 말이라는 것. 고기에는 동물이 부재한다." 김선오, 「비주류 천사들」, 『나이트 사커』, 아침달, 2020, 98~99쪽.

족처럼 앉아 있을 것"("채식주의자")[10] 이라고 했던 이기성은 육식이 지닌 폭력성을 자신에게 투사하여 전시함으로써 비인간 동물의 고통을 무감하게 여기는 세계를 향해 비판적 언술을 감행한다. "던져지고, 베어지고, 씹혀지고, 삼켜지"는 비인간 동물의 "아픔을 모르고" 즐겁게 씹기만 하는 행위가 주는 그로테스크함 앞에서 인간 동물은 과연 어떤 정의를 수립할 수 있을까. 이기성이 고기에 자신을 투사하는 저 수행은 고기가 된 비인간 동물의 고통을 자신의 고통으로 받아들이며 그 고통을 은폐한 채로 "사랑에 빠진 고기"로서의 인간 동물의 참혹함을 고발함으로써 습관화된 폭력을 체감하여 다른 실천을 모색하도록 이끈다.

오랜 기간 비인간 동물은 인간 동물보다 열등한 존재로 여겨져 왔다. 인간의 합리적 이성을 중시한 데카르트에게 비인간 동물은 그저 움직이는 기계일 따름이었으며 그 이후 "서구 철학 전통에서 동물들은 끊임없이 말하지 못하는 존재, 결핍된 존재, 의미 있는 사고를 할 수 없는 존재로 간주되었다."[11] 이러한 인식은 우리가 흔히 접하는 비인간 동물에 빗댄 모멸적 언술로 여선히 확인할 수 있다.[12][13] 그런 이유로 비인간

10   이기성, 『채식주의자의 식탁』, 문학과지성사, 2015.

11   수나우라 테일러, 『짐을 끄는 짐승들』, 이마즈 유리·장한길 옮김, 2020, 147쪽. 그러나 수나우라 테일러가 이야기하듯 비인간 동물들은 수백 년간 잘못된 정보의 희생자였고 그로 인해 자신들의 능력을 부정당했다. 그들에게는 인간 동물에게는 없는 무수한 능력이 있으며 '인간적'이라고 부르는 특징조차 나눠 갖고 있다는 것을 우리는 알고 있다.

12   "동물이란 하나의 말이다. 그것은 인간/남성이 만들어낸 호명이고, 그는 다른 생명체에게 이름을 부여할 권리와 권위를 스스로에게 준 것이다." 자크 데리다, 「동물, 그러니까 나인 동물(계속)」, 수나우라 테일러, 앞의 책, 168쪽에서 재인용.

13   몇 해 전, 나항욱 교육부 정책기획관의 '민중은 개돼지'란 발언이 떠오른다.

동물이 의미를 지니려면 '고기'가 되어 이윤 창출에 기여해야 한다고 여겼던 것인지도 모른다.

3.

전국한우협회, 대한한돈협회, 한국육계협회 등에 따르면, 2021년 국내 1인당 연간 육류 소비량(소·돼지·닭)은 55.9kg였다. 한국인은 1년간 돼지를 27.6kg으로 가장 많이 먹었고 닭 14.7kg, 소 13.6kg 순이었다. 반면 쌀은 56.9kg이다.[14] (밥만큼 고기를 많이 먹는다는 것은 과잉 소비라 할 수 있다.) 이러한 소비를 충족시키기 위해서는 공장식 축산업의 대량생산 체제가 요구되며 이는 다시 대량소비를 촉발하며 환경 문제로까지 이어지는 악순환을 가중시키는 기제가 된다. 그러나 이러한 경제적 층위의 문제를 벗어나 존재의 층위에서 공장식 축산업이 가져오는 죽음에 대한 문학적 사유는 어떠한가.

김은은 단편소설 「오늘의 기원」[15]을 통해 농장에서 70일만 살다가 죽는 닭을 그려냄으로써 이에 대한 사유를 개진한다. 이 소설의 화자 '나'는 "70일령의 생을 살고 죽는다."(71쪽) 짧은 생이지만 '나'는 엄마를 통해 광대한 시간 속에 놓인 자신의 기원에 대해 듣고 존재의 영원성을 생각한다. 엄마가 "하루의 삶 속에는 전부 기록될 수 없을 만큼의 방

---

14 「[쌀보다고기]밥상 주인공 된 고기..쌀과 1kg 격차에 추월 '코 앞'」, 『아시아경제』, 2022. 7. 24.

15 김은, 「오늘의 기원」, 구병모 외, 『무민은 채식주의자』, 걷는사람, 2018. 이후 쪽수만 표기.

대한 기억"(71쪽)으로서의 생을 전할 수 있는 까닭은 엄마가 '나'와 달리 산란계로 400일령을 넘게 살 수 있기 때문이다. 자연 상태에서 닭은 평균 6~10년, 혹은 그 이상 수명을 이어간다. 그러나 앞에서 보았듯이 1인당 14.7kg의 닭 소비를 위해 2021년 한 해 동안 도살된 닭은 10억 3,500만 명(命)이다. 그러므로 육계용 닭은 대략 30일 정도 자란 후에 도살되는 상황이다. 당연하게도 이러한 공장식 축산업 환경은 비인간 동물의 삶에 권리를 부여하지 않는다.[16] 그런 점에 비춘다면 70일령의 '나'를 보다 나은 환경에서 살고 있다고 생각해야 하는 것일까.

'에덴 농장'이라는 이름처럼 닭들의 천국이라고 불리는 농장은 넓고 쾌적했다. 하지만 나는 항상 농장 밖의 세상이 궁금했다. 곳곳에 뚫린 환풍구를 통해 보이는 회색 시멘트가 깔린 넓은 마당과 가끔 농장을 구경하기 위해 방문하는 사람들이 머물다 가는 단층 건물이 내가 아는 세상의 전부였다.(74쪽)

공장식 축산업은 자본주의가 발달하면서 본격화되었다. 1980년대 이전까시 축산업은 농가의 부업 정도였다. 당연하게도 이때는 공급과 수요가 모두 미미하였으나 도시화, 산업화가 어느 정도 자리를 잡아 수

---

16 "축산 동물은 신체적 극한physical extreme에 이를 때까지 품종 개변을 당한다. 젖소의 유방은 몸이 버티지 못할 정도로 많은 젖을 생산하도록 되어 있고, 칠면조나 닭은 자신이 거대한 가슴 무게를 지탱하지 못한다. 도한 돼지의 다리는 체중을 지탱하기에는 너무 약하다. 닭, 칠면조, 오리는 마취 없이 진행되는 부리 절단debeaking 같은 과정으로 인해 신체적 손상을 입는다. 부리 절단으로 인해 이들은 질병에 쉽게 노출되고, 먹이를 섭취하거나 깃털을 고르기도 매우 힘들어진다. 이외에도 농장 동물들은 흔히 타박상, 농양, 짓무름, 골절, 질 혹은 생식기관 이상, 만성 질환, 정신질환 등을 겪는다." 수나우라 테일러, 앞의 책, 81쪽.

입이 증대되고 생활 환경이 나아지면서 육류의 생산과 소비가 크게 늘었으며 기업형 공장식 축산이 도입되었다. 자본주의 체제의 공장이란 상품을 표준화하여 빠르고 균질하게 생산하는 데 의미가 있다. 이 말은 공장식 축산업의 기반인 비인간 동물을 공산품과 같은 상품으로 간주하고 찍어낸다는 의미이기도 하다. 그런 이유로 공장식 축산업 하의 양돈장, 양계장 등의 비인간 동물이 키워지는 환경은 어떠한 윤리적 고려 없이 효율을 극대화하는 끔찍한 체계로만 구축될 따름이다. 비위생적이고 비인도적인(인도적이란 말에 이미 어폐가 있지만) 환경은 비인간 동물을 전염병에 취약한 상황에 내몰고 이는 다시 대규모 살처분이란 방식으로 회피되었다. 이러한 점에 대한 해결책으로 지속 가능한 축산을 모색하게 되었고 '에덴 농장'과 같은 방목생태축산 농장이 늘고 있는 추세이다. 그래서 그게 어떻다는 것인가.

"동물의 권리를 최대한 보호하기 위해 노력"(78쪽)하는, 지속 가능한 축산이란 말은 그저 "가로세로 30센티미터짜리 케이지가 벽면에 층층이 쌓여 있"(75쪽)는 것이 아닌 넓은 사육장을 가리키는 것이어야 할까. 아니면 '나'가 죽음을 당하는 날 농장 주인이 체험 온 이들 앞에서 이야기한 것처럼 "마취 가스를 주입해 기절시킨 뒤 도축을 해, 어떤 고통도 느끼지 않"(78쪽)는다는 아이러니한 위안에 자족해야만 하는 것일까. 김은의 소설이 '나'를 통해 이러한 문제를 고발하는 데 멈춰있다는 점은 아쉬움으로 남는다. 취약한 타자로서 존재하는 '나'를 재현하는 것으로는 이미 너무나도 폭력적인 장면과 그로 인해 죽음을 강제당한 존재를 마주한 인간 동물에게 공감과 실천 그리고 그 너머를 사유하게 만들기에는 부족한 점이 있다. 부당한 환경에 노출된 비인간 동물, 그 강제된 폭력성이 인간 동물과의 실질적 관계 양태를 통할 때 우리는 인간 동물의 권리와 다를 바 없는 비인간 동물의 동물권을 상상할 수 있지 않을까.

그런 점에서 최은영의 「안녕, 꾸꾸」[17]는 부족하나마 주목할 필요가 있다. 화자인 '나'는 어린 시절 놀이터에서 누군가 버리고 간 병아리를 집에 데려와 꾸꾸라는 이름을 지어주고 정을 나눈다. 금방 죽으리라던 모두의 예상과 달리 꾸꾸는 암탉으로 자란다. 그러자 '나'의 부모는 꾸꾸를 친척의 농장으로 보낸다. 그 이후로 '나'는 닭고기도 먹지 않는 채식주의자가 되지만 사람들 앞에서는 고기 알레르기가 있다고 이야기하는 사람이 된다.

'나'는 비인간 동물인 꾸꾸와 관계를 맺는다. 이것을 인간 동물이 비인간 동물을 일방적으로 돌보는 관계로만 볼 수 있을까. 반려동물과 맺는 관계는 경험해보지 않은 이들에게는 '유난스러운 사랑'처럼 보일지도 모른다. 그러나 우리는 그렇지 않다는 것을 안다. 나 아닌 타자와 관계 맺음은 타자에 대한 공감을 불러오고 이는 세계에 대한 이해로 상승한다. 반려동물을 돌본다는 것은, 더 나아가 비인간 동물과 관계를 맺는다는 것은 한쪽이 다른 쪽에 일방적으로 의존하는 방식으로 형성되지 않는다. 수나우라 테일러는 "의존은 종종 착취의 구실이 되는데, 이는 의존이 극히 부정적인 함의를 갖기 때문"이라고 말한다. 그러나 "우리 모두는 의존적이다. 인간은 타인에게 의존하면서 삶을 시작"

---

1 7   최은영, 『애쓰지 않아도』, 마음산책, 2022. 이후 쪽수만 표기.

하며 "타인에게 의존하면서 삶을 끝"낸다. 음식을 얻는 것도 마찬가지 이며 자족적인 사람이랄지라도 몇 가지 기본 물품과 서비스는 타인에게 의존할 수밖에 없다. 모든 존재는 상호의존적이다.[18] 그럼에도 가축화된 동물을 의존적이고 부자연스러우며 자유롭지 못하다고 생각하는 데에는 비인간 동물을 도살하고 상품화하고 착취하고 조직적 학대를 해왔던 수많은 폭력을 은폐하려는 의도가 숨어 있다. 의존하는 존재로 비인간 동물을 간주하는 것은 인간 중심주의적 사고일 따름이다. 비인간 동물의 불행을 대가로 지불하고 얻는 행복을 행복이라고 할 수 있을까. 행복하고자 하는 욕망 이면에 도사리고 있는 부정성에 주목할 필요가 있다. 그것은 다른 존재를 고려하지 않겠다는, 그의 상황에는 눈 감아 버리겠다는 것과 다름없기 때문이다. 그런 이유로 비인간 동물이 받고자 하는 돌봄의 방향에 귀 기울이고 그들이 전하는 바에 응답하려는 노력이 요구된다. 정서적 주의를 기울여 타자의 언어를 들음으로써 이해의 폭을 넓히는 데에서 관계가 확장된다는 점을 고려할 때, 이러한 이해와 공감은 둘의 관계를 넘어서서 폭력적 세계를 향해 다른 이야기를 시작하게 만든다. 인간 동물과 비인간 동물이 상호의존적 존재임을 인식하고 공감과 이해를 가능하게 하는 교류와 개입이라는 새로운 존재 방식을 모색해야 하는 것이다.

인간이 다른 동물을 먹는다는 것은 자연스러운 일이지만 공장식 축산 시스템은 그 어떤 부분도 자연스럽지 않았다. 결국 도살당할 생명이라고 하더라도 살아 있는 한 최소한의 삶을 누려야 한다고 그녀는 믿었다.

---

18   수나우라 테일러, 앞의 책, 349~350쪽 참조.

그런 생각을 위선이라고 지적한다고 할지라도. 적어도 지금의 방식은 옳지 않다고 말할 수 있었다.(189쪽)

'나'는 꾸꾸와의 관계를 통해(더 나아가 채식을 하는 선아와의 만남을 경유해) 비인간 동물을 착취하는 세계의 부조리를 깨닫게 되고 그것이 옳지 않다고 말하는 존재가 된다. 그러나 옳지 않음을 옳지 않다고 말하기 위해서는 용기가 필요하며 구체적 실천이 따라야 한다. 물론 인간 동물이 비인간 동물을 먹는 행위를 근본적으로 멈추게 할 수는 없을 것이다. 그럼에도. "적어도 지금의 방식은 옳지 않다고 말할 수"밖에 없는 것은 "살아 있는 생명에 대한 최소한의 존중을 바라"(189쪽)는 진심 때문이다. 그리고 그 진심은 꾸꾸와 맺었던 관계로 말미암아 "동물이 고기이기 전, 하나의 존중받아야 할 생명"(188쪽)임을 깨달을 수 있었기 때문일 것이다. 이 깨달음이 동물권의 옹호라는 실천으로 이어져 인간 동물의 쾌락과 이익을 위해 비인간 동물을 착취하고 상품화하는 것을 거부하는 수행으로 나아가리라는 깃, 그리고 우리 역시 거기에 동참해야 한다는 것을 생각하게 한다.

4.

<반려종 선언>은 개인적이고 기록이고, 반밖에 알려지지 않은 수많은 영토를 급습하는 학문적 시도이며, 전 지구적 전쟁이 임박한 세계에서 희망을

찾으려는 정치적 행위이자, 원칙적으로 끝없이 계속되는 작업이다.[19]

　해러웨이의 「반려종 선언」은 반려견과의 사적 관계에서 출발해 세계에서 희망을 찾으려는 실천으로 나아간다. 앞에서 최은영의 소설을 통해 이야기했듯 해러웨이가 이러한 선언을 할 수 있었던 것 역시 비인간 동물인 반려견과 맺은 관계 때문이다. 해러웨이는 "개와 인간의 관계를 진지하게 대하는 일을 통해 소중한(중요한) 타자성을 확산시키는 데 보탬이 될 윤리와 정치를 배우는 것이 어떻게 가능한"(118쪽)지를 묻는다. 해러웨이는 '소중한 타자성'을 "서로 다르게 물려받은 역사, 그리고 불가능에 가깝지만, 절대적으로 필요한 공동의 미래 모두를 책임질 수 있는, 부조화스러운 행위 주체들과 삶의 방식을 적당히 꿰맞추는 작업, 취약하지만 기초적인 작업"을 가능케 하는 것으로 보았으며 서로 다른 종이 타자성을 바탕으로 관계 맺는 것을 "창발적 실천"이라고 하였다.(125쪽) 이를 통해 "토착민의 주권, 목축 경제 및 생태적 생존, 육류 산업 복합체의 급진적 개혁, 인종 정의, 전쟁과 이주의 귀결, 기술문화의 제도와 맞닿게 된다."(236쪽) 이러한 깨달음은 타자와의 관계를 통해 서로에 대한 권리를 이해하며 그것을 억압하는 세계에 일정한 책임을 다하도록 이끈다. 윤리적이고 정치적인 구체적 수행으로 나아가는 셈이다. 고통받는 비인간 동물을 구조해 생크추어리를 만들어 돌보고, 공장식 축산의 대안으로 비록 불완전하나마 지속 가능한 축

19　도나 해러웨이, 「반려종 선언」, 『해러웨이 선언문』, 황희선 옮김, 책세상, 2019, 118쪽. 이후 쪽수만 표기.

산을 모색하며 동물보호단체 활동을 하거나 그곳에 후원하고 비건[20] 또는 비건 지향의 실천을 수행하는 것이 이 때문이겠다.

나의 개야
우리의 배꼽은 이어져 있지

너는 획이 없는 말을 하니까
그렇게 부드러운가
아무도 다치지 않는
따끈하고 촉촉한 말

너를 만지면 발밑에 찾아오는
깊고 따뜻한 물

온몸을 감싸는 침묵이라는 말
네 침묵 속을 헤엄치는 나
아, 진짜 자유로워
팔나리를 제멋대로 휘석이며
느껴지는 충만함
기쁨의 부력

---

20   비건은 동물성 식품뿐 아니라 동물을 착취해 만든 모든 것을 소비하지 않는 삶의 태도로 살아가는 것을 말한다. 그러나 아직 비건에 대한 사회적 인식은 '착한 척'하는 일로 치부되는 경향이 있다. 그러나 수나우라 테일러의 말처럼 "비거니즘은 무언가 "좋은" 일을 했다고 자신들을 토닥이는 부자나 건강한 사람들에 대한 것이 아니다. 비거니즘은 능력 및 접근과 연계된 특권에 관한 것이며, 우리의 음식 선택이 빚어낸 잔혹 행위와 환경 파괴에 책임을 지는 일에 관한 것이다." 수나우라 테일러, 앞의 책, 342쪽.

자주 지치는
나는 늘 컹컹 짖고
너는 늘 괜찮아, 괜찮아 하고

네 주둥이에 늘어 가는 흰 털과
나의 새치가
예고된 공백 같아서
자꾸 슬퍼
너만 내게 모든 것을 주었는데

네 몸의 모든 굴곡을 내 손에 새기며 묻는다
단 하나의 단어만 말할 수 있다면
무엇으로 할래?

너는 분명한 미소로
나를 바라본다

평생 나를 무너뜨리게 될
너의 대답

우리는 아무 말도 나누지 않고
우리 사이에 모든 것을 흐르게 하지

너와 내가 아닌
우리가 우리를 우리라고 부르던 순간부터

   길게 인용한 강지혜의 이 시는 화자와 반려견과 관계가 "배꼽"으로 이어져 있을 만큼 강한 교감을 바탕으로 하고 있음을 그리고 있다. 이러한 교감은 구체적 언어를 교환함으로써 이루어지는 것이 아니다. 알다시피 언어에 대한 일반적 인식은 인간이 구성한 기호의 속성을 지니고 있다. 그 기호는 해석 가능한 소통 능력을 의미한다. 그러나 이때의 언어는 공적 언어로 그 언어를 사용하는 존재를 포함하며 그렇지 못한 존재를 배제하고 경계 짓는 권력으로 작동한다. 강지혜의 화자가 "개"와 나누는 언어는 권력에 기반한 공적 언어가 아닌 "획이 없는 말"이자 "온몸을 감싸는 침묵이라는" 언어이다. 이는 언어 수행의 가능 여부에 따른 위계적 언어가 아닌 "팔다리를 제멋대로 휘적이며/느껴지는 충만함"과 "기쁨의 부력"을 감각하게 하는 초월적 언어이다. 추상적 기호의 교환이 아닌 구체적 몸의 교감이랄 수 있겠다. 그것은 "아무도 다치지 않는/따끈하고 촉촉한 말"이어서 한 존재의 온기로 다른 존재를 포용하고 내밀함을 나누며 종간 경계를 허물어뜨린다. 그런 이유로 화자인 '나'는 자신의 피로를 '너'의 언어를 전유하여 전할 수 있으며 '나'의 언어를 전유한 응답을 감각할 수 있는 것이다. ("자주 지치는/나는 늘 컹컹 짖고/너는 늘 괜찮아, 괜찮아 하고")

   그러나 비인간 동물과 인간 동물이 맺은 관계는 상대적 시간으로 말미암아 슬픔을 야기한다. "네 주둥이에 늘어 가는 흰 털과/나의 새

---

21 강지혜, 『이건 우리만의 비밀이지?』 민음사, 2022.

치가/예고된 공백 같"기 때문이다. 이는 두 존재 모두 죽음을 향해 간다는 공통점을 지니지만 그 속도가 서로 다르다는 점에서 기인한다. 또한 서로 다른 속도의 감각은 타자성의 인식으로 이어지는데 이는 일종의 "불구의 시간"[22]을 감각하는 것이기도 하다. 이 불구의 시간 감각은 단순히 선적 시간과는 다른 질적인 층위에서 감각되는 가변적인 시간을 향유하는 '능력'이 된다. 그로 인해 "예고된 공백"으로 미래의 상실을 느끼며 슬퍼하는 것은 자연스러운 일이겠으나 그것을 인간적 층위에서 사고하는 것은 재고해야 할 문제이다. 즉 다른 층위의 감각으로 사유할 수 있어야 하는 것이다. 불구의 시간에의 사유는 '소중한 타자성'과의 관계를 "아무 말도 나누지 않고/우리 사이에 모든 것을 흐르게 하"는 충만함으로 감각케 하며 "너와 내가 아닌/우리가 우리를 우리라고 부르"는 상호의존의 연대를 가능케 하는 결정적 계기가 된다.

강지혜가 달아 놓은 각주를 참고하면 "우리가 우리를 우리라고"라는 구절은 N번방 사건을 취재했던 추적단 불꽃이 펴낸 책 제목의 일부분으로 "'나'와 '당신' 사이에 시작되는 끈끈한 연대는 모든 것을 넘어서 (그것이 설사 종(種)이라 할지라도) '우리'를 만드는 힘이 있다"(118쪽)

---

22 수나우라 테일러, 앞의 책, 231쪽. 수나우라 테일러가 말하는 '불구의 시간crip time' 이란 장애학에서 이론화된 개념으로 장애인들이 비장애인과는 다르게 감각하는 시간을 의미하며 이는 서구적 통념에 기초하는 시간 개념과는 달리 가변적이며 신체 형태에 따라 바뀌는 시간 개념이라 할 수 있다. 수나우라 테일러는 이 책에서 '불구'라는 용어를 변용해 사용하는데 이때의 "'불구'는 정상적인 작동을 하지 못하거나 결함을 의미하는 것이 아니라, 장애를 가진 '비-인간-동물'을 차별하는 사회구조를 직시하게 만들고 차별의 사회구조에 암묵적으로 동의해왔던 비장애인들이 가져보지 못한 '능력'을 말한다." 남승원, 앞의 글, 343쪽.

는 의미로 인용되었다. 김보경이 이 시 해설에서 이야기한 것처럼 "나"
와 "개" 사이에서 '우리'의 가능성을 찾고 이를 여성들 간의 연대를 표
현하는 표어로 연결하는 시도는, 인간을 우선으로 놓고 동물로 연대의
범위를 확장해 나가는 인간 중심적인 사고방식을 거스르는 효과가 있
다. 나아가 이는 '우리'를 만드는 힘이 혈연관계와 같이 유사성이나 동
질성에 기반하는 것이 아니라 "우리가 우리를 우리라고 부르"는 결단
과 수행이 이루어지는 그 순간에 만들어질 수 있다는 것을 강조하는
것으로 읽힐 수 있다. 여기서 '우리'는 종의 경계를 따지지 않는다."[23] 비
인간 동물과 인간 동물이 교감하며 이루어내는 연대는 여성들 간의 연
대를 포함해 인간 중심적 사고가 지닌 '백인 – 남성 – 중산층 – 이성애
자 – 비장애인'으로 정체화된 '인간'의 범주를 초월하여 타자와의 경계
를 허물고 세계를 다시 사유하도록 이끄는 수행인 셈이다.

5.

개, 개장수한데 끌려온

개가 줄을 끊고 숲으로 도망쳤어

개장수가 개, 개 판 사람을 데려와

개를 불렀어

개는 이름이 있었어

진돌아

---

23   김보경, 「저주받은 여자들의 가계(家系)와 '우리'가 되는 기록」, 강지혜, 앞의 책,
182~183쪽.

진돌아, 밥 먹자

하얀 꼬리를 흔들며 나온 진돌이
저한테 밥을 주던
개, 개 판 사람 앞에
두 발 모으고 앉아
꼬리로 바닥을 쓸었어
백 개의 꼬리로 싹싹 빌었어

진돌이 목에 줄이 채워졌어
개 더운 여름

— 김미혜, 「진돌아 밥 먹자」 전문[24]

비인간 동물이 겪는 고통은 대부분 인간 동물에 의해서 이루어진
다. 서로 관계를 맺었던 존재라 하더라도 그것이 인간 동물의 이기적 발
로에 의해서 형성된 관계라면 그 끝은 김미혜의 시에서처럼 비극으로
귀결될 따름이다. 비인간 동물이 겪는 고통을 외면하고 자신의 이익만
을 추구하는 일은 없어야 한다. 앞에서도 보았듯이 지난해 유기된 비인
간 동물의 수는 인간 동물이 얼마나 비윤리적인지를 증거한다. 하나의
이유 때문만이 아니겠으나 인류세의 비극은 어쩌면 비인간 동물 더 나
아가 비인간을 착취하는 인간의 탐욕에서 비롯된 것인지도 모를 일이
다. 조지오웰의 소설 『동물농장』에서 쓰인 말처럼 '모든 동물은 평등하

---

24 김미혜, 『꼬리를 내게 줘』 창비, 2021.

다.' 그러나 여기 뒤에 붙는 '어떤 동물은 다른 동물보다 더욱 평등하다' 는 문장이 기만이라는 것을 우리는 알면서도 자의적으로 불합리한 관계를 강조하고 강요한다. 인간 동물이든 비인간 동물이든 평등한 삶을 누릴 권리가 있다. 그것을 한쪽의 이기심으로 외면해서는 안 된다.

그런 점에서 동물권과 관련된 사회적 논의가 구체적 실천과 함께 이어지고 있으며 문학장에서도 비록 걸음마 단계이긴 하지만 비인간 동물의 고통에 공감하고 이를 문제 제기하는 작품들이 창작되고 있다는 점은 고무적이다. 인간 동물에게 비인간 동물을 배타적으로 지배하고 억압하며 소비할 권리는 주어지지 않았다. 공장식 축산업과 반려동물 산업 등 자본주의가 양산하고 있는 폭력을 인간 동물의 당연한 권리로 여기는 것은 흔히 말하는 '인간다움'이라 할 수 없다. 가축화된 동물과 반려동물을 다르게 보는 관점 역시 어쩌면 자본주의 환경이 만들어 놓은 환상인지도 모른다. 비인간 동물의 고통에 응답하는 윤리적 성찰은 당장의 변화를 이끌기는 쉽지 않을지라도 인간 동물의 책임과 의무가 무엇인지 찾게 한다. 비인간 동물과 인간 동물이 상호 연결된 삶이라는 점을 분명히 하고 이러한 관계를 통해 우리가 해야 할 일이 무엇인지 형상화하는 작업이 좀 더 필요하다.

너무나 당위론적인 말이겠으나 이 지구상에서 '우리'로 연대할 존재가 인간 동물만은 아님을 알아야 한다. 수나우라 테일러가 자신의 보호견과 맺는 관계 속에서 느낀 기분은 감상적인 상태에 머무르지 않는다. 그것은 존재에 대한 성찰과 타자를 향한 윤리적 실천으로 이어진다. 상호의존적인 '우리'가 서로 관계 맺고 서로가 서로를 돌봄으로써 만들어갈 다른 세계의 가능성을 꿈꿔본다.

　불구이고 의존이고 비효율적이고 능력 없는 인간이 비효율적이고 의존적
[이]고 불구인 개를 돕고 또 그의 도움을 받는 것에는 무언가 적절하다는 느낌,
아니 사실 무언가 아름답다는 느낌이 있다. 종이 다른, 취약하고 상호의존적인
두 존재가 서로에게 필요한 것을 이해하는 법을 배우는 일 말이다. 서툴고 불완
전하게, 우리는 서로를 돌본다.[25]

25　수나우라 테일러, 앞의 책, 372쪽.

우리 삶의 너른 토대를 위하여
―반려동물과 인간의 '관계'

"한 국가의 위대함과 도덕적 진보는 동물이 받는 대우로 가늠할 수 있다.(The greatness of a nation and its moral progress can be judged by the way its animals are treated.)" 이 말은 인터넷에서 간디의 명언을 검색해 보면 나오는 말이다. 하지만 명절 때마다 전국 지방자치단체 유기동물보호센터에 약 1,000건의 유기동물 공고가 등록되는 상황을 볼 때 어떤 생각을 해야 할까.

올해 초, 동물권단체 케어(Care)의 박소연 대표가 지난 4년 동안 구조한 동물 수백 마리를 무분별하게 안락사시켰다는 뉴스로 대한민국은 뜨거웠다. 그러나 박소연 대표는 이내 현장에 복귀했고 안락사 사실을 고발했던 내부고발자 임모 씨는 퇴사했다. 내부적인 사정이야 알 수 없는 노릇이지만 그간 박소연 대표가 보여줬던 행보와는 사뭇 다른 사실이 폭로됨으로써 사회적 파장을 낳았고 이로부터 인간에 의해 대상화된 동물의 권리에 대해 고민해볼 수 있는 계기가 된 것은 주목할 만한 일이다.

인간은 동물에 대해 이중적인 태도를 취해왔다. 인간 자신도 동물의 다른 층위이면서도 자신을 그 층위에서 분리해 사고했다. 그것은 어쩌면 인간중심주의에 입각한 것에서 기인하는 것일 수도 있겠다. 식량 자원으로서의 '고기'는 인간에 의한 동물의 생명권을 착취하는 방편이었다. 육식은 각종 질병의 위험과 곡물 중심의 식량 자원의 위기에 대한 논쟁을 불러오기도 하였다.

착취에 의한 사육동물의 반대편에는 애정에 기반한 반려동물이 있다. 2016년 농협경제연구소가 조사한 반려동물의 시장 추이를 살펴보면, 2012년에 9,000억 원이었던 시장 규모가 2015년 1조 8,000억 원, 2016년 2조 3,000억 원으로 매년 그 규모가 성장하고 있음을 알 수 있다. 농협경제연구소는 2020년에는 5조 8,000억 원까지 그 규모가 확대될 것으로 예측했다.[1]

반려동물 인구가 1,000만을 넘었다는 뉴스도 심심찮게 찾아볼 수 있다. 그중 반려견의 비중은 다른 동물에 비해 상당히 높다. 물론 필자는 개보다 고양이를 선호하여 반려묘를 키우고 있긴 하지만 말이다. 어찌 되었든 이 글은 동물에 대한 착취나 반려동물에 대한 시장 규모를 이야기하고자 하는 것이 아니다.

최근 출판사 아침달에서 흥미로운 시집을 출간했다. 『나 개 있음에 감사하오』라는 시집인데 일명 '댕댕이 시집'으로 통한다. 이 시집을 엮은 유계영 시인은 '여는 글'에서 이 시집이 "사진 한 장에서 비롯된 것"이라고 말한다. 그 사진은 "A시인이 개 옆에서 환하게 웃고 있는 사진이었다." 일반적으로 프로필 사진은 심각하고 진지하다. 그러나 개 옆에 있는 시인은 "환하게 웃고 있"었다고 한다. 이 시집에 참여한 시인 중에 A시인이 누구인지는 모른다. 그러나 그들은 한결같이 즐겁다. 유계영 시

---

1   최경선, 『빅데이터로 보는 반려동물산업과 미래』, 박영스토리, 2017, 5쪽.

인은 계속해서 말한다. "개는 앞으로도 인간의 모자람을 채우기 위해 인간 대신 앞장서게 되리라"고. 그런 개를 위해 인간은 "끝까지 함께 있어주는 일, 아프고 굶주린 개들을 외면하지 않는 일, 동물보호법에 관심을 기울이는 일, 환경을 오염시키는 나쁜 습관을 지우는 일, 육식을 줄이는 일 등"을 통해 "개를 위한 실천"을 수행하라고 말한다. 공감이 된다.

하지만 그보다 더 고민되는 지점이 있다. 그것은 동물권단체 케어에서 보여준 행위와 관련해서 이야기할 만하다. 그들이 사회적 공분을 샀던 이유는 동물을 안락사시켰다는 데 있다. 유기되거나 학대받는 동물들을 구조해 보살펴야 하는 자신들의 의무를 망각하고 오히려 적극적으로 안락사를 시켜 동물의 죽음을 앞당겼다. 그 죽음은 누구를 위한 죽음인가. 인간과 관계 맺는 동물의 죽음이 인간과 따로 떨어져 사유될 수 있는 것일까.

이 줄은 누구의 것일까

유리문을 열면
흰 눈이 쌓여 있었다

눈의 처음이 늘 하얗다는 것이
말할 수 없는 참혹처럼

'무너지게 될 거야' 누군가 한 말을

'무뎌지게 될 거야' 라고 들었다

뭉치가 죽었어
화장 비용이 없어서 아직
방에 같이 있어

멈추려는 숨 때문에
개의 코는 마지막까지 길어졌을 텐데
그런 개를
따뜻한 방 한가운데 놓아두고

저녁을 먹고 있는 사람의 전화
목소리가 마른 웅덩이 같다

겨울이라 땅을 파고 묻을 수도 없어
방에 같이 있어

한겨울의 가장 따뜻한 방
이 줄은 무엇으로 엮은 것일까

체에 걸러도 남는 마음 때문에
구멍을 더 촘촘하게 짜는 사람이 있고

잿더미 속에서도
눈을 뜨고 옆을 보려는 사람이 있다

개는 가장 작은 자세로

엎드려 있다

　　　　　　　　　　　　—안미옥, 「조율」, 전문[2]

　한 존재의 죽음은 죽은 존재로 끝나지 않는다. 그것은 관계 맺은 모든 존재의 결락을 이끈다. "이 줄은 누구의 것일까". 그 '줄'은 인간 중심적인 사고를 지우며 인간과 동물이 맺는, 더 나아가 세계와 관계하는 새로운 관념을 고민하도록 만든다. "눈의 처음이 늘 하얗다는 것이/말할 수 없는 참혹처럼" 서로가 서로를 보살피는 반려의 관계는 오래 지속되지 못한다. 그것은 어쩔 수 없다. 하지만 삶은 지속되어야 한다. 그렇기 때문에 무너지지 않으려 무더지게 스스로를 보호한다. "개를/따뜻한 방 한가운데 놓아두고" '나'는 저녁을 먹는다. 삶과 죽음이 교차하는 공간인 '방'은 반려견의 죽음을 유예하는 장소가 된다. 그곳에서 '나'는 "체에 걸러도 남는 마음"을 "촘촘하게 짜"는 사람으로 남는다.

　죽음을 회피할 수 있는 존재는 없다. 그러나 죽음 때문에 처음부터 관계 맺기를 포기할 이유도 없다. "반려동물이 고마운 것은, 그 녀석들이 나를 즐겁게 해주어서가 아니라 함께해주었기 때문"[3]이라는 말처럼 중요한 것은 우리가 단독자로 존재하는 것이 아니라 종(種)을 뛰어넘어 교감할 수 있는 '관계'의 장을 모색할 수 있다는 것이다. 그로 인해 우리는 '나' 뿐만 아니라 '너'를, 타자를, 다른 '종'을 이해할 수 있게 된다.

2　이하 인용시는 유계영 외, 『나 개 있음에 감사하오』, 아침달, 2019.에서 인용.

3　이원영, 『동물을 사랑하면 철학자가 된다』, 문학과지성사, 2017, 147쪽.

그 이해의 시간이야말로 영원히 죽지 않는 기억으로 삶을 충만하게 한
다. 한 편의 시를 더 읽자.

　그 개가 살아 있을까 봐
　거리에서 개들을 마주칠 때마다 멈춰 서게 된다
　저렇게 생겼던 것 같아 이만한 덩치였던 것 같아 밤색이었던 것 같아 얼
룩이였던 것 같아 우두커니 서서
　도무지 기억나지 않는 그 개를 생각한다

　내가 아홉 살이었으니까 아마도 그 개는 죽었을 것이다

　(……)

　이십 년이 흐른 뒤 다시 개를 키우게 되었다
　그 개가 살아 있을까 봐 몸서리치지 않게 되었지만

　나는 자꾸 울었다
　이 개가 죽어버릴까 봐
　허벅지 위에 따뜻한 체온을 흔적처럼 남기고 갈까 봐
　필사적으로 가버릴까 봐
　이름이 무거워 이름 없음의 세계로 돌아갈까 봐
　나를 알고 있을까 봐 나를 알아보고 꼬리를 흔들어주지 않을까 봐

　개들은 개들끼리 서로의 기억을 공유한다는 말을 믿었다

(……)

그러나 개는 이 모든 것에 큰 관심이 없는 듯했다

꼬리가 마룻바닥을 탁탁 쳤다

그러고는 쩍 하품했다

—유계영,「그 개」부분

화자는 어렸을 적 키웠던 개의 죽음을 기억한다. 그 개가 화자의 허벅지 위에 올라와 남겼던 "따뜻한 체온"을 기억한다. 어린 시절에는 자신보다 덩치가 큰 개가 무서웠을 것이다. 하지만 나와 관계를 맺은 개가 죽자 그 개의 죽음을 기억하고 운다. 죽은 개가 "살아 있을까 봐" 우는 것은 두려움의 표현이라기보다는 죽음에 대한 감각이 사유화(privatization)된 상태로 아직 사회화(socialization)되지 않았기 때문이다. '나' 아닌 다른 존재에 대한 공감이 미숙하여 비롯된 일이지만 그 기억이 '나'로 하여금 타자의 죽음, 타자의 소외에 감응하도록 이끌어 사회화를 가능하게 한다. 정작 개는 "이 모든 것에 큰 관심이 없는 듯"하지만, 그 무관심의 형태로 발현되는 포용이야말로 인간이라는 주체가 자신만이 세계의 유일한 존재가 아니라는 것을 깨닫게 한다.

각종 뉴스에서는 길고양이를 학대하는 모습을 본다. 자신에게 불쾌감을 준다는 점에서 혹은 인간과는 다르다는 점을 들어 혐오하는 자신의 힘을 과시하기 위해서 동물들을 학대하고 죽인다. 키우던 개와 고양이를 나이가 들었다는 이유로, 싫증이 났다는 이유로 혹은 형편의 어려움을 들어 유기하기도 한다. 인권은 시간의 흐름에 따라 저절로 보장되었던 것이 아니다. "인권은 권력의 쟁탈 과정에서 형성된 개념이며,

저항을 매개로 확립된 개념이다. 하지만 동물은 인간과 권력을 다투지 않[4]는다. 이를 고려하여 "존중과 공존에 기반을 두고 동물의 권리에 관한 논의를 전개할 필요가 있[5]"는 것이다.

　우리에게 필요한 것은 함께 살아가는 것에 대한 성찰이다. 필자의 가장 가까운 지인에게는 스무 살 된 반려견 '장비'가 있다. 장비는 노화로 인해 여러가지 병을 앓고 있다. 써클링도 심하다. 그럼에도 불구하고 지인은 짧게 혹은 길게 하루에도 몇 번씩 산책을 시키고 바깥 공기를 쐬게 한다. 아무리 장비가 좋아했던 산책이라고 해도 그건 쉬운 일이 아니다. 스무 해 동안 반복한 일이어도 일상이라 간단히 치부할 수 없는 것이다. 그것을 할 수 있게 하는 건 한 존재가 다른 존재를 "존중과 공존에 기반을 두고" 온전히 감당하는 마음에 달려 있다. 동물권에 대한 더 깊이 있는 논의를 여기서 할 수 없겠지만 그럼에도 반려동물을 더 나아가 동물을 동반자로 여기는 마음의 중요성을 말할 수는 있겠다. 그 마음이 우리 삶의 너른 토대를 이루기를 소망해 본다.

4　같은 책, 186쪽.
5　같은 책, 181쪽.

포스트휴먼 주체의 공감과 뉴-노멀 시대의 이야기
―천선란 소설을 중심으로

1. 인류세의 위기와 포스트휴먼 담론의 출현

지난해부터, 정확하게는 2019년 말부터 지속된 코로나19라는 팬데믹 상황은 우리 삶의 양상을 빠르게 바꾸어놓았다. 사회적 거리두기나 사적 모임 금지, 재택근무 등의 비대면 활동이 많아지면서 우리는 인간의 삶을 풍요롭게 하는 것들이 무엇이었는지 새삼 깨닫고 있다. 그 와중에 세계적 제약회사들은 빠르게 백신을 만들어 유통시켰으며 곧 코로나19 이전으로 돌아갈 수 있을 거라는 믿음을 갖게 했다. 그럼에도 불구하고 팬데믹에 대처하는 여러 국가의 상황은 천차만별이었다. 하루에도 수만 명의 확진자와 수천 명의 사망자가 발생하는 국가가 있는가 하면 한국처럼 국민의 자발적 동의하에 비교적 성공적인 방역을 수행하는 국가도 있다. 그러나 방역을 떠나 코로나19 팬데믹은 우리로 하여금 보다 거대한 문제와 마주하게 했다. 그것은 인간의 활동으로 인해 영향받는 지구와 관련을 맺고 있다.

코로나19의 원인이 무엇인지에 관해서는 연구가 진행되고 있으나 그것이 인간의 활동에 의한 지구 생태계의 반격처럼 생각되는 것은 비약이 아닐 것이다. 지구 생태계를 변형시키는 일은 흔히 서구 근대화의 출발이라고 부르는 14세기경부터 시작하여 산업혁명 이후 급격히 이루어졌다. 화석 연료 사용에 의한 대기 중 이산화탄소 농도의 급격한 증가, 해양 산성화, 생물종의 멸종 등 인간에 의해 변화하는 지구의 시대를 '인류세(Anthropocene)'라고 부른다. 1995년 노벨화학상을 수상했던 대기화학자 파울 크뤼천(Paul Crutzen)이 2000년에 처음 명명한 '인류세'는 "지구 시스템 전반의 기능에 생긴 균열을 설명하는 용어"[1]이다. 이 균열을 야기한 원인은 근대적 주체로서의 인간이다. 데카르트의 합리적 이성을 바탕으로 사유하는 주체로서의 인간. 그러나 데카르트적 주체는 과학적 사고에 기반을 두고 세계를 대상화하여 구성된 사고체계일 따름이다. 이는 인간의 이성과 경험에 바탕을 둔 주체와 객체, 인간과 비인간, 정신과 물질, 과학과 자연 등의 이분법적 세계관을 강조하였으며 인간을 지구 구성체 중에서 예외적이고 초월적인 존재로 범주화하였다. 이에 대해 클라이브 해밀턴(Clive Hamilton)은 인간이 자신이 소유한 힘에 대한 책임을 받아들이는 대신 다른 것은 그 무엇도 중요하지 않은 것처럼 계속해서 무분별하게 힘을 행사하는 데에서 비롯된 "가공할 인간중심주의의 오류"라고 주장한다.[2] 그 오류가 화석연료의 소비와 자연에 대한 착취를 통해 인류세의 도래로 우리에게 당도한 것이다. 결국 인류세라는 현대사회의 위기는 인간 중심적 사고, 즉 휴머니즘(Humanism)에서 비롯된 것이라 볼 수 있다.

전지구적 위기를 초래한 휴머니즘에 대해 로지 브라이도티(Rosi

---

1 클라이브 해밀턴, 『인류세 - 거대한 전환 앞에 선 인간과 지구 시스템』, 정서진 옮김, 이상북스, 2018, 29쪽.
2 같은 책, 79쪽.

Braidotti)는 자기성찰적 이성의 보편적 힘과 일치시키는 개념으로 형성된 것이면서 보편적 합리성과 자기규율적이고 윤리적 행위와 동일시되는 주체성과 그것의 부정적인 짝으로서 타자성을 구분하여 '차이'의 열등성을 통해 배제의 권력 문제를 불러오는 것이라고 지적한다.[3] 그는 포스트휴먼 담론을 통해 유럽 백인 남성으로 정상화된 보편적 인간을 비판하며 "인간 행위자와 인간-아닌 행위자들 사이의 횡단적 상호 연계, 즉 '배치(assemblage)'라고 부를 만한 것을 상상"[4]함으로써 미래지향적인 새로운 주체의 형식을 모색하고자 한다. 이를 관계적 존재로서의 포스트휴먼 주체라고 말할 수 있을 것이다. 휴머니즘적 주체를 해체하고 탈인간중심적 포스트휴먼 주체를 모색하는 일은 과학기술로 인해 인간의 존재 조건이 변화하는 양상을 내면화하고 있다. 인간과 비인간, 인간과 기계, 인간과 동물을 나누어 사고하는 등의 이분법적이고 위계적인 근대적 사유를 교란하는 포스트휴먼 담론은 한편으로 생명과학 기술이 가져올 사회적이고 윤리적인 불평등한 미래를 야기할 것이라는 우려를 불러오기도 한다. 도나 해러웨이(Donna Haraway)가 "나선의 춤에 갇혀 있다는 점에서는 마찬가지이지만, 나는 여신보다는 사이보그가 되겠다"[5]고 선언한 것도 사이보그가 비록 "국가 사회주의는 물론이고 군사주의와 가부장제 자본주의의 사생아"[6]임에도 불구하고 부유하는 기표로 "복합적인 정치 – 역사적 층 속에 퇴적된 "아웃사이더"

3 로지 브라이도티, 『포스트휴먼』, 이경란 옮김, 아카넷, 2015, 24~26쪽 참조.
4 같은 책, 62쪽.
5 도나 해러웨이, 『해러웨이 선언문』, 황희선 옮김, 책세상, 2019, 86쪽.
6 같은 책, 22~23쪽.

정체성들을 융합하여 합성되는 강력한 정체성"[7]이기 때문이다.

휴머니즘의 주체가 통합된 근대적 주체라면 포스트휴먼 주체는 해러웨이의 선언처럼 "이론과 공정을 통해 합성된 기계와 유기체의 잡종, 곧 사이보그"[8]라 할 수 있다. 인간과 기술의 융합으로 새로운 신체를 얻은 탈근대적 주체인 셈이다. 인간과 기술의 결합은 인간 중심의 단일한 맥락에서 벗어나 주체를 순종성(purity)에서 혼종성(hybidity)으로 옮겨놓는다. 그럼으로써 우리는 '백인 – 남성 – 중산층 – 이성애자 – 비장애인'으로 정체화된 '인간'의 범주를 재정립할 기회를 맞이했다. 즉 포스트휴먼 논의는 '비인간'으로 범주화되었던 타자와의 경계를 허물어 획일화되고 고착화된 세계를 다시 사유하게끔 만든다.

한편으로 포스트휴먼 논의의 중심이 되는 생명공학과 인공지능 등의 발전은 그 기술적 전회에도 불구하고 대규모 인공지능 살상무기를 개발하기도 하고 코로나19처럼 신종 바이러스의 습격을 야기할 수도 있으며 사적 이익을 위해 상품화된 생명을 만들어내는 등의 문제를 유발하기도 한다. 이는 인류세의 위기를 증폭시키는 역할을 하면서도 과학기술과 인간의 접목 등 트랜스휴머니즘적 돌파구를 모색하는 등 공진화의 계기가 될지도 모른다. 물론 이 모든 것이 인간의 탐욕에서부터 비롯되는 것일 테지만 말이다. 이러한 포스트휴먼 곤경을 포함하여 근대적 주체 및 휴머니즘의 문제를 비판적으로 사유하는 한편 서로 간의 관계를 살피는 과학소설이 꾸준히 발표되고 있다. 여기에서는 최근

---

7 같은 책, 71쪽.
8 같은 책, 19쪽.

한국과학문학상을 수상하는 등 주목받고 있는 천선란의 소설들[9]을 통해 포스트휴먼의 비판적 사유를 살펴보고자 한다.

2. 아포칼립스 지구와 인간의 책임에 관하여

천선란의 첫 장편소설 『무너진 다리』는 2019년 웹소설 연재 플랫폼 인 브릿G에 연재한 것을 묶어 낸 것이다. 주인공 아인은 우주 개발 프로그램의 일환으로 지구와 유사한 환경이라고 여겨지는 '가이아'로 향했으나 가이아 대기권에 진입하던 과정에서 유성체와 충돌하여 홀로 지구로 귀환하게 된다. 그가 귀환하여 회복하는 동안 인간은 가이아에 두 번째 우주선을 띄우지만 대기권을 벗어나지도 못하고 아메리카 대륙에 추락한다. 이때 추진체로 사용하던 핵엔진로켓이 폭발하여 아메리카 대륙은 붕괴하고 일본은 바닷속에 가라앉는 등의 비극이 벌어지고 만다. 이처럼 이 소설은 과학소설에서 흔히 다루고 있는 소재를 클리셰로 차용하며 디스토피아로 변해버린 21세기 후반 지구의 모습을 형상화하고 있다. 아포칼립스적 상상력을 배면에 두고 '휴론'이라는 인간 장기 및 신체 배양 클론을 통해 인간과 비인간의 관계에 대해 사유하는 이 소설은 타자화된 존재들의 목소리를 담아내는 데 주력한다.

인간과 클론이 공존하는 사회에 관해서라면 많은 과학소설과 영화의 제목을 말할 수 있겠으나 그중에서 가즈오 이시구로의 『나를 보내

---

9   여기서 다루는 천선란의 소설은 장편소설 『무너진 다리』(그래비티북스, 2019)와 『천 개의 파랑』(허블, 2020), 소설집 『어떤 물질의 사랑』(아작, 2020)이다. 이후 쪽수만 표기.

지 마』를 떠올릴 법도 하다. 일인칭 화자의 목소리를 통해 클론의 서사를 다룬 이 소설은 인간을 위해서라면 인간 이외의 존재를 희생시킬 수 있다는 인간 중심주의를 비판하고 있다. 천선란의 『무너진 다리』 역시 휴론이라는 존재를 통해 인간에게 복종하며 인간을 위해 자신을 기꺼이 희생하는 비인간을 그려내며 종차별주의에 대한 비판을 수행한다. 가즈오 이시구로의 소설이 가디언들에 의해 양육된 클론을 통해 서구 중심적 훈육의 역사와 인간과 비인간의 모호함에 관해 이야기한다면, 천선란의 소설은 핵엔진로켓 폭발로 인해 파괴된 아메리카 대륙에서 인간에 의해 버려진 휴론 '카인'을 통해 그들이 왜 지구에 존재하는 것인지 의문에 부치고 이에 대한 답을 구하고자 한다. 카인의 존재론적 의문은 휴론이라는 정체성으로 쉽게 대답할 수 있는 성질이 아니다. 그는 인간을 위해 존재하는 자신의 역할을 거부하지 않으면서 그 역할의 의미를 넘어서는 존재 이유를 찾고자 한다. 그런 이유로 카인은 자신의 운명을 바꾸기 위해 반란을 시도하는 영화 <블레이드 러너>의 안드로이드 '로이'와는 달리 구도자적인 면모를 보인다.

천선란은 카인의 조력자로 아인을 배치한다. 아인은 위독한 상태로 지구에 귀환하는 바람에 뇌를 휴론의 몸에 이식하여 깨어난다. 기계 몸을 지닌 인간, 즉 사이보그가 된 것이다. 휴론이 인간의 필요에 의해 만들어진 것이듯 사이보그가 된 아인도 자신의 의지가 아닌 다른 이들의 필요에 의해 만들어진 것이라 할 수 있다. 그 필요란 다름 아닌 인간은 들어갈 수 없는 파괴된 아메리카 대륙에 가서 그곳의 상황을 파악하고 두 번째 우주선의 핵엔진을 수거해 오는 일이다. 인류는 남아 있는 핵엔진을 수거하여[10] 가이아로 인간을 보내고자 하는데 이때의 인간은 부유층 및 권력을 지닌 자들과 그들을 보필하고 행성을 개척하게 될 이들로 제한된다. 인류의 비극을 야기한 이들의 새로운 행성으로의 이주 욕망은 뫼비우스의 띠처럼 인류의 몰락과 맞물려 있다. 그 과정에서 인간을 위해, 인간에 의해 만들어진 휴론은 배제된다. 인류의 생존은 계급에 의해 구분되며 인간이 아닌 휴론은 인간의 생존을 위해 존재한다고 하여도 포섭될 수 없는 존재인 셈이다. 이는 마치 분열된 욕망의 폭력처럼도 보인다. 휴론을 창조하고 우주를 개척할 만한 강한 존재여야 하는 인간에게 그것이 불가능하다는 것을 알려주는 타자인 휴론은 인간의 이율배반적인 모습을 반영하는 불안으로 인식되는 것인지도 모를 일이다. 인간을 닮았지만 인간이 아닌, 주체도 대상도 될 수 없는 '비체(abject)'인 휴론에 대해 언제든 내부의 경계를 위협할지도 모른다는 공포와 불안을 느끼며 혐오의 감정을 발산하는 것은 낯선 두려움의 표출일 것이다. 소설에서 휴론을 폐기하고자 하는 인간의 행위는 자기-동일성, 완벽한 일관성에 대한 요구로부터 비롯된 폭력인 셈이다. 이처럼 주체/타자의 이분법적 위계로 구획된 인간 중심적 행위는 인류의 위기로부터 자신의 생존을 도모할 뿐 대안을 제시하지 못한다. 그러므로 우리는 어떤 윤리적 폭력, 항상 자기-동일성을 표명하고 유지해

---

10 독해가 철저하지 못해서인지는 모르겠으나, 아메리카 대륙의 파괴는 우주선이 추락하여 핵엔진로켓이 폭발하면서 비롯된 것으로 보이는데 어째서 아인이 수거해야 할 핵엔진이 남아 있는지는 의문이다. 또한 방호복을 입어도 1분을 버틸 수 없는 그곳에 인간의 신체를 배양하는, 인간의 신체를 어떤 방식으로든 구현하고 있는 휴론이 그 영향을 받지 않고 살아가고 있다는 것 역시 개연성이 부족하다.

야만 한다고 타자에게 요구하는 폭력에 맞설 필요가 있다.[11] 그 과정에서 타자와의 연대와 저항은 불가피하다. 인간이었던 아인이 (동생인 아라의 사고로 인한) 자신의 슬픔을 감당하지 못해 가이아 착륙을 앞두고 손목을 그었던 것과 달리 사이보그가 된 아인은 (아라가 자신의 신체-다리-를 배양하고 있는 아벨의 생존을 위해 목숨을 내어놓은 것처럼) 휴론이 처한 상황에 공감하여 그들의 탈주를 돕는 것이 그 이유일 것이다. 그리고 그 행위야말로 고착화된 인간 중심적 사유를 다른 가능성으로 이행시킬 (들뢰즈 식으로 말하자면) '-되기(becoming)[12]가 된다. 사이보그라는 확장된 신체를 지닌 아인은, 휴론-되기, 기계-되기를 수행함으로써 현실적 삶으로부터 벗어나 바깥을 사유할 수 있게 된다. 그 바깥에서, 존재에 관해 질문하는 카인과 조우하면서 인간의 욕망에 의해 내몰린 타자의 비극에 공명하게 되어 횡단적 상호 연계로서의 행위를 수행할 수 있는 것이다. 그럼으로써 아인은 그들을 폐기하려는 다른 인간에 맞서 가이아라는 지구 바깥, 새로운 가능성의 공간으로 휴론들(과 아메리카 대륙 생존자들)을 탈주시키게 된다.

그러니까 살아남는 건 중요해. 그들이 계속 살아가게 해야 돼. 어떤 이유로 이 세상에 태어났든 이미 생겨난 이상 모두가 살아갈 욕망을 가질 권리가 있으니까. 그들을 보내고 인간은 지구에 남아, 우리가 망가트린

---

11 주디스 버틀러, 『윤리적 폭력 비판』, 양효실 옮김, 인간사랑, 2013, 75쪽 참조.
12 "되기는 두 지점 사이에서 유동적으로 발생하는 만남이나 접속, 결합이나 해체와 관계되는 것이다. 따라서 되기는 대상과의 관계에서 달라지고 변화되는 의미를 드러내며 보이는 것의 단순한 재현이 아닌, 대상들 간의 변화된 유동적인 힘과 에너지를 포착하는 것이다." 마정미, 『포스트휴먼과 탈근대적 주체』, 커뮤니케이션북스, 2014, 78쪽.

모든 것을 하나씩 고쳐나가야 해. 우리가 발전시킨 기술이 다시 우리를 살릴 수 있도록. 지구를 끝까지 책임져야 해. 한때 우주에서 가장 아름다웠던 행성이라 믿었던 이 별을, 절망과 어둠의 행성으로 남겨둬서는 안돼. 카인이라는 휴론이 나를 등 뒤에서 끌어안고 이렇게 말했어.

'너희는 지구를 끌어안아라. 아주 세게. 원망했던 만큼 아프도록. 그리하여 지구의 모든 고름이 나오게 하라.'(490쪽)

아인은 휴론을 탈주시키고 휴론 제작방식을 모두 삭제해야 한다고 말한다. "인간을 종말 시키는 건 인간이 될 거야."(260쪽)라고 말한 임 교수의 말처럼 천선란은 소설의 중핵을 인간의 행위가 불러온 결과에 집중한다. 휴론을 발명한 임 교수가 휴론에게 인간처럼 자유로운 이성적 사고를 가능케 했다 하여도 그것은 애초 완벽한 존재가 아닌 인간이 완벽해지고자 하는 욕망으로 휴론을 만들어내면서 단지 인간의 미메시스로 휴론을 내버려두지 않겠다는 의지였을 것이다. 그것은 타자의 배제가 아니라, 책임의 문제를 제기하는 것이며 휴머니즘 주체의 자기동일시가 지닌 분열된 욕망이 대안적인 포스트휴먼 주체의 출현을 요청한 것이라 할 수 있다. 레비나스가 말한 타자의 얼굴로서의 이러한 포스트휴먼 주체는 인간과 비인간의 구분을 통해 비인간을 배제해 왔던 인간의 행위를 비판함으로써 그 책임을 생각하도록 한다. 지구에서 살아가는 존재는 모두 "살아갈 욕망을 가질 권리가 있"다. 그러니 이질적 존재에 동일시하고자 하는 인간의 욕망에 도사린 인간 중심의 포섭을 멈추고 자신의 실패를 인정해야만 한다. 카인이 자신의 존재 의의를 자기 자신에게서 구했듯이 인류세 시대 위기에 처한 지구를 되살려 인간의 삶이 지속할 수 있도록 만드는 일은 다른 누구도 아닌 인간이 책임져야 할 일이라고 천선란은 『무너진 다리』를 통해 제시하고 있다.

3. 공감과-되기의 윤리

휴머니즘적 주체 즉 근대적 주체의 이분법적 위계로부터 벗어난 포스트휴먼 주체, 탈근대적 주체로의 전회는 인간과 비인간의 차이를 고착화하지 않는, 비인간되기의 사유로부터 가능하다. 휴머니즘 주체의 인간, 즉 유럽, 백인, 남성, 이성애자, 비장애인에 고착화된 동일성의 인간은 비유럽, 유색인, 여성, 비이성애자, 장애인 등의 비인간, 소수자의 차별화된 차이에 저항하는 관계 지향적 의지로 새롭게 배치할 수 있다. 이러한 탈영토화에의 지향은 인간과 비인간의 이분법적 구조에 맞서는 혼종과 횡단으로서의 상호작용을 통해 구축될 수 있다. 신상규는 포스트휴먼 시대에 우리에게 요구되는 것이 폴 뒤무셸(Paul Dumouchel)의 『로봇과 함께 살기』를 경유하여 관계 맺기로써의 상호작용인 감정의 교환이라고 언급한다. 뒤무셸에 따르면 감정은 하나의 정서적 공조 행위이며 인간은 감정의 교환 행위를 통해 관계를 맺는다. 감정은 두 주체가 연결되어 있고 그 사이에서 일어나는 관계적 현상이지, 개인의 주관적인 경험의 내적 상태가 아니라는 것이다. 그런 점에서 소셜 로봇이 표현하는 인위적 공감은 인간의 행위를 모방한 가짜 감정이나 기만으로 치부할 수 없으며 단지 그것을 인식하는 인간의 심성과 가

치 체계의 문제를 지적해야만 한다.[13]

그러므로 감정은 도덕적 지위의 문제를 넘어 타자와 관계를 맺는 우리의 방식과 연동시켜 살펴볼 필요가 있다. 일상적 경험 속에서 상호작용하는 관계는 주체와 대상의 이분법적 구조를 넘어 주체와 주체의 대등한 층위를 수용함으로써 구체화된 공감에 의해 구축된다. 그것은 차이를 차별로 구획 짓지 않으며 자기 삶을 지닌 존재의 환대가 가능한 세계를 도래하게 한다. 그것은 어떤 방식으로 이루어지는가. 천선란의 『천 개의 파랑』을 경유하여 살펴보자.

『천 개의 파랑』을 간단히 요약하자면, 근미래를 배경으로 기수로봇인 '콜리'가 인간인 연재의 도움을 받아 경주마 '투데이'와 다시 달리게 된다는 내용이라 할 수 있다. 학습 휴머노이드를 위해 개발된 칩을 연구생의 실수로 삽입한 C-27이 '콜리'가 되는 과정은 마치 '카인'이 자신의 존재 의의를 되묻는 것처럼 자신의 행동을 선택하고 그에 상응하는 결과를 수용한 것과 유사하다. 달리는 데에서 행복을 느끼는 경주마 투데이의 정서에 공감함으로써 투데이가 다칠 위험에 처했을 때 콜리는 스스로를 희생하여 낙마한다. 그러한 능동적 수행이 가능한 것은 공감에 바탕을 둔 감정 교환의 체계를 "인지와 학습 능력"(11쪽)에 기반하여 습득했기 때문이다.

그래서 그날, 관중석이 꽉 찬 늦여름의 경기에서 콜리는 스스로 낙마했다. 투데이가 콜리의 무게를 힘겨워한다는 것을 알았기 때문이었다. 하

---

1 3 신상규, 「로봇과의 사랑? 관계의 재구성」, 신상규 외, 『포스트휴먼이 몰려온다』, 아카넷, 2020, 140~144쪽 참조.

지만 주로에 선 이상 투데이는 멈추지 못할 것이며 이 상태로 완주했다가는 영영 다리를 잃을지도 모른다고 판단했다. 그렇다면 실격시키는 것이 최선의 방법이었다. 콜리는 짧은 순간 완주해야 한다는 존재 이유와 투데이를 살려야 한다는 규칙 사이에서 고민했다. 그리고 길지 않은 시간을 들여 후자를 선택했다. 투데이를 지켜야 한다.(31쪽)

콜리가 낙마하기로 선택한 것은 자신의 존재 이유를 거부하는 행위이지만 투데이를 살리는 행위이기도 하다. 콜리의 낙마는 기계적으로 고착된 자신의 존재를 타자와의 관계를 통해 벗어나는 수행인 셈이다. 콜리의 숭고함은 신자유주의적 자본주의 경제체제의 현대사회가 인간에게 요구하는 삶의 조건과 상충되는 것처럼 보인다. 개별적이고 독립적인 개인이자 일회적이고 파편적인 관계 속에 놓인 인간은 주체와 타자의 분리를 내면화한 채 정서적 개입의 부재를 생존의 필수불가결한 조건으로 수용해야만 한다. 극단적으로 보이지만 현대사회는 노동의 유연성이라는 경제체제를 개인에게 강제하여 개별 존재로 하여금 스스로를 상품화하고 남보다 우월한 나의 경쟁력을 전시하도록 한다. 그럼으로써 나는 나의 이해와 필요에 따라 타인과 관계를 맺으며 고독한 상태에 놓인다. 타자에 대한 공감은 사회적으로 요구되는 배려의 층위에서 수행되며 고립에 대한 두려움을 덜기 위해 불안한 친밀감의 형태에 머문다. 그로부터 벗어나기 위해 우리가 선택하는 새로운 관계란 사이버 스페이스를 전유한 스마트폰과 메타버스의 세계로 침잠하는 것은 아닌지 모르겠다. 감정을 지닐 수 없는 휴머노이드 콜리가 투데이와 함께 보낸 시간을 통해 사회적 상호작용을 경험하고 감정을 학습함으로써 정서적 교환 행위를 수행할 수 있는 것은 도미니크 바뱅 (Dominique Babin)이 이야기한 포스트에고이자 포스트릴레이션의 양태라고 볼 수도 있을 것이다.[14] 그런 점에서 콜리의 행위는 포스트휴먼 곤란을 돌파하는 지표일 수도 있겠다.

연재는 낙마로 인해 하체가 부서져 폐기처분을 앞둔 콜리를 구매하여 집으로 데려온다. 로봇 개발자가 꿈이었던 연재는 소프트 로봇 연구 프로젝트에 탈락한 이후 로봇에 손을 털고자 하였으나 "하늘이 그곳에서 그렇게 빛나는데 어떻게 바라보지 않을 수가 있겠어요?"(69쪽)라며 낙마의 이유를 댄 콜리를 외면할 수가 없었다. 연재는 지수와 함께 차세대 다르파를 주제로 한 대회에 참여하기로 하고 로봇 부품을 얻어 콜리를 고친다. 이후 콜리는 연재 가족과 함께 생활하게 된다. 연재는 경마장 근처에서 식당을 운영하는 엄마 보경과 척수성소아마비로 두 다리를 쓸 수 없는 장애를 지닌 언니 은혜와 함께 살고 있다. 그들은 각자의 상황 때문에 의무감과 죄책감이 뒤섞인 상태로 마음을 나누지 못하고 있는데 콜리를 중심으로 관계를 회복해 나간다.

그중 은혜의 경우, 장애로 인해 보경과 연재의 도움을 받아야만 생활이 가능하다. 은혜가 원하는 것은 기계 다리를 갖는 것이 아니라 "인도에 오를 수 있는 완만한 경사로와 가게로 들어갈 수 있는 리프트, 횡단보도의 여유로운 보행자 신호, 버스와 지하철을 누구의 도움 없이 탈수 있는 안전함"(97쪽)이다. 이는 과학기술의 발달이 아닌 '한 사람의 몫'을 충분히 수행할 수 있는 사회적 배려의 층위인 셈이다. "장애(disa-

---

14   포스트에고와 포스트릴레이션 및 포스트바디와 관련한 사항은 도미니크 바뱅, 『포스트휴먼과의 만남』, 양영란 옮김, 궁리, 2007, 참조.

bility)는 단지 몸의 특정한 기능이 결여(dis-ability)된 상태가 아니라 '정 상이 아닌 몸'이라는 사회적 평가를 획득한 일종의 신분(지위)에 가깝 다. 따라서 고도로 발전한 테크놀로지가 기능의 결여를 보완한다 해도 여전히 장애는 존재할 수 있다."[15] 그러니 신체를 사이보그화하여 장 애를 극복하는 것은 장애를 비가시화하는 또 다른 억압에 불과하다. 장애가 무능함과 연결되는 사회적 낙인으로 기능하지 않기 위해서 필 요한 것은 '포스트바디'의 사이보그의 양태가 아닌 장애를 가시화하여 도 부당한 사회적 불평등을 경험하지 않도록 체제를 정비하는 일일 것 이다. 하지만 과학기술이 발전하고 휴머노이드가 개발되어 인간에게 편의를 제공하는 근미래에도 사회 구조의 부조리는 개선되지 않는다. 그러니 이런 질문은 불필요한지도 모른다. 사이보그와 휴머노이드는 인간의 능력을 확장시키는가. 누구도 여기에 부정적인 대답을 하진 않 을 것이다. 그러나 그보다 더 중요한 것은 감정을 나누는 것, 장애를, 타 자를 구분하고 시혜적 위치에 서는 것이 아니라 정서를 교환하고 존재 와 존재가 대등한 지위로 서로 관계 맺는 것이다. 확장된 인간이란 인간 의 신체적 능력이 초월적이라서가 아니라 공감의 범위가 넓어지고 그 로 인해 불가능할 것으로 생각했던 그 모든 지점을 무너뜨리고 가능성 의 영역으로 나아가게 하는 데 의미가 있다. 관계를 중심으로 한 연대 그리고 돌봄이야말로 포스트휴먼적 세계에 요구되는 가치가 아닐까.

그런 이유로 콜리가 투데이의 행복을 위해 투데이를 다시 주로에 세 우고자 하는 것이나 은혜가 투데이에게 자신을 투사하여 다시 달리게

---

15   김원영, 「장애-사이보그 디자인」, 김초엽·김원영, 『사이보그가 되다』, 사계절, 2021, 155쪽.

하는 데 동참하는 것은 공감에 기반을 둔 정서 교환의 양태라고 할 수 있다. 연재가 콜리를 고치는 행위와 "삶의 격차"(113쪽)가 야기하는 정동 속에서 "이해받기를 포기한다는 건 이해하기를 포기하는 것과 같"(327쪽)다는 것을 깨닫고 지수와 감정을 나누는 것도 마찬가지이다. 그것은 "같은 시대를 살고 있을 뿐 모두가 섞일 수 없는 각자의 시간을 보내고 있는"(284쪽) 것을 부정하지 않으면서도 멈춰 있는 누군가의 시간을 다시 흐르게 하는 것이다. 모두가 "같을 필요는 없"다는 것, "그러지 않아도 살아갈 수 있"(215쪽)다는 것을 믿음으로써 이해를 포기하지 않을 때 외재적 대상으로 전락하는 이 시대의 우리를 구원할 수 있지 않을까.

> 콜리는 다시 하늘을 올려다보았다. 언젠가 연재는 하늘을 바라보고 있으면 눈이 시려 눈물이 난다고 말했지만 콜리는 아무리 하늘을 올려 보아도 눈물이 흐르지 않았다. 연재는 꼭 눈이 시리지 않아도 눈이 부시다는 표현을 쓸 수 있다고 알려줬다. 이를테면 자신이 보았던 하늘 중에 가장 아름다운 하늘을 마주치는 순간에. 콜리는 자신의 눈에서도 물이 흐를 수 있는 기능이 있다면 좋겠다고 생각했다. 그렇다면 내일, 투데이 가 주로를 완주할 때 눈물을 흘릴 것이다. 투데이를 끌어안고 수고했다 고 말해주면서.(347~348쪽)

콜리는 "투데이를 끌어안고 수고했다고 말해"줄 수 없다. 다시 한번 낙마를 선택하기 때문이다. 자신의 완전한 파괴를 인지한 상황에서도 그 선택을 물리지 않는다. 그것이 투데이를 위한 행위이기 때문이다. 점점 달리는 속도가 빨라지는 투데이는 연재가 경량화되지 않은 부품으로 고친 자신의 무게를 감당할 수 없다. 그랬다가는 더는 달리지 못하게 된다. 콜리는 "오로지 말을 살려야 하고 행복하게 해야 한다는 존재 자체의 이유"(353쪽)를 받아들인다. 이는 하늘을 보며 눈이 시리다는 감각을 이해하고자 하는 콜리의 마음과 그로 인해 생겨나는 눈물의 가치를 공감의 영역으로 옮겨놓을 줄 아는 관계 맺기의 확장이라 할 수 있겠다. 비록 콜리가 완전히 파괴되는 것을 막을 수는 없겠지만, 그로 인해 우리가 지향해야 할 관계와 연대의 전망은 분명해진다.

이를 타자–되기라고 명명할 수도 있겠다. '나'가 '너'를 만나 새로운 생성을 가능케 하는 실천으로 나아갈 수 있는 것. 주체의 영역에서 배제해 왔던 타자의 자리에 자신을 옮겨 새로운 차원의 관계를 모색할 수 있는 저 '–되기'의 윤리야말로 우리가 지녀야 할 보편적 지평이 되어야 하는 것은 아닐까.

4. 관계 중심의 포스트휴먼 주체

이처럼 '–되기'의 윤리에 관한 천선란의 지향은 휴머니즘의 이분법적 세계관에서 벗어난 탈근대적 행위로서의 인간과 기계, 인간과 비인간의 경계 지우기에 닿아 있다. 이는 어찌 보면 포스트휴머니즘의 조건인 과학기술의 발전과 그에 대한 낙관적 혹은 비판적 입장과 하등 관련이 없는 지점처럼도 보인다. 하지만 천선란의 소설들은 과학기술의 발전으로 인해 인간과 비인간의 구분을 삭제하고 그들의 혼종성에 바탕을 둔 감정 교환과 상호 작용을 긍정함으로써 "인간만이 능동적 주체의 능력, 즉 행위성(agency)을 지녔고 비인간은 단지 수동적 객체에 불과한 것으로 보는 것이 아니라, 인간과 비인간 모두가 행위성을 지닌 존재들로서 함께 결합하여 이질적 연결망을 구축한다"[16]는 '비근대주의적 존재론'과 동일한 맥락에 놓여 있다. 과학기술의 발전이나 인공지능 기술의 등장은 "인간과 비인간이 결합되는 기술 발전의 행위자 – 연결망이 더욱 복잡하고 큰 규모로 확대되고 있"기 때문에 그 안에서 인간과 비인간이 서로를 "대등한 행위자로 간주하면서 서로 결합하여 공동세계(common world)를 이루어나갈 동반자로 대하는"[17] 것이 중요하다는 점을 주목하게 한다.

　그런 점에서 단편집 『어떤 물질의 사랑』에 실린 「너를 위해서」의 '그'에게 이제 막 인공자궁에 착상된 그의 아이가 "서른에 심장마비로 죽을 확률이 80퍼센트"(42쪽)이기 때문에 '그'가 더 나이 들기 전에 심장을 보관하여 기증할 수 있도록 죽음을 강제하는 것은 우스꽝스럽다. 아직 태어나지도 않은 '아이'의 오지 않은 죽음을 담보로 '그'의 죽음을 요구하는 것은 그와 미래의 아이가 구축해 나갈 관계를 삭제하는 것에 다름 아니기 때문이다. 이는 '콜리'의 경우와는 상반된 것으로 감정 교환으로서의 관계 맺기가 부재한, 미래를 위해 현재를 파기하는 부정적 사고일 뿐이다. 그에 비해 「마지막 드라이브」에서 교통사고 시 사망률을 줄이기 위해 운전자와 조수석의 관계까지 예측하여 실험하는 '관계 예측 추돌 테스트'의 인체 모형 충돌 실험체 '더미'는 흥미롭게 다가온다.

16　김환석, 「우리는 오직 휴먼이었던 적이 없다:포스트휴머니즘과 행위자 – 연결망 이론」, 김환석 외, 『포스트휴머니즘과 문명의 전환 – 새로운 인간은 가능한가?』, GIST PRESS, 2017, 59쪽.

17　같은 글, 63쪽.

인체 모형 충돌 실험체라는 기능에 추가된 것은 '조작된 감정'이었다. 더미는 '델리'라는 이름을 가진 또 다른 더미를 사랑한다. 그렇게 만들어졌다. 안타깝게도 더미가 사랑하는 델리는 더미의 조작된 기억 속에서만 움직인다. 매번 같은 장소를 드라이브 하며 정해진 시간에 사고가 난다. 더미는 그때마다 델리를 보호하기 위해 필사적으로 몸을 날린다. 차가 종잇장처럼 구겨지면 시뮬레이션이 종료되며 메타세쿼이아 나무도 햇빛도 바람도 없는 사각형의 콘크리트 벽으로 돌아온다. 그렇게 전원이 꺼지면 델리를 사랑하는 더미의 역할도 끝이지만, 더미는 시뮬레이션 밖에서 움직이지 않는 델리 역시 사랑한다.(300~301쪽)

더미는 149번의 '관계 예측 추돌 테스트' 내내 델리를 향해 몸을 던진다. "반복된 사고 속에서 더미는 단 한 번도 델리를 내팽개치지 않"(301쪽)는다. 프로그램에 의해 '조작된 감정'을 지니게 된 이유 때문이기도 하겠으나 사랑하는 델리를 위해 몸을 던지는 행위는 의미심장하다. 안드로이드인 더미와 델리의 관계는 인간인 한나와 해리의 관계와 겹친다. 사랑에 관한 정의는 다양하겠지만 그것은 일종의 감정 교환에 가깝다. 물론 교환되지 않을 때도 있다. 델리를 향한 더미의 사랑처럼. 그러나 사랑이라는 감정은 감정 주체로 하여금 행위하도록 한다. 사고 순간 델리를 향해 더미가 몸을 던지는 것처럼. 이러한 행위는 사회적 관계 맥락 속에 위치함으로써 의미를 지닌다. 행위자가 수행은 상호 작용의 연계로 이어져 더미를 관계 지향적 주체로 자리매김한다.[18]

18 여기에 "인간이니까 할 수 있는 일이다, 더미에게 사랑을 주는 것도, 더미를 친구로 느끼는 것도"(327쪽)라는 한나의 생각은 휴머니즘적 인간의 이분법이라고 할 수 없다. 오히려 더미와 감정을 나눔으로써 주체와 타자의 분리가 아닌 사회적인 것을 모두 포괄하는

150번으로 계획된 측정 시험으로 말미암아 다음 테스트 이후로는 더미도 델리도 폐기될 예정인 상황에서 더미가 델리와 '사고가 없는 하루'라는 시간을 보내고자 하는 것을 단지 '조작된 감정'에 매몰된 수동적 대상이라 할 수 없는 이유이기도 하다.

「마지막 드라이브」에서 안드로이드의 감정과 행위의 관계성에 관해 질문을 던진 것과 마찬가지로 천선란은 「그림자놀이」에서 타인의 감정에 공감하지 않도록 하는 이른바 '깨진 거울 수술'을 받은 '서이라'를 통해 인간의 감정과 행위의 관계성에 대해서도 질문을 던진다.

> 타인에게 공감하지 않음으로써 상처받지 않을 수 있다. 수술이 처음 소개되었을 때 의학계에서는 그렇게 설명했다. 누구나 머릿속에 거울을 가지고 있다. 상대방의 마음을 비출 수 있는 거울이다. 그 거울을 통해 상대방의 감정을 관찰하고 모사하며 공감을 이끌어낸다. 상대방의 화난 마음, 상처받은 마음, 그로 인해 내 안에서 피어나는 공감대의 형성. 그 감정이 나를 상대방과 같은 처지에 놓이게 한다. 전쟁은 내집단(內集團)에 대한 정서적 공감이 극대화되어 초래한 비극이라 했다. 우리 사회에 만연한, 칼을 쥐고 있지 않아도 행해지는 수많은 전쟁과 살인들이 결국 '공감'에서 비롯되었다는 결과가 도출되었다. 수술은 그 거울을 깨뜨린다. 거울뉴런계를 차단함으로써 타 개체의 행동을 관찰하거나 모방하지 않아, 거울을 통해 개체의 마음을 공감할 수 없게 한다. 이를 '깨진 거울 수술'이라 불렀다.(168쪽)

인용된 부분은 전쟁의 원인을 공감 능력에서 찾아 공감을 담당하

범주로서의 포스트휴머니즘적 인간에 가까울 것이다.

는 "거울뉴런계를 차단"하는 수술을 실행하게 된 이유를 밝힌다. 타자에 대한 공감 능력이 전쟁이라는 비극을 초래한다는 논리를 그대로 수용한다 하여도 감정을 차단하는 수술이 옳은 것인지 의문이 든다. 이는 어쩌면 이성적 사고를 중시하는 근대적 사고가 극단적으로 표출된 방식이라 할 수 있겠다. 사회가 단지 이성적 논리에 의해 구성되는 관계망이라면 인간의 행위는 합리적 수준에서 결정될 것이겠으나 그러기 위해서는 인간과 인간에 관한 사회적 통념의 재개념화가 요구될 것이다. 하지만 인간은 이성적이고 합리적인, 더 나아가 기계적인 관계를 통해 존재하는 것이 아님을 우리는 잘 알고 있다. 그럼에도 불구하고 사람들이 이 수술을 받는 이유는 무엇일까. 그것은 의학계가 설명한 문장에서 찾을 수 있다. "타인에게 공감하지 않음으로써 상처받지 않을 수 있다." 내가 받을 상처를 막기 위한 보호막, "나를 비롯해 곁의 소중한 사람을 잃지 않을 수만 있다면 감정을 잃더라도 모두가 감내할 수 있다"(196쪽)는 믿음. 그것은 세상의 평화를 위해 나의 감정을 희생할 수 있다는 데에서 비롯된다. 이는 나와 남, 주체와 타자가 평화적으로 공존할 방법을 모색한 결과 도출된 것이라 할 수 있겠다. 그러나 3교대 간호사로 일하고 있던 서이라가 우주 탐사를 위해 떠났다가 20년 3개월만에 지구로 귀환한 친구 도아의 마지막을 함께 하면서 과거의 경험을 복기하는 과정을 통해 우리는 그 모순을 깨닫게 된다.

　서이라는 여덟 살이 되던 해 1월, 대학 병원 로비에서 도아를 처음 만난다. 오랜 병원 생활로 인해 병원 간호사들에게 골칫덩이가 되어갈 무렵 만난 도아는 서이라가 병과 치료 때문에 고통에 겨워하면 그 행동을 고스란히 따라하며 "고통을 끊임없이 나눠 가졌"(181쪽)다. "네가 아파하는 걸 내가 나눠가지는 거야."(186쪽)라고 말하는 도아는 그것을 '그림자놀이'라고 명명한다. 그것은 공감에 바탕을 둔 행위이다. 타자의 고통을 나의 고통으로 여기는 것. 고통에의 공감은 한 개체가 세계로부터 소외되지 않도록 연대하여 공동의 세계를 구축하도록 이끈다. 나의 '너–되기', 주체의 '타자–되기'는 "인간의 체현을 사회화된 생산성과의 연동에서 해방시켜 '기관 없는 신체(bodies with organs)'로 만드는 기획에 연결한다. 즉 조직된 효율성을 없애는 기획"[19]이 되는 것이다. 공감은 주체의 입장에서 타자를 배제하거나 삭제하는 것이 아니라 주체 간의 유대를 통한 관계 맺기를 가능하게 하는 능동적 행위이다. 양보하여 전쟁이 "내집단(內集團)에 대한 정서적 공감이 극대화되어 초래한 비극"이라 하더라도 그 비극을 멈출 수 있는 것은 감정의 단절이 아니라 타자–되기를 통한 공감으로부터 비롯된 행위가 될 것이다. '깨진 거울 수술'을 받은 서이라가 도아의 죽음 앞에서 "그 아픔을 나눠 가질 수 없다는 걸 알고 있는데도 혹시 몰라서" 자신도 그럴 수 있기를 그 깨진 거울로라도 도아의 아픔을 담아내려고 할 때, "우리 사이의 가장 강력한 감정 하나가, 내 모든 것을 원상태로 돌려놓"는 것을 넘어 관계적이고 횡단적인 주체, 포스트휴먼의 주체로 나아갈 수 있을 것이다.

코로나19로 인하여 인류세의 위기를 경험하고 있는 우리는 우리 삶의 새로운 방향을 모색해야 할 시기에 놓여 있다. 이른바 '뉴–노멀'의 시대가 도래한 것이다. 정상이라고 여겨왔던 것들이 다수의 힘으로 소

---

19 로지 브라이도티, 앞의 책, 119쪽.

수를 억압하고 내몬 결과임을, 구별짓기의 한 양태임을 우리는 안다. 급격하게 발전하는 과학기술은 휴머니즘적 주체의 정상성이 은폐한 타자들을 주체의 자리로 복귀시키는 한편 타자와 주체의 관계를 다시 생각하게끔 한다. 그 획일적이고 고착화된 사유로부터 벗어나 포스트휴먼적 주체를 그릴 수 있게 된 것 역시 뉴-노멀 시대의 요구 때문인지도 모르겠다. 휴머니즘적 근대 주체로부터 포스트휴먼적 탈근대 주체로의 전환은 과학기술의 발전을 통한 사이보그 논의를 전유해 우리에게 좀 더 가깝게 인식되었다 하더라도 그것이 단지 인간의 생물학적 조건을 초월하고자 하는 것이 아닌 것처럼 인간과 비인간의 관계를 어떻게 재정립할 수 있는지에 관한 존재론적 질문으로 우리에게 되돌아온다. 이에 대해 천선란의 소설들은 인간과 인간, 인간과 비인간, 비인간과 비인간의 횡단적 관계를 감정의 교환, 그 공감의 방식을 통해 구축되어야 하는 것으로 응답한다. 서이라와 도아가 고통을 나누고 더미가 델리를 위해 몸을 기울이며 콜리가 투데이의 행복을 위해 낙마하는 것과 마찬가지로 그리고 아인이 카인의 존재론적 질문에 공감하며 지구를 끌어안으려 하는 것 등이 그러한 공감의 양태일 것이다. 휴머니즘 주체에게 정상은 자명한 것이었던 반면 포스트휴먼 주체에게는 자명한 정상이란 없다. 대신 그 자리에 놓인 것은 공감에 바탕을 둔 관계(성)가 될 것이다. 그러한 관계의 유동성, 생기성으로 말미암아 지구 공동체는 새로운 주체를 정립해 나갈 것이다. 그 변화 가능성이야말로 뉴-노멀 시대가 만들어갈 이야기의 시작이다.

당신의 이웃은 어디에 있나요?

1. 코로나19라는 생존의 위협 속에서

한국의 첫 코로나19 확진자는 2020년 1월 20일에 나왔다. 약 한 달 뒤인 2월 18일, 대구에 사는 예순한 살의 31번째 확진자가 발생하면서 코로나19 감염 확진자는 기하급수적으로 늘었다. K – 방역이라는 일련의 방역 시스템과 국민의 자발적 방역 동참으로 확진자 수는 줄었다가 몇 차례의 위기를 거쳐 12월 24일에는 일일 확진자 1,237명의 최대치를 기록하곤 2021년 3월 현재 300~400여 명의 확진자가 발생하고 있는 상황이다. 그런 와중에 확진자에 대한 사회적 혐오가 팽배하기도 했다. 코로나19가 최초 발생한 (것으로 알려진) 중국과 중국인에 대한 혐오, 신천지와 같은 사이비 종교 단체를 포함한 극우 개신교 단체나 성 소수자들을 향한 혐오의 표현들이 온라인에 가득했다. 확진자의 동선이 공개된 방역 초기에는 감염을 개인의 부주의로 간주하여 그들은 물론 가족의 신상까지 파헤치며 비난하는 등 증오와 혐오가 넘쳐났으며 일부 언론에서도 이를 조장하는 경향을 보이기도 했다.

장기간의 사회적 거리두기로 인해 노동자와 자영업자들의 피해가 누적됨에 따라 계층 간 갈등이 심화하기도 했다. 그러나 아파트 가격은 코로나19와 무관하게 지속적인 상승을 보였으며 주식 시장은 코로나

19 유행 초기 급격한 하락을 맞았으나 이후 반등 장세를 보이며 코로나19 이전 지수를 회복하는 것을 넘어 사상 최대의 증시 활황을 이끌었다. 영혼까지 끌어모아 빚내서 투자한다는 이른바 '영끌'과 '빚투' 현상은 자고 일어나면 가격이 올라 시장에 참여하지 못해 '벼락거지'가 될지도 모른다는 불안을 숙주 삼아 '패닉 바잉'을 불러왔다. 여기에 비트코인마저 사상 최대치를 경신하며 이를 확보하지 못한 이들의 상대적 박탈감을 심화시키고 있다. 사회적 거리두기를 통해 코로나19의 확산을 막자는 의미의 '몸은 멀리 마음은 가깝게'라는 구호 아래 언택트 시대 비대면 온라인 교류의 활성화는 디지털 소외 문제를 가시화하기도 했다. 김창엽 시민건강연구소 소장의 말처럼 코로나19는 생물학적으로 취약한 존재뿐만 아니라 주거, 노동 조건이 열악한 경제적 약자의 불평등 문제를 폭로하며 노동 시장, 노사 관계, 사회 계급 등의 사회 심층 구조의 모순을 드러내는 결정적 사건이라고 할 수 있다. 사회적 거리두기와 봉쇄는 자본주의 시장 경제 체제의 모순을 드러낸 셈이다. 그것은 신자유주의적 자본주의의 권력관계 불평등과 불균형을 핵심으로 한다. 자본주의 시장 경제에서 학교, 종교 단체, 자산가와 부유층, 전문직 등은 사회적 거리두기 실천에 용이하며 이는 자신의 지위를 보전하는 데 어려움을 겪지 않는다. 반면 노동자나 영세 자영업자, 중소기업 등은 상대적으로 사회적 거리두기를 실천하기 어려우며 노동을 강제하거나 소득 감소를 보전하는 데 어려움을 겪을 수밖에 없다.[1] 일을 하

---

1   김창엽, 「코로나19의 과학과 정치는 어떻게 만날까?」, 기모란 외, 『멀티플 팬데믹』, 이매진, 2020, 56~68쪽 참조.

지 않으면 생활이 곤란한 상황에서 혐오의 대상이 되지 않도록 사회적 거리두기를 실천하기란 요원한 일이다. 게다가 수입이 감소하는 상황에서 아파트 매입이나 주식 투자와 같은 금융 시장에 참여한다는 것은 언감생심이다.

그러니 사실 코로나19는 맥거핀(macguffin)일 수도 있다. 한국 사회를 포함한 전 세계적 팬데믹은 사회 구조의 주변에 위치한 사람들의 삶이 어떠했는가를 재확인하는 계기가 되었을 뿐이며 이를 바탕으로 어떤 국민을 국민으로 통합하고 배제할 것인지 구획 짓는 기능을 수행토록 한 것인지도 모른다. 국민과 비국민의 분리가 어제오늘만의 문제는 아니겠으나 코로나19는 이를 전 세계적으로 선명하게 드러내는 역할을 한 셈이다. 그러나 사람과 사람의 연대가 아닌, 재영토화된 국가에서 통합이 가능한 국민을 중심으로 위기를 극복하려는 정치적 공동체의 완성은 그 공동체의 모습이 비록 선의에 의해 이루어지는 방역 시스템을 전유한다고 하더라도 지배 권력이 구획한 영토 안에서만 상상된 것으로 남을 위험이 크다.

무엇보다 실질적 생존에 위협이 되는 코로나19는 지젝(Slavoj Žižek)의 말처럼 분명한 경계들을 세워 우리 정체성에 위협이 되는 적들을 격리하라는 이데올로기적 압력을 불러일으키는 것이 사실이다. 이는 또 하나의 훨씬 더 이로운 이데올로기적 바이러스로 국민국가를 넘어선 사회, 전 지구적 연대와 협력의 형태를 실현하는 사회를 사유하는 바이러스[2]를 요구하는 것인지도 모른다. 이른바 악수하지 않고 필요하면

---

2   슬라보예 지젝, 『팬데믹 패닉』, 강우성 옮김, 북하우스, 2020, 55쪽.

고립되는 것으로서의 연대[3]처럼 말이다.

사회적 위기에 봉착할 때마다 그 위기로 말미암아 배제되고 소외된 존재의 삶을 형상화했던 작가들은 다른 누구보다 먼저 자신의 고립을, 그 고립을 초래한 구조적 문제를 폭로하고, 생존의 가능성을 모색하였다. 그들은 (출판사의 요구와 결합하여) 발 빠르게 코로나19 시대를 관통하는 각자의 삶을 나누는 것으로부터 출발하여 그 안에 도사리고 있는 배제의 폭력성을 고발하는 작품들을 앤솔러지의 형태로 묶어 발표하였다.[4] 그렇게 작가들은 따로 또 같이 연대의 목소리를 높인다.

이 연대의 목소리는 각자의 공간을 경유하며 자신의 삶, 이를테면 생존에의 욕망을 전유한다. 이때 이 생존에의 욕망은 방역 중심의 사회적 요구에 저항 없이 참여함으로써 얻을 수 있는 것이 되며 이는 개인적 수행에 기반을 둔다. 푸코식의 규율 사회에서 한병철의 피로사회로의 전환을 가져온 신자유주의적 자본주의 체제를 등에 업고 코로나19의 상황은 방역이라는 규율을 내면화하여 자발적으로 수행함으로써 착취의 피로를 높이는 셈이다. 생존을 개인의 영역으로 치환하여 희생을 강요하는 구조 속에서 자신의 처지를 드러내는 일조차 쉬운 일은 아니다.

3　같은 책, 99쪽.
4　시인과 소설가를 중심으로 하여 코로나19를 소재로 하여 묶인 앤솔러지는 시, 소설, 에세이 등 여러 장르에서 다양하게 출간되었다. 지난 한 해 출간된 것 중 일부를 묶어 보면, 『코로나19 블루』(한국의사시인회, 현대시학사), 『코로나19 극복 대한민국 36 시인 시 특선』(심정숙 외. 한비CO), 『코로나? 코리아!』(이광복 외, 청어), 『지구에서 스테이』(김혜순 외, &), 『아침이 오면 불빛은 어디로 가는 걸까 - 코로나19 대구 시인의 기록』(윤일현 외, 학이사), 『사진을 많이 찍고 이름을 많이 불러줘』(김안 외, B공장), 『코로나19 기침 소리』(엄현주 외, 나무와숲), 『코비드 19의 봄』(이덕화 외, 문학수첩), 『혼자서는 무섭지만』(오은 외, 보스토크프레스), 『쓰지 않을 이야기』(조수경 외, 아르테), 『팬데믹:여섯 개의 세계』(김초엽 외, 문학과지성사) 등이 있다.

그렇게 나는 버틸 수 있었지만, 현실은 현실이었다. 한달이란 시간이 흐르면 나는 이곳저곳에 돈을 내야 했고 또 한 달이 흐르면 또 내야 했다. 월말이 다가오고, 그런 생각에 밥을 할 생각도 안 들 때면 지친 모습을 보이기 미안해 다시 나의 집으로 오곤 했다. 서울로 올라오는 버스 안에서 '이번엔 정말로 망했다'는 생각을 했다. 돌아보니 그동안엔 조금씩만 망해왔던 거구나. 많은 도움의 손길 속에서도 가끔은 세상에 혼자인 것만 같았고, 그래서 너무 무서웠다.[5]

코로나19로 인해 학원 문을 닫아야 했던 이주란의 경험이 담긴 에세이에서 발췌한 위 인용문은 경제적 어려움을 개인이 감당해야만 하는 상황 속에서 느낀 두려움을 솔직하게 털어놓는다. 주변의 도움을 통해 어떻게든 버티려고 했으나 그것은 잠시 잠깐의 위안일 뿐이라서 생존을 영속할 수 있는 삶의 물질적 조건 자체를 충족하기엔 어림없는 일이다. 비록 이 글의 바탕이 되는 지난해 3월 이후 사회적 거리두기가 완화되어 학원이 다시 문을 열기도 했을 테지만, 반복된 집합금지 명령의 사회적 요구는 코로나19로 인해 발생한 생존의 위협을 개인이 해결해야 하는 문제로 결박시킨다. 불안정한 상황에서 스스로를 착취하도록 하는 방역 메커니즘은 엄격한 자기 규율을 내면화하게 하여 공동체의 생존을 위한 개인의 희생을 강제하고 있는 셈이다. 이에 대해 저항하는 것은 우리 모두의 생존을 불가능하게 하는 위협이라는 공포를 조장하면서 말이다.[6]

---

5 이주란, 「만약 내 삶에서」 오은 외, 『혼자서는 무섭지만』, 보스토크프레스, 2020, 81쪽.
6 그러나 한편으로 외국의 사례들을 보면, 그 저항이 실제의 위험이 됨을 알 수 있다. 이 모순적인 상황을 어찌할 수 있을까.

2. 내가 벼락거지가 된 건가

자신의 선택이 개인의 선택이라기보다는 사회적 흐름 속에서 강제된 선택이었음을 깨닫는 순간, 우리는 남들과 다른, 남들보다 못한 삶을 살고 있을지도 모른다는 불안에 휩싸인다. 이러한 감정은 구조의 불합리에 저항하는 방향이 아닌 나와 비슷한 가까운 존재에게 투사되어 분노로 분출되기도 한다. 친밀한 존재였던 타인이 나의 생존을 위협하는 것이 아님에도 불구하고 물질적 조건을 비교하며 자신의 불안을 전이된 분노로 그에게 투영하게 되는 것이다.

비슷한 처지의 인물들이 자기 삶의 물질적 조건에 의해 계급적 갈등으로 이어지는 경우는 부지기수일 것이다. 나에게 아무런 피해도 입히지 않았는데 단지 나와 친밀감을 나눴던 존재에 대해 배신감을 느끼게 되는 일은 자본주의가 요구하는 정체성에 응답하지 못한 자신과 타인을 대비되는 존재로 인식하는 데에서 비롯된다. 그 상대적 박탈감은 '벼락거지'의 아이러니처럼 실존을 위협하는 기제로 작동한다.

김유담의 「내 이웃과의 거리」[7]는 코로나19 초기의 상황을 그리고 있는 단편이다. 화자인 정윤은 상우와 결혼하면서 K구의 신축 S아파트에 입주한다. 상우는 B아파트를 매입해 리모델링한 후 들어가자고 하였으나 정윤이 그곳이 지은 지 25년도 넘은 낡은 아파트라서 신혼 생활을 꾸리기에 좋지 않다고 판단하여 새 아파트의 쾌적함과 아늑함을

---

7   김유담, 「내 이웃과의 거리」, 김안 외, 『사진을 많이 찍고 이름을 많이 불러줘』, B공장, 2020.

누릴 수 있는 신축 S아파트의 전세를 선택했기 때문이다. 전세 계약이 만료되는 2년 후, 만삭이었던 정윤은 주변 집값이 가파르게 상승하자 집을 사야 한다는 불안과 집값이 떨어질 것이라는 불안 사이에서 전세 계약을 연장하기로 결정한다. 그런 와중에 정윤은 K구 맘카페 육아 정보 게시판을 통해 알게 된 혜미와 가까워진다. 그들은 비슷한 육아 과정을 거치고 있다는 점과 옆 단지에 산다는 이유로 띠동갑의 나이 차가 무색하게 서로의 일상을 나눈다. 그런 한편에서 정윤은 "최저가와 핫딜 일정을 줄줄 꿰고 있는 혜미 덕분에 육아 물품을 저렴하게 구입한 적도 있었지만, 때로는 너무 피곤하다는 생각"(52쪽)을 하며 거리를 두고자 한다. 새해가 되면서 아기를 단지 내 어린이집에 보내고 자신은 복직할 계획을 세운 정윤에게 코로나19는 재앙으로 다가온다.

오래되어 낡은 B아파트를 '영끌'하여 매입해 살고 있는 혜미와 신축 S아파트에 전세로 살고 있는 정윤의 차이는 기실 아무것도 아닐 수 있다. 가사노동과 육아라는 동일한 돌봄 노동을 수행하는 그들은 일종의 자기–동일적인 존재이다. 그렇기 때문에 사회적 거리두기가 강조될수록 밀착되는 관계가 답답하면서도 위안을 주는 것인지도 모른다.

정윤은 한 대 맞은 것처럼 뒤통수가 얼얼했다. 4천 원짜리 스타벅스 커피 한 잔 사 마실 돈도 없다고 엄살을 떠는 혜미가 10억짜리 집을 소유한 자산가라니, 천 원이라도 더 싼 기저귀 핫딜을 찾느라고 밤잠을 설치는 혜미를 궁상맞다고 속으로 비웃었는데 오히려 혜미 입장에서는 마흔 살이 되도록 내 집 마련도 하지 못하고 돈을 쉽게 써대는 자신이 더 우스워 보였겠다는 생각이 들었다.(58~59쪽)

그러나 그 관계는 몇천 원에 절절매고 최저가와 핫딜에 집착하여 궁상맞다고 속으로 비웃던 혜미가 10억짜리 집을 소유한 자산가라는 사실이 드러나면서 무너진다. 이때 정윤이 느끼는 혼란은 (조금은 우월한 위치에서) 혜미에게 투사한 자기-동일성이 스스로 만든 환상이었다고 깨닫게 되면서 비롯된 것으로 신자유주의적 자본주의의 체제가 요구하는 물질적 조건을 정윤 자신은 갖추지 못했다는 전락의 공포를 체감케 되는 순간인 셈이다. 경제적 층위에서 자신이 우위에 있다고 생각하였으나 실상은 그렇지 않다는 실감은 자기-동일성에 투사된 정윤의 허위를 폭로한다. 게다가 4만 원이었던 KF94 마스크가 1만 천 원의 마스크로 돌아온 상황에 대한 정윤의 반응은 혜미에 대한 정윤의 인식이 소비를 둘러싼 경제적 우월감에 바탕을 둔 기만이었음을 드러낸다. 그러나 이 기만이 정윤의 본질이라고 볼 수 없는 것 또한 사실이다. 그것은 어떤 면에서 불투명한 존재가 타자를 통해 자신을 반영하여 상상하고자 하는, 인정받기를 바라는 심리적 기제로부터 기원한 것인지도 모르기 때문이다. 또한, 그것은 자신과 유사한 경제적 층위 내에서 타자와 관계 맺기를 바라는 항상적이고 부분적인 맹목에 기초한 것인지도 모른다.

주디스 버틀러(Judith Butler)의 말처럼 자기-동일성, 더 특수하게는 완벽한 일관성에 대한 요구는 일종의 윤리적 폭력이기에 그것을 중지시키는 일이야말로 우리가 항상 자기-동일성을 표명하고 유지해야만 하며 타자들 역시 그래야 한다고 요구하는 폭력에 맞서는 일이 된다.[8]

---

8   주디스 버틀러, 『윤리적 폭력 비판』, 양효실 옮김, 인간사랑, 2013, 75쪽.

나와 타자의 관계는 동일성의 층위에서 사유되는, 그래서 선택의 책임을 져야만 하는 관계가 아니다. 버틀러는 레비나스를 들어, 나는 나의 행동 때문에 책임감을 갖는 것이 아니라 나의 일차적이고 뒤집을 수 없는 민감성의 층위에서, 즉 행동이나 선택의 모든 가능성에 선행하는 수동성의 층위에서 확립된 타자와의 관계 때문에 책임감을 갖는다고 말한다. 영향을 받을 수 있는 나의 능력으로 인해 나는 관계로서의 책임에 연루되는 셈이다.[9] 타자와 관계를 맺거나 지속하는 것은 내가 그것을 선택했다기보다는 그 선택을 가능하게 하는 영향 관계들, 이를테면 돌봄 노동, 신자유주의적 자본주의의 요구, 친밀함에 대한 심리적 위안 등에 의해 선택 이전에 이미 그렇게 되도록 구조화된 것이라 볼 수 있다. 그러나 역설적이게도 관계 맺기로 인해 발생한 고통은 나의 주도적인 타자와의 자기-동일성이 붕괴함으로써 발생한 것이라기보다 관계 맺음을 둘러싼 사회적 구조가 나와 타자가 맺도록 한 관계가 일종의 외상이 되어 내가 책임져야 할 것으로 강제하는 폭력으로부터 비롯된 셈이다. 그런 점에서 '벼락거지'로 자신을 전락시키지 않기 위해서라도 신자유주의적 자본주의의 경제적 요구를 내면화하길 중지할 필요가 있다. 그런 연후에 우리는 비로소 타자와 나를 비교하고 분노하는 것에서 벗어나 새로운 의미를 지닌 관계로 나아갈 수 있게 된다.

중요한 점은 타자는 아무런 잘못도 저지르지 않았다는 것이다. 정윤에게 불쾌를 야기한 혜미의 삶은 정윤에 의해서 감각되고 재단된 것이지 혜미가 의도한 것은 아니다. 혜미가 행하는 일련의 행위는 자신의

---

9 같은 책, 155쪽.

위치를 분명하게 자각하는 데에서 비롯되었다고 보는 게 옳다. 분명한 자기 인식에 바탕을 둔 혜미는 정윤과의 관계를 지속하기 위해 정윤이 혜미에게 취하고자 했던 목적, 좀 더 분명하게 말하면, 돌봄 노동과 가사노동으로 인해 세계로부터 소외된 기분을 위무해줄 존재의 자리에 충실했다. 혜미는 아파트 가격에 의해 부여되는 정체성이 아니라 사회, 경제적으로 부여된 지위를 수용하면서 그 안에서 삶의 의미를 능동적으로 선택함으로써 자신의 정체성을 재구성하여 안정된 존재로 안착하고자 하는 현실을 산다. 이를 세계에 대한 무비판적 태도라 부정하기는 어렵다. 오히려 신자유주의적 자본주의 체제를 내면화하면서도 배제나 분리되는 잉여적 존재가 되는 것에 저항하는 적극적 주체로 보는 것이 마땅하다. 아무것도 아닌 것처럼 보이는 혜미의 행위야말로 스스로를 비출 타자를 상실했다고 상상하는 우리의 정상성을 되묻는 것인지도 모르겠다. 공동체는 상상된 것이어서 그것조차 자본화된 사회에서 요구하는 관계 맺기처럼도 보인다. 동일한 계층의 사람과도 친밀한 환대가 불가능하게 된 상황에 우리는 처한 셈이다. 사람과 사람 사이의 관계, 나와 타자의 관계, 그 친밀함을 무너뜨리는 것은 코로나19와 같은 질병이 아니라 사회, 경제적 층위를 의식하고 구분하려는 데에 있다.

3. 살기 위해서는 무엇이든 해야 한다

「내 이웃과의 거리」에서 정윤이 느낀 답답함은 혜미와의 관계를 전유한, 한국 사회가 요구하는 장소에 자신은 속하지 못한다는 데에서 비롯된 것일 수도 있다. 불안정하게나마 자신의 정체성을 만들고 지키는 것조차 불가능한 상황에 놓였다는 불안은 가져본 적 없는 것을 상실한 채 배제될 위협에 노출되었다는 공포로 전이된다. 그것은 마치 '벼락거지'가 된 기분을 느끼게 할 뿐이다. 그래도 정윤은 코로나19가 종식되면 복직을, 일상의 회복을 상상할 수 있다. 물론 그때가 온다고 하여도 아파트 가격 상승이 불러온 상실의 감각은 회복될 수 없을 것이다. 그러나 영하 18도의 냉동창고로 들어가야 하는 비정규직의 전락과는 다른 층위의 계급을 향유할 가능성이 크다.[10] 그러한 정윤과는 달리 「그토록 푸른」의 주소영은 밀릴 대로 밀려난 존재이자 감염을 피하기 어려운 취약한 경제적 약자의 자리에 놓여 있어 코로나19 이후에도 일상의 회복을 기대하기가 쉽지 않은 상황이다.

조수경의 「그토록 푸른」[11]은 바이러스 감염병으로 인해 여행사 비정규직 일자리를 잃고 새벽배송 물류센터 냉동창고에서 일용직 야간 교대 아르바이트를 하며 생계를 이어가는 주소영의 모습을 그리고 있다. 물류센터는 누구나 쉽게 와서 일할 수 있는 공간이지만 바이러스가 창궐한 시기에는 그만큼 쉽게 감염자와 접촉할 환경이기도 하다. 확진자가 발생할 경우, 사업장이 폐쇄될 위험이 있고 그 피해를 기업과 개인이 떠안을 수밖에 없기 때문에 직원들은 자신의 감염을 숨길 가능성이 농후하다. 문진표 앞에서 진실을 은폐하는 일은 주소영에게도 일

10 　물론 뉴노멀이라는 용어로 재영토화된 기업 시스템은 코로나19 이전보다도 더 빠르고 광범위하게 정규직 일자리를 비정규직으로 대체할 가능성이 농후하다. 그때 돌봄노동을 수행해야 한다고 상상되는 여성인 정윤이 그 앞에 서리라는 것을 짐작하는 일은 어렵지 않다.

11 　조수경, 「그토록 푸른」, 조수경 외, 『쓰지 않을 이야기』, 아르테, 2020.

어난다. 신체 말단부터 온몸이 푸르게 변하는 증상의 변이 바이러스에 감염된 (것처럼 보이는) 주소영 역시 문진표 앞에서 망설인다.

감염의 증상인 푸른빛을 감추기 위해 파운데이션을 바르는 사람들을 향해 비난의 목소리를 높이는 것이 잘못은 아닐 것이다. 이미 우리는 코로나19 1차, 2차, 3차 확산 과정에서 경험한 혐오의 내용을 알고 있다. 물론 방역 수칙을 무시한 채 단체생활을 하고 자신의 감염을 은폐하며 허위 정보를 제공함으로써 방역 조치를 어렵게 한 사람들에게도 잘못은 있겠으나, 그 외에도 감염의 위험을 무릅쓰고 생계 활동을 수행해야만 하는 사람들에게까지 혐오와 증오의 감정을 표출한 점 역시 지적해야만 한다.

윈프리드 메닝하우스(Winfried Menninghaus)는 혐오를 "동화될 수 없는 타자성을 거부하는 자기 주장의 고조"라고 말하는데, 이는 "오염물로 평가되며 자신과 극심하게 동떨어져 있는" 대상과의 "원치 않는 가까움"에 대한 거절의 표현이라는 것이다.[12] 오염물에 대한 접촉 혐오는 사회의 특정 집단에 투사되어 그들을 대상화한다. 한편 마사 누스바움(Martha Nussbaum)은 사람들이 집단을 만들어 타자를 대상화하는 이유를 패배에 대한 일종의 비이성적인 두려움 때문이라고 하였다. 이 두려움은 인간 삶이 수반하는 괴로움을 회피하고, 달성할 수 없는 견고함이나 안전함, 자기 충족성을 추구하는 보다 일반적인 태도의 부분이라고 할 수 있는데[13] 나와 다른 존재를 대상화함으로써 그들을 정

---

1 2   마사 너스바움, 『혐오와 수치심』, 조계원 옮김, 민음사, 2015, 166쪽.

1 3   같은 책, 426쪽

상성의 범주 바깥으로 내몰고 종속시킬 전략으로 혐오를 이용하는 것이라고 할 수 있다. 대체로 혐오는 약한 집단을 향한다. 비정규 노동자, 여성, 성 소수자, 장애인, 중국인, 대구 시민, 노인 등등. 코로나19 감염자도 마찬가지이다. 혐오를 표출하는 이들은 감염자를 방역 시스템을 붕괴시켜 정상인을 위험에 빠뜨리는 오염물로 간주한다. 이 배제와 차별의 논리는 혐오의 주체를 사회 구조적으로 우월한 자리에 놓고 혐오의 대상을 공동체 내에 포섭할 수 없는, 단지 종속시켜 처벌하거나 이용할 대상으로 여기는 것이다. 그러나 코로나19의 확산은 누구든 혐오 대상으로 만들 수 있다는 역설을 불러왔다. 그럼에도 여전히 취약한 생존 환경에 놓인 존재는 우리 이웃이 될 가능성이 희박한 상황이다.

　미래는 온통 새까맣고 불확실했지만, 어쨌든 이 힘든 시기에 새벽배송 물류센터가 있어서 다행이었다. 일터에서 쫓겨난 사람들, 가게 문을 닫아야만 했던 사람들이 온라인으로 물건을 구입하면서 자연스럽게 물류센터에서 일할 일용직 노동자도 더 많이 뽑았다. 묵묵히 밥을 떠 넣고 씹고 삼키다 보면 이런 생각도 들었다. 이러다 대한민국의 거의 모든 사람들이 온라인 쇼핑몰 물류센터에서 일하고, 거기서 받은 돈으로 다시 온라인 쇼핑몰에서 필요한 물건을 구입하고, 일을 하고, 물건을 사고, 일을 하고, 물건을 사고…… 세상이 결국 그렇게 되는 건 아닐까. 어떤 날은 생각이 흐르고 흐르다 지구적인 차원으로까지 번져갔다. 한 번 사용되고 버려질 수많은 박스와 포장재와 얼음팩 같은 것들을 볼 때마다 지구에게 몹시 미안했고, 인류의 미래는 희망이 없다는 절망감마저 들었다. 한숨을 내쉬며 숟가락을 내려놓고, 마을에 내려온 북극곰과 콧구멍에 빨대가 꽂힌 거북이와 플라스틱 쓰레기로 배를 채운 채 죽어가는 갈매기를 생각했다. 그러나 생각의 끝은 늘 "지금 내가 지구 걱정할 때인가" 하는 자조적인 한숨이었고, 다시 숟가락을 꽉 움켜잡곤 했다. 살기 위해서는 일단 무슨 일이든 해야 했다. (24~25쪽)

코로나19의 유행으로 자가 격리 및 재택근무가 뉴노멀의 생활 방식으로 수용되는 와중에도 타인의 생존을 위해 필수 노동을 해야 하는 사람들이 있다. 의료진, 식당 직원, 배달 노동자, 돌봄 노동자 등등. 그들 중 상당수의 인원이 저임금 단기 노동을 하며 감염 위험에 노출되어 있다. 이미 우리 사회는 신자유주의의 물결 속에서 효율성을 강조하고 단기 이익을 추구하면서 노동자의 권리를 빼앗고 그들을 취약한 환경 속에서 일하도록 내몰고 있다. 남녀노소, 모든 계급과 계층을 막론하고 코로나19에 감염될 수 있으나 그 감염 위험은 계급과 계층에 따라 불평등하게 경험될 수밖에 없다. 누군가는 감염을 피하기 어려운 상황에 놓여 있다는 것을 외면해서는 안 된다. (종교시설을 제외하면) 확진자가 가장 많이 발생한 곳이 요양보호소나 콜센터 및 비정규직 노동자의 일터와 숙소였다는 점을 고려해야만 할 것이다. 또한, 클럽발 집단 확진 역시 그곳이 성 소수자들이 그들의 정체성을 확인하는 공간이었음을 감안해야 한다. 오히려 소수자를 배제하고 노동자를 단기 고용함으로써 그들을 열악한 환경에 내몰고 있는 사회 구조에 대해 지적할 필요가 있는 것이다.

그러므로 주소영이 푸른빛을 감추는 행위는 신자유주의적 자본주의 체제의 요구에 순응하며 자신의 생존을 지켜나가는 것이라 볼 수 있겠다. 자신의 생존 너머의 전 지구적인 문제, 이를테면 환경 오염과 같은 문제를 걱정한다 한들 당장의 생존이 위협받는 상황에서 할 수 있는 것이란 아무것도 없다. "살기 위해서는 일단 무슨 일이든 해야"하는 이 상황이 코로나19 위협보다 더 문제가 되는 셈이다.

그러니 주소영은 우리의 얼굴을 반영하고 있음을 인정할 수밖에 없다. 신자유주의적 자본주의 경제 체제가 우리에게 알려준 것이 있다면, 그것은 "사람과 사람이, 우리 사회가, 아니, 전 세계가 그물망처럼 연결돼 있다는 사실"(42쪽)일 것이다. 아무리 사회가 개인화된 방식으로 삶의 구조를 영토화하고 있다 할지라도 우리는 언제나 타자와 연결된 세계를 토대로 존재한다. 그것을 간과할 때, 우리는 타자뿐만 아니라 나 자신을 훼손하게 된다. 타자의 "그토록 서글픈, 그토록 참담한 푸른 빛"을 외면하지 않을 때, 비로소 나와 너는 우리의 이웃이 되어 존엄한 인간으로서의 관계를 재정립할 수 있을 것이다.

4. 서로-함께-되기 위해

흥미로운 점은 타자를 향한 혐오 대신 그들이 처한 사회 구조적 환경의 문제를 반성하며 더 나은 삶을 위한 공동체를 형성한다고 해서 그것이 하나의 사회를 약속하지는 않는다는 점이다. 이졸데 카림 (Isolde Charim)은 현대 사회를 다원화 사회로 본다. 그는 1세대 개인주의를 주체의 변화가 중요했던 시기로 규율이 작동하는 사회로 보았으며 1960년대 이후 2세대 개인주의를 성별이나 성적 지향성과 같이 자신의 정체성을 위해 본질적으로 선택된 특징과 함께 주체를 바꾸지 않는 게 중요했던 사회로 나누었다. 그리고 오늘날 다원화 사회의 3세대 개인주의를 개인의 분열, 우연성의 경험, 불확실의 경험, 원칙적인 개방성 등을 통해 나의 정체성이 다른 정체성과 나란히 서 있는 사회로 보았다. 즉 오늘날 개인은 누구나 자신이 타자들과 나란히 서 있는 단지 하나의 가능성일 따름이어서 자신의 정체성을 정상이라고 주장할 수 없는 사회라는 것이다.[14] 언제나 다른 정체성과의 관계 맺기를 통해서만 우리는 우리의 정체성을 형성할 수 있는 셈이다. 이는 다양한 정체성의 목소리가 서로에게 영향을 미치는, 일종의 갈등에 기반을 둔 관계라 볼 수 있다. 분열된 주체들이 제각각 삶을 사는 와중에 영향을 미치는 방식이기에 통합과 분리가 불필요한 사회에 속한 것이다. 그렇기 때문에 '벼락거지'로 자신을 감각하고 감염의 공포 속에서도 생존의 필수 노동을 수행하면서 자신의 정체성을 재정립하는 것인지도 모르겠다. 여기에서 취약한 존재를 향한 혐오나 배제를 거부하는 정치적 올바름의 저항이 가능하게 된다.

　신자유주의적 자본주의 체제가 다원화 사회와 부딪히는 와중에도 효율적이고 소비적인 과잉 정체성을 강제하면서 이를 내면화한 정윤의 고단함과 주소영의 생존 불안은 구축되며 공고해진다. 끊임없이 '정상'의 범주로 기입되어야 한다는 강박이 우리 사회의 바이러스가 되어 널리 퍼져 있는 셈이다. 사회 안전망은 코로나19 감염을 막는 방역 시스템 너머 삶의 물질적 조건을 보장해 주는 방향으로 이루어져야 한다. 물론 이를 위해 개인은 사회 구조의 불합리와 그로 인한 불확실성

14　이졸데 카림, 『나와 타자들』, 이승희 옮김, 민음사, 2019, 58~60쪽 참조.

에 저항하는 일을 수행할 수밖에 없다. 그것은 결국 부정적 정동에 휩싸일지언정 타자와 관계 맺고 나란히 서 있는 것에서부터 시작된다.

　김초엽의 「최후의 라이오니」[15]는 멸망을 앞둔 행성 3420-ED에서 가치 있는 자원과 정보를 회수하기 위해 떠난 로몬이 그곳에서 오랜 기간 자신들을 탈출시켜줄 라이오니를 기다리는 기계들과 조우하며 겪는 모험을 다루고 있다. 행성 3420-ED에는 자신의 건강한 신체를 복제하여 몸을 교체하는 방식으로 죽거나 노화하지 않는 불멸인들이 살고 있는 곳이었다. 그러나 어느 날 그들에게 감염병 D가 퍼지면서 복제된 신체로의 자의식 전송이 불가능하게 되고 죽음의 공포를 경험하게 되면서 행성의 멸망을 재촉한다. 라이오니는 불멸인의 복제 과정에서 결함이 발생한 복제로 행성의 시스템 오퍼레이터 기계인 셀에 의해 구출된다. 라이오니는 3420-ED에서 불멸인들을 몰아내고 다른 복제와 기계 들과 평화롭게 살아가고자 하였으나 폐허가 된 도시에서 그것은 불가능한 일이었다. 기계들은 다른 행성으로의 터널 드라이브를 할 수 없는 신체였기에 다른 곳으로 떠날 수 없었고 라이오니는 그런 그들 곁에 머물렀으나 더는 자신이 살 수 없는 환경에 처하게 되자 기계들의 의견을 수용하여 기계들이 터널 드라이브를 할 방법을 찾아 돌아오겠다는 말을 남기고 행성을 떠난다. 오랜 세월이 지나 3420-ED가 완전한 멸망을 앞두고 있으며 셀 역시 죽음에 임박한 이때, 라이오니의 복제인 로몬 '나'가 이 행성에 찾아오게 되고 셀의 곁을 지키게 된다.

15　김초엽, 「최후의 라이오니」, 김초엽 외, 『팬데믹: 여섯 개의 세계』, 문학과지성사, 2020. 김초엽의 소설은 같은 시기, 계간 『문학과사회』 2020년 가을호에도 게재되었다.

나는 열흘간 셸의 옆에 머물렀다. 셸에게 내가 셸을 만나기 위해서 했던 수많은 일에 관해 이야기해주었다. 도시를 탈출한 이후 어떤 무시무시한 멸망들을 마주했는지, 어떻게 터널을 넘었고 새로운 문명과 행성을 발견했는지, 그곳에서 셸과 기계들을 구할 방법을 찾기 위해 얼마나 분투했는지, 그럼에도 방법을 찾지 못했을 때 얼마나 절망스러웠는지, 이곳으로 오는 터널들은 얼마나 복잡하게 얽혀 있고 미로를 헤매는 것처럼 어려웠는지. 대부분은 거짓말이었지만 나는 마치 그 일들을 직접 겪은 것처럼 말해줄 수 있었다. 적어도 나의 고통, 혼란, 슬픔과 두려움은 모두 실재하는 것이었다. (……) 나는 내가 죽음의 두려움을 아는 것도 다행이라고 생각했다. 셸은 죽음을 두려워하고 있었고 나는 그를 다독여줄 수 있었다. (……) 그 열흘 동안, 셸은 어떤 순간에는 나를 라이오니라 믿고, 어떤 순간에는 그렇게 믿지 않았을 것이다. 그래서 나를 라이오니라고 생각하면서도 낯선 존재로 대하며 이어지는 그 기나긴 이야기가 가능했을 것이다.

마지막 순간에, 나는 라이오니로서 셸의 손을 잡아주었다.(46~47쪽)

자신이 다른 로몬과 차이를 지닌 이유가 무엇인지, 도대체 '나'의 존재 이유는 어디에 있는지 묻는 존재론적 질문에 '나'는 셸과 관계 맺음으로써 응답한다. 행성의 시스템 오퍼레이터인 셸이 죽음을 맞는 순간, 로몬인 '나'가 그의 손을 잡아줌으로써 깨닫게 되는 것이다. 사실 셸이 기다린 존재는 자신과 다른 기계들을 구원해줄 라이오니였기 때문에 라이오니의 복제인 '나'는 셸의 소망을 이뤄줄 수 없을지도 모른다. 해줄 수 있는 것이라고는 죽음을 두려워하는 셸의 곁을 지키는 것뿐이다. 하지만 그 일이 가능한 이유는 '나'가 죽음의 공포를 이해하는 유전적 결함을 지닌 존재이기 때문이다. 바로 그 결함, 결핍으로 인해 죽음의 공포를 이해하고 공감할 수 있게 되어 그것을 경험하고 있는 타자의 곁을 지킬 수 있는 것이다.

'나'가 다른 로몬과 함께 있을 때는 '나'가 지닌 유전적 결함으로 말미암아 예외적 존재이자 로몬 공동체에 포섭되기 어려운 존재로 자신의 정체성을 형성할 수밖에 없었다. 그러나 장소를 옮겨 죽음의 공포를 경험하는 셀과 나란히 서게 되면서 취약한 존재로서의 자기 정체성을 긍정하고 의미화할 수 있게 된다. '나'는 과거의 실패를 셀에게 발화함으로써 자신의 결핍과 마주하게 되고 그 한계를 노정하는 가운데 자신의 정체성을 올바르게 형성한다. "나는 '나'에 의해서는 포착될 수 없고 동화될 수 없는 것을 겪는데, 왜냐하면 나는 항상 나에게 너무 늦게 도착하기 때문이다."[16] 로몬인 '나'는 셀의 곁에 나란히 서 있음으로써 타자의 결핍을 상상적으로나마 채울 수 있는 관계를 구현하고 이를 바탕으로 자신의 정체성을 깨닫는다.

이처럼 나를 설명하려는 서사적 노력은 단독적 위치에서는 성취할 수 없다. 그것은 늘 실패로 귀결되며 정상이 무엇인지를 되묻는 기능을 수행한다. 불안정한 주체로 존재하는 나는 정상성의 층위에서 통합될 이유가 없다. 타자 역시 마찬가지이다. 오히려 타자의 불투명성과 나의 불투명성이 만나 공명함으로써 서로를 환대하는 관계임을 인정하는 것이 중요하다. 신자유주의적 자본주의 체제의 강제로부터 결핍된 존재가 상대적 박탈감 속에서 서로를 시기하고 거리를 두도록 만든 것이

16　주디스 버틀러, 앞의 책, 139쪽.

야말로 최근의 한국 사회가 만들어 놓은 허구임을 우리는 알아야 한다. 그 자학의 구조를 무너뜨리는 데 필요한 것은 여전히 타자와 나란히 서 있는 하나의 가능성으로서의 '나' 자신을 인정하는 것이다. 그 결핍, 결함, 결여의 취약성이 "서로–함께–되기"[17]의 관계로 나아갈 때, 우리는 서로의 이웃이 되어 윤리적 연대를 가능케 하리라 믿는다.

---

17 주디스 버틀러, 아테나 아타나시오우, 『박탈』, 김응산 옮김, 자음과모음, 2016, 122쪽.

정상가족이라는 상상공동체

지난해 말, 방송인 사유리의 비혼 출산 소식은 한국사회에 논란을 불러왔다. 결혼하지 않은 여성이 해외의 정자은행에서 정자를 기증받아 아이를 출산한 이 일을 두고 다양한 의견들이 개진됐다. 이를 간단히 정리하자면, 혼인 여부와 상관없이 임신에 대한 여성의 자기결정권을 옹호하는 인식과 비혼모 출산으로 인해 전통적 가족상이 붕괴하고 사회 혼란이 벌어질 것이라는 비판적 인식의 대립이라고 할 수 있다. 임신에 대한 여성의 자기결정권은 여성 인권과 관련된 문제이다. 아기의 생명권과 관련된 낙태 이슈를 제외하더라도 출산의 주체인 여성이 '임신'과 '양육'에 관한 다양한 방법론을 제시하는 현상 자체가 전통적 가족 관계를 해체할 위험요소로 인식되는 상황이다.

흥미로운 점은 '가족'에 관한 일반적 인식에 있다. 우리는 가족을 자연적, 생물학적 단위로 바라보는 데 익숙하다. 저 살벌하고 폭력적인 사회 체제에서 우리에게 위로를 주는 구원의 체계가 가족인 것처럼 여긴다. 혈연으로 이루어진 '가족'이란 공동체를 온갖 사회적 위기 속에서 우리가 기댈 유일한 사적 안전망으로 간주하는 것은 개인을 받쳐줄 사회적 보호제도가 전무한 상황에 기인한다. 김희경에 따르면, 한국 사회의 가족주의는 근대화 과정을 겪으며 강력해졌다고 한다. 1960, 70년대 경제개발 논리로 인해 사회보장 및 복지 서비스는 가족에게 위임됐으며 사회의 경제적 부강은 그러한 가족의 희생 위에서 이루어졌다. 또한 저임금 노동력의 필요로 장려된 핵가족 정책이나 그로 인해 발생한 전통적 가족 부양의 문제는 접어둔 채 바람직한 가족상을 강요하는 방식은 국가가 '가족'을 통치 이데올로기에 따라 얼마나 다르게 맥락화하는지 살펴볼 수 있는 요소이기도 하다.[1] 그런 점에서 가족이란 개념은 자연발생적인 고정된 실체라기보다는 구체적인 사회 현실에 의존하는, 이데올기적으로 '구성된 실체'라고 하는 것이 바람직한지도 모른다.[2]

여하튼 우리는 가족을 낭만적으로 상상하는 경향이 있다. 구성원들 간의 친밀함에 바탕을 두고 동일한 공간을 공유하며 정서적으로 위안을 얻을 수 있는 장소로 상상된 가족은 이상적인 것과 결합한다. 당연하게도 이때의 '이상적인 것'이란 사회가 요구하는 정상성에 응답하는 것으로 제한된다. 미국의 사회학자 리처드 세넷을 인용하면 "공동체 질서를 이루는 토대가 공동체의 동일성, 즉 동일성이라는 가치에 따라 서로 관계있다고 사람들이 느끼는"[3] 것이야말로 '정상성'이며, 집단적 동일성을 붕괴시키는 '다름'은 갈등을 유발할 뿐이므로 배제되어야만 한다. 그러므로 비혼 여성과 그녀가 낳은 아이는 정상가족 이데올로기를 위협하고 더럽히는 불순한 것이므로 사회에서 추방돼야 할 비

---

1   김희경, 『이상한 정상가족』, 동아시아, 2017, 165~172쪽 참조.

2   가족서사에 관해 연구한 권명아는 "가족은 명확하게 사회와의 상호 작용을 통해 구성된 실체"이며 가족 개념은 "'가족이란 어떠어떠한 것이다'라는 개념이 형성되는 사회적 역학 관계에 따라 봉건적이거나 근대적인 성격의 가족 이데올로기로 구성되는 것"으로 본다. 권명아, 『가족이야기는 어떻게 만들어지는가』, 책세상, 2000, 14쪽.

3   리처드 세넷, 『무질서의 효용: 개인의 정체성과 도시 생활』, 유강은 옮김, 다시봄, 2014, 78쪽.

정상으로 간주된다. 그러나 이런 '비정상성'은 역설적으로 '정상성'의 민낯을 폭로하는 역할을 수행함으로써 정상가족 이데올로기에 내재된 폭력성과 부조리를 밝힌다.

정상가족의 범주에 속하지 않는 두 종류의 가족형태

그렇다면 정상가족이란 어떤 형태인 것일까. 우리의 인식 속에서 정상가족은 전근대의 대가족의 형태는 아닐 것이다. 이는 근대 이후에 구성된 개념으로 이른바 이성애로 결합한 부부인 부모와 아들 하나, 딸 하나를 둔 4인 가족의 형태일 것이다. 자녀를 하나만 둔 3인 가족도 정상가족으로 포함할 수 있으나 흔히 '4인용 식탁'으로 상징되는 구성원 비율을 우리는 '정상가족'으로 상상한다.[4] 그런 이유로 이 구성을 취하지 않는다면 아무리 안정적이고 만족스러운 삶을 살아간다고 하여도 스스로를 비정상으로 여기게 된다. 그러나 가족의 정상성은 기실 존재하지 않는다.

윤이형의 소설 「승혜와 미오」(『작은마음동호회』, 문학동네, 2019)에는 두 종류의 가족 형태가 나란히 놓인다. 하나는 승혜와 미오가 구성하는 레즈비언 동거가족이며 다른 하나는 이호와 이호 엄마로 구성된 한부모 가족이다. 두 가족 모두 정상가족의 범주에 속하지 않는다. 서

---

4   한국의 가구 형태 중 부부+자녀로 구성된 이른바 정상가족은 2000년 전까지 50%를 약간 상회하였으나 2019년에는 30% 이하로 떨어졌다. 오히려 1인 가구가 30%를 상회하고 한부모, 조손 가구, 비혈연 가구 형태 등이 뒤를 이었다. 오진방, 「12시간 노동, 30분 면회. 미혼모에게 벌어진 일」, 『오마이뉴스』, 2021. 5. 18.

술자인 승혜가 베이비시터로 이호를 돌보면서 두 가족은 연결된다. 이 소설의 주된 갈등은 아이를 원하는 승혜와 그런 승혜가 원하는 가족이 되어줄 수 없는 미오와의 관계 불안정성에서 비롯되지만, 그 이면에는 레즈비언 커플을 가족으로 승인하지 않는 사회, 더 나아가 정상가족의 범주를 한정하는 사회와의 갈등이 놓여 있다. 그런 점에서 승혜 엄마의 "동성애 그거, 정신 나간 애들이 하는 거 아니냐, 다 잡아다가 병원에 가둬야 되는 거지 저거 저거"(41쪽)라는 말은 승혜로 하여금 자신의 정체성을 인정받을 수 없게 하고, 그를 비정상의 잔여물로 낙인찍어 '정상'에서 배제시킨다.

재생산이 불가능한 관계라는 이유로 전통적 가족주의를 위반하는 '위협적 존재'인 승혜와 미오는 "온전히 자기 자신만의 시선으로 살아가는 사람"(48쪽)이 될 수 없을지도 모른다. 언제나 정상과 비정상을 가르는 시선에 노출될 수밖에 없으므로 그들은 '누락된 존재'로 스스로를 인식하고 자기혐오의 폐쇄된 삶을 살게 된다. 그러나 그들은 "있을 수 있다거나 있어야 한다는 문제를 떠나 이미 그냥 그렇게 세상에"(49쪽) '있는' 존재이다. 그들은 정상성의 범주에서 사고되어야 할 당위가 아니다. 오히려 차이에 의해 구성되는 다른 가능성의 층위를 지닌 존재이기에, 당위적 사고에 기반을 둔 정상성을 재맥락화할 수 있는 존재라고 보는 게 옳다.

이는 이호와 이호 엄마로 구성된 한부모 가족도 유사하다. 앞서 통계에서 이야기한 것처럼, 부부와 자녀로 구성된 이른바 '정상가족'은 한국 사회에 지배적 가족 구성의 형태가 아니다. 그럼에도 불구하고 가족 구성원이 채워지지 않았다는 이유로 정상이 아닌 가족으로 치부할 수는 없는 노릇이다. 차이가 차별이 되어서는 안 된다고 말하면서도 우리는 알게 모르게 차이를 차별로, 옳고 그름으로 인식하는 경향이 있다. 차이는 "우리가 좋다거나 나쁘다고 할 수 있는 일이 아"(57쪽)니다. 그러나 사회적 편견은 가부장적 권력에 의해 정상성에 포섭되지 않는 가족을 타자화하며, 타자화된 존재는 허상 속에서 자기모멸과 자기부정의 피학적 위치를 강요당한다. 윤이형은 승혜와 이호 가족을 결속시켜 이를 돌파해 나간다.

승혜의 돌봄 노동은 이호 엄마가 수행하는 생계 부양의 임금 노동을 가능케 하며 사회를 유지하기 위해 수행되는 비가시적 노동을 가시화한다. 이는 비경제적이라고 간주된 돌봄 노동을 임금 노동의 자리로 옮김으로써, 생계 부양을 남성의 역할로 제한하여 사유하는 사회의 편견을 무너뜨려 가부장제 이데올로기의 이성애 중심 가족의 형태를 재고하게 만든다. 윤이형은 타자화된 정체성을 새로운 공동체의 형태로 묶음으로써 승혜와 이호 엄마 모두를 주체화된 자리로 옮긴다.

승혜와 이호 엄마의 관계는 승혜와 승혜 엄마와의 갈등을 봉합하는 데로 나아간다. 사회적 편견으로 동성애를 "정신 나간 애들이 하는 거"라고 생각하는 승혜 엄마 역시 "자신을 키우느라 혼자서 있는 힘을 다해 아마도 지금 이호의 엄마처럼 필사적인 삶을 살아온 엄마"(41쪽)이기 때문이다. 엄마와의 갈등이 해소되는 것은 아니지만, 승혜는 이호 엄마를 통해 자신의 엄마와의 갈등이 해소될 가능성을 타진할 수 있게 되는 셈이다. 물론 실제로 그것이 이루어질 수 있는 것인지는 소설 내에서 확인할 수 없지만, 새로운 공동체의 가능성 속에서 갈등은 단지 정체성 투쟁의 장에서 대립해야 할 문제가 아닌 용해시킬 수 있는 것이 된다. 그것은 "남편 생일에 시가 어른들께 생색내기 좋"은, "집들이 음식으로 딱"(31쪽)인 전시용 '밀푀유 나베'를 "절대로 닿을 수 없는 어떤 아득한 세계의 상징, 영원한 불가능의 표지"로 여기며 수동적으로 향유하는, 정상성의 기표가 아닌 이호와 이호 엄마를 위해 내어주는 것에서 시작된다. 더불어 자신의 입에도 넣음으로써 그것이 "심심하고, 슴슴하고, 대단한 점이라고는 하나도 없는, 너무 아무렇지 않은" "그 아무렇지 않음 때문에, 실망스러우면서도 안심이 되는 그 별거 아님"(57~58쪽)을 아는 데에서부터 시작할 것이다. 이호 가족이 승혜의 존재를 아무렇지 않게 수용한 것처럼 말이다. 이 '아무렇지 않음'이야말로 존재의 본질이 아닐까.

가부장적 훈육이 생성하는 종속적 관계

정상가족 이데올로기에 기반을 둔 가족주의는 가족이라는 공동체를 사적 층위에서 사유하게 하며 내부의 모순을 은폐한다. 정상가족은 이상적인 형태로 구조화되어 우리의 관념을 지배한다. 정상가족 구성원 내부의 문제는 간과되기 쉽다. 최근 발생한 일련의 아동학대 관련 범죄는 사안이 심각하며 아이의 죽음을 초래하기도 했다. 이 문제가비단 오늘의 문제만은 아니겠으나, 2020년 아동학대 의심 신고 건수가 38,100여 건으로 2009년 이후로 지속적으로 상승하는 것은 문제적이라 할 수 있다. 의심 신고 모두 가정 내의 학대로 이루어지는 것은 아니다. 그러나 '정인이 사건'을 비롯해 천안 아동 가방 감금 사망 사건이나 생후 2주 된 신생아를 던져 숨지게 한 20대 부부의 경우처럼 가정 내 아동학대 사례는 차고 넘친다. 아무리 부모의 자녀 징계권 915조가 바뀌었다고 해도 친권자가 아동을 폭력적으로 훈육할 수 있다는 사회 인식은 지배적이다. 이는 아동을 부모의 소유물로 바라보는 데에서 비롯된다. 더 나아가 자식을 성별로 위계화하여 다르게 간주하는 가부장제 이데올로기의 내면화도 아동에 대한 폭력적 상황을 심화시킨다.

'체벌'이라는 명명으로 가해지는 폭력은 단지 아이를 향해서만 이루어지는 것이 아니다. 권력은 위계에 기반을 둔 훈육으로 대상에게 일정한 인식을 요구한다. "체벌은 갖가지 이유로 행해질 수 있고, 거기 따라붙는 훈계도 그만큼 다양하다. 하지만 표면상의 다양성을 넘어서, 체벌은 언제나 단 하나의 메시지를 반복적으로 전달한다. 바로 체벌이 언제라도 반복될 수 있다는 사실이다. 너의 몸은 온전히 너의 것이 아니며, 나는 언제든 너에게 손댈 수 있다는 가르침이다. 체벌에 동의한다는 것은 이 가르침을 수용한다는 것이다."[5] 즉 '체벌'은 타자로 하여금 주체의 의지대로 존재해야 함을 신체적으로 각인시키는 행위이며 권력을 재생산하는 수행인 셈이다.

최은영의 소설 「601, 602」(『내게 무해한 사람』, 문학동네, 2018)는 정상가족으로 보이는 옆집 효진이네의 폭력성을 폭로한다. '나'는 옆집 친구 효진이 그녀의 오빠인 기준에게 맞는 것을 목도한다. 그러나 기준의

---

5   김현경, 『사람, 장소, 환대』, 문학과지성사, 2015, 130~131쪽.

실체적 폭력보다 무서운 것은 효진을 향한 폭력을 방임하는 효진네 엄마이다. 가부장제 이데올로기를 내면화한 효진의 엄마는 아들 앞에서 굴종의 포즈를 취한다. 폭력은 위계를 먹고 산다. 그것을 바탕으로 증식하며 재생산된다. 자식을 향한 부모의 폭력이 훈육이란 이름으로 행해지며, 그 훈육은 대물림되어 오빠에게서 여동생으로 향한다. 여동생은 가족 내 가장 낮은 계급을 점유하며, 자신에게로 향한 폭력을 감내해야만 하는 것이다. 이 폭력에는 중층적인 문제가 내포되어 있다. 그 중 하나는 자식을 소유물로 여기고 그에 행사되는 폭력을 (직접 행사하지는 않는다고 하더라도) 방임함으로써 다른 형태의 폭력을 수행하는 부모의 문제이고 다른 하나는 가부장제 이데올로기의 남아 선호 사상이 내면화된 존재의 자기 굴종의 포즈가 그것이다. 정상가족 이데올로기가 단지 가족 구성원의 이상적 양태로 이루어지는 것은 아니라는 점에서 이는 동일한 맥락에서 고려될 수 있다. 이때의 정상가족은 가부장제 이데올로기에 복무하며 남성 중심적인 가치를 재생산하는 구조인 셈이다. 여동생을 향한 아들의 폭력은 여성에게 가하는 가부장적인 훈육의 상징이다. 다시 말해, 기준이 효진에게 가하는 폭력은 가부장제 이데올로기를 내면화한 남성 주체가 여성 타자를 종속화하는 행위이다.

돌봄 노동을 수행하는 여성을 향한 사회적 시선은 냉대에 가깝다. 자본화된 상품을 생산하지 못하는 돌봄 노동 수행자는 산업 생산자들에 비해 상대적으로 열악한 대우를 받는다. 그들은 개별적 존재로 사회적 의미를 획득하지 못하며 가족 구성원으로 동등한 지위를 얻지도 못한다. 돌봄 노동을 수행하는 여성은 여성적인 존재로 타자화되며 가부장제의 재생산을 위해 수단화된 매개로 간주된다. 여성은 경험적, 주체적 지위를 박탈당한 채 가족의 부속물로서 희생을 강요당하는 셈이다. 최은영은 "여자들은 땀을 흘리며 부엌에서 남자들이 먹을 상을 차리느라 분주했고, 남자들은 검은 정장을 갖춰 입고 선풍기 바람을 쐬고 있었다."(64쪽)는 문장과 "기준은 효진이의 어깨를 벽에 밀어붙이고 무릎으로 그애의 배를 가격했다. 내가 이해하지 못할 욕을 하면서 연속해서, 몸의 반동으로 그애를 때렸다."(65쪽)는 문장을 나란히 배치함으로써 '정상가족'이라는 상상 속에 은폐된 여성 타자의 희생을 고착화시키며 남성 주체의 존립 방식을 용인하는 가부장제 이데올로기의 부조리를 폭로한다.

부당한 관계 속에서 희생을 강요당하는 여성의 지위는 효진네 가족의 문제만이 아니다. 효진네 가족이 명시적으로 행해지는 폭력을 통해 가부장제 이데올로기를 재생산한다면, '나'의 가족은 은밀하게 수행되는 강요를 통해 가족 내 권력의 메커니즘을 재생산한다. 기준의 폭력을 고발하려는 '나'를 말리는 엄마는 가족 내에서 이루어지는 권력의 요구를 수용한다. "나의 아빠는 맏아들이었고, 결혼한 지 십 년이 지나도록 아들을 낳지 못한 엄마는 친인척들이 모인 자리에서 늘 은근한 지탄의 대상이 되곤 했다."(68쪽)는 문장에서 알 수 있듯이, 대를 이을 아들을 낳지 못한 엄마는 '지탄의 대상'이 될 뿐이다. 가부장제를 둘러싼 권력의 일부로 존재해야만 하는 여성은 스스로를 약자의 자리에 놓는다. 이 자리는 강요된 자리이지만, 권력 바깥을 상상할 수 없는 상황에서 다른 선택은 불가능하다. 그곳에서 '나'는 "성실하고 재미있는 아빠, 조건 없이 자길 좋아해주는 엄마, 늘 유쾌하고 친구처럼 지내는 오빠"(71쪽)를 상상하거나 엄마가 아들을 낳아 "이제 우리는 누구보다도 행복해질 거야."(78쪽)라고 말할 수밖에 없는 것이다.

주디스 버틀러는 '여성은 태어나는 것이 아니라 만들어진다'는 시몬 느 드 보부아르의 주장을 인용하며, 여성은 과정 중에 있는 용어이기에 시작하거나 끝난다고 당연하게 말할 수 없는 구성 중에 있다고 말한다. 진행 중인 담론적 실천으로서 간섭과 재의미화가 열려 있는 것인데 그런 이유로 지배 이데올로기가 요구하는 여성이 된다는 것은 결코 종결될 사항이 아니다. 이러한 바탕에서 여성은 수행적 차원에서 젠더의 본질적 외관을 젠더의 구성적 행위들로 해체할 수 있을 가능성으로 전환될 수 있다.[6] 주체와 타자가 고정된 실체가 아닌, 위치에 의해 주어지는 자리일 따름이라는 점을 지적할 수 있다면, 그리고 자신의 인식과 행위의 자율적인 주인이 되어 스스로를 표상할 수 있는 자리로 옮길 수 있다면, 여성은 가부장제 이데올로기가 여성에게 강제한 자리를 거부하고 그 역학 관계를 다른 방향으로 전복시킬 수 있을 것이다. 비록 이 소설은 상상적 정상가족(처럼 보이는 가족) 내부에 은폐된 가부장제 이데올로기의 작동 방식을 고발하는 데에 멈춰있지만, 엄마와 효진이네 가족을 통해 가족의 실체를 맞닥뜨린 '나'를 전유하여 다른 가능성을 모색할 수 있도록 한다.

---

6   주디스 버틀러, 『젠더 트러블』, 조현준 옮김, 문학동네, 2008, 98~114쪽 참조.

가족, 그 내밀한 공동체에 가해지는 균열

우리는 우리가 상상하는 정상가족이 실제의 가족 구성과 동일한 방식으로 재현되지 않는다는 것을 알고 있다. 우리 사회에 보편적 가치가 있다면, 그것은 정상성 담론에 기댄 차별이 될 수는 없을 것이다. 그러나 절대적 환대가 가능하다고 믿는 그 '보편적' 공동체는 개별적 주체의 정체성을 구성하기보다는 남성 주체와 여성 타자의 위계에 바탕을 둔 여성의 희생을 통해 구성되며 내부로부터 곪아 가는 자신을 은폐하기 위해 정상가족이라는 낭만적 신화를 덧씌운다.

> 폭력은 밝은 곳에서 벌어지기도 한다/햇빛이 잘 들어오는 집에 살았던 적도 있다//보이는 것도 흰 것이고/보이지 않는 것도 흰 것일 때//겹겹의 백지처럼/어두운 곳엔 없는 기도를 했다//알고 싶지 않은 것을 알게 되면/어른이 될까//(……)//가라앉지 않으려고 애쓰면서도/침대의 밑, 겨울의 끝에 대해 생각했다//깨지기 직전의 시간을 모자처럼 눌러쓰고/얼굴 끝까지//마구잡이로 쌓아올린 그릇들//더 깊은 얼굴이 되면/따뜻한 손을 갖게 될까//지우고 싶지 않은 것들 사이엔 반드시/지우고 싶은 색이 있다//가족의 색/가족의 문/가족의 반성과 가족의 울음 가족의 일상 가족의 방식 가족의 손과 가족의 얼굴 가족의 정지/그리고 가족의 가족//알약은 깊은 곳에서 녹는다/녹는 곳엔 바닥이 없다//이것이 마지막 말이다//얼굴에 그린 그림을 가면처럼 쓰고 있던 아이들이/다 지워질 때까지
>
> ―안미옥, 「가족의 색」(『온』, 창비, 2017) 부분

암묵적으로 사회가 용인하고 추동하는 정상가족 이데올로기는 가족을 집단으로 간주하고 가족 구성원 개인을 삭제하는 방식으로 진행된다. 그럼으로써 가족 부양과 생존의 책임을 사적 영역에 전가하여 헌신과 보답의 도덕적 의무를 가족주의 구조 안에서 수행토록 한다. 이는 돌봄을 위시한 삶의 제반 조건을 가족 내부의 문제로 한정 지어 사유하도록 만든다. 안미옥 시인은 「가족의 색」이란 시에서 가족의 위태로운 내부를 폭로한다. 한때는 "햇빛이 잘 들어오는 집에 살았던 적도 있"지만, 지금은 "겹겹의 백지처럼/어두운 곳엔 없는 기도를" 해야만 하는 상황에 처한다. 맑고 깨끗하리라 믿었던 하얀 세상은 "보이는 것도 흰 것이고/보이지 않는 것도 흰 것"으로 그저 밝기만 한 곳에서도 자행되는 "폭력"을 감당해야만 하는 공간으로 의미화 된다. 그곳에서 "가라앉지 않으려고 애쓰"는 존재는 "깨지기 직전의 시간을 모자처럼 눌러쓰고" 얼굴을 감춘다. 가족은 "지우고 싶지 않은 것들 사이"에 존재하는 "지우고 싶은 색"이다. 그 안에서 무슨 일이 벌어졌는지는 알 수 없으나 "폭력"이 자행된 곳임은 짐작할 만하다. 같은 시집의 다른 시에서 "다리가 네 개여서 쉽게 흔들리는 식탁"(「식탁에서」)을 감각했던 것처럼, 정상적으로 보이는 저 "흰" 세계는 그 "흰" 색 때문에 다른 색을 사유하지 못하도록 하는 폭력적 상황을 내포하고 있음이 분명하다. 너무도 분명하여 서로를 잘 알고 이해할 수 있으리라고 믿지만, 그 믿음이 담보하는 것은 아무것도 없다. 오히려 "얼굴에 그린 그림을 가면처럼 쓰고" 지워지는 "아이들"과 마주하게 한다.

내부에 도사린 폭력적 관계를 직시할 수 없는 이유는 가족에 관한 이데올로기가 공고하게 작동하기 때문이다. 그러나 순수한 관계로 상상된 가족, 그 내밀한 공동체에 균열을 가하는 것은 "가족의 일상 가족의 방식"에 숨은 "가족의 손과 가족의 얼굴"을 똑바로 바라보는 데에 있다. 가족에게 투사된 이데올로기를 "정지"시키고 "가족의 색"이라고 가정된 "흰" 것에 묻은 얼룩을 드러내고 "가족의 문"을 활짝 열어젖혀야만 한다. "절박한 질문을 손에 쥐고 있어도/일주일이면 희미해지듯"(「나의 문」) 차후에 해결해야 할 문제가 아니다. 사회의 근간이 가족에 있다고 말하면서도 그것을 사회적 공동체의 층위에서 논의하지 않는다면 우리는 "바닥이 없"이 "녹는" 존재로 전락하고 말 것이다.

경계 너머
—문지혁, 박유경, 장희원, 성해나의 문학적 실천에 관하여

모든 글은 작가의 서사를 반영한다. 그것이 사적 층위의 내밀한 투사이든 공적 영역의 특정한 의제이든 어떠한 방식으로건 작가가 경험한 삶의 자장 안에서 글은 비롯된다. 이렇게 쓰인 글은 작가 자신을 돌아보며 스스로의 정체성을 확립하는 한편 자아와 타자의 경계 너머를 사유한다. 소설도 마찬가지다. 작가는 화자의 삶을 형상화하면서 자아 정체성을 구축하고 그로부터 생성된 경계를 감각하며 바깥에 자리한 타자와의 관계를 응시함으로써 이를 새롭게 재구성하고자 한다. 타자와의 경계를 재구성하는 이러한 만남은 문학적 실천으로서 소설이 수행하는 재현의 기획이자 문학적 형상화가 추구하는 의미의 본질이라고 할 수 있다. 기실, 주체는 단독자로 세계에 존재할 수 없다. 주체의 경험은 홀로 이루어지기보다 타자와의 관계로 말미암으며 그로부터 발현되는 반응으로 인해 주체의 조건이 형성되어 사회적 삶의 지반을 얻는다. 소설이 기록하는 삶의 양태는 타자와의 관계 맺기라는 사건에 힘입어 주체의 정체성을 부여하며 그것이 고정된 것이 아닌 유동적이고 혼종적인 것으로 자리매김케 한다. 즉 자아는 타자와 관계 맺고 타자를 이해해가는 과정에서 주체가 되어 자신을 다층적으로 인식하게 되는 것이며 자신과 동일한 존재로서 타자의 다양한 가능성을 수용할 수 있게 되는 것이다. 제프 말파스의 말을 빌려 말하자면 "자아는 서로

에 대한 관계라는 견지에서 스스로 형성된 행위와 태도의 복합적 일원성을 통해서, 그리고 가장 중요한 것으로 세계 속의 객체와 사람들과 맺는 관계를 통해서, 그리고 세계 안에서 어떤 위치와 작용들에 연결됨으로써만 형성되는 것으로 이해되어야 하는 것"이고 "자신의 정체성을 안다는 것은 (……) 세계 안에서 하나의 구체적 장소를 갖는 것"[1] 이라 할 수 있다. 이때의 '구체적 장소'란 타자와 구별되는 주체의 자리이자 타자와 관계를 맺도록 하는 중층적 공간이다. 그곳에서 주체는 자신의 과거나 미래의 경험을 넘어 타자의 공간 경험으로 확장할 가능성을 지니게 된다. 2023년 상반기에 접한 소설책들을 읽으며 느낀 점을 말하자면 작가적 자의식과 그 정체성을 확립하기 위한 고군분투와 타자의 공간과 조우하는 와중에 경험하는 이해와 화해의 (불)가능성으로 인해 자신의 존재를 다시 성찰하는 일련의 문학적 실천이었다. 여기에서는 문지혁, 박유경, 장희원, 성해나의 글을 읽으며 문학적 실천의 흐름을 톺아보자.

글쓰기로부터 비롯된 관계의 수행 – 문지혁, 『중급 한국어』(민음사, 2023)

"어떤 글이든 우리가 쓰는 글들은 일종의 수정된 자서전"(12쪽)이라고 말하는 문지혁의 소설 『중급 한국어』는 작가의 자전적 기록으로 충만하다. 2020년에 출간한 『초급 한국어』를 통해 미국에서 초급 한국

---

1 제프 말파스, 『장소와 경험』, 김지혜 옮김, 에코리브스, 2014, 196~197쪽.

어 강사로 일하던 화자의 삶을 그려냈던 문지혁은 이번 소설에서는 한국으로 돌아와 문학 글쓰기 강사의 삶을 그리고 있다. 소설의 내용은 '일종의 수정된 자서전'의 형태로 화자의 삶을 재현하는 한편 이를 글쓰기 과정과 결합하여 일상과 비일상의 경계를 유영하며 A에서 A′가 되는 주체의 양태를 보여준다. 이때의 비일상은 현실과는 다른 환상적 차원의 무엇이 아닌 지극히 현실적인 자리에서 경험하는 타자와의 관계 맺음에 가닿는다. 이는 화자인 지혁의 사적 경험으로 구성되나 동시대 누구나 겪을 법한 상황적 맥락에 놓인다. 결혼과 육아, 그리고 계약직 노동의 층위에서의 경험이 그것인데 이를 비일상이라고 읽는 것은, 그것이 개별적 존재가 그동안 지속해왔던 삶의 토대를 뒤흔드는 일종의 사건으로 기능하기 때문이다.

물론 이 사건이 소설 속에서 인용되는 카프카의 『변신』이나 레이먼드 카버의 「별것 아닌 것 같지만, 도움이 되는」 등처럼 화자의 삶을 송두리째 뒤바꾸는 비일상적 경험의 비극은 아니더라도 존재가 영위한 일상적 기반이 하나의 층위에서 다른 층위로 이동하는 범례임은 분명하다. 지혁이 강의에서 강조하는 글쓰기의 기본 원칙들이 사실 불안정한 지반에 놓인 것처럼 "예외 없는 규칙, 진실 없는 소설, 모순 없는 인간"(21쪽)이란 존재할 수 없으며 그것 자체가 결국 뒤집힐 수밖에 없는 자기모순에 기인한다는 것을 무시할 수 없는 노릇이다. 결국 '나'라는 주체는 그 자체로 오롯이 주어진 것이 아니라 그가 타자와 맺는 관계 속에서 재구성되는 것임을 여기에서 다시 실감할 수 있다. 지혁이 은혜와 결혼하고 아이를 갖기 위해 노력한 끝에 어렵사리 얻은 은채와 맺어

온 그 수많은 비일상적 상황이 일상적 층위에서 경험되는 시간으로 말미암아 A를 A′로 만드는 것일 테다. 그런 점에서 일상에서 비일상을 경험하고 이를 다시 일상화함으로써 재구성된 주체의 정체성이야말로 우리가 수행하는 삶의 진실을 반영하는 것인지도 모르겠다.

"누군가를 드러내는 것은 행동"(107쪽)이라서 대화는 "일종의 통과 발언"(19쪽)일 뿐, 그 안에 담긴 의미를 이해하기 위해서는 언어가 아닌 행동을 읽어야만 한다. 이때의 행동은 단지 타자의 말 바깥에 자리한 것만은 아니다. 가벼운 대화에서 "무심코 흘린 단어"(175쪽)를 발견하고 그로부터 "자신의 슬픔을 들여다보"(같은쪽)는 주체의 행동 역시 타자의 행동과 상호의존하는 의미 맥락을 형성할 수 있게 된다. 다시 말해 대화는 "'어떤 임무를 수행하는' 내적 행동"(19쪽)이기 때문에 말을 액면 그대로 받아들여서는 안 되며 말을 통해 수행하고자 하는 어떤 행동을 읽는 주체의 행동이 동반되어야만 우리는 진실에 조금 더 가깝게 다가갈 수 있다. 그러기 위해서 요구되는 것은 "귀담아듣고, 오랫동안 바라보고, 새롭게 발견하는 것"(176쪽)이다. 글을 쓴다는 것은 이러한 상호의존적 행위를 구체적으로 수행하는 일이며 이를 되풀이하는 일이다. 반복이야말로 헛된 희망이나 절망에 붙잡히지 않고 자신을 정립하는 길이자 타자를 환대하며 세계와의 불화를 풀어헤치는 기제인 것이다.

문지혁은 "소설이란 윤리로 비윤리를 심판하는 재판정이 아니라, 비윤리를 통해 윤리를 비춰 보는 거울이자 그 둘이 싸우고 경쟁하는 경기장"(94쪽)이라고 본다. 이는 "무수히 많은 가짜들이 모여 하나의 어렴풋한 진짜를 상상하고 구성하는" 것이자 "이야기라는 말이 본래 의미하는 바"다(118쪽). 그러므로 보잘것없이 조그마한 시나몬롤빵 같은 소설/이야기가 "인생에서 무언가를 잃고 넘어지고 상처받은 우리에게" 위안을 주는 것이겠다. 윤리적이지 않은 저 수많은 거짓 속에서 '나'를 붙들어 맬 수 있는 위안의 가능성은 "책을 덮고 난 다음에 비로소 존재하고 또 찾아올 것"(223쪽)임이 분명하다. 무엇으로부터도 인정받지 못한 채 가족을 건사하고 학생을 가르치며 애매하게 놓인 존재를 위안하는 것은 별것 아닌 것 같은 글쓰기이고 그로부터 비롯된 관계와 그 관계 맺음을 수행하는 능동적 행위에 있다. 은채가 아빠인 지혁을 '펑펑'이라 호명하고 "마음 두 살"(256쪽)이라 덧붙이는, 그 안에 놓인 마음을 읽는 행위.

알다시피 문학은 전하고자 하는 바를 명확하게 말하지 않는다. "돈 텔, 벗 쇼", 즉 "하고 싶은 말을 끝까지 하지 않"고 "설명하거나 가르치려 들"지 않는 장르이다(38쪽). 그런 까닭에 "'비어 있음'이란 있음의 가장 쓰라린 형식"(134쪽)으로 우리에게 다가온다. 비어 있는 여백을 채우는 것은 여백을 읽는 우리가 해야 할 일이지만, 이는 단순히 '읽는' 데에 그치는 것이 아니라 그것을 우리 삶의 영역으로 가져와 '나'를 투사하는 행위로 연결 지어야 한다. 비록 그 행위가 불안과 공포를 불러온다 해도 "마침내 정글짐 꼭대기에 올라간"(136쪽) 은채의 목소리를 듣는 지혁처럼 자신의 장소를 자각하고 주변의 관계와 그로부터 비롯된 세계를 끌어안을 수 있기 때문이다. 거기에서 우리는 "새로운 단어"(258쪽)를 발견하고 이를 주체의 구체적 장소로 삼아 A'의 삶으로 나아가게 될 것이다.

이야기 속에서 반복되는 실천의 양태―박유경, 『여분의 사랑』 (다산책방, 2023)

박유경의 『여분의 사랑』에 실린 「떠오르는 빛으로」의 마지막 부분에서 시현인 '나'는 온라인으로 진행된 희우 작가의 북토크에서 오랜 기간 소식을 알지 못했던 친구 가현이 극단적 선택을 하려는 순간과 마주한다. 급히 가현이 있는 다리로 달려가는 와중에 가현은 "시현이 너 때문에 떠오르는 빛을 봤다고, 정말 봄이 온다고 믿느냐고"(35쪽) 묻는다. 가현은 무엇 때문에 극단적 선택을 하려는 것이었을까. 가현이 말한 '빛'은 어떤 빛이었을까. 그것을 알기 위해서 '나'와 가현의 사정을 살펴봐야 한다. 이름에 "밝은 현 자"(28쪽)를 쓰는 공통점을 지닌 가현과 '나'는 비정부기구에서 주관하는 해외봉사의 단원으로 만났다. 인도 카르나타카주에 있는 작은 마을에 가서 봉사를 한 5박 6일의 일정은 '나'와 가현의 삶에 막대한 영향을 미쳤다. 특히 가현에게 그러한데, 봉사 단원이었던 하민이 봉사 활동 중 입은 파상풍으로 죽음에 이르게 된 데 그 원인이 있다. 하민은 죽은 엄마를 잊게 될까 무서워하는 가현에게 "기억하지 못한다고 없던 일이 되는 건 아니라고"(19쪽) 그러니 "다정한 걸 찾으라고(……) 그럼 좀 낫다고. 바닥까지 내려갔을 땐 그래야 살 수 있다고."(20쪽) 위로한다. 그러나 이 위로로 인해 하민의 죽음은 엄마의 죽음과 겹쳐 가현의 삶을 뒤흔드는 계기가 된다. '나'와 함께 간 타이베이 여행에서 이러한 하민과의 만남을 가현이 이야기하자 그 자리에서 '나'는 가현에게 "찬란한 빛이 너랑 하민이 얼굴에 동시에 머물렀어. 시공간을 초월해 너랑 하민이 둘만 거기에 있는 것 같았는데…….. 나무는 그 자리에 그대로 있겠지?"(같은쪽)라고 이야기를 지어 위로의 말을 건넨다. 지어낸 이야기, 즉 '나'가 가현에게 전한 문학적 언술은 가현에게 위로가 될 수 있었을까. 어쩌면 '나'의 위로는 "굽이굽이 이어진 좁은 골목"(16쪽)에서 갑자기 나타난 '수치루'처럼 빛으로 기능했는지도 모른다. 다만, 그것을 확인하기 위해 가현이 일상으로부터 비일상의 공간, 인도로 가야만 하는 이유가 된 것은 분명하다.

　박유경의 이 소설은 '나'와 가현, 그리고 가현을 잠식한 하민의 죽음 곁에 희우 작가의 문장들을 둠으로써 소설의 메타적 기능에 주목하게 한다. 희우 작가는 어느 다큐멘터리 영화 GV에서 "이야기는 언제나 현재를 얘기해야 하지만 과거와 이어지지 않는 현재는 의미가 없다"(10쪽)고 했다. 이는 "이야기를 짓는 행위는 읽는 이의 마음을 움직이고 싶다는 희망에서 출발"(24쪽)한다는 또 다른 말과 연결된다. 읽는 이의 마음을 움직이고자 하는 희망은 과거와 이어지는 현재를 이야기하는 것이며 내일의 기대로 연결되어야 한다. 희우 작가가 자신의 엄마가 세상을 떠난 이후 팔 년간 소설을 쓰지 못한 이유는 과거의 상실로 인해 내일의 기대가 끊겼으며 그로 인해 현재의 희망을 잃었기 때문이기도 하다. 희우 작가는 그동안 '비어 있음'의 형식으로 존재하게 된 것인데 이는 하민을 잃은 가현과 같은 상황에 놓인 것으로 볼 수 있다. 그 '쓰라린 형식'에 침투하여 고통에서 벗어나게 할 무언가는 고통의 이면을 돌아볼 계기가 되는 또 다른 이야기일 수밖에 없다. 그리고 이 이야기는 다른 존재의 목소리를 듣는 것에서부터, 내가 본 것과 다른 이가 본 것을 나누는 것에서부터 비롯되는 것이다.

'나'가 GV에서 희우 작가에게 사인을 받은 책은 희우 작가가 아닌 자신이 편집한 책『우리는 왜 우주에 가야 하는가?』였다. (이사를 다니는 와중에 중고 서점에 팔았던 그 책이 어떻게 희우 작가에게 갔는지는 모르지만 '나'는 몇 개의 우연을 통해 가현이 그 책을 구입했고 이를 운명으로 받아들이며 희우 작가에게 보냈으리라 생각한다.) 달의 뒷면을 본 마이클 콜린스의 이야기가 실린 그 책을 통해 희우 작가는 다시 글을 쓸 수 있게 되는데 그 이유는 달의 뒷면이 상처투성이임에도 "지구에 사는 지구인이 오로지 달의 앞면밖에 볼 수 없는 것처럼 개개인이 받은 상처는 고유해서 누구도 그 상처의 깊이를 이해할 수 없다는 것"(26쪽), "같은 시간, 같은 장소에서 같은 것을 마주해도 사람들은 모두 다른 것을 보"기 때문에 "불가능을 가능으로 만드는 유일한 방법은 무엇을 보았는지 말하는 것에서 시작된다는 생각"(27쪽)을 할 수 있었기 때문이다. 이야기를 나누는 것은 희우 작가가 그 책에 사인하면서 쓴 "내가 너를 기억해 우리가 되면"(32쪽)이라는 문구와 맞닿아 주체와 타자의 이해와 공감, 그 끌어안음을 가능케 한다. 이는 박유경이 재현하는 다른 이들, 이를테면 '가장 낮은 자리'에서 세계의 부조리와 수치를 감당해야 하는 지민(「가장 낮은 자리」), "세상은 점점 더 나빠질 게 뻔하고 희망 따윈 없다"(「검은 일」, 87쪽)고 믿으며 '검은 일'을 하는 시훈과 피해의식과 불안을 식욕으로 무마하는 은수(「손의 안위」), 가난이라는 계급을 내면화한 지후와 '나'(「변신을 기다려」)에게 절실히 요구되는 환대의 양태이다.

가현이 본 빛은 그러므로 이야기가 지닌 환대의 가능성이랄 수 있을 것이다. 다시 말해, 빛은 가현과 하민을 두루 감싸 안았던 과거이자 그로부터 비롯된 현재, 비록 부재하더라도 이야기 속에서 반복될 미래의 희망이 투사된 실천의 양태라 할 수 있다. 이는 "하루하루가 지옥인 삶이 지나가고 나면 그것도 추억이 될 거라고 빈말로 다독이는 것"과는 달리 각자의 뒷면을, "누구도 훼손하지 못하는 고고함이 서려 있는"(「루프」, 229쪽) 상처를 나누며 관계 맺는 과정에서 비로소 획득하게 되는 통찰이자 소설이, 문학이 수행하는 구체적 행위이다. 요컨대, 우리가 박유경의 소설에서 읽어야 할 것은 소설 속 인물들이 처한 어떤 절망이 아니라 그들의 삶을 조금은 따뜻하게 데워줄 수 있다는 사실, 그 빛의 가능성인 셈이다. 그러나 이렇게 긍정적인 양상으로 재현된 방식만이 문학적 실천일까. 오히려 말할 수 없는 절망의 심연을 알 수 없는 채로 재현하는 경우는 어떠할까.

부정을 통한 새로운 가능성의 모색 – 장희원, 『우리의 환대』(문학과지성사, 2022)

환대는 단순히 호의를 베푸는 것에 머무르지 않는다. 또한 환대는 사적 공간을 개방하고 타인을 받아들이는 데 그치는 것도 아니다. 환대란 공공성에 기반을 두고 존재를 포용하는 것이자 "타자에게 자리를 주는 것 또는 그의 자리를 인정하는 것, 그가 편안하게 '사람'을 연기할 수 있도록 돕는 것, 그리하여 그를 다시 한번 '사람'으로 만들어주는 것"[2]이다. '사람'을 연기하고 '사람'이 된다는 것은 사회 안에 자신을 기입하는 것이며 그로 인해 누구로부터도 소외되지 않고 자신의 장소를 갖게 되는 것이다. 그런 점에서 환대는 개별적 주체인 '나'의 행위보다는 공동의 주체인 '우리'가 될 수밖에 없다. '우리의 환대'. 그러나 장희원이 그리는 '우리'는 '축사(畜舍)'로서의 '우리'를 전유함으로써 '너'와 '나'를 잇는 공동체로서의 '우리'를 회의하고 전복시킨다.

표제작인 「우리[畜舍]의 환대」는 아들 영재를 만나기 위해 호주로 간 재현(과 아내)이 느끼는 "기괴하고 불편한 기분"(61쪽)을 그리는 소설이다. 영재는 호주에서 흑인 노인과 민영이라는 어린 여자애와 함께 살고 있다. 그들이 살고 있는 집은 "지저분한 난장판"(54쪽)인 축사처럼 이물스럽기만 하다. 그들은 손님인 재현과 아내를 위해 최선을 다하지만, 재현은 어딘지 모르게 불편한 기분을 느낀다. 그것은 단지 지저분한 집의 풍경 때문이라기보다는 영재를 대하는 노인과 민영의 "애정이 담긴 행동"(64쪽) 때문으로 보는 게 옳다. 이 불편함의 실체는 "오빠가 저희랑 함께 살게 돼서 다행이에요."(63쪽)라는 민영의 말을 통해 가시화되는데 저 발화의 이면에 놓인 재현과 아내라는 존재에 대한 부정이 그것이다. 한때는 영재와 프리미어리그 경기를 직관하며 행복한 순간을 공유하기도 했으나 "어깨가 벌어진 근육질의 두 남자가 뒤엉켜 있"는 영상을 보고 있는 영재를 발견하곤 폭행을 행사한 그때, "불시에 들

---

2   김현경, 『사람, 장소, 환대』, 문학과지성사, 2015, 193쪽.

이닥치듯 자신에게 찾아온 그 우연을 없애버리고 싶었던" 마음을 먹은 이후로 재현과 영재의 거리는 돌이킬 수 없을 정도로 멀어지고 만다. 그런 이유로 영재와 노인, 민영의 공동체를 바라보는 재현의 불편은 아들인 영재로부터 부정된 자신의 정체성을 경험하는 것이자 자신의 장소를 상실하는 실감에 연원한 것이라 할 수 있다. 동물의 우리처럼 보이는 저 공동체는 재현과 아내, 영재가 구성했던 기존의 가족이 지니지 못한 '우리'와는 달리 유사가족 혹은 새로운 가족의 형식으로 펼쳐진 "너무나 평화롭고…… 아름다워 보"(69쪽)이는 환대의 장소인 셈이다. 기실 영재의 성정체성이나 노인, 민영과의 관계는 중요한 게 아닐지도 모른다. 그보다는 타자로 존재하는 영재를 오롯이 품어 그의 자리를 인정하고 '사람'이 되도록 함으로써 사회적 지위를 부여해주는 '우리의 환대'가 그들과의 관계를 통해 형성되어 구체적 장소로 기능하게 되었다는 점이 중요하다. 그런 점에서 '축사'로서의 '우리'는 이곳이 아닌 재현의 공간이었다고 말할 수 있게 된다. 그러니 절대적 환대의 장소를 마주했던 재현이 자신의 장소와 구별되는 그곳을 향해 "자신이 감히 쳐다볼 수 없을 만큼 저 빛 너머의 모습이 눈부시다"는 것을 알면서도 그저 "두 눈을 움찔움찔 떨"(69~70쪽) 수밖에 없는 것이겠다.

「폭설이 내리기 시작할 때」에서 친구인 여정이 죽은 몇 년 후 여정 아버지의 초대로 시골에 찾아간 '나'에게 여정 아버지의 환대가 불편하기만 한 것 역시 마찬가지이다. '나'와 재회를 반기는 그곳은 "황량하고 쓸쓸하"(11쪽)기만 하다. 이는 시골의 풍경이기도 하겠으나 그것을 감각하는 '나'의 내면에 닿아 있다. 저 멀리 놓인 축사를 보며 "비참하고 끔찍한 모습"을 떠올릴 수밖에 없는 '나'의 경험은 과거의 죽음과 닿아 있으며 그로 인해 현재가 불안하다. 그러니 환대를 받지도 주지도 못하는 것인지 모른다. 경계를 허무는 것만이 환대가 아니듯 유폐된 자신을 구원할 수 있는 것은 경계를 사유하면서도 타자를 인정하는 데에서 비롯될 것이다. 우리에게는 같은 것을 보고 경험한다고 해도 서로 다르게 감각하고 인식할 수 있다는 것을 받아들이는 태도가 필요하다. 재현이 영재를 '우리'로 받아들이지 못한 것 역시 아들(을 포함한 가족)을 자연발생적인 관계가 아닌 사회구조적 층위에서 맺는 관계로 확장하는 데 실패했기 때문일 것이다. 그럼에도 "저 멀리서 무언가 타고 있다는 작은 흔적. 어쩌면 반짝이는 그 찰나의 빛으로 주변을 다 태울 수 있지 않을까"(34쪽) 하는 상상을 함으로써 새로운 가능성을 모색하는 것, 그리고 "서로의 손을 놓지 않는"(35쪽) 것은 중요하다고 말하는 장희원의 진술을 귀담아들을 필요가 있다.

"이만하면, 이만하면 괜찮지 싶으면서도, 마음 한구석에는 지금만 참으면, 다음엔, 다가올 날에는 바로 '그것'을, 내가 원하는 것을 살 수 있으리라는 건강한 낙관"(「작별」, 172쪽)은 소외된 타자로서의 자기 존재를 외면하는 기만일 따름이다. '우리[畜舍]'로부터 '우리'를 구원하는 일은 "잠깐이라도 자기를 봐주기를 바라는 마음"(「남겨진 사람들」)에 응답함으로써 "매일매일 조금 더 나은, 미세하지만 조금 더 근사한 방향으로 가기를. 그리고 마침내 그런 세계가 기다리고 있기를"(「Give me a hand」, 135쪽) 믿고 나아가는 일일 것이라고 장희원은 말하고 있다.

기억 저편의 우울과 그 너머의 기원 – 성해나, 『두고 온 여름』 (창비, 2023)

성해나의 『두고 온 여름』은 아버지의 짧은 재혼과 그로 인해 비롯된 불편한 관계를 감당하지 못해 겉도는 아들 기하와, 마찬가지로 어머니의 재혼으로 인해 불편함을 의식하면서도 새롭게 교직된 관계 내에서 자신의 위치를 재정립하고자 애쓴 재하의 교차적 진술로 이루어진 소설이다. "사진관집 외아들"(9쪽)로 통했던 기하에게 새어머니와 동생을 환대하는 아버지의 모습은 자신의 정체성을 상실하게 되는 계기가 된다. 사진관 앞에 걸려 있는 자신의 사진 옆에 나란히 걸리는 새로운 가족사진은 그가 감당하기엔 너무나도 엄청난 사건인 셈이다. 재하 역시 표현하진 않지만 새로운 가족이 주는 안정감이란 "홀연히 나타났다가 손을 대면 스러지는 신기루처럼 한순간 증발해버릴까 언제나 주춤, 가까이 다가설 수 없"(58쪽)다고 생각하며 그것을 감당하기 어려워 한다. 아버지와 어머니 또한 "울퉁불퉁한 감정들을 감추고 덮어가며, 스스로를 속여가며 가족이라는 형태를 견고히 하려고 노력"(69쪽)하지만, 4년의 짧은 합가를 마치고 각자의 세계로 되돌아가고 만다. 얼핏 진부한 소재처럼 보이는 성해나의 가족로망스는 빛바랜 사진처럼 기억 저편의 무언가를 우울한 풍경으로 재현한다.

그러나 이 가족로망스는 가족 관계가 사회적 관계로 전유되는 오이디푸스적 구조를 취하진 않는다. 또한 『중급 한국어』가 그려낸 이상적 가족의 양태나 「우리의 환대」가 보여준 부정으로서의 가족 붕괴를 재현하지도 않는다. 『두고 온 여름』을 통해 우리가 읽을 수 있는 것은 새로운 가족과 공동체에 대한 소망이 얼마나 취약한 지반 위에 놓여 있는지, 그로 인해 상실의 정동을 내면화한 채 성장한 이들이 얼마나 황폐한 모습일 수밖에 없는지일 것이다. 물론 그렇다고 해서 짧은 시간 형성했던 가족이 부정될 이유는 없다. 오히려 그 시간이 누군가에게는 "삶에서 가장 돌아가고 싶은 한순간"(89쪽)으로 남을 수도 있기 때문이다.

한순간의 기록이라는 측면에서 이 소설이 주된 소재로 삼는 사진은 의미심장하게 다가온다. 사진은 순간을 담아 저장하는 매체이면서 사진에 담긴 대상이 거기, 있었다는 감각을 불러일으킨다. 사진은 카메라를 들고 찍는 그 순간의 기록이지만, 그것을 확인하는 시간은 언제나 뒤늦게 찾아오기 마련이다. 사진은 과거에 실재했던 현실의 기록이면서 훗날에서야 의미를 드러내는 텍스트가 된다. 이때의 텍스트는 환원불가능한 시간을 내포하고 있기에 언제나 지연된 방식으로만 읽힌다. 푼크툼의 파토스. 기하와 재하가 사진을 통해 되새기는 과거의 일시적 관계는 지연된 채 감각되는 시간 너머에서 부드러운 슬픔으로 각인된다.(이는 아버지와 재하가 찍는 괴괴한 피사체가 불러일으키는 정동과 유사하다.) "식물학적으로는 과일인데 법적으로는 채소"(26쪽)인 토마토처럼 기실 어느 쪽이어도 상관없을 관계인 새로운 가족은 시간의 좌표에서 한 장의 가족사진으로 남은 채 그저 현존했던 순간의 기억이 되어 현재와 분절된 쓸쓸한 과거의 흔적으로 기능할 따름이다. 그러니 구글 어스 스트리트 뷰를 통해 우연히 마주친 새어머니와 재하의 공간을 찾는 기하의 행위는 상실의 슬픔을 되짚는 과정에 불과하다. 명료한 의식이나 투명한 내면성으로 환원될 수 없는 관계를 회복할 수 없다는 것은 기하 스스로도 잘 알고 있다. 그럼에도 찾을 수밖에 없는 것은 "우화의 흔적이 고스란히 남은 선퇴"(124쪽)가 된 자신의 황폐한 진실과 마주하고 삶의 궤적을 추체험함으로써 무엇으로도 표상될 수 없는 실재와 조우하기 위해서인지도 모를 일이다. "정물처럼 멈추어버린 사람들의 표정과 마음을 더듬"으며 "잠잠히 흐르던 시간이 그대로 고여버"린 "그 속에서 나 혼자 천천히 누군가의 기억을 걷"(136쪽)는다고 느끼는 재하도 기하와 다를 바가 없다.

기하는 아버지가 재하 모자를 향해 보여줬던 그 절대적 환대로 인해 자명하다고 생각했던 자신의 구체적 장소로부터 소외되었다고 생각했다. 그리고 여전히 본질인 매미의 삶은 외면한 채 선퇴만을 감각하며 상실의 정동으로부터 헤어나지 못한다. 아버지와 재하 모자와 함께 인릉에 나들이를 갔다 돌아오면서 "아무것도 두고 온 게 없는데 무언가 두고 온 것만 같"(38쪽)다고 느낀 것이 그저 불안한 자신의 자리를 막연하게 감각한 것이라면 훗날 스트리트 뷰를 통해 발견한 재하를 만나 인릉에 갔다 돌아가는 버스 안에서 "아무것도 두고 온 게 없는데 무언가 잃어버린 듯한 기분"(132쪽)을 느끼는 것은 과거와 현재 그리고 미래의 모든 잠재적 가능성이 중첩되어 확정된 상실을 자신의 내면 풍경에 기입하는 씁쓸함이라 할 수 있을 것이다. 그러나 이를 존재 정립의 실패로 규정지을 수는 없을지도 모른다. 인릉에서 재화와 함께 찍은 역광 사진이 비록 "잘못 찍은 사진"일지라도 "빛 아래 우리는 두 점 그림자"(129쪽)로 남아 훗날 재하의 목소리를 기록하는 매개가 된다는 것을 상기한다면 이는 문학적 형상화의 수행이 되어 다시 한번 새로운 삶의 지반을 마련할 수 있게 되는 것임이 분명하기 때문이다. 결국 기하와 재하의 교차적 진술은 최초 재하 모자를 환대했던 아버지의 수행으로 말미암아 소외된 기하를 훗날의 재하가 환대하는 고리로 작동하게 하는 셈이다. 재하 모자를 타자화하여 경계를 지음으로써 주체의 자리에서 소외된 기하를 다시금 주체의 자리에 서게 하는 것은 타자를 환대했던 아버지의 수행을 이어받은 재하로 인해 가능해진다. 그곳에서 기하는 자신의 과거나 미래의 경험을 넘어 타자의 공간 경험을 확장할 가능성을 지닌다. 비록 그것을 기하가 알게 될지는 모르겠지만.

재하는 자신의 편지를 "오래전 우리가 함께 살던 집"(143쪽)으로 보낸다. "누구든 그곳에서는 더 이상 슬프지 않기를 바라"(같은쪽)는 재하에게 그곳은 환원불가능한 시간에 자리한 상실의 공간이 아닌 그저 지연된 관계가 머문 장소이다. 자아와 타자의 경계를 경험하고 그 너머를 사유함으로써 자신의 정체성을 구축할 수 있게 한 곳, 그로부터 경계 너머 타자와의 관계를 응시하고 이를 수행적 발화로 전유하여 '내가 너를 기억해 우리'가 될 수 있도록 하는 곳, 자신을 그리고 당시 자신과 관계한 모든 이를 이해하고 공감하며 끌어안을 수 있게 한 기원의 장소. 앞에서 살펴본 문지혁, 박유경, 장희원, 성해나가 추구하는 문학적 장소가 그곳이 아닐까도 싶다. 글을 쓴다는 것, 문학을 한다는 것은 난처하고 곤혹스러운 존재인 자신을 스스로 환대하며 구체적 장소를

마련하고 이를 자신이 그려내는 인물에 투사하여 그를 보듬어 존재론
적 전회를 수행하는 것이며 거기에 멈추지 않고 바깥에 편재하는 존재
들의 황폐한 내면을 돌보는 일일 것이다. 문학이라는, 소설이라는 구체
적 장소로부터 맺는 관계가 이끌어 나갈 중층적 공간의 가능성이 '새
로운 단어'로 실재가 되는 순간을 희원해 본다.

선량함이라니요, 납작하게 뛰어넘어요

'선량하다'는 말이 지닌 함의에서 대해 생각해 본다. 선량(善良). '어질고 착하다'는 의미를 지닌 이 단어가 사람이라는 단어 앞에 놓임으로써 만들어내는 수사적인 목적은 단지 그러한 사람들을 치켜세우기 위함이 아니다. 푸코식으로 이야기하자면, 선량한 사람은 불량한 사람과 대비되는 존재로 정상성이라는 위계질서를 내면화한 일종의 규범화된 존재라고 할 수 있다. 어찌 보면 규율 사회의 권력에 의해 통제 가능한, 순응하는 인간의 형태라고도 할 수 있겠다.

'선량한 사람'이라는 용어는 그런 점에서 권력이 통과해가는 존재를 의미한다. 익숙한 질서가 부여하는 위계를 자연스러운 것으로 내면화한 채 무엇이 문제인지도 모르는 존재. 너무 부정적으로 바라보는 시선일 수도 있겠으나 '선량'이라는 단어 안에 은폐된 권력과 강제의 메커니즘은 기존의 것들을 바꾸지 않고 단단하게 유지하려는 전략의 효율적인 전술이라는 점을 부인하기는 어렵다. 특히 차이에 의해 구분되는 선량/불량은 정상/비정상의 위계질서가 되고, 이는 차별에 대한 불감을 초래하여 불평등을 자연스러운 것으로 간주하도록 이끈다.

흥미로운 것은 차별을 당하는 존재마저도 차별의 질서에 맞추어 생각하고 행동함으로써 불평등을 유지시키고 차별을 고착화한다는 점이다. 차별이 특정한 대상에게 가해지는 것이 아닌 만큼 규율 사회의 폭력적 행위가 '선량한' 모든 존재에게 동일하게 교차 수행되는 셈이다. 오늘의 소수자인 나는 내일 다수자가 되어 다른 소수자의 희생을 강요할 수도 있는 것이다. 나를 대신하여 '천천히 죽어갈 소녀'가 필요해지는 아이러니한 상황의 반복이 '선량'이라는 단어 속에 은폐되어 있는 것은 아닐까. 그런 점에서 이소연 시인의 "은빛 아가미를 칼로 내리치는 선량한 사람"(「존재와 수산」)[1]이란 표현에서 엿보이는 이미지는 자연스러운 일상 속에 날카롭게 버려져 있는 칼을 전유하여 "선량한"이라는 수식어에 아이러니를 담아내고 있다고 할 수 있다.

> 천국은 죽도시장처럼 생겼지요
> 은빛 아가미를 칼로 내리치는 선량한 사람처럼요
> 피가 빠지면 활처럼 당겨진 수평선이 가지런히 누워요
> 열일곱에 칼을 잡았더니 왼팔이 짧아졌네요
> (⋯⋯)
>
> 죽지 않고
> 다음을 사는 것들에게 하고 싶은 말이 많았어요
> 죽고 나서도 죽지 않는 것들에게 피의 이야기를 해줄래요?
> 목숨에게 쫓겨났는데 반백을 지났어요
> 죽도시장에 내리는 눈의 목소리로
> 눈은 수산
> 눈에서 뼈를 발라요

---

1 이 글에서 다루는 이소연 시인의 시는 『애지』(2020년 가을호)에 실린 작품을 대상으로 한다.

시간이 존재를 찌르죠

수조 안에선 아무도 나를 믿지 않아요

—「존재와 수산」 부분

이소연 시인은 첫 시집 『나는 천천히 죽어갈 소녀가 필요하다』(걷는 사람, 2020)에서 차별적 세계의 폭력으로 말미암아 양산되는 '천천히 죽어갈 소녀'를 폭로하고, 이를 고착화하는 사회적, 문화적 구조에 대해 분노해야 한다고 목소리를 높였다. 성적 유린과 죽음을 감내해야 하는 상황에 처한 소녀의 이미지는 가부장적 권력 구조의 폭력을 고발하는 이소연 시인에게 중요한 시적 모티프였다. 그러나 「존재와 수산」에서 시인은 화자의 층위를 달리한다. 이 시의 화자는 죽도시장 수산물 가게의 상인으로 추정되는데, 그는 자신을 "선량한 사람"으로 장소화한다. 그에게 죽도시장은 천국의 이미지로 재현되며 이때 천국은 죽음을 전유한 공간이 된다. 열일곱 살부터 칼을 잡았던 화자는 이곳에서 "반백"년을 보냈다. 인용하지 않은 부분에서 화자는 눈[雪]과 눈[眼]을 교차시키며 "죽고 나서도 죽지 않는" 시간에 대해 말한다.

죽도시장에서 "눈을 본다는 것은 흔하지 않은 일"이다. 하지만 "아가미 달린 것들"은 눈을 볼 수 있다. 본다는 것. 그것은 살아 있는 존재가 세계를 인식하는 방편이지만 여기에서는 얼음을 감각하는 방식, 냉동된 죽음을 자신의 존재 양태로 수용해야 하는 상황에서 비롯되는 감각인 셈이다. 화자는 "몸 안에 사는 죽음"이자 "뼈"를 발라낸다. 완벽한 죽음, 죽고 나서도 죽지 않는 것의 죽음을 완결시키는 이 행위는 "죽지 않고/다음을 사는" 존재들에게 전하는 하나의 메시지가 된다. 적극적인 오독을 용인한다면, 그 메시지는 죽지 않고 다음을 살기 위해서 아이러니하게도 끊임없이 죽음에 관여해야 한다는 것을 말하고자 함이 아닐까. 비록 그 죽음이 우럭일지라도 그것의 피와 뼈를 착취함으로써 삶을 지속할 수 있다는, 그 일상적 폭력을 생활의 자연스러운 과정으로 두고자 하는 "선량한 사람"의 자기합리화가 엿보이는 것이다. 그렇기 때문에 "수조 안에선 아무도 나를 믿지 않아요"라는 말을 변명처럼 할 수 있는 것이리라.

수조 안에서 죽음을 기다리는 존재들에게 "죽음은 아직 살아 있"(「고사목」)을 뿐이라서 그들은 언제 자신의 차례가 될지 모르는 공포 속에 놓여 있다. "좌판 위에 뒤집힌 꽃게"처럼 살아 있다는 것을 알리기 위해 발버둥 칠수록 죽음에 가까워진다. 살기 위한 몸부림이 "조금 비싸고 싱싱하다"는 표지가 되는 아이러니. 이소연 시인의 화자는 그렇게 천천히 죽어가는 존재의 공포를 일상적 상황 속에서 재현한다.

손찌검이 잦았지
다시 돌아오지 않더군

서서 죽기로 결심했어

죽음은 아직 살아 있더라

좌판 위에 뒤집힌 꽃게 한 무더기

가슴팍을 맞고 다리를 어우적대
너는 살아있다는 걸 확인하려
죽음에 손을 댄다
(……)

누가 내 가슴을 치나
누가 내 죽음을 탐내나

'남의 말을 믿지 마시오'
이건 참 믿고 싶게 만드는 말이야

인간의 진화에는 배신이 필요하대

아무도 붙잡아 주지 않아서
목숨이구나

—「고사목」부분

    일상적 폭력을 내면화된 존재에게 목숨은 어떤 면에서 기만이 될 수 있다. "살아있다는 걸 확인하려/죽음에 손을" 대야만 하는 상황은 무한히 미끄러질 수밖에 없는 생의 아이러니에 비견될 만하다. 수치와 모욕을 겪어야만 하는 타자는 압도적인 폭력의 경험 속에서 자신을 갱신해 나갈 돌파구를 찾아내기가 어렵다. "아무도 붙잡아 주지 않아서/목숨"이라는 서글픈 깨달음은 허물어 비어 가는 자신의 몸에 대한 감각만을 가능하게 하여 "서서 죽기로 결심"하도록 한다. 특권적 지위가 만들어내는 위계적 권력관계가 바깥의 존재에게 삶의 조건을 배반하게 만드는 것이다. 태연하게 발화된 삶의 배반은 죽음을 소망함으로써만 탈주가 가능하다. 세계는 불가항력적인 자학의 메커니즘만을 우리에게 강제하는 것인지도 모른다. 그럼으로써 "우리는, 우리의 피를 빠는 것들과 곤란한 사랑에 빠지고" 마는 비극을 역설적으로 추구하게 되는 것은 아닐까.

> 팬다는 말을 가져 본적 없는 내가
> 팬다는 말을 가장 아름답게 배우는 새벽이었다
> 그는 언 손으로 나무를 패려고 겨울을 데려오고 싶다고 했다
> 이 새파란 여름에
> 이 지독한 여름에
>
> 언 손을 그리워하는 마음은 어떻게 가질까
> 더 차고 혹독한 마음을 가지고 싶다
> ——「장작 패는 사람」 부분

> 쓰레기통 앞에서 고꾸라지며 들어요
> 주워, 네 거잖아.
>
> 그러면 한 번쯤은 뒤집어 말리고 싶은 것들이 생겨요
> ——「빨래집게체」 부분

이러한 죽음에의 충동은 규범적인 것의 파괴를 지향한다. 이소연 시

인에게 "우리의 피를 빼는 것들과 곤란한 사랑에 빠지"도록 만드는 것과 나무를 패는 "언 손을 그리워하는 마음"은 그 자체로 강렬한 자기 파괴의 쾌락이 될 수 있겠지만, 그보다는 스스로를 잉여적 존재로 위치시킴으로써 규율 사회의 규범에 순응하는 타자를 재현하여 이를 바라보는 독자에게 고통을 야기하는 전략이라고 볼 수 있다. 안티고네의 행위와는 표면적으로는 갈라서지만, 현실 원칙을 파괴하고 전복시키고자 하는 점에서는 동일한 시적 수행인 셈이다. 남성적 법과 질서가 허락하는 범주 안으로 다시 들어감으로써 겉으로 보여지는 선량한 구조의 균열을 시적인 재배치를 통해 폭로하고자 하는 이소연의 화자들. 그들은 이미 "더 차고 혹독한 마음"을 지니고 있는지도 모르겠다. 그런 점에서 권력의 위계 내부로 되돌아가는 것은 결국 자신의 목숨을 걸고 수행해야 하는 것이기에 화자가 감당해야 하는 주이상스야말로 고통 속의 쾌락을 넘어서는, 그 이후에 도래할 전복의 가능성을 모색한다고 할 수 있겠다.

규율이 잘 지켜지는, 선량한 사람들의 사회는 그 안에서 이루어지는 차별과 폭력을 은폐하기 마련이다. 그렇기에 폭력을 당한 소수자의 억울함을 풀어주기보다는 그것을 소수자의 잘못으로 치부하거나 그들을 잉여적 존재로 만들어 체제의 바깥으로 내몰아 삭제하려 한다. 장작을 패는 사람에게 장작은 패야만 하는 것이면서도 "쓰러진 마당에 나무를 심"어 체제를 유지하려는 "아름다운 사람", 선량한 사람을 돋보이게 하는 것이기도 하다. "힘이 센 것들은 다 나무 밖에 있"(「고사목」)다. 그러니 "한 번쯤은 뒤집어 말리고 싶은 것들이 생겨"날 수밖에 없는 것이다. 이를 잉여적 주이상스, 잉여쾌락이라고 할 수 있지 않을까. 이것은 단지 존재에게 고통의 심연으로 침잠하게끔 만드는 데 복무하는 것이 아닐 것이다. 고통의 심연과 마주한다는 것은 그것의 '너머'를 상상하게끔 만들기 때문이다. 그로 인해 선량함으로 기만된 세계를 "그냥 덮어 둘 수는 없어서 페이지를 넘기며 살아"가려는 의지, 세상의 쓰레기통 앞에서 "주워, 네 거잖아"라고 소리칠 수 있는 용기를 정립할 수 있게 되는 것이다.

조용한 가스불, 차분한 음악
침묵의 행렬을 지나 동그랗게 웅크린 말들

내가 홍차를 우려낼 물을 끓이고 있었을 때는
첫눈이 십 센티쯤 쌓인 아침 아홉시였다

채광은 속과 겉이 같아지려 하고
우리는 납작한 사람이 되려 하지

나는 말하는 것을 믿고
말하지 않는 것도 믿고
조금도 가까워지지 않는 무릎과 무릎 사이에서
잘못을 빌고 있다

가스검침원이 여러 차례 방문 중인데도
기분 나쁜 냄새가 나는 건 계획된 누출인가?

당신이 나를 죽일지도 모른다고 생각할 때
눈송이처럼 사뿐한 걸음

이리 오렴 아이야
나는 당신의 말을 믿기 위해서 말 잘 듣는 아이를 키우지

오늘 아침의 홍차는 상처를 씻어낸 물 같아
속눈썹 같은 중력을 본다
찻잔 속에서 가라앉고 있는 것들
여길 나가야 살 것 같은데

침은 입 밖으로 나가면서 더러워지고
내 그림자는 집 밖을 나서자마자 악착같이 끌려다니네
　　　　　　　　　　　　　　　　　　　　—「타인의 삶」 전문

　늘 타인으로, 타자로 존재해야 하는 삶은 고단한 일이다. 그것은 실제의 삶이 어떠하든지 간에 존재로 하여금 소외와 배제라는 기본값을 내면화한 채 현실의 층위에 머물러야 하는 상황에 처하게 만든다. 언제든 기존 질서가 배태하는 위협으로부터 자신의 존재 이유를 규정해야 하는 모순적인 자리로 내몰리고 마는 경계의 삶이라고 해야 할까. 그렇기 때문에 이소연 시인의 화자가 되돌아가는 잉여의 자리는 선량함이 부여한 규율을 반복적으로 연기해야 하는 저주에 가깝다. 내부에서부터 전복을 꿈꾸는 시인의 주이상스는 아직은 "실패한 휴지로 쓰레기통"(「빨래집게체」)을 넘치게 할 뿐이다.

가부장적인 지배질서 하에서 존재는 "납작한 사람"이 된다. '우럭'과 '꽃게'처럼, 납작하게 엎드림으로써 삶의 지속을 모색하지만 역설적이게도 존재는 부정당한다. 그 부정된 '타인의 삶'을 똑바로 직시하는 것이야말로 전복의 중요한 지점이 될 수 있겠다. 고통의 심연과 마주함으로써 선량함의 기만을 전복시킬 가능성은 (그것이 비록 불가능한 가능성이라 할지라도) 소외된 존재의 목소리를 받아쓰고 기록하는 데에서부터 비롯된다. 응축된 말들의 기록. 저 "조용한 가스불, 차분한 음악"의 평화로운 "침묵의 행렬" 안에 "동그랗게 웅크린 말들"을 일으켜 세우는 데서 존재의 비상, 타자라는 굴레로부터의 탈주가 가능할 것이다.

그 누구보다 '너머'를 향해 도약하기를 꿈꾸지만, 이소연 시인은 아직 고통의 심연을 환기하는 데에 멈춰 있는 것이 사실이다. 그것은 아직 발화되어야 할, 그리고 기록되어야 할 '타인의 삶'이 여전히 세계의 많은 부분을 차지하고 있기 때문이다. 절대적 침묵 속에서 "말하는 것을 믿고/말하지 않는 것도 믿고"자 하는 마음을 지켜내는 것이 우선인 것이며, "조금도 가까워지지 않는 무릎과 무릎 사이에서/잘못을 빌고 있"거나 "당신이 나를 죽일지도 모른다고 생각"할 수밖에 없는 위태로움 때문에 스스로 "말 잘 듣는 아이"가 되어야만 하는 타자의 어찌할 수 없는 고통에 공감하는 것이 우선인 것이다.

"여길 나가면 살 것 같"다고 말해줄 수 있으나 그 전에 조금 더 단단해질 필요가 있다고 이소연 시인은 말하고 있는 것처럼 보인다. "상처를 씻어낸 물 같"은 '홍차'를 단숨에 마실 수는 없으리라. "집 밖을 나서

자마자 악착같이 끌려다"닐 수밖에 없는 현실을 아프게 감각하고 있는 상황에서 아직은 조금 더 내면의 고통과 싸워야만 하는 것인지도 모르겠다. 선량함이라는 기만을 내파하기 위해서는 자신의 죽음을 볼모로 잡아서라도 고요한 소란을 일으켜야 하겠다. 그런 연후에 단단해진 '나'를 기록하는 반복적 수행을 지렛대로 삼아 가능한 '너머'로의 도약을 상상하는 것. 그것이야말로 지금까지와는 다른 삶을 위해 지속되어야 할 전복적 사유의 토대일 것이다.

우리는 좋은 사람이 될 수 있을까

나는 정말 아무것도 모르는 채로 하루하루를 살고 있다. 코로나19로 인해 하루하루 늘어가는 확진자의 수를 바라보며 약간의 불안을 느끼기는 하지만 마스크를 쓰고 손을 자주 닦는 것과 비대면 수업을 통해 강의를 하는 것 이외에는 변화를 느끼지 못한다. 삼성해고노동자 김용희 씨가 강남역사거리 CCTV 철탑 위에서 고공농성을 이어가고 있을 때, 마음으로는 응원을 보냈지만 문제의 본질을 알지도 못한 채 그가 355일 만에 농성을 접었다는 말을 듣고 그저 잘 해결됐겠거니 생각할 따름이었다. 광주의 한 재활용업체에서 홀로 일하다 파쇄기에 끼여 숨진 김재순 씨나 태안화력발전소에서 일하다 컨베이어벨트에 끼여 숨진 김용균 씨에 대해서도 뉴스를 통해 접할 때만 잠깐 분노와 애도를 표하면서도 그 일의 문제에 대해서 깊이 생각해보질 못했다.

시를 쓴다면서, 타인의 곁을 함께 지키는 것이 문학이라고 말하면서도 정작 나는 아무것도 모르는 채로 하루하루를 이어가고 있다. 나는 나를 원룸의 작은 공간에 두고 그 세계만을 영위하며 안일하게 살아가고 있는 셈이다. 장소를 잃은 존재들의 삶에 대해 공감하지 못하면서 나만의 장소에 대해 이야기하고 그것만이 세계의 전부인 듯 스스로의 초췌함을 들춰낼 따름이었다. 그것도 그것 나름으로 중요한 지점이라며 스스로를 다독이면서 청와대 국민청원 게시판에 '동의합니다'를 입력하는 것 이외의 다른 행동은 하지 않았다. (이렇게 과거형으로 이야기하면 앞으로는 달라질 것입니다, 같은 말이 따르는 것이 일반적이겠지만 그것도 쉽지 않은 일이라고 사적인 변명을 해본다.) 이는 홍은전 작가이자 인권기록활동가의 『한겨레』 6월 8일자 「차별이 저항이 되기까지」를 읽으면서 든 생각이다.

부조리에 저항하고 이를 실천하는 이들에 대해 생각해 본다. 세계가 강제하는 불합리에 대해 문제를 제기하고 이에 저항함으로써 보다 나은 쪽으로, '다르게' 만들기 위해 저항하는 이들은 숭고하다. 그러나 숭고라는 측면에서 그들을 바라보면 그들과 나를 다른 층위의 존재로 놓게 될 뿐이다. 그렇게 되면 저 부조리하고 불합리한 세계를 바꾸는 일에 동참하기보다는 그들이 해주길 바라는 마음이 은연중에 깔려 스스로를 기만하게 된다. 물론 이는 나 자신을 합리화하기 위한 궤변일 수도 있다. 그들은 특별한 존재가 아니다. 그저 세계의 문제를 나와 우리의 영역에서 실감하고 사유하며 행동하고자 하는 이들일 것이다. 진정한 '깨시민'이라고 할 수 있겠다.

"깨어있는 시민들의 조직된 힘"이라는 말의 함의는 그 앞에 오는 "민주주의의 최후의 보루"에 걸려 있다. 부조리하고 불합리한 세계에 저항하는 이유는 그로 인해 더는 희생자가 발생하지 않기를 바라는 마음에서일 것이다. 1987년 6월항쟁으로 획득한 민주주의와 2016년 겨울과 2017년 봄의 촛불항쟁을 통해 회복한 우리 일상의 안온함이 무너지지 않았으면 하는 바람. 비록 그것이 상상 속에서나 가능할 법한, 요원한 것이라 할지라도 말이다. 김소형 시인의 시를 경유해 보자.

그런 날이 있지. 하루 종일 하나의 빵만 떠올리는.

먹을 거 있어?
이거라도 괜찮다면.

가방 속에 넣어둔 포근하고 아름다운
빵.

출근길에 샀다가 종일 뒹굴고 퇴근길에 잊고 있던
버터 밀크바를 떠올리는 순간.

그에게는 오늘이 어떤 날이었을까. 짐승들은 좋았던 음식을 생각하
며 하루를 살기도 한다는데. 손을 내밀고 온순한 눈망울을 그리다가

이게 뭐야?
다시 묻는 날.

너의 빵은 오늘 먼 우주를 돌아다녔나 보다. 고대의 화덕과 마음 구석
에, 조상들의 버터 밀크바가 수없이 붙어 있을 거야. 뭉개진 행성 같은, 납
작한 우리의 식사를 위해

기도하는 날.

여전히 달콤하고 빵이라 말하지 않으면 알 수 없는 음식을 씹으며

내일 나도 이 모습일까?
너는 물었고

오전에 담은 빵 하나가 산산이 조각나고 그걸 꺼내 먹으면서 내일의
나는

삼키고 있겠지. 여전히 아름다운 풍미와 살을. 우리는 달라졌다는 걸
뚜렷하게 알면서.
　　　─김소형,「버터 밀크바」(『좋은 곳에 갈 거예요』, 아침달, 2020) 전문

　아침 출근길에 산 빵을 퇴근하고서야 떠올린다. "포근하고 아름다
운" 빵은 가방 속에서 "납작"해졌다. 그저 빵일 뿐인데, "하루 종일 하나
의 빵만 떠올리는" 건 그 빵에 담긴 시간 때문일 것이다. 빵에 담긴 오늘
하루라는 시간에 대해 그는 "너의 빵은 오늘 먼 우주를 돌아다녔나 보
다"라고 한다. 하루가 우주로 확장되고 다시 "납작한 우리의 식사"가 된
다. 사실 별것 아닌데, 그저 빵의 외형을 잃은 것뿐이라서 빵은 빵으로
써 '우리의 식사'가 되어 "여전히 아름다운 풍미와 살을" 느끼게 한다.
　일상을 지켜내는 일은 어렵다. 세계는 자신의 논리 방식으로 부조리
하고 불합리한 권력과 폭력을 행사하여 우리를 억압한다. 그런 이유로
"산산이 조각"난 빵처럼 "내일 나도 이 모습"일 수도 있겠다. 하지만 그
것은 일상을 살아가는 이의 또 다른 모습이어서 "아름다운 풍미와 살
을" 지닌 본질은 변하지 않는다. 하루를 보내는 일은 먼 우주를 돌아다
닌 것과 다를 바 없다. 그 시간의 층위가 우리를 납작하게 만들지라도

"내일의 나"는 오늘의 나를 삼키며 또 하루의 층을, 또 하나의 우주를 "고대의 화덕과 마음 구석에" 놓을 것이다.

그렇게 쌓이는 하루하루가 우리를 '다른' 사람으로 만드는 것인지도 모르겠다. "눈은 과거의 일이지만 가끔은 지붕을 무너뜨려요"(「좋은 곳에 갈 거예요」)라고 말하는 것처럼 알게 모르게 쌓인 우리의 일상이 단단하게 고착된 세계에 역설적으로 균열을 일으킬 수 있는 것이지 않을까. 그럼으로써 우리는 "좋은 곳에 대해 오래 이야기 나누고" 상상해 볼 수 있을 것이다. 그 마음이 "정말이지/이 시대는/나한테 할 말 없니?"(「미안하지도 않나」)라는 질문을 이끌고 그 대답을 듣도록 우리를 추동하는 계기가 될 수도 있겠다.

그런 점에서 우리가 가려고 하는 '좋은 곳'을 가능한 장소로 만들기 위해 노력하는 이들을 '좋은 사람'이라고 말할 수 있겠다. 하지만 그들을 단순히 '좋은 사람'이라고 말하는 것은 그들이 만들고 있는 '좋은 곳'을 향한 노정에 무임승차하려는 (나와 같은) 이들의 기만은 아닐까 하는 걱정도 든다. 저 김용희 씨나 온갖 참사와 사회적 문제를 기억하고 이에 대해 목소리를 높이고 행동하는 이들 주변에서 그들이 힘겹게 얻어낸 열매를 탈취하는 것일지도 모른다는 걱정은 기우일 뿐일까. 구현우의 시 한 편이 걱정을 덜어내 주진 못하더라도 나름의 대답을 할 수 있을 것도 같다.

새벽 다섯 시 수십 페이지를 대충 넘기는 것처럼 하늘은 검정에서 연보라가 되어간다. 너의 눈빛은 유순한 혐오와 지난한 감동으로 얼룩져 있다. 헤어진 우리가 무슨 면목으로 다음날을 기다리는 걸까.

너는 참 좋은 사람이야

플라타너스 아래서 버드나무 옆에서 기울어가는 새벽 다섯 시 오 분. 연보라는 파랑을 지나 붉은 파랑으로 물들고 있다.

앞으로 쭉 건강하면 좋겠어 / 최소한 아프지 않았으면 좋겠어

다음날이 오면 아픈 그대로 늙어가겠지. 오늘의 에피소드는 밤의 한 페이지에 적히겠지만 다시 펼쳐볼 수는 없겠지.

새벽 여섯 시 많은 버스가 지나간다. 추워서 몸을 떠는 네게 따뜻한 말은 해주지 않는다. 이런 계절에도 매미가 운다. 그런 사정을 누구도 알 아주지 않는다. 문득 너는 내가 괜찮은 사람이라 좋다고 한다.

네가 그런 말을 할수록 나는 네가 싫어

벤치 위에서의 침묵은 해롭다, 고 마음에 적는다. 작고 큰 벌레들이 피부에 앉았다 달아난다.

마주보지 않는 새벽 오늘날의 명백한 아침을 인정하지 않는다. 같은 버스가 연달아 온다. 나는 네 못난 꼴을 보고 싶었을 뿐이야 아마도 내가 말한다.

그러니까 너는 좋은 사람이란 거야

어쩌면 네가 대답한다. 괜찮을 리 없는 나의 그늘이 괜찮다고 믿어 완치가 불가능한 너의 그림자를 뜯어먹고 있다. 사이프러스 뒤에서 너는 겨울을 나는 그전 해의 겨울을 지나고 있다.

　　　　　　　　　　　　　　　　　　　—구현우, 「그러니까 좋은 사람」
　　　　　　　　　　　　　　　(『나의 9월은 너의 3월』, 문학동네, 2020) 전문

'좋은 곳'을 만들기 위해 노력하는 이들의 방향은 부조리하고 불합리한 세계를 향해 있다. 그들은 그 세계 속에서 일상을 지켜내고 생활을 영위하는 이들을 비난하지 않는다. 오히려 자신과 함께하고 있음에 감사하고 "너는 참 좋은 사람이야"라고 말하며 "앞으로 쭉 건강하면 좋겠어 / 최소한 아프지 않았으면 좋겠어"라고 한다. 그런 말을 듣는 (나와 같은) 이들은 불편함을 느낀다. "네가 그런 말을 할수록 나는 네가 싫어"라며 그들을 외면하거나 무시하거나 타자화한다. 그러나, "헤어진 우리"는 어쩌면 헤어질 수 없는 관계인지도 모르겠다.

밤을 함께 보내고 아침을 맞는 '우리'. 비록 "추워서 몸을 떠는 네게 따뜻한 말은 해주지 않는" 나일지언정 정말 "네 못난 꼴을 보고 싶"기 때문에 밤을 보내는 것은 아닐 것이다. "명백한 아침을 인정하지 않"으려는 마음은 실로 '좋은 사람'이 만든 '좋은 곳'을 거부하는 것이 아니라 그 부채감을 인정하지 않으려는 데서 비롯된 것일 테다. '너'를 의식하면서도 부지중에 외면하려는 '나' 역시 "괜찮을 리 없는 나의 그늘이 괜찮다고 믿"고 싶은 소외된 존재이기 때문이겠다.

'좋은 사람'들로부터 듣게 되는 "그러니까 너는 좋은 사람이란 거야".

이 말의 무게를 감당하기 위해서 우리는 좋은 사람이 되어야만 한다. 이 당위적 언술은 '좋은 사람'이란 말에 책임과 의무를 강제하는 것이 아니며 스스로를 기만하는 것도 아니다. 이 말은 너를 절대적으로 환대하는 '우리'를 이끄는 말일 것이다.

중언부언하면서 이어온 이 글이 개인적 반성의 차원에서 구성된 것이지만 그럼에도 '좋은 사람'이고자 하는 어떤 간절에 기원을 두고 있는 것이 사실이다. "무엇을 나누든//실재하는 것보다 더 많은 사람이 죽을 수 있는 이 세계에서//멀거나 가깝거나 같은 상처를 받는"(「진화」) 것도 사실이다. 하지만 "너의 다정함이 나를 위험하게 만"들 거라는 것을 알면서도 그것이 역설적으로 "이곳에서만 가능한 회복이" 될 것이라고 믿는다. 다정함과 위험을 모두 나누는 것, 그럼으로써 상처를 입고 회복하는 일이 반복될수록 우리가 '좋은 곳'에 닿을 수 있는 '좋은 사람'이 될 수 있는 건 아닐까 조심스레 생각해 본다.

마음이 하는 일

『시인동네』 2019년 4월호

포기하지 않는 마음

『한국문학』 2023년 상반기호

기록으로서의 소설, 소설로서의 기록

『작가들』 2017년 겨울호

유실된 인간, 혹은 가능한 역사 너머

중앙신인문학상 2017년 등단작

우리가 기억하고 기록해야만 하는 것

『문학에스프리』 2018년 겨울호

사적 기억의 역사, 그 사소함의 윤리

『문장웹진』 2018년 11월호

기억하고 기록하며 갱신하는

『현대시』 2022년 1월호

기록자들

『현대비평』 2022년 여름호

시대 감각

『한국문학』 2024년 상반기호

우리가 가야 할 '우리'라는 길

『파란』 2018년 겨울호

강제된 경계로부터의 탈주를 소망하다

웹진 『르몽드 문화 톡톡』 2020년 1월호

시와 시인 그리고 플랫폼

『요즘비평들』 2021년

상상된 믿음에서 탈영토화하기

『내일을 여는 작가』 2019년 상반기호

비장소로서의 장소

『다층』 2022년 여름호

책이 지녀야 할 물음들

『파란』 2019년 가을호

거기에서는 무슨 일이 일어나고 있나요?

요즘비평포럼 2023년 2차포럼 발표문

모든 동물은 평등하다?

『황해문화』 2022년 겨울호

우리 삶의 너른 토대를 위하여

웹진 『르몽드 문화 톡톡』 2019년 9월호

포스트휴먼 주체의 공감과 뉴-노멀 시대의 이야기

『포스트휴먼 파노라마』 2021년

당신의 이웃은 어디에 있나요?

요즘비평포럼 2021년 1차포럼 발표문

정상가족이라는 상상공동체

『문화, 정상은 없다』 2022년

경계 너머

『한국문학』 2023년 하반기호

선량함이라니요, 납작하게 뛰어넘어요

『애지』 2020년 가을호

우리는 좋은 사람이 될 수 있을까

웹진 『르몽드 문화 톡톡』 2020년 6월호

포기하지 않는 마음

2024년 10월 15일 1판 1쇄 펴냄

지은이   이병국

펴낸이   김성규

편집   김안녕 조혜주 한도연

디자인   신혜연

펴낸곳   걷는사람

주소   서울특별시 마포구 월드컵로 16길 51 서교자이빌 304호

등록   2016년 11월 18일 제25100-2016-000083호

ISBN   979-11-93412-54-1

        979-11-92333-18-2 [04080] 세트

* 이 도서는 2024년도 한국문화예술위원회 아르코문학창작기금 발간지원 사업에 선정되어 발간되었습니다.